《“疑难问题解决”丛书》编委会

"疑难问题解决"丛书

实践　探究　开放

——初中语文综合性学习教学及思考

主　编　张霞儿

宁波出版社
Ningbo Publishing House

图书在版编目(CIP)数据

实践　探究　开放：初中语文综合性学习教学及思考 / 张霞儿主编. — 宁波：宁波出版社，2013.11

（“疑难问题解决”丛书 / 沈剑光主编）

ISBN 978-7-5526-1221-9

Ⅰ. ①实…　Ⅱ. ①张…　Ⅲ. ①中学语文课—教学研究—初中　Ⅳ. ①G633.302

中国版本图书馆 CIP 数据核字(2013)第 244671 号

实践　探究　开放：初中语文综合性学习教学及思考

丛书主编　沈剑光
本书主编　张霞儿
出版发行　宁波出版社
地址邮编　宁波市甬江大道 1 号宁波书城 8 号楼 6 楼　315040
选题策划　吴　波
责任编辑　李本君　王晓君
网　　址　http://www.nbcbs.com
印　　刷　浙江开源印务有限公司
开　　本　787 毫米 × 1092 毫米　1/16
印　　张　23
字　　数　450 千
版　　次　2013 年 11 月第 1 版
印　　次　2013 年 11 月第 1 次印刷
标准书号　ISBN 978-7-5526-1221-9
定　　价　36.00 元

总 序

教学是教师职业的基本活动。随着课程改革的不断深入,广大教师对教学的认识不断深入,对基础教育课程改革的实践探索不断创新,对课程改革理论与实践问题的解决,也已经走出传统的研究范式。

宁波市教育局教研室以"问题解决"为抓手的教学研究形式,着眼教师专业发展,追求轻负高效,引导教师关注课堂教学,鼓励教师参与问题解决的实践与研究。在"问题解决"的过程中,教师的"问题意识"得到强化,"问题解决"的思路和形式不断创新,教学研究的形式与内容结构有了很大的变化。教师们以研究者的心态置身于教学情境,以研究者的眼光审视已有的教学理论与现实问题,积极捕捉解决问题的机会,思考解决问题的策略,展现智慧,实现自身发展。

在"问题解决"的过程中,广大教师不断思考与实践,在设计、创造、实施新的教学方案中,不断改进、优化自己的教学行为,积累了许多好的经验和做法,取得了明显的效果。《"疑难问题解决"丛书》第三辑,是在前几年所编第一辑、第二辑的基础上,对课改的各种基本问题的进一步的梳理、提炼和总结,它真实地记录、描述了教师的困惑和思考,汇集了解决问题的思路、过程与方法。

本书具有以下特点:

真实性。

本书所呈现的"疑难问题"以及"疑难问题解决"的过程,都曾经在教学中真实地发生过,是教师在真实情景中发现和经历的。比如,如何减轻学生的学业负担,做到轻负高效;如何选择教学内容和学习方式,让学生乐学会学;如何实施教学评价,体现教师的指导引领作用……本书比较详细地记录了这些问题的解决过程, 具有在相似的情景中再现的可能性,因而也具有参考性具有可操作性,可模仿、可借鉴,有着进一步研究的价值和空间。

针对性。

编入本书“疑难问题解决”的典型案例，是宁波市义务段各个学科自下而上，在广泛征求基层教师意见的基础上，各门学科对来自全市各个县(市)区的问题的汇集与提炼；参与撰写的人员中，既有教研员、特级教师、名教师，也有青年教师，学科骨干，他们都呈现了对教学问题的思考与实践。各门学科，各个地区、各个层次的老师都能根据自己的需要，有针对性地在本套丛书中找到问题解决的方法和途径。

可读性。

本套丛书内容丰富，具体、直观、形象地记录了义务段各学科的教师对“疑难问题”的思考和解决过程。全书以通俗易懂的语言，深入浅出地描述了如何把对教育教学理论的思考回置到教学实践中，自觉解决教学实践中的问题，改善教学行为的种种经历，充分展现了各学科教师的教学探索，彰显了具有实践特色的教学智慧，值得参考和借鉴。

希望本套丛书能为广大教师实践新课程、提高专业水平提供一定帮助，也希望广大教师不断拓展自己的学习领域和学术视野，不断改善教学行为，促进发展，迎接挑战。

以此为序。

沈剑光

2013年5月

前 言

宁波市初中语文第一轮课改疑难问题落脚于阅读教学，以文本细读为抓手，深入研讨提高语文课堂效能建设的方法和策略，出版了研究成果《走进文本 走进课堂——问题与问题解决策略》。第二轮课改疑难问题落脚于作文教学，利用文本资源指导学生写作，弥合读和写的分裂状态，充分发挥阅读对写作的哺育作用，探索了一条行之有效的作文教学之路，出版了研究成果《架起文本和写作之间的桥梁》。诸如此类立足于课堂、立足于文本的切合教学实际的教学行动研究深受一线教师的欢迎。在此基础上，第三轮课改疑难问题我们落脚于语文综合性学习，切实解决综合性学习这一板块的教学问题。

语文综合性学习作为语文教学的重要内容之一，是培养学生创新精神与能力、提升学生语文素养的一条重要途径，对于广大语文教育工作者而言是一种新的教学形态。综合性学习具有广阔的拓展空间，它的资源非常丰富，有活动类，有研究类；话题可以涉及自然类，也可以涉及社会类；可以从学校生活、家庭生活、社会生活中开发一些活动项目，还可以从教材(课文)中开发一些研究的话题。然而，一方面由于教师认识上的不足，对综合性学习的重视程度还不够，另一方面由于有的综合性学习的选题过于专业化、技术化，尤其是在实施综合性学习过程中把握不住着力点，所以有时综合性学习变成了科学课(自然课、化学课等)，变成了历史课，变成了时事课等等。为此，宁波市各县(市)区初中语文教研员齐心协力，组建以广大骨干教师为主体的研训团队，引领教师涉足综合性学习领域，我们通过顶层设计、教研联动、分工合作、资源共享，让全市初中语文教师行动起来，在实践中共同思考、分析、研究。

当我们将研究成果汇编成册时，很有感慨：行动过程大于行动结果。在行动过程中，老师们渐渐树立了观念：语文教学不能越俎代庖，语文课不能也不可能替代其他学科的课；在活动过程中，老师们渐渐明白应该做什么，什么时候该做些什么，教师在实施综合性学习过程中的角色位置有了着落；在活动过程中，老师们关注综合性学习的评价手段，将评价与整个语文学习的评价结合起来，把综合性学习的评价作为语文学科教学改革的有机部分……

我们正行进在语文综合性学习的路上，然而探索之路永无止境，我们会继续努力。

本书凝聚了宁波市全体初中语文教研员和骨干教师团队的心血和智慧，但由于时间紧，经验少，难免会有些疏忽，恳请广大读者批评指正。

编者

2013年5月

目 录

九年级下册

【下篇　教学思考篇】

性质与作用

现状与对策

方法与实践

上篇　教学设计篇

七年级

上册

《这就是我》①教学设计

【设计意图】

《基础教育课程改革纲要》指出："倡导学生主动参与、乐于探究、勤于动手，培养学生搜集和整理信息的能力、获取新知识的能力、分析和解决问题的能力以及交流与合作的能力。"我们利用综合性学习活动，将这一理念落实于教学实践中。《这就是我》综合性学习活动的教学设计意图就是，通过系列活动，在教师的指导下，改变传统的学习方式，培养学生自主组织、合作探究的学习模式。拓宽语文学习和运用的领域，将语文课程与生活联系起来，让学生在感兴趣的活动中全面提高语文素养。同时，让刚进入初中，面对新的环境、新的挑战的学生在活动过程中正确认识自我，真挚抒写自我，不断提升自我。

【活动目标】

1. 正确认识自我，展现自我风采，树立信心，增进同学之间的相互了解，达到正确评价自我的目的，进而学会共处。

2. 用普通话口齿清楚地介绍自己，发言时态度大方。能根据不同的目的调整说话的内容和方式。

3. 在介绍自我的基础上进行写作练习，要求尽可能集中、明了、简洁地表现出自己的个性，力求写出一点新意。

【活动准备】

1. 从父母、熟悉自己的同学那里了解自己的优缺点。

2. 挑选自己的一组成长照片，自己编排设计，为这组照片取个好听的名字并附上短小精悍的文字说明。（可以是实物，也可以制作成 PPT）

3. 准备展示自我风采的书法作品、绘画作品和获奖证书等。

4. 留心观察身边的每一位同学，发现其身上的闪光点。

①本书所涉及 PEP 教材由人民教育出版社出版。

【活动过程】

一、激情导入

利用多媒体音像效果，将学生的美好瞬间、成长过程、童年趣事……展示出来，在课堂上、在活泼的音乐声中初步认识同学！

1. 学生欣赏

2. 教师小结：看着大屏幕上活泼、可爱、调皮、风趣、自信……的照片都是我们班同学，难免会情绪高昂，顺势引领学生走入活动，“这就是我们外一2班的同学！现在请你们大方地、自豪地向大家介绍——这就是我，把你的风采秀一秀！”

二、我形我秀

1. 初识自己——猜一猜

(1)请同学们在你的便签纸上写上：

“我是一个____________________________________的人”。(板书：我)

要求：力求简洁，在背面写上名字，写好后放在前面的讲桌上。

①学生活动(在便签纸上自主写句子)

②教师巡视

(2)进行第一轮猜谜游戏，所有谜底都是我们班同学！一学生读谜面，一学生见证谜底。(一生读，一生核对同学猜的是否与纸后面的姓名一致)

①学生讨论谜底

②探究猜谜语的依据

小结：怎么猜出来那个人是谁的呢？(明确：允许学生答出各自的理由，在生成性的答案中，可以肯定学生，在初步认识一个人的时候，我们首先认识的是他的外貌，所以，在猜谜语的时候可以根据便签纸上写的面部的外貌特征来猜)。(板书：外貌)

(3)指导外貌的写法

①猜猜下面所引文学作品中的人物是谁？

资料介入：

☆ “脸孔圆圆的像苹果，鼻头像个小球，能装兔子的脸，时常装着引人笑。”

“看到那驼背的滑稽画，就装了一次兔脸。他那兔脸，谁见了也不能不笑的。”

“回过头来看诺琵斯，对他装出一个非常可笑的兔脸。大家都哄笑起来……”

——《爱的教育》

②学生发言交流

③教师引导：写外貌的时候，除了可以写富有个性的面部特征以外，还可以写写哪些外貌呢？结合你读过的文学作品说说看。

④写外貌的角度，除了面部特征外，还可以写身材、体态、年龄、发型、衣着等。

☆ 示例：“……像一个又黑又软的大皮球……”

“她的衣服全是黑的……肥肥胖胖，可举动却像一只大猫似的轻快而敏捷，并且柔软得也像这个可爱的动物。”

“全身漆黑、身躯庞大的……”

“黑色的衣裳颤动着，从肩膀上溜下来，铺展在地板上。”——《童年》

(4)描绘你熟悉的同学的外貌。同学们点评。(提示：写片段的时候要抓住外貌特点，尽量语言生动。)

①学生发言交流

②教师总结：在同学们的交流中，我们初步认识了自己。认识一个人往往就是从外貌开始的，这只是初步的、表面的认识，刚才我们秀了富有个性的外表，接下来大家进一步互相了解。

三、我行我秀

1. 了解自己——说一说

(1)用自己喜欢的方式介绍自己，展示自己的优点和特长。演讲、幻灯片等形式均可。

①学生准备，小组内做简短交流。

②学生展示自我，可采用自己喜欢的方式！

(2)归纳展示自己的角度。

①师生共同探讨归纳：评价同学是从哪些方面介绍自己的呢？(板书：姓名、职务、籍贯、年龄、爱好、特长)

②资料印证：

☆“那人道：‘洒家是经略府提辖，姓鲁，讳个达字……”

“小人杀的好牲口，挑筋剐骨，开剥推斩，只此被人唤做操刀鬼曹正。”——《水浒传》

(3)小结：随着同学的交往，慢慢你会把自己的这些小档案公布出来！增加了同学对你的了解。

2. 认识自己——写一写

(1)同学们，你们认为从这些方面介绍了自己，大家就真正地认识你了吗？老师刚才偷偷地留下了一个谜语，你们猜猜是谁？

①出示谜语——我是一个内向、害羞的人！

②学生竞猜

③教师总结：看来，真正认识一个人，还要了解他的性格。现在我们怎么办才能让同学猜到这个内向、害羞的人是谁呢？(板书：性格)

(2)怎样才算真正认识一个人呢？

①看看一个学生写的自己，能不能给你启示？看后，你发现他的性格了吗？

☆ 例文：我不像有些女生那样对琼瑶小说如痴如醉。我喜欢精彩、刺激的武打场面和探险故事，这似乎是男孩子热衷的，可我偏偏对此情有独钟。一有空儿，我就在腿上绑上沙袋往高处蹦，可惜终不见上进！才蹦起一尺多高，算了，别练了。我又做起了侦探，一天晚上，我正在路上走着，忽然，看见一个人蹲在地上，好久都没有动。干什么呢？一个念头闪入我脑中。我慢慢地、悄悄地靠近他，然后一个箭步冲上去，迅速把他按住。我正得意着呢，没想到那人“哇”的一声吓哭了，原来是我叔叔家的小胖子，真是不好意思啊。

②师生共同探讨例文：A. 短文中人物有着怎样的性格特点？

B. 小作者通过什么办法让我们了解了她的这一性格？

结论：通过具体事例表现人物性格。

③请你也动笔写写自己的性格，写好后四人小组交流，选出组内最好的一段，请该组发言人给大家进行第二轮猜谜游戏，猜出是该组的哪个人。（练笔要求：人物特点鲜明，有具体事例。）

④小结：看来，真正地认识一个人，不但要认识他的外表，了解他的相关信息，还应该走进他的内在，认识他的性格！

3. 提升自己——试一试

①用艺术的语言提升自我

刚才，同学们用叙述性的语言介绍了自己，其实，中国的语言是很讲究艺术性的，戏曲、相声、对联、快板、诗词等，无不体现了中国的语言艺术，你能用艺术性的语言介绍一下自己吗？比如把你的姓名、外貌、动作、爱好、特长、习惯、性格，甚至是简短的小事，编成顺口溜，采用快板说书的形式说给同学听，老师先示范一下：

小小女子我属羊
活泼开朗又善良
多才多艺本领强
跳舞不让杨丽萍
英语我敢挑李阳
播音学过邢质彬
主持我比李咏强
我想做外交部长
希望大家支持我
鼓励我！

（提示：也可以采用说唱方式、对联形式、诗词、戏曲……）

②学生富有创造性地自编，展示自己的特点，畅谈理想！

③小结：根据自己的性格特点，畅谈了理想，但成长的道路并不是一帆风顺的，当你遇到不顺和挫折时，敞开心扉跟老师和同学说说，正确地认识自己，然后一往无前地走下去。

四、结束语

同学们，今天我们在《这就是我》的综合性学习活动中，展示了自我，愿你们互相了解，学习彼此长处，成为更棒的“我”！

（北仑区顾国和外国语学校　李　欣）

《漫游语文世界》教学设计

【设计意图】

1. 七年级上册第二单元的综合性学习主题是“漫游语文世界”，如果把初中阶段的语文综合性学习内容和主题粗粗罗列一下就可以清楚地发现涉及语言文字类的有这么一些：《好读书，读好书》《漫游语文世界》《古诗苑漫步》《走进小说天地》《莲文化的魅力》《走上辩论台》。《漫游语文世界》放在《这就是我》后面，是学生进入初中之后领略语文学科风采的绝好舞台，也是学生综合展现自己语文学习能力的最佳机会。

我在设计本次综合性学习的内容时考虑到与第一单元《这就是我》的衔接，就安排“人名探究”这一板块，从探究自己的名字延伸到探究名人的名字，并给学生留下更多的空间，以便今后学生对文学常识这部分内容有更浓厚的兴趣。

广告是现代社会中最常见的，也是学生平时津津乐道的，很多学生在日常交际中习惯于用广告语来表达一些特别的意思，同时，广告语又和物品名称紧密相连，所以紧承第一板块安排了这一内容。

第三板块的“网络语”是当代社会的新生事物，人们虽对它褒贬不一，但学生对它喜欢有加。既然存在，就有它的合理性，同时作为生活的一部分，我们语文学习就理应正视它的存在，并对学生加以正确引导，取其精华弃其糟粕，既正确规范地学习语文，又生动有趣地丰富生活。

也正如此，我在第四板块安排了“纠正错别字”的内容，来“挽救”第三板块中一些并不符合语言规则的现象，使学生明白汉语言文字的学习不能随心所欲，尤其是初中学生平时要正确规范地使用祖国的语言文字，要以《中华人民共和国语言文字法》规定的标准为准则。

2. 既然是综合性学习，我想，一是听说读写融于一体，尤其要把写作与口语交际渗透于综合性学习之中，中心内容是在综合性语文活动中提高写作与口语交际能力；二是突出学习过程中的探究性，重点培养学生搜集资料、筛选信息和研究问题的能力。因此我设计的这四个板块首先要求学生对语言材料充分把握，在搜集材料的基础上整理归纳；在分析时要从音、形、义、用等多角度着眼；在展示时要从正面、侧面、反面多角度来反映。

3. 作为学生的综合性学习，自主—合作、探究—分析、体验—共享等都是必不可少的。因此，我把预习准备放在课前，让学生有足够的时间去自主学习；给学生分了小组，布置了明确的内容，要求学生小组内合作学习，养成同伴互助合作的习惯；一节课时间只能用来展示学生的学习成果，因此通过作业来深化学生对本次学习的情感体验。但最重要的是学生通过这样一次综合性学习，在学习的过程中掌握了搜集材料、分析材料、整理材料、表达思想、发表见解、展开讨论、辨析正误等的方法和能力。

【活动目标】

1. 通过此次活动，使学生充分认识到语文与生活的密切联系，了解语文学习的资源和运用语文的机会无处不在，无时不有。

2. 培养学生在生活中观察语文、学习语文、运用语文的好习惯。培养学生收集信息、处理信息的能力。

3. 通过此次活动，引导学生搜集家庭、校园和社会生活中最新鲜、最活泼的语言现象，了解社会上语言文字使用中的不规范现象，初步树立汉民族共同语的规范意识。

4. 通过写作练习，引导学生多角度观察生活，发现语文世界丰富多彩的表现形式，写出自己对社会生活中语文运用的独特感受和真切体验。

【活动准备】

1. 把学生分成四个小组

(1)“人名探究”组　　(2)“精美广告”组

(3)“网络语言”组　　(4)“错别字门诊”组

2. 要求

(1)组长对搜集来的资料进行筛选、梳理。

(2)选两位同学担任主持人。

【活动过程】

师：同学们，有一句广告“心有多大，舞台就有多大”，我们的语文世界有多广阔呢？套用这句广告语，那就是：生活有多广阔，语文世界就有多广阔。生活中时时处处都有语文，今天，就让我们到生活中去充分领略一下语文世界的魅力吧！

你们准备好了吗？

生：准备好了。

师：我们今天的学习方式是“自主—合作—探究”，请大家把上周准备的成果展现给大家，与同学们共享。有请主持人。（鼓掌）

主持人（岑）：今天要进行一次奇妙的旅行，让我们带你走进一片神奇的天地，在旅行中，你将会看到一个广阔的生活空间，你将会体验丰富多彩的语文世界。

主持人(黄):生活中处处有语文。无论是读书看报与人聊天,还是看相声看电视逛商场,只要留心观察,随时注意语言现象,总会碰到与学习语文有关的问题。(齐):下面就让我们带领你们去漫游语文世界吧!

主持人(岑):我们就从探索我们的名字开始吧,每个人的名字都蕴涵了深刻的意义,下面我们去"人名探究"组去看看他们的探索结果吧。

第一板块

组长(潘则成):同学们,你们好。这次活动我们选择的主题是探究人名。先说说我自己吧,我姓潘,名则成,与电视连续剧《潜伏》中的余则成同名。我的姓"潘"谐音"盼",盼望的"盼",意指希望,"则成"意指成功,整个名字的意思是只要有希望,就能成功。

接下来就让我们组的同学分别来介绍一下吧。

生1:我叫龚晓滢,我是春天出生的,有一首诗叫《春晓》,我的"晓"就是从这里来的,又因为我五行缺水,所以我的滢是带三点水的。

生2:我叫王依舒,"依"是"依靠"的"依","舒"是"舒服"的"舒"。当时,父母给我取这个名字是想让我长大后能依靠自己舒舒服服地生活。

生3:我叫赵溢钞,名字是爷爷给我起的,因为那时社会经济不发达,家里穷,取名"溢钞"是希望社会繁荣昌盛,在我这代能多挣钱。

生4:我叫杨羽鑫,父母给我起这个名字是因为我的两个堂姐的名字里都有个"羽"字,而我又五行缺金,所以取了个"鑫",合起来就是杨羽鑫。

组长:同学们,我们组选了一些名人的名字或笔名,请同学们猜一猜,想一想,这些人的名字或笔名有何特征?

蔡国庆

生答:可能是在国庆节出生的吧。

冰心

生答:谢婉莹以"冰心"为笔名是希望自己能做一个清廉正直的人。"冰心"取于诗句"一片冰心在玉壶"。

老舍

生答:老舍是舒庆春的笔名,他字"舍予",意思是舍弃自己,后来取笔名"老舍",表达了他要永远舍弃自己的无私奉献精神。

郭沫若

生答:郭沫若曾经在国外留学,他非常怀念自己的家乡,家乡有一条沫河,一条若河,所以给自己取笔名"郭沫若"。

组长:这次探究活动结束后,我们组成员还特地为自己设计了一个笔名,请你们说说自己的创作吧。

生1:我给自己取笔名为"信怡","信"就是诚实守信,"怡"是安适、愉快的意思,合起来就是想表达一个愿望:做一个诚实守信的人,并愉快地生活。

生 2:父母给我取名“王依舒”,所以我根据这个名字的含义给自己取了个笔名叫“依予”,“依”和我的名字一样,都是依靠的意思,“予”在古文中是“我”的意思。那么我的笔名的含义就是“依靠自己”。

生 3:我取笔名为“向阳”,我希望自己在阳光下健康快乐地成长,同时也希望自己永远积极向上,追求光明。

生 4:我从自己的名字里挑了个“羽”字做笔名,“羽”有羽毛,羽翼的意思,我渴望长上羽翼像鸟儿一样自由自在地在天空中翱翔。

组长:我说说我设计的笔名吧, 我的笔名是“春华秋实”,为什么我要以这个成语作为笔名呢?因为“春华秋实”这个词象征了一个人高洁的品行。我希望自己能做一个品行高洁的人。我们组的汇报到此结束,还是看看大家的吧。

主持人(黄):当我们打开收音机就会听到广告;每当我们翻开报纸或打开电脑就会看到广告;如果我们在看电视剧,当中也会不时地跳出一条广告;如果我们走在街上,旁边的那一块块牌子就是广告;就连我们住在家里,不知什么时候广告也会塞进我们的门缝里,现在社会上的广告真是无时不有、无处不在。现在,就让“精美广告”组带我们一起和广告零距离接触一下吧。

第二板块

组长(孙靓):同学们,你们好。在讲广告语之前,我先和大家做个猜一猜游戏,放松一下,好不好?这个游戏规则是:我念完广告词后,请你们举手抢答说出商品的名称,好吗?(多媒体展示)

1. 好吃,看得见。(康师傅方便面)
2. 水晶之恋,一生不变。(果冻喜之郎)
3. 牛奶香浓,丝般感受。(德芙巧克力)
4. 我的眼里只有你。(娃哈哈纯净水)
5. 情系中国结,联通四海心。(中国联通)
6. 传奇品质,百年张裕。(张裕葡萄酒)
7. 我的光彩,来自你的风采。(沙宣洗发水)
8. 驾驭现代,成就未来。(现代汽车)
9. 晶晶亮,透心凉。(雪碧)

组长:本次活动,我们通过搜集广告语,发现许多广告语都有其精彩独到的地方。做广告无非是想宣传自己的产品,让消费者认可、记住,因此,必须在语言上下工夫,使大家印象深刻。下面我们一起来说说刚才这些优秀的广告语有什么特点。

生 1:押韵顺口,朗朗上口。如“水晶之恋,一生不变”等。

生 2:引用歌词,活泼好记。如“我的眼里只有你”等。

生 3:主题鲜明,概括性强。如“好吃,看得见”“晶晶亮,透心凉”等。

组长:优秀的广告语语言准确生动新颖,能吸引公众眼球。那请问同学们,你们又喜欢哪些广告呢?说说理由。

生 1:巧克力广告:“只溶在口,不溶在手。”这是著名广告大师伯恩巴克的灵感之作,堪称经典,流传至今。它既反映了巧克力糖衣包装的独特 USP,又暗示巧克力口味好,以至于我们不愿意使巧克力在手上停留片刻。

生 2:中国移动:“沟通从心开始。”这是一句口号,但用在移动公司的广告语上,既体现了公司服务特色,又易于人际传播!

生 3:李宁:“把精彩留给自己”、“一切皆有可能”。体育用品是年轻人的天下,你必须塑造独特的品牌个性,才能吸引他们,这句广告语正切合了年轻人渴望表现自己,渴望精彩的心理。

生 4:百事可乐:“新一代的选择。”在与可口可乐的竞争中,百事可乐终于找到突破口,它们从年轻人身上发现市场,把自己定位为新生代的可乐,邀请新生代喜欢的超级歌星作为自己的品牌代言人,终于赢得青年人的青睐。一句广告语明确地传达了品牌的定位,创造了一个市场,这句广告语居功至伟。

组长:领略了广告的精彩后,我们小组的同学也想为家乡出谋划策,为家乡的土特产设计几则广告。先由我来展示一下吧,杨梅是我们慈溪的特产,我设计了这样一条广告语:乡村五月芳菲尽,唯有杨梅满枝红。

生 1:我也为杨梅设计了一条广告语:又是慈溪杨梅红,观光品尝两不误。

生 2:我为周巷的黄花梨设计了一条广告语:脆甜爽口,要数周巷黄花梨。

生 3:我为三北豆酥糖设计了一条广告语:香甜不黏牙,三北豆酥糖。

组长:对于广告词的探索,我们今天所做的不过是大海里的一滴小水珠,我们期待今后有更多的同学去探究,并能够取得更大的成绩。

主持人(岑):听了精彩的广告后,再让我们来看看新时代的产物——网络语言吧。

第三板块

组长(廖望):网络语言是随着现代社会互联网的发展而产生的,是网民用来表达他们网络情感和生活的语言。在网上,尤其是在聊天室、QQ 和 BBS(电子公告牌系统)上,它们被上网者广泛地使用。即使在现实生活中,特别是青少年的谈话中,也经常能听到时髦新奇的网络词汇。我们组搜集了下列网络语言,请同学们说说表达了什么意思?

多媒体展示:

1. 网络知识知多少

(1)“RP”是什么意思?(人品)

(2)“BD”是什么意思?(板凳)

(3)“7456”是什么意思?(气死我了)

(4)“3Q”是什么意思?(谢谢你)

(5)“687”是什么意思?(了不起)

(6)“OIC”是什么意思?(哦,我明白了)

(7)“大虾”是什么意思?(大侠)

2. 根据句意填词语

(1)加班就加班,(神马)都不要说,说了也是(浮云)。

(2)不是所有牛奶都叫(特仑苏),不是所有爸爸都能叫(李刚)。

(3)阿迪达斯刚刚作出了一个非常(艰难)的决定,一旦检测到用户身上有耐克,衣服和鞋将自动变成透视装。

3. 特殊词语解释

(1)神马都是浮云:神马即"什么"也!"神马都是浮云"就是指看破红尘!什么功名利禄、七情六欲都毫无意思了。悲观厌世情绪的表现。还有一种意思就是:什么都无所谓,淡然超脱的一种心态。

(2)囧:本义为"光明"。成为网络聊天、论坛、博客中使用最频繁的字之一,它被赋予"郁闷、悲伤、无奈"之意。"囧"被形容为"21世纪最风行的一个汉字"。

(3)给力:作为形容词,类似于 "很好"、"牛"、"很带劲"、"酷"、"棒"、"很有意思"等。常作感叹词。

(4)阿尔法女孩:指许多方面的能力和表现都在同龄男性之上的年轻女性。阿尔法是希腊字母中的第一个字母,故称。

组长:同学们,你们认为网络语言好不好?请说明理由。

生1:我觉得网络语言挺好的,它生动形象,轻松幽默。

生2:我认为网络语言不好,它带有很强的随意性,语言杂乱无章,没有规律可循。

生3:我认为网络语言好,由于简化了语言符号,有利于人们信息传输,更为方便快捷。

组长:同学们,我认为网络语言说起来、写起来简洁方便,语言轻松,幽默诙谐,形象生动,但是其中也充斥着一些不健康的色彩,所以使用网络语言一定要注意科学规范,健康有益。

主持人(黄):网络语言有利也有弊,关键在于我们如何合理使用。接下来我们把目光转向"错别字门诊"组。

第四板块

组长(叶昂锴):走在街头巷尾,我们常常看到各种广告牌、宣传语、招牌……如果你留心观察,你会发现其中不乏错别字。这些错别字影响城市文明,也误导我们同学,读白字,写错字,闹出了不少笑话。

我先请大家听一段相声《白字先生》,大家在捧腹大笑的同时帮助白字先生把白字改正。请两个同学上来在黑板上写一下,其他同学写在草稿纸上,比一比谁能把白字都改正。(多媒体播放《白字先生》)

组长:我们组还收集了生活中一些不规范的用字现象,请同学们找找看。(多媒体展示)

组长:规范、优美的文字招牌、标语、广告牌是一个城市街头文化的组成部分。文明城市,坚决反对错别字和不规范用字。今天我们充当了一回清理语言污染的清洁小卫士,希望大家今后也能消灭自己作业中的错别字。

主持人(岑):现代生活中写错别字的现象时有发生,常常闹出笑话,令人尴尬。我们要引以为戒,远离错别字,净化语言环境。

小结

师:同学们,今天的旅行,因为同学们的精心准备,而使我们的语文世界愈加丰富多彩,趣味无穷,同时也使我们明白:语文因生活而精彩,生活因语文而美丽。生活处处皆语文,我衷心地希望同学们热爱生活,做生活的有心人,用心观察,细心体会,在生活中学习语文,在语文学习中感悟生活!

课后作业

根据此次活动的收获或感受,完成作文:

1. 生活处处有语文

2. 我在______中学到了语文(任选一题,写一篇作文)

板书设计:

漫游语文世界

探索　语文因生活而精彩——用心观察

发现　生活因语文而美丽——细心体会

(慈溪市上林教育集团　任幼波)

《感受自然》教学设计

【设计意图】

七年级上册第三单元综合性学习的主题是“感受自然”。第三单元整个单元以大自然为主要描写对象,为我们展现了色彩斑斓的大自然景象,学生通过一个单元的课文学习已经大致了解了一年四季春、夏、秋、冬的各自特点,在心中对每个季节都有了各自不同的感受。所以这一单元的综合性学习设计依旧围绕“季节”的话题展开,因为上这个课的时间正值秋季,所以让学生通过欣赏秋季中的景物来感知自然。将“自然”这个大话题化为“秋季”这样较小话题之后,再将它化为秋季中不同的又具体可感的各色动植物、各种声音,且将着眼点放于“家乡的秋”,让学生去实际感知就在自己身边的自然。这便于教师的课堂操作、学生的课外准备与课堂参与。

秋天之美,可以从它的色彩、声音、味道这几方面去描绘,在让学生感受秋天实际的景色之美的基础上,引导他们体会人们对秋天包含的情感,这也是这堂课更高层次的要求。所以将这堂课分为“秋之色”、“秋之声”、“秋之味”、“秋之韵”这几大板块。

此次综合性学习除了让学生更深刻地认识感受自然外,依旧要体现语文课堂的特点,突出语文的语言美感,这依靠诗文以及学生的感悟感言来呈现。

总的来说,这堂课注重的是学生的感受能力,以及用优美的语言将自我感受呈现出来的表达能力。

【活动目标】

1. 掌握仔细观察事物的能力,搜集相关资料以及自我组织语言描绘秋天的能力。

2. 学会观摩,能抓住景物的主要特征,通过绘画、拍照、摄像、录音等手段在感受秋之后做好记录,能形成完整的书面表达。

3. 带领学生体验自然,陶冶情操。培养学生关注自然、关注环境的责任感。

【活动准备】

学生：

1. 查找历代文人描写秋的诗、词、文，做好摘抄。

2. 按照分组在课堂之外做好观察，借助于拍照、摄像、录音等手段记录下自己感受到的秋天，并制作好展示材料。

教师：

1. 做好学生的分组工作，并设计好活动表格。

2. 准备历代文人描写秋的诗、词、文，作为补充之用。

3. 准备 PPT 以及各种音频材料。

【活动过程】

(一)导入

师：同学们，不知道大家有没有听过这么一句话，叫做“人生是一段旅程”。对于这句话，老师是很认同的，我们生活在这个世界上，我们沿着春夏秋冬不断变化的时间轨迹，会走过很多地方，会遇见很多风景，这就是一段美丽的旅程。望望窗外，已经步入了深秋季节，今天，老师要带领大家在课堂上去进行一段感受自然、感受秋天的旅行，之前老师已经将同学们按照不同的主题分成了四个小组，让我们先来认识一下这四个“旅游小分队”，他们分别是：

“秋之色”小组、“秋之声”小组、“秋之味”小组、“秋之韵”小组

生：我们是“秋之色”小组，我们的口号是“五彩的秋天，收获的季节”。

生：我们是“秋之声”小组，我们的口号是“秋风萧瑟，看夕阳西下，洪波涌起，听秋声几何”。

生：我们是“秋之味”小组，我们的口号是“让秋天的味道弥漫在你我心中”。

生：我们是“秋之韵”小组，我们的口号是“秋之韵，悲喜情”。

(二)绘秋——描绘自然之美

师：利用假日，大家已经分组去寻找过秋天。我们说到秋天的时候，会认为这是一个很美丽的季节，那么这个美到底美在哪里呢？我们首先有请第一个小组——“秋之色”小组为我们做精彩的展示！

(第一小组成果展示)

生：各位老师同学大家上午好，我是第一小组的组长李宇陈，先介绍下组内其他成员：副组长——康行健，组员有罗煜茗、林宁、宋佳杰、邬佳倩、孔菲菲、吴怡琳、黄露瑶、张舜哲、陈宇航、陈凯！我们组的口号是“五彩的秋天，收获的季节”。下面是我们组的展示，首先问大家一个问题——说到秋天大家第一时间想到的是什么颜色？

生：黄色。

师：还有呢？

生：红色。

生：没错，在我们心目中，秋天可能是红色的，也可能是黄色的，还可能是五彩的，还有很多很

多。说到红色,我们最先想到的是枫叶,诗人曾这样描绘:“停车坐爱枫林晚,霜叶红于二月花。”形象地描写出枫叶红似火的样子。又有一位诗人这样写道:“山明水净夜来霜,数树深红出浅黄”。看完红色的树。我们再来看看黄色的树,“满地翻黄银杏叶,忽惊天地告成功”。这讲的当然是黄色的银杏树叶了,当然黄色的还有各种花。“树树皆秋色,山山唯落晖”,这是由陈德宇所拍摄的河姆渡生态源,里面的树不是那么的青翠,却有野鸭在低空飞翔。同时我们还可以从各种品种的菊花中看到五彩之秋。接下来让我们再来看看人民艺术家老舍笔下的秋:“以颜色说吧,山腰中的松树是青黑的,加上秋阳的斜射,那片青黑便多出些比灰色深,比黑色浅的颜色,把旁边的黄草盖成一层灰中透黄的阴影。山脚是镶着各色条子的,一层层的,有的黄,有的灰,有的绿,有的似乎是藕荷色儿。”那么在我们同学眼中秋又有怎样的色彩、容貌呢?请大家欢迎本组同学康行健来说说他眼中的秋。

生:(学生画报展示,并用文字表述)在我的眼里秋天是五彩的季节,且不说眼前这棵长满枫叶的,红彤彤的,显示出热情欢迎的枫树。也不说稍远处田里沉甸甸的,载着农民期盼的金黄的麦子,就简单说说远处那潭碧蓝的微波粼粼的湖水吧,它静悄悄的,听着微风的絮语,翻动着蜜一般的柔波,这就足以让我沉醉。放眼远眺,再远处的群山柔和地起伏着,绿油油的,唱着温情的歌曲。啊!秋天的多彩不仅在广袤的大地,也在广阔的天空!抬头看看那蔚蓝的天空,湛蓝得如同水洗过一般,灰色的大雁依次南飞,那更是一道美丽的风景线……

师:这组同学准备得非常充分,无论PPT的制作还是画报展示,老师都非常喜欢。老师很喜欢这个画报,感觉真的像是展开了秋天的画卷般。色彩之美,他们能够用自己的文字来描绘,我们再来欣赏一下他们的文字,“眼前,稍远处,远处,放眼远眺,再远处”,他们在书写文字描绘景物的时候有什么小窍门存在?

生:越来越远,按照一定的空间顺序来写的。

师:所以同学们在写作的时候,描绘景物的时候可以采用这样的方式,使文章显得更加层次分明。好了,老师感到了秋天的美美在于天高云淡,在于落叶红枫的秋意飞扬,真美!下面,我们请第二小组——“秋之声”小组为我们展示。

(第二小组成果展示)

生:各位老师各位同学大家上午好,我是“秋之声”小组的主持人陈鹏宇,我们的口号是“秋风萧瑟,看夕阳西下,洪波涌起,听秋声几何”。如果说秋天饱含着丰收的喜悦,也蕴藏着希望终结的悲哀,那么秋之声一定是这个季节最为动听的歌曲,现在就让我们走近这个美妙的音乐,来感受它的美好。

(学生音频展示,学生回答)

生:我听见了鸟叫声,流水声还有虫鸣声。

生:不错,有流水和鸟鸣,还有蝈蝈的声音,还有很多很多,现在就让我们组的组长来展示这美妙的秋声吧!

生:我踏着清晨的露珠走进了秋天的树林,树梢的小鸟在枝头“叽叽喳喳”地鸣叫,唱着动人的歌曲,像是在友好地招呼我,渐渐地,太阳升起来了,鸟儿们越发唱得欢快了!它们像是在举行歌咏比赛，这边唱来，那边和，真是热闹极了！微微的秋风吹来，隐隐约约地带了些林间潺潺的溪水声，像是水晶音乐盒中的协奏曲。

生：是的，这就是真正的秋天，是个美好的季节，我们感受这一刻的同时，不能忘记在身后默默奉献的组员，如果没有他们的付出就没有这样的展示。全组同学起立。

生：感谢我们亲爱的组员，我在这里谢谢他们，谢谢大家的观看。

师：大家说陈鹏宇表现好不好啊，除了有些紧张，他表现得很好。他让我们感受到了秋天声音的魅力。再看他们的文字描绘，在描绘鸟鸣以及描绘流水的时候，运用了哪些技巧？

生：运用了拟人的修辞。

生：运用了比喻的修辞。

师：修辞手法可以使我们的文章写得更生动，更有趣活泼，所以我们在写作的时候可以运用进去。那么老师又知道了秋天的另外一种魅力，在于鸟儿歌唱，秋雨浅吟，在为入冬后的沉寂，做最后的渲染，那么我们再来看秋天的美还有哪些方面呢？请第三小组给我们带来更精彩的展示，我们有请"秋之味"小组。

（第三小组成果展示）

生：我是"秋之味"小组的成员，我们的口号是"让秋天的味道弥漫在你我心中"。秋天是一个丰收的季节，喜悦的季节，香气扑鼻的季节，秋天的味道可以分为气味和滋味两大类。现在我就来讲讲秋天的气味吧，在秋天自古就有无数的文人墨客被香气所吸引，并且写下了无数的诗歌来赞颂它，一千年前唐代诗人宋之问"桂子月中落，天香云外飘"的桂花香至今还在灵隐寺上空久久不散，还有杨万里的《咏桂》"不是人间种，移从月里来。广寒香一点，吹得满山开"。这更是为桂花香添加上了一种神秘梦幻的色彩。除了桂花，还有另一个标志，菊花。黄巢的"冲天香阵透长安，满城尽带黄金甲"更为菊花平添了一股意气。宋代诗人梅尧臣的"零落黄金蕊，虽枯不改香"写出了菊花虽枯犹香的精神。

秋天不仅是一个花香四溢的季节，还是一个果实成熟、瓜果飘香的季节。成语"橙黄橘绿"描述的就是秋天的果实景色。现在就让我们去看看秋天的果实，去品品秋天的滋味吧。

（PPT展示学生拍摄的照片）

生：葡萄、石榴、橘子、柿子，这些都是辛勤劳动的果农，在春夏两季留下的汗水所凝结成的结晶，在秋天收获的喜悦。

师：讲到这里，老师上课前也准备了两样东西。（拿出菊花和苹果）

师：现在老师想邀请几位同学近距离接触一下，感受一下菊花与苹果的气味或者滋味，并用文字表达出来。

生：我从这盆紫色的花中闻到了清新淡雅的花香。

生：这苹果的香味是沁人心脾的。

师：同学们用清新淡雅形容菊花香，用沁人心脾来形容苹果香，用词准确，但欠具体，那么如何来具体描绘呢？我们先来看同学的展示。

（第三小组继续PPT展示）

描绘秋之味

秋天味道在哪里?

秋天的气味在馥郁的花香里。看呐,飞舞的蜜蜂、蝴蝶这些可爱的小家伙们,挥动着自己的翅膀在花丛间忙碌着,你们也是被这幽幽的香味吸引来的么?所以迫不及待地想要和它们做亲密接触么?

秋天的气味在浓郁的果香里。徜徉于果园中,环绕周围的饱满的果实与诱人的香甜气息,闭上眼,仿佛看到了一副五彩的锦绣,而农民伯伯就在这光彩的绸缎之后盈盈微笑。

在秋天的味道里,我沉醉了。

师:让我们用掌声感谢第三小组为我们所做的成果展示,如果没有他们的辛勤的准备,我们也无法感受到这么浓郁的,这么沁人心脾的秋之味。从他们的描绘中,我们可以看到,无形无色的滋味在大家面前也呈现出来了,用的是什么方法?运用想象和联想,正侧面结合来描绘了秋天的气味。回过头来,我们是否也可以运用这种方法来具体地描写自己的感受呢。

(让描述菊花和苹果的两位学生再次描述)

生:在“秋之味”小组的展示下,我感觉到花朵不仅充满了淡雅和芬芳,而且有了一种浓厚的吸引力,能把蜜蜂和蝴蝶吸引而来。

生:在沁人心脾的苹果香味中,我还感受到了农民伯伯辛勤劳动的汗水味道,那是甘甜的味道,喜悦的味道。

师:都说的不错。通过三个小组的展示,秋天的色彩、声音、气味、滋味可以说已经很全面地展现到我们面前了。那么,在如此美丽动人的秋天里,我们还会有哪些感受呢?我们最后邀请第四小组——“秋之韵”小组给我们做精彩的展示。

(三)悟秋——感悟人情风味

(第四小组成果展示)

生:我们是“秋之韵”小组,我们的口号是“秋之韵,悲喜情”。在大家的心中,秋天是一个怎样的季节呢?

(学生配乐诗朗诵)

生:有人说秋天是萧瑟而悲伤的,我也这样认为,曾为《秋思》这首诗而迷茫,“中庭地白树栖鸦,冷露无声湿桂花”,也曾为柳永笔下的“多情自古伤离别,更那堪冷落清秋节”而悲戚。

生:秋是一个怎样萧瑟的季节啊,看着枯黄的叶子一片片落下,或是在那苍凉的秋夜寻找那一弯新月,一阵凛冽的秋风呼呼地吹过却怎么也吹不走我孤独的凄凉、无奈,我发现,凄凉,其实也是一种美,美得令人掉泪,美得让人心碎。

生:可是,有人说秋天是丰硕而又喜悦的,在田野里,高粱,玉米,正高举着自己丰硕的果实,展开自己迷人的笑脸。果园里累累的果实藏在绿叶中悄悄地等着主人来采摘,灿烂的林间那可爱的小蘑菇正举着小伞在秋雨的配乐、秋风的欢舞中微微地摇晃,还有在那波光粼粼的湖里跳跃着的鱼儿,这一切不都在说秋天是丰收而喜悦的吗?

生:有人说,秋天是离别和哀切的,词人柳永曾写过这样一首词,写道:“执手相看泪眼,竟无语凝噎。念去去，千里烟波，暮霭沉沉楚天阔。”这是怎样的感怀伤秋啊！何为愁离人心上秋，然过目萧条，辉煌的色彩成了这个世界的主旋律。当繁华不再，如今已是凄凉破败，秋，便带上了一种说不清的愁绪，“秋花惨淡秋草黄，耿耿秋灯秋夜长。已觉秋窗秋不尽，那堪风雨助凄凉。”

生：可是，这秋中不是还有一个美好团圆的节日“中秋节”吗？俗话说，人月两团圆，这是一个多么美好的节日。人们在皎洁的月光下与亲朋好友相聚一起，喝喝桂花酒，听听黄梅调，各自诉衷情，此景此情，怎一个“妙”字了得？

生：还记得上次我们去养老院为老人们表演吗？看老人们那满足的笑容，我们的心，也沉浸在一种莫名的幸福中，也许，秋天就是这样复杂而说不清的，也许，正是因为如此，秋天才更加的迷人，谢谢大家。

（鼓掌）

师：真精彩！第四小组的展示形式新颖，为我们展现了人们对秋天的各色情感，准备十分充分。

师：现在，秋天已经悄悄地来到了我们的身边，它，无声无息，穿梭于夏的炎热与冬的寒冷之间。秋天，很美，这是一种特殊的美，这美，不仅在于外在的色彩、声音、滋味或是气味，它更在于秋季中各色人情。秋天，也许在亲人眼里意味着团圆的喜悦，同样，在你我眼中可能又意味着体验感受的快乐！这是快乐无比、丰收在望的秋天！这也是一个落叶归根、生机盎然的秋天。

同学们，现在我们的旅程就快要结束了，但是我想，短短的旅程，在你们心中应该留下了很深刻的印象吧，我想请同学们再来谈一谈你们的感受，经过这样一堂课，你有何收获？

生：我觉得秋天不但是五彩的，也是让人感受颇多的。

师：感受颇多，你有什么感受呢？

生：我感受到了充实！

师：充实，为什么？

生：因为每个人在秋天收获了自己的成功！

师：收获成功是最充实的！不错。

师：除了这些收获，你们在寻找资料的时候，在拍摄秋天的时候，在整理资料的时候，在展示的时候……还有哪些收获呢？

生：……

（四）教师总结布置作业

这节课我们通过寻秋·绘秋·悟秋，从色彩、声音、气味、韵味多方面感悟了秋天。那么今天的作业就是，以“秋天”为话题，写一篇作文，可以描绘秋天的景色，可以叙写与秋天有关的事情，要求运用一定的修辞手法，语言优美流畅，表达清楚，感情真挚，题目自拟，文体不限，字数不少于600字。相信你们能把对秋天的情感表达出来，相信大家都能写得很好！

（余姚市阳明中学　鲍璐芳）

《探索月球奥秘》教学设计

【设计意图】

人教版语文七年级第一学期的教科书为学生提供了一个综合性学习活动“探索月球奥秘”,其中列举了五项活动参考:

1. 月球奥秘知多少。班上同学可按兴趣分组,分别探究月球起源、地质构造、月貌、月相、月食、人类登月、开发月球、月球与人类的关系等奥秘,并就研究成果作汇报和辩论。

2. 观察月亮运行情况,参观天文台或者天文馆。对月球运行图进行观察,并思考月球运行阶段的形状,使用什么名称,古代分别用哪两个字来命名;了解人类观察天体的历史,了解著名天文学家及常见的观察仪器和天文现象。

3. 丰富多彩的月亮文化。交流你所知道的关于月亮的神话传说、文章诗赋、对联、谜语、音乐、绘画等,讨论为什么在科技高度发达的今天,人们仍然喜欢关于月亮的传说,民俗和文艺作品的原因。

4. 我是月球小专家。进行一次月球知识擂台赛。

5. 月亮照着你,月亮照着我。以“我在月球上的一天”为题,全班轮流写一段话,进行故事接龙。或者围绕月球这一话题,写一篇五六百字的文章。

作为综合性学习,教科书中给出的这五项课程活动的设计使笔者产生一些迷茫,给人的第一印象,就是科学课。可是,为什么在语文教材中设计这么一堂课?又如何去设计这么一堂综合性学习课程呢?

首先,这不是一堂科学课,所以,就笔者个人观点而言,把第一、第二、第四个活动作为本次综合性学习的中心并不合适。而写作,由于其耗费时间,因此比较适合作为课程的辅助手段。就此推断,这节综合性学习课的设计应当围绕月亮文化为中心,即学习“月亮”对于“语文”的意义。

其次,在语文二字上加上引号,或许是综合性学习另外一个需要注意的点,即语文的定义。语文,应当生来就是一门综合课,自古文史不分家,语文和历史就是一家人;而今天笔者要提出语文和科学也不必分家,因为世间万物,皆可以从生花之妙笔与深刻之情感中表现出来,这就是语文，亦可称之为大语文。放入本课，若没有对月亮阴晴圆缺的认识，何来“人有悲欢离合”的迁移？若没有对月光清透大地的喜爱，何来“明月松间照，清泉石上流”的佳句。大语文，即对生活的感悟，对客观存在万物的主观认知，引导学生进行这种感悟，套用笔者经常说的一句话“以主观写客观”，可以作为这次综合性学习的突破点，对于月亮的客观认知，包括起源、构造、运行和相关知识的比拼，最后需要融入学生对月亮各个方面的“文”性体会，并化作感悟，以不同的方式表达出来，客观知识与主观感悟相辅相成，“探索月球奥秘”这一篇综合性学习活动的价值就从中体现出来了。

【活动目标】

既然要体现语文综合性学习的价值，首先就要进行合适的教学目标选择。作为教师的教学参考，语文教学用书中为本课程提供了四点活动目标：

1. 初步了解月球的自然现象和人文现象，培养科学探索精神和人文精神；
2. 学习利用图书馆和互联网获取资料的方法；
3. 能用科学的语言条理清楚地介绍科学现象；
4. 在有所遵循的基础上展开想象与联想，进行写作练习。

这四点目标用简单的语言概括其实就是：有所了解，有所获取，有所表达，有所感想。四点循序渐进，但是重点各不相同。若要在这四点教学目标中选择一点，作为本次综合性学习的重点，作为中心去开展，笔者个人认为，应该是第四点。前三者，可以作为第四点的辅助和准备去进行。初步了解了现象，之后通过一定的方法寻找到想要寻找的知识，之后互相交流和表达客观存在的事实，在这三者的基础上，通过自己的感和想，写出自己心中的月亮。

然而在翻阅了网上众多的教案之后，发现这个目标被简化，或是被阉割了。例如：

一节课堂实录中对活动目标的设定是：

1. 了解月球的有关科学现象和人文现象；
2. 掌握收集和处理信息的相关能力。

该方案只选择了两个方面，已经丧失了这节课作为语文综合课的一部分目的性，第二条看似是在培养学生的某种能力，实际上，在操作过程中，只是比谁认真罢了。因此，可以说，这样的目标设定是失败的。

而都江堰外国语实验学校的鲁霞老师在设计这次综合性学习活动的时候，把教学目标确定为这样几点：

1. 了解月球基本的自然现象，培养探索科学的精神；
2. 继续学习利用图书馆和互联网简单获取资料的方法；
3. 能利用准确的语言条理清楚地介绍科学现象；
4. 积累和欣赏有关“月亮”的丰富的文化知识；
5. 在有所遵循的基础上展开想象与联想，进行写作练习(周记)。

这样的目标设定与教参上的基本吻合，相对来说比较合理，较前一个目标的设定来说，是比较完整、清晰的。但是,这位老师只选择了一课时的实践来进行如此多的活动,密度过大了,所以这位老师把最后的写作练习放到了周记里面。个人认为这样会将此次综合性活动最有锻炼价值的部分给弱化了。既然设定了进行写作练习,就需要有引导,有激发,有指导,有反馈,有点评。通过前面的活动,积累知识,积累感受,积累写作的欲望,积累表达的需要,然后分层次进行自己的写作,能够创作的同学,进行创作;能够变化的同学,进行变化;能够模仿的同学进行模仿。老师再给予足够的时间进行指导,赏析,点评。笔者认为这样的效果是最好的。因此,课时就需要做适当的延长,笔者认为至少需要两个课时,而且学生前期的准备工作,及教师对前期准备工作的指导,需要更多的时间,以保证本次综合性学习的质量。因此,笔者将教学目标制订为:

知识目标:使学生了解有关于月亮的科学知识和人文文化。

能力目标:培养学生的自主学习研究能力,合作欣赏能力与语言文字表达能力。

情感目标:感受月亮以及与月亮相关的文学作品带给自己的感受,用自己的经历和感情与月亮共鸣。

(一)方法手段和能力培养

有了合理的课时安排,在适合学情、体现价值的教学目标的指导下,教师应当选择适当的教学活动组织方法,由此明确对学生能力的培养。一般来说,本次综合性学习课程设计中的方法和手段大致有:前期的资料收集及成果汇报,课堂中的欣赏(诗歌与歌曲),小组合作讨论,知识竞赛,综合测试,写作。方法与手段的安排和运用,是为了培养学生的某种能力,这里的方法和手段,基本指向了学生的某种能力。

手段方法	能力指向
前期资料收集及成果报告汇报	自主学习研究能力
课堂中的欣赏(诗歌与歌曲)	欣赏能力
小组合作讨论	合作能力
知识竞赛,综合测试	
写作	综合文字表达能力

在笔者参考的七篇教案中,绝大多数教案都使用了知识竞赛和综合测试作为课堂的主要组织活动,来作为对资料收集的检测。实际上,如果从课堂目标和培养学生能力的指向性来看,这一条是价值最低的。花大量的时间,做了一件在这个方面最无意义的事情,虽然看起来课堂精彩活泼,其实学生无非是将之前准备的材料,了解的知识,进行了一次考试,是一种应试思维的体现。另外一个比较受重视的,是小组讨论,这是培养学生合作能力的好方法,只不过怕流于形式,没有真正唤醒学生对月亮以及月亮文化的体会和共鸣。笔者个人的意见,知识竞赛的形式很好,很能激发学生的兴趣,也能够活跃课堂气氛,但是时间不宜过长,也不宜作为本节课的主要内容去进行,否则就会造成只有积累没有融合和薄发的过程,学生也仅仅学到了无限中有限的知识。有的教案干脆把竞赛和学生表演作为最主要的活动,占据了80%以上的上课时间,老师做的只是开头结尾,这样做就把综合学习课规划为了班队课。

相对于竞赛的形式，笔者比较推崇课堂欣赏和小组合作讨论的形式，这对于积累之后的融合揉捏过程是非常有益的，在进行充分的融合和揉捏之后，造成学生心中有所感，脑中有所想，激发他们的表达欲望，为之后写作表达的途径做充分的准备。而通过自主研究能力，欣赏和合作能力，进而提高他们表达自己思想感情的能力。

（二）重点和难点

课堂欣赏对于学生来说十分有益，是本次教学的重点，却也是教学的难点之一。课堂欣赏一般来说包括诗歌和歌曲的欣赏，前期的材料准备很容易，也就是寻找和月亮有关的诗词、歌曲，让学生们去品味。大多数的教案都是选择了各种带月的诗句，加上歌词中带月的歌曲，足够学生们欣赏的了。这个部分的难点在哪里呢？笔者认为，应当是素材的选择和之后写作练习的联系，写月亮的诗歌数不胜数，相对来说古诗词所写的月亮，其中需要选择的条件是比较宽松的，因为作为中国传统文化的一种积累，其艺术价值和生活价值都是非常高的，也较为适合从文化的角度熏陶学生，使之联想起自己的生活，做类比构思。问题出在歌曲，对于歌曲的选择，条件就应该相对苛刻一点。教案中举的几个例子，（为避免引起纷争，暂不列名字）无非是两种：一种是军旅歌曲。虽然红得可以，但是，离大部分学生的生活实在是太遥远，引起不了共鸣，缺少贴近生活的文化气息。另一种是粗制滥造的流行歌曲。现在的歌曲对月抒怀的不少，但基本没有文人，只剩下"骚客"。描写的内容单一，词作的深度肤浅，仅仅是爱来爱去伤来伤去而已。因此，教师在斟酌歌曲欣赏的素材时，需要考虑此次活动想唤起学生何种表达欲望。当然，"梦中琴箫君似月，灯下杯酒夜如愁"这一类的思念爱人，渴望爱情的题材不是不能出现，而是尽量提供一些有模仿意义、有体会价值的东西。"爱"这个字太简单，同时又太深邃，是我们的学生目前所无法理解的内容。因此，素材的选择，也是一个难点。

根据前文的分析，教学目标中有所表达，有所感想应当是最重要的两个部分，与之相对应的就是要培养学生综合文字表达能力。因此，写作是本次教学的重点。而作文的题目或者方向，按照教参的活动目标，是"在有所遵循的基础上展开想象和联想"。这也是一个值得讨论的问题。活动目标很宽泛，想象和联想，怎么想？想什么？从什么方向去想，都不确定。可以确定的是，话题就是月亮。教参中提出的"以'我在月球上的一天'为题，进行故事接龙"，其实是一种比较粗浅的做法，故事接龙的方法，就决定了这次写作的不确定性，不贴近性，因此，个人不推荐采用这种方法。其实，多么好的一个对月感怀的机会！我们的学生每天过着两点一线的生活，他们甚至都没有看到过月亮，如此美妙的景致，他们没有对此有所感触，是一种教育的罪过。那么现在有这样一个机会，让他们能够感受一些自然，并且结合自己的感情、亲身经历，将爱恨情仇揉入对自然的体会，找到抒发情感的突破口，岂非快哉！因此，作文的难点，在于如何引出学生们的情感。这就需要教师站在学生的角度，什么样的题材他们会感兴趣，通过什么手法，什么内容，唤醒他们心中沉睡的感情。这需要教师通过之前几个阶段的引导，而且，每一个学生都有自己不同的背景，自然会有不同的想法，也有不同的感受，如何用一个话题适当地引导他们写出自己心中的感受。爱而不腻，恨而不怒，喜而不狂，悲而不伤，表达出自己真实的感受，讲述自己最熟悉的内容，可以是这次写作的核心，而具体的形式限制，则可以不作要求。

综上所述，本次教学的主要组织形式，适宜于课堂欣赏、小组合作讨论以及文字表达。与之相对应的，以培养学生的欣赏能力、合作能力和综合文字表达能力。在教学中，应当注重学生的主体性，进行适当引导，让每个学生在不同的感悟中表达不同的思考，讲述不同的故事，尽量减少外来的限制，真正发挥他们的主动性。因此，笔者将重点与难点制订为：

1. 教学重点：让学生通过对月亮的相关科学知识以及文化知识的学习和赏析，唤醒学生心中对月亮的感触，从而产生表达的欲望；

2. 教学难点：如何唤醒学生对月亮的感触，如何将前面的知识和赏析与唤醒他们的表达欲望结合起来，从而达到触发写作的目的。

【活动准备】

布置任务，时间为两个星期。结合中秋节展开活动。教师需要做的安排：1. 一份这次学习的时间安排表；2. 一份详细的阅读目录，3. 与月球有关的文字，传说，图片，录像。依托班级博客进行。学生分为四个小组，组织收集材料，并阅读目录中的诗歌或文献。期间教师做定期检查。

【活动过程】

1. 课堂导入。“举杯邀明月，对影成三人。”同学们，古往今来，月亮给了人们多少的思考，又被寄托了多少的感情。如今，人类已经成功登上月球，发现月球并不像古人所说的那样神秘而充满生机，但是，月亮依然是我们歌咏的对象。今天就让我们来展示我们之前半个月所积累的知识，欣赏前人对月亮的感触吧。

2. 四个小组一一展示所收集的关于月亮的科学知识和人文知识，每个小组不超过 3 分钟。(教师之后视情况，展示一些自己准备的材料)。

3. 月亮文学知识竞赛。

4. 请你从刚才的诗歌或者歌曲中选择一句你最喜欢的话，并且说说为什么。

5. 请你讲一个你和月亮的故事。在你心目中，月亮有什么代表意义么？

6. 就“月亮”为话题，写篇文章，字数不限，题材不限，文体不限。(做到真正的任何文体不限，绝句也可以。)

后续工作：教师批改文章，并且讲评。诵读优秀作文，点评不足的作文，并做适当总结收尾。

总结

探索月球奥秘，实质上是在探索自己心中的月亮。通过对月亮的了解和认识，通过对月亮相关的文章、诗句、歌曲的欣赏，唤醒学生沉睡的情感，激发他们的表达欲望，写出他们心中的月亮，身边的月亮。作为语文书中的一课，《探索月球奥秘》也许能表达一个道理：语文生来就是综合课，而语文教学的根源则来自于学生的内心。

附：活动详细过程

1. 教师导入：欣赏乐曲《春江花月夜》。同学们知道这首曲子的名称吗？“春江潮水连海平，海上明月共潮生。”一曲《春江花月夜》,曾使多少人为之倾慕。是的,月亮它空灵澄澈,明亮耀眼,总给人创造优美的意境,给人以无限遐想。古往今来,多少人为之追梦寻思。今天,我们也来做一个追梦人,来一回月亮探索之旅。好吗?(好)大家回答得铿锵有力,看来同学们做了充分的准备。相信自己,你们是这次旅程的主人。下面有请我们的导航主持。

2. 主持人:同学们,我是徐旭东,我是胡玲珑,你们好!欢迎你们踏上月亮探索之旅,希望我们能共度这段美好时光。同学们为踏上这次旅程,准备工作为时20天,以月亮文化为主的研究课题分为了神话传说小组、精美语段朗诵小组、诗词赏析小组、名联佳对小组等,这些天来,同学们借助图书馆或上网查资料、通过小组合作探究,都有了自己的绝活。首先有请:

(一)神话传说小组

组长(韩文迪):大家好!欢迎来到月亮神话传说驿站,这里是神话语林,美丽的神话正等着我们去探索,去享受。还等什么呢?让我们赶紧出发吧!首先请听:《朱元璋月饼起义》。

组员(朱澄滢):中秋节的传统食品是月饼,月饼是圆形的,象征团圆,反映了人们对家人团聚的美好愿望。中秋节吃月饼据说始于元代,当时,朱元璋领导汉族人民反抗元朝暴政,约定在八月十五日这一天起义,以互赠月饼的办法把字条夹在月饼中传递消息。中秋节吃月饼的习俗便在民间传开来。后来,朱元璋终于把元朝推翻,成为明朝的第一个皇帝,虽然其后满人入主中原,但是人们仍旧庆祝这个象征推翻异族统治的节日。

组员(朱晶怡):我来讲一个《嫦娥奔月》的故事吧,射日英雄后羿到昆仑山访友求道,巧遇在此经过的王母娘娘,便向王母求得一包长生不死药。据说,服下此药,能即刻升天成仙。然而,后羿舍不得撇下妻子嫦娥,只好暂时把药交给她珍藏。嫦娥将药藏进梳妆台的百宝匣里。后来嫦娥贪恋自己的美貌,想长生不老,自己吞下了药,身子立时飘离地面,冲出窗口,飞到月宫去了。 后羿无可奈何,又思念妻子,只好派人到嫦娥喜爱的后花园里,摆上香案,遥祭在月宫里的嫦娥。百姓们闻知嫦娥奔月成仙的消息后,纷纷在月下摆设香案,向嫦娥祷告祈求吉祥平安。从此,中秋节拜月的风俗在民间传开了。

组员(毛艳):说到嫦娥,大家肯定想到了吴刚,下面让我们来看看“吴刚伐桂”吧!相传月亮上的广寒宫前的桂树生长繁茂,有五百多丈高,下边有一个人常在砍伐它,但是每次砍下去之后,被砍的地方又立即合拢了。几千年来,就这样随砍随合,这棵桂树永远也不能被砍掉。据说这个砍树的人名叫吴刚,是汉朝西河人,曾跟随仙人修道,到了天界,但是他犯了错误,玉帝就把他贬谪到月宫,日日做这种徒劳无功的苦差使,以示惩处。

组长(韩文迪):“玉兔捣药”,传说有三位神仙,化身为三个可怜的老人,向狐狸、猴子及兔子乞食,狐狸及猴子都拿出了食物接济老人,但只有兔子没有食物,兔子告诉老人“你们吃我吧”,就往烈火中跳了进去,神仙们大受感动,于是将兔子送到了广寒宫成了玉兔,后来,玉兔就在广寒宫里和嫦娥相伴,并捣制长生不老药。

总结:(朱澄滢)关于月亮的故事还有很多,神话般的世界等待着我们去探索。

(毛艳)我们要做的只是抱着未泯的童心去思考美丽故事背后的真理。

(朱晶怡)宇宙的奥秘无穷无尽,我们探到的只是这茫茫星空的几颗星星。

(全体)让我们怀着对未来美好的憧憬,放飞理想的翅膀,散发神话的魅力,共创美好未来。

主持人:谢谢他们为我们带来的美丽的神话故事,这些故事寄寓着古代人们美好的情思,于是月亮也有了许多美称与雅号,你们能说说她的别称吗?

(学生抢答:玉兔、素娥、冰轮、玉轮、玉蟾、蟾蜍、婵娟、玉盘、玉镜等。)

主持人:月亮不仅有优美的别称,还有许多精美的语段值得人们细细品味。下面有请:

(二)精美语段朗诵小组(配乐)

朗诵者:杨恺

内容:诗人余光中的《中元月》

水银的月光浸满我一床

是童年派来寻我的吗?

……

朗诵者:康世勇

内容:朱自清的《荷塘月色》:曲曲折折的荷塘上面,弥望的是田田的叶子。……(两自然段)

主持人:优美的音乐,声情并茂的朗诵,把我们带入了优美的意境。同学们一定有话要说,请大家对他们的朗读进行点评。(学生点评)

主持人:美的文章需要声音来演绎,更需要用心来解读。下面有请:

(三)诗词赏析小组

组长(顾嘉月):大家好!欢迎来到月亮诗词赏析驿站!我是顾嘉月,我的同伴还有许蓉蓉、方飘逸、方晴程。自古以来,月亮是永恒的话题,她伴随着人类的脚步,关注着苍生冷暖。千百年来,她一直成为文人墨客吟咏的对象。在她身上,人们寄托了他们的悲欢离合,倾注了他们的爱恨情愁。于是,便有了月亮文化,月亮,也就成了我国文化中的一个瑰宝。就拿李白来说吧!他就经常月下独酌,赋诗于月。下面就让我们走近李白,感受李白与月亮之间那份特殊的感情。

组员(许蓉蓉):唐诗我非常喜欢,最喜欢的诗人就是李白了,我发现,这位浪漫主义大师除了恋酒以外,还偏爱一物,大家知道是什么吗?是天上明月。李白作诗,常赋明月,其咏月诗句如珍珠串串、亮星颗颗。我来问问大家,当李白的好友王昌龄被贬官,他作了什么诗相赠?(邵煌:是不是"我寄愁心与明月,随君直到夜郎西"。)回答正确。当李白看见江岸纤夫,劳役惨重,他吟什么诗句?(王彬:"吴牛喘月时,拖船一何苦。")很好,请坐。大家知道李白一生仕途坎坷,空怀大志,有谁知道他用什么诗句来言志抒怀?(周欣怡:"欲上青天揽明月。")还有当他报国无门,年华虚度,心情惆怅时,便吟咏:"人生得意须尽欢,莫使金樽空对月!"……李白爱月,非但吟咏,他还把自己的孩子取名为"明月奴",并将其妹也唤作"月圆",说来实在有趣。后来诗人病逝,只因其平日饮酒成癖和痴迷月亮,后人还盛传他是醉酒后于水中捞月而丧生,且又追月而去了。至此,一代诗仙真是神了!李白,诗仙也!他如一轮皎皎明月,将长久地高悬于祖国诗坛上。

组员(方晴程):欣赏了李白与月亮的传奇,让我们再走进张若虚的月亮世界。张若虚的这首《春江花月夜》一千多年来使无数读者为之倾倒，可惜他一生仅留下两首诗，这是其中一首。此诗也被闻一多先生誉为“诗中的诗，顶峰上的顶峰”。我们先来读一下吧！（全班齐读）大家知道其中的名句吗？我也非常喜欢“人生代代无穷已，江月年年只相似”。张若虚在此处别开生面，翻出了新意：个人的生命是短暂的，而人类的存在则是绵延长久的，因此，“代代无穷已”的人生就和“年年只相似”的明月得以共存。这是诗人从大自然的美景中感受到的一种欣慰。诗人虽有对人生短暂的感伤，但并不是颓废与绝望，而是缘于对人生的追求与热爱。请大家怀着美好的情感再来读一遍。（配上琵琶曲《春江花月夜》）

组员（方飘逸）：（音乐响起——王菲演唱的《水调歌头》），请大家跟着唱吧。这首宋词大家肯定非常熟悉，是宋代词人苏东坡的代表作之一。全词借月抒发思念亲人之情。那么，大家知道他是在思念谁呢？（弟弟苏辙）全词想象奇特，运用形象描绘与浪漫主义的手法，把官场的失意与对弟弟的思念和对人生的思考巧妙地融入其中，表达了诗人旷达的情怀。大家最喜欢其中的哪几句呢？（生答）我也很喜欢“但愿人长久，千里共婵娟”。它是全词点睛之笔，表达了对亲人的美好祝愿。现在还常用于节日祝福亲友之用。

总结（顾嘉月）：月亮是星空中一幅美丽神奇的图画，神圣而光洁。让月亮永存于我们心中，让月亮的皎洁照亮我们的一方心田。

（四）名联佳对小组

主持人：精美的诗歌词赋令人回味无穷，除了诗歌词赋，我国历代人民创造了光辉灿烂的对联文化。名联佳对，浩如烟海。我们是中华文化的传承人，更应从我国这份独特的、珍贵的文学遗产中汲取营养。

下面我们在屏幕上亮出的是上联，请各小组任选一个，对出下联，要求对仗工整，每一副对联中要有月亮的含义，并说出你们的理由。如果已知此对联的下一联，请另选一题。此一环节请我们老师来参加主持。

①月月明　八月月明明分外　　②楼高但任云飞过

③满地花阴风弄影　　④中天一轮满

⑤天若有情天亦老　　⑥中秋赏月，天月圆，地月缺

（小组合作，四分钟后发表本组创见）

一小组发言：我们组选择的是②楼高但任云飞过。我们对的下联是：江平能让月沉璧。我们认为，“楼高”一词与“江平”对应比较妥当，因诗人站在高楼上眺望远方开阔的江面，“云飞过”是说云儿在头上飞过，充满着动感，这与月儿沉静在水中如一块碧玉的静感相对应。“月沉璧”这里我们还用了典故，就是《岳阳楼记》中范仲淹把月亮比作“静影沉璧”。

（老师：再请选择②的组来发表自己的创见）

二小组发言：人忧乃觉月窥来。我们是这样想的，一人独上高楼，思念远在天涯的亲人，云随风移，隐在云后的月亮似乎探出头来，望着孤独寂寞的诗人。此时，月亮与人形影孤吊，惆怅无限。

（老师请其他同学发表意见点评）

总结：同学们有非常丰富的想象力。不仅设置情景，还移情于景，有诗情呀！第一小组同学还运用了动静结合的方法，运用了典故，不过“云飞过” 的“过”是助词，“月沉壁”的“壁”是名词，所以词性没对好。第二小组的发言对诗句创设的情景可谓合情合理，对仗也很工整。不过似乎还缺了灵性。我们来看看原句下联吧。“池小能将月送来”。请同学们来赏析一下。

学生（胡卉）：原诗句用了拟人的手法，赋予小池以人的情思，更启示着一种哲理，即“尺有所短，寸有所长”的道理，给人更广阔的想象空间。

三小组发言：我们组选择的是⑤天若有情天亦老。我们组对的下联是“月如无心月早衰”。原诗句中有两个“天”，那下联中该有两个“月”了，而且“心”与“衰”相连，拟人化，老师刚才说，写诗要有灵气。（众笑）苏轼《水调歌头》中也写过：“何事长向别时圆？人有悲欢离合，月有阴晴圆缺。” 月亮在诗人眼中是懂人心的。

（老师请其他同学发表意见）

学生（张京）：我认为，他们有这样对对联的方法，有两个“天”，对两个“月”，得来全不费工夫。我对的第一个字是“地”，以为和上联的“天”相应，现在想，他们的比我高明，其中上联的“有”又与下联的“无”相对很不错。

老师总结：大家知道“天若有情天亦老”本是唐代诗人李贺的名句，他的下句是“人间正道是沧桑”，有人以为是绝对。后来曼卿对出了“月如无恨月常圆”，很多人赞叹，认为天衣无缝。看来，没有最好，只有更好。我们要不断地追求更好，继承和创新并举，学出自我。

（以下几例通过学生互相评议，教师积极肯定，相机点拨。）

主持人总结：我们祖国文化真是博大精深，就月亮文化的探索已让我们获益匪浅，我想，我们今后应该用更多的时间来学习。

主持人：如今，随着科学技术的发展，人们已逐渐揭开了它的神秘面纱。下面有请人类探月小组。

（五）人类探月小组

小组代表（陈臻晗）：大家请看人类第一次登月录像，这是我们小组石珂奕同学费尽周折找来的。（学生鼓掌表示感谢）

（放录像）

这是人类第一次揭开月球神秘的面纱，月球独特的自然环境和资源的诱惑让人类无法止住前进的脚步，到如今距第一次登月已有几十年了，人类探索月球又有了新的发展，美国于1986年提出重返月球、建立月球基地的设想，并在20世纪90年代先后发射了两枚探测器，以期绘制月球表面地形图、分析月球地质结构和寻找月球存在冰或水的证据。与此同时，俄罗斯也制订了新的探月计划，在2010年后要在月球上建基地。中国探月工程已于2004年正式启动实施，探月工程分“绕”、“落”、“回”三个阶段。作为深空探测的第一步，计划在2007年前发射第一颗探月卫星，实现绕月飞行的目标；争取分别在2010年前和2020年前实现“落”和“回”的目标。大家有兴趣请上网查找，可查到目前这颗绕月卫星已完成仪器和程序设计，它将乘坐长征三号甲火箭从西昌发射基地出发去月球旅行。（展示卫星图片）

时至今日，人类研究月球的历史已近三百年，我们中国比起美国、苏联是晚了些，但神舟五号载人飞船的发射成功表现了我国航天事业的新进展。作为21世纪的青少年不仅要学好祖国优秀的传统文化，还要学好科学，具备实践能力和创新精神，赶超世界强国，扬我国威。

3. 教师总结

谢谢同学们作了这么精彩的主题汇报，同学们渊博的知识让老师受益匪浅，探索科学的热情也让老师深受感动。从同学们确立课题到小组合作，从上网查找资料到整理写出课题总结报告、制作幻灯片及至今天的汇报交流，同学们的各种能力都得到了提高。老师发现同学们学会了搜集信息，有加工处理信息的能力，并学会欣赏神话传说、诗歌词赋，也学会了阅读科普作品，更可贵的是尝试了通过现象看本质的科学探索方法。真正实现了学习语文并运用语文的目的，语文的综合素养得到了一定提高。这整个过程相信同学们感触很深，课后请把你的感受写在记录本上，也可写上你的建议，以后我们还将继续这样的综合实践，以期开展得更好。下面我们看着屏幕上这段文字一起朗读，来结束这次探月之旅：

我们从远古时的月亮神话走来，一路听着唐诗宋词，感受着诗人的咏月情结，直到人类登月揭开神秘面纱，这一路探月之旅，让我们感受了中国历史文化的博大精深，以及人类孜孜不倦改造自然的创造精神，真正体验了月球奥秘无限。现如今人类已向更远的星际——火星开始探索，探索宇宙已迈开了更大的步伐。是呀，我们人类虽没有展翅高飞的翅膀，但我们有智慧，智慧能使我们思想高飞，智慧能使我们创造无限。愿同学们都能做学习的主人，成为一个不断挑战自我、不断创新的智者，未来属于我们。

（海曙区外国语学校　马　冀）

《我爱我家》教学设计

【设计意图】

“我爱我家”这一主题很容易上成一堂思品课，那么如何将其设计成一堂不失“语文味”的综合实践课是设计教案首先考虑的关键。依据“以学定教”理念，结合学生初次离开父母独自住校的现状，教师在课前组织学生就这一主题展开讨论，经过多种比较和筛选后，最后决定以“家”作为切入点，利用父母给予孩子的三份礼物（姓名、照片、叮咛）来感悟亲情，并采用书信的形式表达对父母的感恩之情。

【活动目标】

1. 感悟亲情，形成热爱家庭的情感和对家庭的责任感。
2. 培养口语交际的能力，做到有条理、有中心地说话。
3. 围绕一事一物写一篇作文，具体生动，融入真情实感。

【活动准备】

1. 制作姓名资料卡，向父母询问自己姓名的含义、来历和心声。
2. 翻阅成长相册，找出最能表现家庭温暖的照片，并将其做成课件带回学校与同学分享。

【活动过程】

一、导入

人们都说：“家是温馨的港湾，家是幸福的摇篮，家还是遮风挡雨的避风港。”这片小小的地方有我，还有父母，我们和父母有许许多多的故事。今天我们“我爱我家”综合性学习就从一封普通的家书说起。

姓名	
含义（来历）	
心声	

在这节课堂上，我们要用心给爸爸妈妈写一封饱含深情的信，让我们一起有感

情地朗读这封信的开篇部分吧。

（学生齐读信的开篇部分）

二、礼物展示

1. 姓名

“从我出世的那一刻起，欣喜万分的你们早就准备好第一份珍贵的礼物——姓名……”姓名是父母送给我们的第一份礼物。也许，我们早就习以为常，可是，逐渐懂事的你有试着去解读父母这份看似简单却蕴含深意的礼物吗？

（1）告诉大家你姓名的写法；

（2）名字是父母给予我们的，是我们最大的骄傲，所以我们要自豪、大声地告诉大家。

（部分学生介绍自己姓名的含义和来历）

我们既了解了姓名的含义和来历，也明白了父母对我们的期望，现在的你是否有新的感悟呢？请把你对姓名的感悟或者你想对父母所说的话写在信的相关位置，然后大声地念出来吧。

（学生书写，当堂交流）

课堂实录片段：

……

生1：大家好，我叫金乐盛，金木水火土的金，快乐的乐，盛是成长的成加上皿字底。爸爸妈妈希望我快乐地成长。

师：老师也希望你像小树一样，茁壮成长，最后长成一棵参天大树。

生2：我叫徐臻，臻是聂荣臻的臻，这个名出自“日臻完美”这个成语，表明妈妈希望我成为一个非常完美的人。

师：这位同学叫徐臻，让老师特别有感触。因为老师的名字中也有“臻”，而且是两个，日臻完善、日臻完善，我的父母也希望我做得更好。

……

我们每个人的姓名都寄托着父母最美好的祝愿，希望我们能够带着这份期望，在成长的道路上越走越稳，越走越好！

2. 照片的故事

带着父母长辈们的期望，我们开始牙牙学语，开始蹒跚学步，开始快乐地奔跑在人生的跑道上。父母欣喜地见证着我们一点一滴地成长，他们用手中的相机拍下我们成长的足迹，写下整个家庭满满的温暖与幸福。照片，是父母给予我们的第二份礼物！

上个周末我们有一个小活动，请班上的每位同学回家翻阅家中的成长相册，寻找能够表现家庭温暖和快乐的照片，并将它们制作成一个精美的课件带回学校与大家分享。经过全班同学的推荐，有三位同学的作品受到了肯定，我们分别请他们来说说“家里的那些温暖”。

（三位学生课件展示）

课堂实录片段：

……

生1(走上讲台):大家好,我是林煜超,我从相册中找了三张最能表现温暖的照片,请看:

第一张照片是我六岁时在三亚过年照的。这张照片的背景是一座古老的桥,万家灯火,依偎在父母怀里的我笑得十分灿烂;八岁那年,爸爸带我去了世界文化遗产之一的甘肃敦煌莫高窟,这是国家5A级名胜古迹,我们骑着骆驼,经过美丽的月牙泉,一起穿过了那片壮阔的戈壁滩,看,骑在老爸肩上的我挺帅吧?十岁那年,我和爸爸去了东钱湖,那里空气十分清新,湖水清澈,绿草如茵,嗯……景色非常美丽,当然,我们玩得非常开心。

师:掌声送给我们林煜超同学。他的温暖按照时间顺序,清晰而具体,同时语言很幽默呢!

……

生2(走上讲台):我叫徐嘉谦,我不像林煜超那样有机会去那么多地方,所以我只选了两张照片。这是家乡的一座土山,我和妈妈正在爬山,那天天气炎热,我们早已大汗淋漓,但我还是继续往前,因为妈妈说,勇敢的人才能见到山顶最美丽的景致!这是在世博园旅游时所拍的照片,我给他取了一个小标题——《我与谁最近》。在逛世博园时,有个地方有许多的藏书,我一时兴起就坐下来认真阅读,妈妈静静地站在一旁望着我,没有任何怨言,陪了我好久好久。爸爸用镜头捕捉了这个温暖的瞬间,它让我时刻铭记,在成长道路上妈妈给予我的鼓励和对我的殷殷期望。现在我离开妈妈,来这里读初中,我们很少见面,但是她依旧不断地鼓励我,鞭策我。我非常感谢她。

师:这位同学曾经在课前找过我,他说自己的照片没有其他同学多,因为他家在丽水,离学校较远。妈妈周末过来时发现笔记本中只存了几张照片,所以自己的故事可能没有那么生动,那么精彩。老师想告诉我们同学,照片不在于多少,而在于每个人能否发现照片背后的感动,能否让人感受到家庭的温暖。这位同学的妈妈那么远带着笔记本过来,和他一起完成这个活动,这不就是一张最温暖的照片吗?

……

三位同学简单介绍了充满温馨的一家,可能每个人的故事不一样,但这些照片所流露出来的情感是相同的。老师要适当点评一下刚才三位同学的发言。我们说,讲话要注意几个原则,包括写作也是一样的:第一,中心要明确。刚才三个同学的讲话中心都很明确,中心都是"温馨的家"。第二,详略得当。其实大家在选照片的时候,选择的余地是相当大的,但是,我们要在其中选择几张最具代表性的照片,然后重点讲讲照片背后的故事。第三,内容要充实。我们要通过几张照片来体现家庭的美满。最后,情感要真挚。刚才大家上来讲的时候,或多或少有点小紧张,但是结尾都是相当完美的。因为这其中有对父母真情的流露。

刚才同学的真情流露让我们更加确信:其实幸福快乐就在身边。下面的时间交给在座的每一位同学,请你仔细搜索,将上周相册中找到的照片,照片背后的温暖转换成美妙的文字,在信中与父母一起来分享这个美妙的瞬间。注意写作的四个要求。

(学生书写,当堂交流)

其实老师也跟我们同学一样,参与了这个小活动。老师翻看自己的相册,然后找出了两张别具深意的照片。一张是五岁时和妈妈一起在美丽的东钱湖畔留下的合影;一张是今年九月份结婚时与妈妈的合影。两张照片见证了我的成长，但也见证了妈妈容颜的变化。我一直记得婚礼那天妈妈帮我整理婚纱时的喜悦，一直记得她低头给我穿红鞋的认真，一直记得她在耳边千叮咛万嘱咐的关切。突然间，我明白了，一直以来，在妈妈的心中，我始终是一个孩子，昨天、今天、明天一直都是！

3. 电话那头的叮咛

在这一点上，老师和在座的每一位同学都是一样的，都是父母心中的孩子，都被父母的关心所包围。很多同学进入蛟川后就离开父母，独自一人开始了住宿生活。“儿行千里母担忧”，父母的担忧和关心化成了电话那头连绵不断的叮咛，这是父母送给大家的第三份礼物。

大家可以回忆一下，你的父母最近一次给你打电话是在什么时候？他们在电话里跟你聊了些什么呢？你喜欢跟父母分享你在校园里遇到的趣事吗？

（学生回答与父母打电话的相关问题）

我们同学大都是很乐意与父母分享趣事，可有时会不会因为作业忙不过来，因为忙着参加体育锻炼，因为急着和同学谈论今天的趣事，而在无意间忽略了电话那头的父母。

今天我们不妨借这个课堂，停下匆匆的脚步，竖起心灵的耳朵，一起静静地来聆听班中一位妈妈对孩子的牵挂。

课堂实录片段：

……

家长电话录音：欣欣啊，天气变凉了，今天很冷了吧？要多穿一点。晚饭吃了什么？吃饱了吗？睡觉之前要泡泡脚，脚泡热了才能好好睡觉。不管怎么样，身体要放在第一位的。这次考试考得不怎么样吧？什么原因呢？自己分析一下，是不是期中考试以后自己放松了呢？不能再这样松下去了，一定要把基础打扎实了，知道吗？再见了啊。

师：这个妈妈很细心，从孩子的衣食住行到学习生活，事无巨细，她都一一提醒。大家在她的身上是不是也看到了自己父母的影子呢？也许他们总是在电话中重复着相同的内容，可是，那被我们称之为“唠叨”的背后却是父母对孩子最真挚的关心！

……

对了，每次和父母的通话结束时，大家是否有留意到一个细节：谁先挂电话？

不先挂电话，也许就是父母的一种习惯吧。老师从前并没有注意到，直到那天傍晚……父亲照例打电话询问我最近的工作生活情况，依旧是重复的话题：饭吃了吗？工作顺利吗？天气变化，衣服有及时增添吗？晚上记得要早点睡觉，不要熬夜，注意身体……当时的我正埋头批改作业，面对爸爸的叮嘱，我都是习惯性地点头说“嗯”“知道了”。电话那头的爸爸仿佛察觉到了我的忙碌，就不再多说了。我说完“再见”，倒也不着急挂电话，维持着原先的姿势，一手托手机，一手继续批改作业。忽然间，寂静的手机中再次传来父亲关切的声音“怎么了呀，为什么不挂电话？”“哦，忘记了，可是爸你怎么也不挂呀？”“习惯了，快点挂电话做事吧。”在父亲淡淡的一句“习惯”中我挂下了这个普通到不能再普通的电话。可是，我的心却沉默了。父母习惯了等孩子先挂电话，习惯了挂断后听筒中传来的嘟嘟声，习惯了心中淡淡的遗憾和失落，可怜天下父母心，可敬天下父母情，在那一刻我才真实地感受到了这份沉甸甸的爱。

4. 真情感悟

课前同学们还提到了许多承载父母爱意的方式，如父母亲手编织的衣服，但因为课堂时间有限，我们无法一一展示，大家可以在课后细细体悟。父母给予我们的爱是无私而又伟大的，慢慢成长的我们，逐渐懂事的我们，当然也渴望回报这份恩情。我想把这段“爱的礼赞”送给我的父母，也希望借着这个机会送给大家可敬的父母：

感谢你们，当我已不再年幼，当我悄悄地数着你们头上的缕缕白发，当我轻轻地抚摸着你们脸上的道道皱纹；

感谢你们，当你们已不再年轻，当你们无声的爱依然陪伴在我的身边，当你们的双眼装满了数不清的牵挂与温情；

感谢你们，当我静静地聆听着这一首首亲情歌曲，我终于明白：

是你们，给了我一个完整的世界，给了我一个幸福温馨的家！

我想轻轻地告诉你们：

我爱你们！ 我爱我们的家！

“我爱我们的家”，这是每位同学的心声，请用你们的笔写下对家、对父母最真挚的谢意和最美好的祝愿。

（学生动笔完成自己的“爱的礼赞”，全班交流，完整呈现这一封家信）

三、课堂小结

我们的语文课即将结束，可我们的感恩之旅却仍在继续。虽然这是一封小小的信件，但相信对你们的父母而言，这将是一份弥足珍贵的礼物！“我爱我家”，不管走到哪里，相信这一定是我们心中永不改变的信念！

四、作业布置

请认真完成这封信，然后装进信封，回家郑重地交给你的父母。同时，别忘了跟他们说一句：“爸爸妈妈，我爱你们！”

五、板书设计

一封信的故事

——《我爱我家》综合性学习

附：

写给父母的一封信

亲爱的爸爸妈妈：

你们好！

在爱的阳光下，我走过了这些年无忧无虑的路，突然间，往昔轻巧的脚步在梦中悄悄出现。多少次走过绿草如茵的公园，听那七八岁的女孩欢呼雀跃的声音，看那童心之花绚烂多姿地绽放，于是我们的故事在心田静静绽放。

从我出世的那一刻起，欣喜万分的你们早就准备好第一份珍贵的礼物——姓名。诗情画意的，寓意深刻的，简洁明了的……____

____

____

小小的姓名承载着你们的期望，我始终记得。

带着美好的祝福，我们开始牙牙学语，开始蹒跚学步，开始快乐地奔跑在人生的跑道上。你们欣喜地见证着我们一点一滴的成长，用手中的相机拍下我们成长的足迹，记下我们在一起时满满的温暖与幸福。____

____

____

____

进入蛟川后，我离开了你们，独自一人开始住宿生活。“儿行千里母担忧”，多少次，拿起电话，你们嘘寒问暖，恨不得将所有的关心都浓缩成句句的叮嘱；多少次，放下电话，你们默默地接受听筒中传来的嘟嘟声，习惯了心中的那份失落。离家的日子，教会我思念，教会我懂事，下次，我们交换一下好吗？你们先挂电话，我来做后挂电话的那个人吧！

____

____

____

____

最后我想大声地告诉你们：我爱你们！我爱我们的家！

祝你们身体健康，工作顺利！

你们的孩子：____________

年　月　日

（镇海区蛟川书院　钱臻臻）

《追寻人类起源》教学设计

人类的起源——姓氏探源

【设计意图】

通过本节课的学习，让学生了解姓氏的起源以及姓氏中所蕴涵的深厚的文化内涵，让学生知道语文无处不在。

【活动目标】

1. 培养学生运用各种方法搜集资料的能力。
2. 结合相关资料，多角度地探寻人类的起源。
3. 让学生感受到语文无处不在，懂得学习语文的重要性。

【活动准备】

学生活动准备：

教师让学生利用课余时间自己上网或到图书馆查阅并搜集关于“姓氏”的相关资料——

准备一：搜集中国姓氏起源的相关资料。

准备二：找寻跟自己姓氏起源有关的故事或典故传说等。

准备三：向家长询问自己家族四代人的姓名，并且比较这些名字的共同点和不同点。（注：从男女性别、同辈及不同辈的名字、不同时代的名字特点比较）

教师活动准备：

家谱一本、与姓氏有关的视频、小故事、姓氏的相关知识。

【活动过程】

一、谈话导入（播放 flash 动画、盘古开天地、女娲造人、仓颉造字）

在上课之前，我们先看投影上的这幅画。有谁知道这是哪位画家的作品吗？

（学生自由说）

他是法国后印象派画家高更，这幅画叫做《我们从哪里来？我们是谁？我们往何处去？》可以看出高更在思考一个什么问题啊？

（学生自由说）

其实，这幅画表现的是一个很深奥的哲学问题，但是前两个问句却很明确地指向于人类的起源问题。看来，对于人类起源的问题，古今中外的人都在思考。（出示幻灯片2）

看到这个问题，你想到了什么？

（学生自由发言）

是啊，你们说得都不错，但是这是语文课啊！那么，我们今天就从姓氏的角度一起来走进探寻人类起源的旅程。哎，老师如果问你们“你是谁啊”，你会怎么回答？

（指名让学生回答）

你刚才说的×××中的第一个字是你的（姓）后面的字是你的（名），那我叫×××的时候，有没有别人答应？

（没有）

看来我们的姓名已经有了一个最基本的功能——把你和别人区别开来！你姓×自豪吗？

（自豪）

过渡性提问：老师这里有一份“百家姓”，你找出你自己的姓所处的位置，并说出一位让你自豪的同姓的名人，之后啊，再把你的姓自豪地写在黑板上。（出示幻灯片3）

【设计意图：此环节为了激发学生学习本课知识的兴趣，从而用找自己的姓氏联系历史人物导入本课的主要内容】

1 王	2 李	3 张	4 刘	5 陈	6 杨	7 黄	8 孙	9 周	10 吴
11 徐	12 赵	13 朱	14 马	15 胡	16 郭	17 林	18 何	19 高	20 梁
21 郑	22 罗	23 宋	24 谢	25 唐	26 韩	27 曹	28 许	29 邓	30 萧
31 冯	32 曾	33 程	34 蔡	35 彭	36 潘	37 袁	38 于	39 董	40 余
41 苏	42 叶	43 吕	44 魏	45 蒋	46 田	47 杜	48 丁	49 沈	50 姜
51 范	52 江	53 傅	54 钟	55 卢	56 汪	57 戴	58 崔	59 任	60 陆
61 廖	62 姚	63 方	64 金	65 邱	66 夏	67 谭	68 韦	69 贾	70 邹
71 石	72 熊	73 孟	74 秦	75 阎	76 薛	77 侯	78 雷	79 白	80 龙
81 段	82 郝	83 孔	84 邵	85 史	86 毛	87 常	88 万	89 顾	90 赖
91 武	92 康	93 贺	94 严	95 尹	96 钱	97 施	98 牛	99 洪	100 龚
101 汤	102 陶	103 黎	104 温	105 莫	106 易	107 樊	108 乔	109 文	110 安
111 殷	112 颜	113 庄	114 章	115 鲁	116 倪	117 庞	118 邢	119 俞	120 翟
121 蓝	122 聂	123 齐	124 向	125 申	126 葛	127 柴	128 伍	129 覃	130 骆
131 关	132 焦	133 柳	134 欧	135 祝	136 纪	137 尚	138 毕	139 耿	140 芦
141 左	142 季	143 管	144 符	145 辛	146 苗	147 詹	148 曲	149 欧阳	150 靳

151 祁 152 路 153 涂 154 兰 155 甘 156 裴 157 梅 158 童 159 翁 160 霍
161 游 162 阮 163 尤 164 岳 165 柯 166 牟 167 滕 168 谷 169 舒 170 卜
171 成 172 饶 173 宁 174 凌 175 盛 176 查 177 单 178 冉 179 鲍 180 华
181 包 182 屈 183 房 184 喻 185 解 186 蒲 187 卫 188 简 189 时 190 连
191 车 192 项 193 闵 194 邬 195 吉 196 党 197 阳 198 司 199 费 200 蒙

(学生发言时,教师适时点拨)

二、我的姓氏源远流长

教师补充有关姓氏的知识。

过渡性提问:啊,真了不起啊,原来你们都是名人的后代啊,嗯,前途不可限量啊!哎,对了,你们不能光知道这些同姓的名人啊,你们知不知道你们的姓是怎么来的吗?你们知道姓氏是什么时候产生的吗?哈,不知道吧!老师查了很多资料后才发现——其实,我们的姓氏源远流长。

(投影出示)相传上古五帝之一的舜是颛(zhuān)顼(xū)的后代,因生在姚墟(今山东菏泽东北)而得姚姓。他又曾住在妫(guī)汭(ruì)河(今山西省永济南),所以后代又有妫姓。周武王灭商后,追封帝舜的后裔妫满于陈,建立陈国,奉守帝舜的宗祀(sì)。妫满所建的陈国即今河南省淮阳县一带,包括今安徽省北部的阜(fù)阳、河南省中部的郾(yǎn)城等地,妫满去世后谥曰胡公,称胡公满。公元前478年,陈国被楚国所灭,其子孙以妫满谥号为氏,称胡氏,此为河南胡氏。故胡氏后人尊胡公满为胡姓的始祖。

引导性提问:你们知道老师为什么惊讶吗?(预设:你的祖先并不姓"胡")是啊,老师直到今天才发现,虽然我姓"胡",但是我的祖先却不姓"胡",这到底是怎么回事呢?你们现在的姓是不是你们祖先原本的姓氏呢?下面我们就一起研究姓氏是如何产生的——

(投影出示)

资料一:姓产生于原始氏族社会。若干民族组成一个原始部落,部落内各氏族又独立存在,同时,各氏族之间又有着密切的婚姻联系,姓就作为识别和区分氏族的特定标记符号应运而生。"姓"是"女"和"生"组成,就说明最早的姓,是跟母亲的姓。中国最早的姓都带有"女"字,如姬、姜、妫(guī)、姒(sì)等,可以推断早在母系氏族时期,姓已经形成,是由母权制社会中妇女的地位所决定的,其作用就是便于通婚与鉴别子孙后代的归属。同姓内部禁止婚配,异姓氏族之间可以通婚,子女归母亲一方,以母姓为姓。

资料二:氏是姓的分支,用来区别子孙之所由出生。同一姓下可以有不同的氏。最初的氏是男性部落首领的称号。姓是不变的,氏则可以改变,可以自立。战国以后,姓氏逐渐合一,至汉统称为姓。

【设计意图:因为本环节知识性较强,所以知识的介入非常重要,这些知识为学生掌握下面的内容做了准备。】

过渡性提问:看着这个姓氏表,老师想,中国的汉字可远远不止这些,那么古人是如何从那些成百上千的方块字中挑选出这些字来当做自己姓氏的呢?这些姓氏的背后是否还藏着些不为人知的秘密呢?

（学生先猜想自己的姓氏产生的原因，教师根据学生的回答出示下面的资料）

1. 以居住地名、方位、封国命氏。如赵、西门、郑、苏等。

2. 以古姓命氏。如任、风、子等。

3. 以先人名或字命氏。如皇甫、高、刁、公、施等。

4. 以兄弟行次顺序为氏。如伯、仲、叔、季等。

5. 以职官名称命氏。如史、仓、库、司徒、司寇、太史等。

6. 以职业技艺命氏。如巫、屠、优、卜等。

7. 以祖上谥号为氏。如戴、召等。

8. 古代少数民族与汉族大融合，借用汉字单字为氏。如拓跋氏改为元、叱卢氏改为祝、关尔佳氏改为关、钮祜禄氏改为钮或改为郎等。

9. 因赐姓、避讳改姓氏。如李唐王朝赐给立有大功的大臣们以李姓、朱明王朝赐以朱姓；汉文帝名刘恒，凡恒姓因避讳改为常氏。晋朝帝王祖上有司马师，天下师姓皆缺笔改为帅氏。

10. 因逃避仇杀改姓。如端木子贡后代避仇改沐姓、牛姓避仇改牢姓等。

姓氏起源的形式很多，并且在不断发展，同姓异源，或异姓同源，等等，情况十分复杂。随着岁月的流逝，不断出现新的姓氏。如给孩子取名时，取男女双方两个单音姓合成复姓，又为姓氏"家族"增添了新的成员

【设计意图：在这个环节中，通过学生自己的介绍，不但使学生的语言表达能力得到了提高，而且让学生在课堂上对自己所搜集的资料又有了一个重新梳理的过程，这样，他们对于姓氏的由来会了解得更加深刻。同时，视频、故事的介入，结合教师的讲解，也会使其他同学对于姓氏起源的认识更加深入。】

三、我的同族遍布四方

教师提问：从刚才老师胡姓的那一段资料来看，老师原本应该是河南人了，可现在怎么就成了象山人呢？（学生自由发言）那么，我们的祖先是如何来到这里的呢？

补充资料：举例胡姓迁移的过程，胡氏的起源地，当然是周初的封地陈国了。即今天的河南省淮阳县。从此之后，胡氏以此为源地，其后世子孙逐渐向四处延伸。经过数代的繁衍，先后南达新蔡，北到山西，并成为当时的胡姓望族。至汉时，迁入陕西、甘肃、山西、山东、湖北等地。其中，迁去甘肃省境的一族，在后汉时已成为一大望族，后成为各地胡氏繁衍的主要来源。西晋末年，因"永嘉之乱"，胡姓中原士族大举南迁，胡姓遂迁入福建。胡氏南迁，始于西晋末年。胡氏的后代，从中原渡江南下，先迁到安徽，然后又从安徽再迁至福建。最后由福建迁入台湾。再以后，又由新蔡和山西两地的胡姓向其他各地迁居、繁衍，最后遍及全中国。胡姓是当今常见姓氏，分布很广，约占全国汉族人口1.31%，为中国人口超过1%的十九个大姓之一，居第十三位，在台湾排名第三十八。

【设计意图：本环节主要是通过教师个人搜集资料的展示，让学生强化对姓氏起源的认识，同时，让学生了解姓氏的迁移和分布的原因和特点。这样，学生就不难了解为什么各种各样的姓氏会分布在全国各地了，形象而直观地解决了人类起源及迁移分布的问题。】

四、我的名字意味深长

1. 探寻辈分的产生及作用

过渡性提问：随着人口的增加，即使一个家族内部都会有很多的人。那么，古人是如何将这些人进行区别的呢？怎么才能知道这些人和自己的关系呢？下面是老师搜集的一些名字，你们仔细观察一下它们有什么特别之处。

出示：胡全平　胡全明(曾祖父一代的人名)

胡家广　胡家兴(爷爷一代的人名)

胡余奖　胡余昌(父亲一代的人名)

胡庆楠　胡青科(八十年代的人名)

胡嘉豪　胡博文(九十年代的人名)

(明确：同一辈人的名字中都会有一个相同的字，但到了现在，这样的字在名字中体现的越来越不明显。)

教师提问：你们名字中这些使用的相同的字是什么？(引入辈分的知识)

(投影出示)

材料一：辈，即行辈用字，即一姓族之内的人们为了分别世系辈分远近亲疏，而在取名时严格统一的用字。一般情况下，这个辈字是用在两字名的前边或后边，其格式是，姓+辈字+其他字，或姓+其他字+辈字。这个辈字居中间者比较普遍。封建社会重男轻女，辈字只在族内男性中施行。统一的辈字具有维护伦理纲常和增强族姓凝聚力的重要意义。一个族姓繁衍播迁，相互之间分散遥远，加之年代相隔长久，同姓子孙不明世系、不知根源、同宗同族也只能是路人一般，更不清楚相互之间的辈分关系。为了解决这些问题，辈字就应运而生了。

材料二：南靖县双峰村《丘氏族谱》载：从其二十一世始，标定的昭穆用字是："文章华国，诗礼传家。创垂显奕，继述藏嘉。光前荣耀，世德作裘。仁亲义祖，燕翼贻谋。桂芳兰茂，日新月盛。思皇多佑，福禄来成。庆余善积，谱泽绵延。宗风丕振，亿万斯年。"(《南靖文史资料》第二期86页《双峰丘氏的历史渊源》林明波)目前已传至"垂"、"显"字辈，即第三十至三十一世。这种按族谱排辈分的方法，是农村常可见到的俗象，由于世系分支发展速度不一，一些年届七旬的老翁，要向三岁稚童称"叔"或"伯"。永定俗谓："白头哥，坐地叔。"(即对平辈的白头老翁仅呼"哥"，而尚在襁褓中的叔辈，即使上年纪老者也要唤其为叔)为了区别同辈中的年龄次序，"排辈分"之外还要"排号"。永泰县同安乡张氏族谱规定，族人添丁按先后次序排号，日常称呼常舍其名而直呼其号，如同辈中是第20个出生的，就直呼"二十"以代名字。这一习俗在当地一些年高者中至今仍颇为流行。

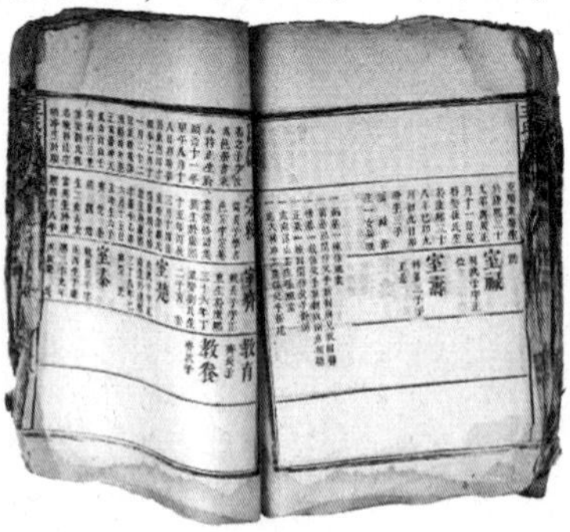

过渡性提问：在名字中体现辈分，能够使我们知道眼前的人是我的长辈还是晚辈，能够让我们知道，我们和他的关系是远还是近。但是，我们发现，现在我们取名字的时候已经不会在名字中加入辈分了，那么你们觉得是应该加还是不加辈分呢？(学生自由回答，估计两种回答都有。)那么,老师给你们一次为自己的观点而战的机会,下面我们进行一次小型辩论赛,正方观点:取名字时,要延续中国的传统文化,在取名时体现辈分。反方观点:名字只是一个人的称呼,取名时不需要刻板地在名字中体现辈分。(安排学生分组并抽取论题,小组简单讨论后,直接进入自由辩论环节,教师随机点拨)

学生活动:学生进入自由辩论环节。

【设计意图:本环节是为了培养学生的思辨能力以及语言表达能力,并且让他们简单地熟悉辩论的一般规则。通过这样的活动,可以很大程度上调动学生的积极性、主动性,而且还可以使他们充分发挥团队精神,培养他们的集体荣誉感,对于他们是有很多益处的。】

教师小结:看来大家对于是否在取名时体现辈分还是争执不下,那么,老师觉得你们说的都有道理,体现辈分可以更好地体现长幼之序,而且能够让我们知道彼此的亲疏关系;但是有些体现辈分的字确实影响了我们取名时的美感,使我们的名字缺乏个性,没有特点。其实,无论怎样取名,都是寄托了我们对于生活的美好愿望。我们再来看一下这些名字——

2. 探寻名字的时代色彩

投影出示:胡全平　胡全明(曾祖父一代的人名)

胡家广　胡家兴(爷爷一代的人名)

胡余奖　胡余昌(父亲一代的人名)

胡庆楠　胡青科(八十年代的人名)

胡嘉豪　胡博文(九十年代的人名)

过渡性提问:这些不同时代的名字,在表达美好愿望时有什么不一样吗?

(明确:不同时代用字不一样,所表达的时代特征也不一样)

教师补充资料:

姓名是时代的沉积岩,一定时间范围内的姓名必然要反映这一时期的历史风貌。新中国成立初期的人名多见国、华、新、明、建、荣、中、光、春、平、爱、民等字。合作化时期则有满仓、满囤、丰收、互助、国征、新社、建设等双音双字名字。"文化大革命"期间常用红、军、文、武、志、伟、忠、新、革、联、胜、卫、东、利等字。

小结:姓氏是家族的特殊标记,辈字是区分族内辈分高低的标志,人名则是区分人群个体的符号。姓名学是一门古老的学问,它的源头也就是姓氏的发端。同时,姓名学又是一种具有丰富内涵的文化现象。对姓氏的研究已形成一门学科。它与人口普查、语言学、历史学、考古学等有着密切的联系,对于人事现代化科学管理有着极为重要的作用。作为一门边缘学科,姓氏学受到各方面的重视。研究姓氏学可以让我们了解祖先的生产、生活及文化现象,利用姓氏学研究人类的起源正成为一门新兴的学科!

【设计意图:本环节是为了让学生了解到,其实从名字中我们还可以看到那个时代的色彩,可以看出那个时代不同阶层的人对于生活的不同愿望,对于我们了解祖先的生活环境、价值观、世界观都是有极大帮助的。】

五、课堂总结

背景音：歌曲《百家姓，中华情》

教师总结：通过这节课的姓氏探寻之旅，我们知道了我们的姓氏源远流长，我们的名字意味深长，我们的同族遍布四方，我们都属于华夏民族，我们都是炎黄子孙。将来，无论你们身居何地，无论你们身处何方，请你们永远记住：我们是一家人！

六、课后作业，巩固知识

写一篇600字的作文，题目是“我为我的姓氏而骄傲”。

七、板书设计

（设计成一棵树的形状）

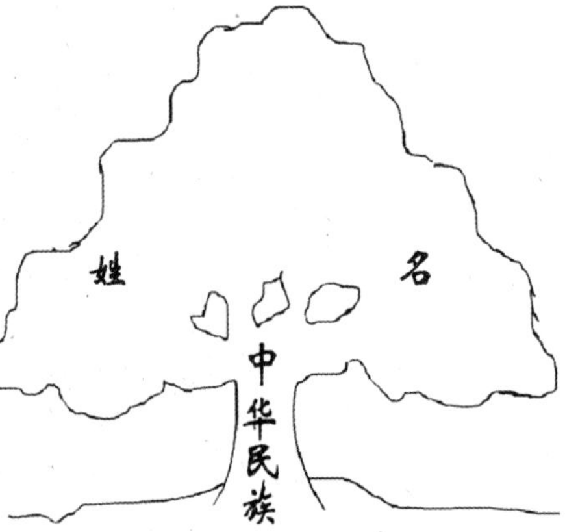

人　　类

（象山县滨海学校　王燕维）

了解人类起源

【活动意图】

在人类文明高度发达的今天，没有人会怀疑：人，这个地球上唯一可以制造和使用工具进行劳动的高等级动物，他们战胜自然的范围会越来越宽泛，能力会越来越强大。当然，也没有人会否认：奇特的物种“人”和地球上的其他物种一样，其实都是茫茫宇宙中的匆匆过客。那么，追寻人类起源，探究人类这个特殊“客人”的来历，不但可以让我们更加清楚地了解人类的过去，还可以帮助我们预测人类的未来。

本次的综合性学习活动，就是要深入了解有关“人类起源”问题：如创造人类的神话有哪些？为什么会广为流传？古猿是如何进化成人的？人类起源的新说法有哪些等，并要有打破砂锅问到底的探究精神，力求从一个方面或几个方面对人类起源的问题有自己独到的认识和见解。搞清楚以上有关问题，查找到较为令人满意的答案，为写好本单元作文作好必要的铺垫。

【活动目标】

1. 通过本次活动,培养学生搜集、整理资料的能力。

2. 了解关于人类起源的发展过程,感受古人丰富的想象力及神话传说的魅力。

3. 培养学生自主组织、合作探究的学习方式和科学探索精神。

4. 锻炼学生的口语表达能力、随机应变能力、创新思维能力。

【活动准备】

1. 总共分成四个小组,安排三个活动计划:分别是讲故事、填表格、辩论赛,以此进行淘汰赛,每个活动淘汰一个组,剩下两个组进行辩论赛,得出冠亚军。

活动计划一:讲故事

(1)搜集中国和世界其他民族中间广泛流传的神话故事(每组每人至少搜集一个)。

(2)组内交流,派代表讲述组内所找到的故事(可根据需要加以修改,力求绘声绘色,引人入胜)。

活动计划二:填表格

(1)搜集从猿进化到人的资料,完成课本中人类起源、进化表。

(2)每组要准备讲述自己所找到的有关资料,要讲究语言的科学性和条理性。

活动计划三:辩论赛

(1)搜集关于人类起源的新说法,选择自己所支持的观点,做好辩论的准备。

(2)让学生自主选择合作伙伴组成合作小组,明确组员任务。

(3)在学生中选定主持人及评委。

【活动过程】

一、导入

师:浩渺苍宇,广袤太空,神秘的色彩充斥其中。在一个美丽的星球上繁衍着无数的生灵,她就是人类的母亲——地球。智慧让人出现了诸多疑问。我们从何而来?为了揭开自身的谜团,人类探寻的脚步从未停止,今天,我们就踏着前人的足迹,追寻人类的起源。(师板书,引出课题)

师:基于原有的认识人类起源的解释概括起来有神创论、进化论,还有一些新的假说。本次活动我们将根据神创论来展开我们的故事赛,根据进化论来填写表格,最后根据新的假说来展开我们的辩论赛。有请我们本次活动的主持人。

二、故事赛

主持人:神话打开了艺术之门,借助丰富的想象力,散发出文学艺术的魅力,里面不仅有生动的故事情节,还有鲜明的人物形象、美好的情感。下面进行各组展示,评委做好评分工作。

小组展示:

女娲泥土造人故事……

圣经里的上帝造人故事……

《埃及神话》中认为:人类是神呼唤而出的……

日耳曼民族人类起源于植物传说……

澳洲神话、美洲神话、希腊神话中动物变人说……

……

主持人:人类起源的神话传说,各民族都相当丰富,其中有些说法颇为相似。归纳起来,有“呼唤而出”“原本存在”“植物变人”“动物变人”和“泥土造人”五种。现在展示晋级小组的名单。

讲故事比赛评分表

评分组号:

组号	故事名称	故事内容 1 分	富有表现力 2 分	普通话标准 2 分	精神饱满 2 分	故事时间 1 分	附加分:表现形式创新 2 分

三、填表格

主持人:晋级的名单已经出炉,那么就开始我们下一场晋级赛。

主持人:神话文学积淀了几千年的文明史。研究神话,使我们更加懂得应该热爱生活和他人;对古代优美的文学艺术遗产有了更深刻的认识,洞察到了历史的真相。神话对于文学艺术有很大的影响,文学艺术靠了它才更加显得美丽而年轻。

但是,神创造人,是在生产力水平极度低下的条件下产生的,是人们无法解释人类起源而发挥的想象。要了解人类的起源,我们还要走进科学探索的大门。下面,请剩下的三个小组填写进化表。我们将根据各组的准确率来进行评分。

……

进化的阶段	时间(年)	特征
古猿	前 700 万~前 800 万	人类和类人猿的共同祖先,开始进化
南方古猿	前 420 万~前 100 万	能直立行走,脑容量很小。
能人	前 200 万~前 175 万	脑容量增大,能够制造工具。
直立人	前 200 万~前 20 万	脑容量明显增大,上、下肢有明显分工,使用的石器功能各异、加工精细,北京人已经会用火。
早期智人	前 20 万~前 5 万	工具更为先进,石器、骨器,人工取火。
晚期智人	前 5 万~前 1 万	与现代人十分接近,脑颅增大,下颏明显,会制造长矛、标枪,修建简单的房屋,用骨针缝制衣物。不同人种形成,逐步分布到世界各地。

主持人:时间到,现在出示我们的标准答案,请评委给各组打分。

师:提起进化论我们不得不介绍一个人物——达尔文。查尔斯·罗伯特·达尔文,英国生物学家,进化论的奠基人。曾乘贝格尔号舰作了历时5年的环球航行,对动植物和地质结构等进行了大量的观察和采集。出版《物种起源》这一划时代的著作,提出了生物进化论学说,从而摧毁了各种唯心的神造论和物种不变论。恩格斯将“进化论”列为19世纪自然科学的三大发现之一。老师真诚地希望:同学们可以在科学的领域中留下自己的足迹,探寻到知识的真谛。

四、辩论赛

主持人:现在评分已经出来了(第一组:____分;第二组:____分;第三组:____分)我们恭喜晋级的两个组,这两个组将参加我们最后一轮的辩论赛。

主持人:最近北大西洋公约组织的科学家马莱斯认为:大约65万年前,一些外星人来到地球,他们具有高度的智慧和科技知识,发现了地球环境很适应他们居住,但却不堪忍受地心引力,于是这些外星人不得不放弃地球生活,并决定在地球上创造出一种新的适宜于地球生活的人种,同时又使他们能在地球上延续。他们选择了地球上精力旺盛、智力较高的雌性猿人作为对象,设法使他们受孕。这便产生了我们人类的祖先。那么,外星人是否真的存在呢?现在我们就“是否存在外星人”这一主题进行辩论。

正方:认为外星人确实存在。

因为马莱斯举出的证据就是他对不久前在圣地亚哥发现的一具5万年前的头盖骨的研究。他认为,那具头盖骨所代表的人种智力已远超过今天人类的几千倍。从而推测“他”就是古时来地球的外星人之一。他还指出另一个可能是外星人与地球猿人结合的证据,那就是安第斯山顶绝壁上人所共知的巨型图案。马莱斯说,那极有可能就是外星人与地球猿结合的真实描绘。

因为从生命的起源来看,只要在合适的恒星系统中的一颗条件温和的行星上,产生一定的化学反应即可产生原始的生命。据科学研究推测,这种现象不只是地球上的特有,在整个宇宙空间中绝对会有不少这样的现象。著名天文学家弗兰克·德瑞克早在1961年就提出了一个推断外星生命的方程式,我们通常叫它为“德瑞克方程式”。“德瑞克方程式”现在已经得到全世界很多天文学家的认可。通过“德瑞克方程式”的计算,天文学家们乐观地推断出,仅在银河系中就存在着大量的可能孕育着智能生命的星体。有人甚至明确断言,银河系中就有100万颗左右的行星上可能有生命诞生,而且每颗行星上的生命处于不同的进化阶段。因此,就更不用说离我们更远的其他星系上有智能生命存在的可能了。

(学生预先做好PPT,随机展示)

反方:认为外星人不存在。

英国《每日电讯报》1月23日(2011年)报道,美国哈佛大学资深天体物理学家霍华德·史密斯教授是在分析了迄今为止发现的500颗系外行星之后得出:“由于所有系外行星都不具备孕育生命的条件,因此发现外星生命的概率几乎为零。”这句话出自世界顶尖级天文学家之口,该预测无异于给那些致力于寻找外星人的宇宙爱好者们泼了一盆冷水,不过现实往往就是这么残酷无情。

(学生预先做好PPT,随机展示)

主持人:我们的辩论十分的精彩,我也有种想上前一辩的冲动。现在请评委根据学生在活动过程中表现出的情感、态度和实绩，对个人和小组进行打评。评选出最佳合作奖、最佳口语交际能力奖、最佳表现奖、最佳创意奖等一系列奖项。

主持人：我们此次辩论会到此结束。

五、总结

师：正如大家所评价的，这节活动课中各小组的表现都非常踊跃，同时在同学们的带动下我对人类的起源有了更新的认识。思考一下：你通过本次活动了解了什么？你在活动中有什么感悟？有限的课堂只能给大家引引路，更广阔的天地在生活中，希望大家可以学以致用，在更宽广的领域进行研究。

六、写作拓展

任选题目，完成作文：

题目1：在上述辩论的基础上，科学、大胆地论证。以"'外星人说'之我见"为话题写一篇作文，文体不限，字数不少于600字。

题目2：人类起源和发展的历史就像是一面镜子，通过这面镜子，我们察看到了人类不断进步的轨迹。那么未来人类会如何发展呢？请你发挥丰富的联想和想象，以"未来的人类"为话题写一篇想象作文，题目自拟，文体不限，字数不少于600字。

（象山县外国语学校　王春燕）

感受人类起源神话的魅力

【设计意图】

1. 紧扣学情设计。初一学生好动，好奇心强，而本次综合性学习，又有上网查资料活动，学生的参与热情很高涨，因势利导，定有收获。

2. 紧扣教材特点设计。这是初一上册第六单元的"综合性学习·写作·口语交际"部分，它以综合性学习为主。教材说，关于人类起源有神话的回答和科学的解释，为了让主题更突出，与该单元有些内容更有联系，我对教材内容作了取舍，确定本次综合性学习主题为"感受人类起源神话的魅力"。

3. 紧扣综合性学习特点设计。自主、合作、探究的学习方式在综合性学习中最能运用，而本次活动也最能迎合这一点，所以设计时努力朝这方面靠近。

【活动目标】

1. 知识与能力：

(1)了解中外古人丰富的想象力和古代神话永恒的魅力；

(2)继续学习利用网络搜集资料的方法,并在搜集资料的过程中培养浏览和筛选信息的能力;

(3)学习用不同的口气讲述不同的内容,讲述生动有趣的故事,要绘声绘色,引人入胜;

(4)培养想象能力,学习想象作文。

2. 情感态度和价值观:结合自己的人生经验,在阅读中,感受人类起源神话的魅力,并能辩证地看待我们学习人类起源神话的意义所在。

3. 过程与方法:发挥学生的主观能动性,用自主、合作、探究的学习方式,懂得人类起源神话只不过是人类探索自己起源过程中的最初认识。

【活动准备】

一、教师准备

1. 人类起源神话故事,古今中外多而杂,教师的知识储备肯定不足,所以要求教师自己要以浓厚的兴趣,锐意搜集资料,储备足够的知识,同时记录自己学习的过程和心得体会,做到指导学生活动心中有底。

2. 撰写好综合性学习《追寻人类起源》之"感受神话魅力"的方案。

3. 按照方案设置的各板块,对学生进行分组,落实参与各板块活动的学生。

4. 提供部分网址。

二、学生准备

1. 让学生自主选择合作伙伴,组成合作小组。

2. 围绕活动内容广泛搜集资料,上网查资料,整理资料。

3. 每组准备一个档案袋,以整理活动成果。

【活动过程】

准备安排两课时,第一节课集中去计算机房上网查资料,然后指导学生对所查到的资料进行整理,并制作成课件的形式;若干天后,利用一节课时间进行展示。

一、第一课时:按要求查找资料并展开探究

1. 搜索我国关于神创造人类的神话故事

要求:①是文言文的,就把它翻译成现代汉语;②了解它流传情况;②初步感受其魅力在哪里。④重点研读袁珂先生的《女娲造人》。

2. 搜索国外关于神创造人类的神话故事

要求:①有关神创造人类的神话故事可能很多,学会筛选;②细说这些神话故事的魅力;③重点研读本次综合性学习中参考资料《伊甸园里》一文。

(设计想法:因为古今中外关于神创造人类的神话很多,流传很广,也很远,一方面是想让学生对众多的神话故事学会筛选,取其精华,弃其糟粕;另一方面做到点面结合,这两项活动中都有广泛阅读和重点研读之分,特别是重点研读文章,学生学起来会找到一个落脚点,对感受神话魅力会有细化作用，同时也为下面的活动作基础；再者就是这些活动给学生学习文言文创造良好机会，增加许多文言知识，这不也是在学语文吗？）

3. 讨论并归纳神创造人类的种类

（设计想法：一是有、并值得讨论和归纳的内容，人类起源的神话传说，各民族都相当丰富，其中有些说法颇为相似。正因为其具有相似性，就可归纳；归纳的前奏是讨论，讨论可以让学生各抒己见，集思广益。二是对学生思维的一种训练，搜索材料大都是感性的，而讨论和归纳应该是理性的。）

4. 比较阅读《女娲造人》和《伊甸园里》的异同点

（设计想法：比较阅读的好处多多，特别能培养学生的思辨能力。这两篇文章近在眼前，触手可及，这项活动随时随地随人都可开展，多则全班进行，少则三五人即可。而且这两篇文章可比较的内容很多，相信学生也会兴趣盎然。其实，这项活动更是“点”上的深挖，神创造人类的神话魅力也会初见端倪。）

5. 探究：关于人类起源的神话为什么能够广泛流传

（设计想法：这次综合性学习的主题是《追寻人类起源》之“感受神话魅力”，围绕主题，我们需要寻找解决问题的载体，“关于人类起源的神话为什么能够广泛流传” 这个问题的讨论便是“感受神话魅力”的载体。对于这个问题的讨论，我们可以预测到学生是有理由可找，有据可循的，因为我们之前已开展了许多铺垫活动，这活动应该是水到渠成的。当然，老师要及时了解讨论结果，对于学生独特的感受和见解给以热情鼓励并督促学生写成文字材料。对于神话魅力的感受，到这里或许是达到高潮了，下一环节将转入到“我们学习关于人类起源的神话应该抱有怎样的态度”或者说是“人类起源的神话在我们探讨人类起源的过程中具有怎样的地位，我们如何看待”所以，这样看来，设计本环节同时也是个铺垫。）

6. 深入探讨：“我们学习关于人类起源的神话应该抱有怎样的态度”或者说是“人类起源的神话在我们探讨人类起源的过程中具有怎样的地位，我们如何看待”

（设计想法：本课教材中的“参考资料二”说到“神创论”，依我理解，“神创论”的根源应是神创造人类的神话，神创造人类的神话经过漫长演变，就成了宗教的经典，以致出现了诸如牛津的主教塞缪尔·威尔伯福斯信奉“神创论”到底的现象，他们严重阻碍着我们对人类起源的探索进程。设计此环节肯定会帮助学生正确理解“进化论”和“神创论”，这样就会把课本的资料利用起来，不让它成为摆设。诚然，我们设计本环节的理由不仅仅在此，更重要的是检测学生的情感态度和价值观，同时也在引导学生树立正确的价值观。因为现在宗教信仰自由，家里大人们的宗教信仰已严重影响到他们的下一代——我们的学生，比如：个别学生不做科学学科里有关人类起源的题目；一个优秀的学生，老师动员他入团，但他不愿意，因为父母和他每周日都要去教堂做祷告，神是他们祖先的观念是根深蒂固的。）

二、课外准备：整合资料，制作成课件并展示

1. 收集各小组各同学查来的资料和探究结果，然后归类，整理。

2. 委托三个学生制作成课件，老师指导，修改，成稿。

3. 委托两位主持人根据课件撰写展示串词。

三、第二课时:活动展示

1. 此活动在初一四班、五班都开展过,向全校展示的是五班;展示时四班也参与观摩、评价。具体参看展示课过程。

2. 活动评价。主要形式有学生自我评价(写活动感受),生生评价(请其他班参与听展示课的学生评价),老师评价(请我校语文组长讲话,任课老师总结等)。

附:《追寻人类起源之“感受神话魅力”》展示课过程

主持人1、2:尊敬的各位老师,亲爱的同学们,下午好!105班综合性学习《追寻人类起源》之“感受神话魅力”展示活动现在开始!

主持人1:浩渺苍宇,广袤太空,神秘的色彩充斥其中。在一个美丽的星球上繁衍着无数的生灵,她就是人类的母亲——地球。智慧让人出现了诸多疑问。我们从何而来?

主持人2:当一个婴儿会咿呀说话的时候,他常会问:“妈妈,我是从哪里来的?”妈妈会说:“你是从妈妈肚子里来的”“那妈妈你是从哪来的”“外婆那里呀”“外婆又从哪来的”……是呀,我们到底从哪儿来的呢?虽然我的人生阅历很浅,但我也可以踏着前人的足迹,追寻人类的起源。前几天,我们在鲍老师的指导下查阅了许多网站和资料,也进行了认真的讨论、琢磨;今天,我们利用这节课时间向大家展示关于人类起源的神话故事及其魅力所在。

主持人1:神话打开了艺术之门,借助丰富的想象力,散发出文学艺术的魅力,里面不仅有生动的故事情节,还有鲜明的人物形象、美好的情感。

主持人2:走进神话的殿堂我们被诸多内容感动着,请听来自远古的声音——由石昂同学带来的诗朗诵《创世史诗》,有请——

(石昂上)

创世史诗

上古之初空无一物,太虚中唯有空冥。
光芒为父,光明为母,幽冥与黑暗分别诞生。
其间渐渐形成一股气息般的微风;
于微风中出现冰霜凝结为露,化生一池塘犹如明镜。
池塘之上渐生薄膜聚而为卵,孵化成黑白二鹰。
二卵交合生三卵:一白一黑一什色。
白色卵迸裂形成神山和神灵;
黑色卵迸裂形成黑头红面人;
什色卵迸裂形成世间诸生灵。
……

主持人1:人类起源的神话传说,古今中外各个民族都相当丰富,其中有些说法颇为相似。我们班吴银银、李千姿、郑佳威、赖巧悦、万晴川等同学一组,经过查阅,并一一归纳,得出有“呼唤而出”“原本存在”“植物变人”“动物变人”“泥土造人”五种情况。掌声有请吴银银同学为我你们带来“呼唤而出”。

(吴银银上)

神秘之地埃及，一个最自我封闭的古老国家，她独特的生活方式使外在文明很难对她发生影响，《埃及神话》中认为：人类是神呼唤而出的。远在埃及与世界出现之前，全能的神“努”就已存在，她创造了天地的一切，她呼唤“苏比”，就有了呼呼的风；呼唤“泰富那”，就有了淅沥的雨；呼唤“哈比”，尼罗河就缓缓地流过埃及，她一次次呼唤，万物一件件出现，最后，她道出“男人和女人”，转眼间，埃及就住满了人。造物工作完成，“努”就将自己变成男人外形，成为第一位法老王，统治大地和人类，开创安和繁荣景象。

主持人2：刚刚倾听了吴银银同学带来的神话，下面有请李千姿同学为我们带来“原本存在”。

(李千姿上)

北美印第安人和新西兰毛利人认为：人类原本就存在着。毛利人的神话说“兰奇”和“巴巴”是天和地，是万物源头，当时天和地未分开，四下漆黑，他们的儿子渴望得到光明，便用力将天地推开，光明于是出现，一向藏在黑暗中的人类便被发现。

主持人1：李千姿同学讲述的“原本存在”是多么有意思啊！可是郑佳威同学所说的“植物变人”又是怎么一回事呢？让我们静下心来慢慢听他演说吧。

(郑佳威上)

天神欧丁(ODIN)有一天和其他神在海边散步，看到沙洲上长了两棵树，其中一棵姿态雄伟，另一棵姿态绰约，于是下令把两棵树砍下，分别造成男人和女人，欧丁首先赋予生命，其他的神分别赋予理智、语言、血液、肤色等，成为日耳曼的祖先，这就是人类起源于植物的典型代表。

主持人2：不光植物能变人，动物也能变人哩！有请赖巧悦同学为我们带来“动物变人”。

(赖巧悦上)

人类是由动物变的神话相当常见。澳洲神话中说人是蜥蜴变的；美洲神话则说人是山犬、海狸、猿猴等变的；希腊神话也说某族人是天鹅变的，某族人是牛变的。

主持人1：在所有神话中，“泥土造人”的说法最多，也最为流传，下面有请万晴川同学为我们讲述“泥土造人”。

(万晴川上)

在所有神话中，“泥土造人”的说法最多，也最为流传，如新西兰神话说人是天神滴奇(TIKI)用红土和自己的血制成；美拉尼西亚人也这样说；希腊神话说神从地球内部取出土与火，派普罗米修斯和埃皮米修斯兄弟二神，分别创造动物与人类，并赋予人类种种个性和智慧。

主持人2：呼唤而出的人类，是那样的令人不可思议；用泥土揉捏而成的人类，又是那样的千姿百态。其实神话的魅力在我们躺在母亲怀里的时候就领略到了，当我们自己真正走进它时，我们就会发现更多。欣赏了一个个神话故事，下面由杨艺同学为我们带来自创的小诗，掌声有请——

(杨艺上)

啊！美丽的神话，
你是众人智慧的结晶，
你是世人永久的骄傲，
让我们来赞美你美丽的神话。
沧桑岁月洗不掉你的优美，
你让后代子孙感悟优良品质，
你让大千世界充满神奇，
让我们赞美你美丽的神话，
让我们感受你蕴含的智慧与悠扬的历史。

主持人1：杨艺同学的朗诵处处洋溢着对神话的赞美，抑扬顿挫的朗诵声还在教室中回荡。

主持人2：在所有神话里，最引人入胜的泥土造人故事，要数我国的女娲和圣经中的上帝了。下面有请赖孙伟为我们复述《女娲造人》。

(赖孙伟上)

话说盘古开辟天地之后，不知经过多少年，忽然在天地间出现女娲。女娲在这荒凉天地中感到寂寞。有一天，她对着水，照见了自己，心里想要是天地间有几个像自己的，彼此说说话，该有多好，便不自觉地抓泥土，和上了水；照自己的形体捏出泥偶，放在地上，迎风一吹，便成为活跳跳的东西，于是给他起名为“人”。

原先女娲一个接一个继续不停的造人，但进度缓慢，终于感到吃力，心想要如何快速造人，以填补辽阔的大地时，她背靠山崖，顺手摘下藤条，懒懒地在和了水的泥浆里搅着，然后一甩藤条，洒落许多泥点，这些泥点落在地上，经风一吹，都变成了人，于是不停地挥动藤条，大地上的人也不断地增多了。

主持人1：神通广大的女娲艰辛地创造出了我们。而上帝又是用了什么锦囊妙计来造人呢？下面有请朱建港同学为我们叙述这个神奇的造人故事。

(朱建港上)

圣经里的上帝造人故事记载在旧约的创世纪之中。话说上帝花了五日时间创造了大地万物，到第六日他说：“我们要照着我们的形象，按着我们的样式造人……”于是用地上的尘土造人，将生气吹进人的鼻孔后，就成为活生生的男人，取名亚当。不久便取下亚当的一条肋骨，造成一个女人，亚当说：“这是我骨中的骨，肉中的肉，可以称她为女人。”

主持人2:各位同学,刚才我们聆听了两位同学的精彩复述,当然他们组还不满足这些了解,他们还认真地思考过,激烈地争辩,下面有请陈艳、方滢两位同学为我们分析《女娲造人》与《伊甸园里》这两则神话的相同点和不同点。有请陈艳、方滢两位同学。

(陈艳上)

相同点:

1. 人类都是被神创造出来的。

2. 制造人的材料都设想为泥土,可见大地是人类的母亲。

3. 人的形象都是按造者自身的形象设计的。

4. 都提到了男女之分。

5. 在世间万物中,人是最后被创造的。

(方滢上)

不同点:

1. 女娲造出的人多,上帝造出的人少。

2. 造人的方法不同:女娲用藤条一甩,就造出了人类;而上帝则是对着尘土吹一口气,才造出人类的。

3. 想造人的原因不同:女娲造人是因为她觉得很孤独,希望有人来陪陪自己;而上帝造人是希望有人可以帮他管理伊甸园。

4. 女娲造人和伊甸园的故事分别代表了中西方的始祖神话。

5. 这里面也反映了中西方文化的不同:中国神话具有明确的厚生爱民意识,女娲与被创造出的人类有一种形似母子的感情,所以在之后若干年的发展中,中国社会永远是人治,神仙宗教只是从属地位;而从《伊甸园里》可以看出神地位的至高无上。

主持人2:东方,西方,在我们的脑海里,路途遥远,人种不同,显然还有许多不同之处,但是东西方关于人类起源的神话里为什么还有这么多相似的内容呢?这值得大家深思、探究。接下来,我们的视野范围进一步缩小,让我们一起来领略我国古代关于人类起源的神话篇章。有请吴雨欣、俞汶吟、叶志麟等同学为我们带来《我国神话数种》。

(吴雨欣上)

我国神话论及人类起源的有数种,比较早的说法是《淮南子 精神训》:有二神(阴、阳二神)混生,经天营地……烦气为虫(混浊的气体变成虫鱼鸟兽),精气为人(清纯的气体变成人)。

这种说法并未受多大重视。

晚一点的说法则指盘古垂死化为万物之时,身上的寄生虫变为人类。绎史卷一引五运历年纪:(盘古)身之诸虫,因风所感,化为黎甿(人)。

这种说法也没有流传开来。

另一种说法是指人类由黄帝所造,然后由其他的神上骈和桑林赋予四肢五官,见《淮南子说林训》:黄帝生阴阳,上骈生耳目,桑林生臂手……

这种说法很有趣,和日耳曼所述的很相似,可惜上骈和桑林是什么样的神,在其他古籍中并无叙述，徒留一个谜。

主持人2：吴雨欣同学的讲述为我们解说了种种说法。接下来有请俞文吟同学为我们叙述我国最著名的神话。

（俞汶吟上）

我国古书《山海经》里对“女娲造人”描述，原文：俗说天地开辟，未有人民，女娲抟黄土做人。女娲造人不暇供乃引绳于泥中，举以为人。故富贵者，黄土人；贫贱者，引絙人也。

（幻灯片显示原文，俞汶吟同学对原文一词一句进行解释。）

主持人1：其实，世世代代还流传下了不少与众不同的神话故事。下面有请叶志麟同学为我们带来《其他的神话故事》。

（叶志麟上）

中国流传着一个浪漫的动物变人的故事：在很久远的年代里，西藏山南地区雅隆河谷的琼结地方，群山迤逦，森林茂密，高山上住着一只猕猴，山腰的岩洞里住着一个漂亮的魔女。某日，这个魔女受度母点化后，来到猕猴身边，她说：“我们都很孤单，让我们同居吧，我一定能和你终生相伴。”这只不开窍的猕猕回答说：“这样做恐怕是不妥当的。我是只猴儿，脸上堆满皱纹，身上披着兽毛，屁股上还吊着一条扫兴的尾巴。我不配当你的丈夫，你还是找一个比我好些的男魔满足你的欲望去吧！”不过，没过多久，这只猴儿受了观世音的点化，就同意和女妖同居，并生下了六个子女。以后，这些子女互为夫妻，继续组成家庭，又过了不知多少年月，猴儿后代身上的毛和尾逐渐脱落，成为雪域的先民，并构成了藏族最早由氏族成员组成的称为“博”的六牦牛部诸部落。

主持人2：听完以上三位同学的一一讲述，我们会感觉到我国关于人类起源的神话故事由来已久，精彩纷呈，各地区各民族又有很大不同。再来欣赏下由何倩带来的小诗《创世神话》。

（何倩上）

创世神话

人类的起源
那一个遥远而又遥远的故事
佛教徒竭力渲染，
为经卷写进诗意的一笔
百姓们含笑叙说始祖的岩洞秘史
文学家捕捉它如采集蝴蝶标本
无神论者从中发掘出一些历史唯物主义
一个民族，就这样
来自造化无意识无记录的年代

来自贝叶经和口碑
传说,似高原上淡蓝色的点地梅
永远鲜丽而动人

主持人1:女娲创造人,还是上帝创造人,这些都是真的吗,我想采访几位同学。

(主持人采访两位同学,104、105班各一位)

主持人2:既然同学们都认为女娲、上帝创造人是不对的,这是对人类起源的错误解释,但是这类神话为什么能够世代流传?有请许永松、汪婷婷、石琪琛三位同学作一汇报。请看大屏幕!

(许永松、汪婷婷、石琪琛等三位同学上)

许永松:神创造人是对人类起源的错误解释,但是这类神话为什么能够世代流传?神话世代流传的原因:它代表了人类最初的思想和对未知世界的探索,是一种对古代的起源猜测的故事,有吸引力!人类的内心深处都渴望知道自己的来源,在科学不发达的年代里,为了给自己找一个合理的来由,只有编造神的故事来解释这个问题。神话是一种文学艺术。在古代,人的思想很贫乏,信息交流速度远不如现在,而且许多自然现象人们无法解释,只有靠这些神话,将奇异现象归于神的力量,才能让人理解。这些神话,是他们的文 化,是他们的精神寄托。

汪婷婷:因为人类本身不能做出科学的解释,所以才想出这些神话故事。来自我安慰,至于流传……可能是因为这些传说都十分美好,并且已经在人们心中扎下了根。所以就算现在人类已经有能力揭示这个问题,而人们也会将这些美丽的神话保存在心里。

石琪琛:当然还有别的解说,比如:

1. 这类神话都描写了人类出现之前地球上的情景,这是引人遐想的。

2. 这类神话都有奇妙的想象,这是非常有趣的。

3. 这类神话无非是现实的人类繁衍历史的改造,非常富有人性,这是令人感觉亲切的。例如,现实世界中,是母亲怀孕生育子女,孩子使母亲有说不出的高兴和安慰,《女娲造人》不过是想象女娲用泥土造成孩子罢了,女娲的形象分明是母亲的形象,完全是人性化的,她的辛苦和快乐是让人共鸣的。

主持人1:经过他们的探究,我们分明感觉到了人类起源的神话故事的魅力,让我们一起朗诵一篇短文《美丽的神话文学》!

美丽的神话文学

穿越时空的隧道, 那一个个遥远而又遥远的故事呈现在我们的眼前, 这是神话文学的魅力,这是人类智慧的结晶。

文学家们叙说始祖的岩洞秘史,将那神秘而美妙的远古世界刻画在字里行间,勾勒出美丽的神话文学,透过神话的每个情节,我们深感,“传说,似高原上淡蓝色的点地梅,永远鲜丽而动人。”是的,神话文学揭晓了人类的起源,让我们脑海中展现出一幅完美的人类史。我们看到了远古人类的智慧,看到了他们的勤劳勇敢,看到了他们每一步的发展,一股强大的动力推动我们奋发向上，让我学会用智慧的头脑与勤劳的双手去造就自己的未来。

希腊传说中，英雄们个个身手不凡，威力无穷，表达了希腊人征服自然的欲望，寄托着他们对美好生活的追求。

神话文学不仅给予了我们前进的动力，还开阔了我们的思维，使想象的天地变得丰富多彩。众所周知，希腊人举行手持火炬赛跑，神话向我们解释说是为了纪念普罗米修斯这位富有正义感的人士，传说中描述他历尽艰辛给人世间带来了光明，这就是人们发挥想象力的结果。

啊，神话文学，你神奇而又美丽。

主持人 2：研究神话，使我们更加懂得应该热爱生活和人民；对古代优美的文学艺术遗产有了更深刻的认识，洞察到了历史的真相。向同学们介绍几本书：《中国古代神话故事》、《希腊神话故事》、《神秘的舞蹈》。同学们热爱神话文学吧。

主持人 1：通过这次综合性学习，相信大家很有收获，接下来，我们来个现场探讨："我们学习关于人类起源的神话应该抱有怎样的态度？"或者说是"人类起源的神话在我们探讨人类起源的过程中具有怎样的地位，我们如何看待？"大家可以前后桌再次讨论，三分钟后进行现场采访。

（学生讨论，三分钟后，主持人采访了四位同学。）

主持人 2：这四位同学有的结合自己的生活体验来谈，有的联系课本中"参考资料二"来谈，有的引用了袁珂先生的《研究神话的意义》一文观点来谈，做到了内容不同，角度独特，观点鲜明，给大家留下了深刻印象。

主持人 1：老师们，同学们，探讨人类起源的神话故事的魅力这个活动，由我们语文老师发起、组织、指导，整个过程历时时间短，调动学生全，查阅内容广，相信大家收获丰硕，下面请几位同学畅谈各自的收获。

主持人 2 请本班三位同学谈收获，意在表明学生自我评价；主持人 1 又请四班两位同学来评五班同学开展的这个活动，意在表明学生评价学生。）

主持人 1：各位同学，以上同学都兴趣盎然，畅所欲言，或许有些王婆卖瓜——自卖自夸，下面还是请我校语文组组长胡承娣老师对我们进行指导、评价，大家欢迎。

（胡承娣老师讲话）

主持人 2：胡老师的讲话情真意切，有的放矢，为我们以后开展综合性学习指明了方向，开辟了新路，大家有没有信心做得更好！（学生兴趣高昂，高喊"好！"）最后，我们请语文老师——鲍老师进行总结，大家欢迎。

（鲍老师总结）

主持人 1、2：尊敬的各位老师，同学们，我们今天关于人类起源的探讨还只是冰山一角，我们还要走进科学探索的大门，探寻知识的真谛。我国古代爱国诗人屈原说"路漫漫其修远兮，吾将上下而求索"，我们的探索也正漫长着，但这次探讨，我们只能到此结束，谢谢老师们的指导，谢谢各位同学的参与。（鞠躬）

（象山县丹城第二中学　鲍敏华）

七年级

下册

《成长的烦恼》教学设计

【设计意图】

本单元的课文是以“成长”为主题，或记录作者成长的足迹，或展示他人成长的历程，多给学生以启示。刚刚步入少年之旅的中学生，青春意识觉醒，幼稚与成熟并存，自尊与烦恼共增，加之当代中学生多为独生子女，显得更为孤独、敏感和封闭。因此，引导学生敞开心扉诉说烦恼来认识自我；通过访谈和书信交流，搜集资料和诵读等语文实践活动，来积极主动寻求帮助，形成积极的人生态度；最后能重新审视自己的烦恼，重新评价自我，树立正确的人生观。引导学生辩证地看待烦恼，知道生活本是丰富多彩的，感受成长更是一首旋律动人的歌。

【活动目标】

一、知识与能力

1. 学习围绕活动主题开展形式多样的语文活动，掌握搜集、整理、展出资料的基本方法，能根据实际需要进行口语交际。

2. 掌握采访的基本方法，提高日记和书信写作等的语文综合实践能力。

二、过程与方法

1. 组成综合性学习小组，进行合作探究式学习活动，培养在活动中策划、组织、协调、实施的能力。

2. 通过访谈，现场采访，书信沟通，励志故事，名言的编辑和诗歌朗诵等语文实践活动，主动寻求解决烦恼困惑的方法及途径，能重新审视自己的烦恼，重新评价自我。

三、情感态度和价值观

1. 引导学生认识自我，正确积极地看待烦恼，培养学生的健全人格。

2. 使学生热爱语文学习，喜欢运用多种形式的语文活动来提升面对生活的思想境界。

3. 促进校园生活的互帮互助团结和谐的师生关系、生生关系的形成。

【活动准备】

第一阶段:布置烦恼日记的写作,分类分组,讨论明确各组探究方案,组长分配任务,拟定组名。

第二阶段:拟定采访要点,作访谈记录或访谈视频,写成长日记,合作完成书信稿,搜集资料制作剪贴板。

第三阶段:资料汇总。成长日记和访谈视频,采访提纲,书信稿,创作诗歌,老师一一指导。

【活动过程】

一、主持人开场,四小组汇报

大人们都说"少年不识愁滋味",其实呀,我们的烦恼可多了。上一阶段,我们每个人都写了一篇烦恼日记,发现在成长的道路上,我们真的是遇到了许许多多的困惑与烦恼。有来自学业方面的烦恼,有第一次离家住宿生活上的烦恼,有与家长相处方面的烦恼,还有其他个人的小问题、小困惑等。今天,有共同烦恼的同学已经坐在了一起,我为大家介绍这四个组:学海拾贝组、生活指南组、漂洋过海组、励志馨歌组。

下面,我们从烦恼最多的学海拾贝组开始,让我们倾听他们有哪些烦恼,又是如何面对烦恼的。

二、学海拾贝组——访谈日记

组长:(上台)我们组的烦恼普遍存在以下几方面:

第一位组员:英语学习,想说爱你不容易,单词记不住,语法好难懂,天天都要记,费时又耗力,今天记住了,明天又忘记。

第二位组员:一天七节课,课课上新课,眼皮一打架,神游太虚了,老师一停下,冷汗吓出了,上课一走神,铃声又一响,烦恼就来了。

第三位组员:小学作业哪有这么多,语数英科外加社会思政凑热闹,明知作业多,旁边一热闹,还要上去东瞧瞧西聊聊,难题一挡路,背上直发毛,心里一浮躁,思路全没了。作业就像一座座大山,每天压得我心好烦。

组长:我们组的烦恼主要来自学业方面。于是,我们带着种种疑惑,走访了几位老师(大屏幕播放访谈视频)。这是我们向我们的英语老师杨老师讨教"英语单词难记"的问题;这是我们咨询心理辅导员郑老师讲授"课堂上注意力容易分散"的问题;这是我们向班级中学业优秀的同学请教"如何提高作业速度,减轻课业负担"的场景。当然,更多的时候是我们冷静下来,分析学业上有困难的原因,努力走出小学升初中的过渡时期,以尽早适应新的学习环境。活动后,我们组同学每人都写了一篇成长日记(屏幕中放映几篇)。下面,请韩淑婷同学读一读她的成长日记:(大屏幕打出)

2011 年 11 月 17 日　　星期四　　晴

实践真能出智慧

这是我第一次采访老师,提出自己在英语学业上的困惑与不足。

采访刚开始，我提问时疙疙瘩瘩的，很紧张，很害怕。杨老师一直用和善的目光看着我，渐渐地，我发现自己的胆子变大了。记得小学时，我总坐在教室里都不出去玩，在课堂上也一言不发。我很感谢班主任组织的这次活动，更重要的是杨老师教给我们的道理和知识已深深地印在了我的脑海里。

这次采访使我收获很多。杨老师指导我们应该怎么去拼读和熟记单词。以前，我为了完成单词听写任务，常常死记硬背。现在，我知道我应该先掌握记单词的方法。如：背单词看单词的音标，把单词进行划分来记。我相信以后我会掌握好这个背单词的小窍门的；以前我还常常因为上课听不懂老师讲的一些单词的应用而烦恼。经过这次老师的解疑后，我知道了应该在课前先进行预习，把自己不懂的地方画出来。在老师上课时，再把不懂的地方作好笔记，然后在课后去巩固。

这次采访虽然只有短短的十几分钟，但却让我知道了不少道理。明白了在以后的学习道路上应该怎么去克服学业上的困难，也让我领悟到：只有经过多次实践后才能发现与掌握学习的方法，而这并不是天生就会的。《论语》里“岁寒，然后知松柏之后凋也”，说的就是这个道理吧。

再请孙钰云同学读她的成长日记：（大屏幕打出）

2011年11月17日　　星期四　　晴

神奇的老师

虽然，我们小组的活动已经暂停了，但是，郑老师那几个简明易懂的道理，却给我留下了深刻的印象。

郑老师在回答方怡文的问题时，是这样问我们的：“你们每天整理课桌吗？”我们摇了摇头。“那你们得学会整理课桌了，抽屉内整洁、书本堆叠有序的，往往是成绩较好的同学。”郑老师顿了顿，见我们疑惑的神情，接着说：“你们想想看，如果你们睡在床上，可是，下面却是一堆的垃圾你会睡得安稳么？”我们摇了摇头。我想，睡在这样的床上谁会睡得舒服啊！细想了一下，我才知道郑老师这席话的深意，明白了老师的话中话：这跟学习一样，课堂上只有努力抛掉杂念，才能专注地上好课。舍去杂念，集中专注，成了我学习上的至理名言。

郑老师回答方高涣的问题时，仍是用简洁明了的例子打比方：“我叫你上下跑这栋楼20次，然后我再给你一个苹果……”我却在心里想：我们同学每天为上下爬楼梯而怨声载道的人可不是少数，怎么可能会这么傻上下楼梯跑20次，就为了一个苹果？郑老师却一言道破了天机：“假如，你经过三年长跑，而后考进了你们理想的高中，你不会觉得很开心么？同样，让你跑了20次，会不会觉得这个苹果很甜呢？”我这时才顿悟，努力才能收获甘甜的果实。

短短一个小时，郑老师用几个看似简单的事例却把困扰了我们很久的烦恼解开了，我们心头刚刚还像灰蒙蒙的天空，此时却已是一道彩虹，阳光灿烂了。

我相信我定能解决更多的烦恼。谢谢老师！

主持人：听了他们组同学解决烦恼的过程和活动后的成长日记，相信大家肯定有了不少收获吧！下面请何老师点评第一组的活动情况。

老师评价：学海拾贝组的同学在活动中的表现受到了英语杨老师、数学叶老师和心理辅导郑老师的高度评价。他们勇于面对自己学业上的不足，虚心请教，积极寻找解决的方法，很值得大家学习。

特别是本组同学以打油诗的形式倾诉烦恼，幽默诙谐中透着智慧，这何尝不是面对烦恼的乐观心态呢？除了以上两位同学，本组其他成员的成长日记，都写得诚恳真挚，健康积极，不仅收获很大，更向我们展示了他们成长道路上的心路历程。（教师板书：日记——心灵对话）

让我们把掌声送给他们，希望同学们在以后的学习道路上像他们一样披荆斩棘，勇往直前。

（设计意图：展示并评价学生的探究活动的过程，注重活动的体验而不是活动的结果，更能激发学生探究学习的兴趣。教师引导学生运用语文的活动形式进行探究，并给予相应的语文知识的指导：打油诗的写作，采访指导，日记写作指导，活动紧扣语文性的特点。）

三、生活指南组——现场采访

主持人过渡：告别了亲爱的爸爸妈妈，独自带着行囊开始了漫长的寄宿生活，种种不适应，让我们开始想家。住宿生活的烦恼拉开了序幕，各种生活问题汹涌而至。今天，我们特意请来了政教处郑主任，为同学们在寝室中所遇到的烦恼与困难，来支支招。大家欢迎！

下面我们请上生活指南组的同学，今天，你们可以畅所欲言，向政教处主任郑老师请教你们的难题。

（现场采访要点：依赖家庭，独立性不强，住宿生活依然迷茫；对钱物的管理能力很差，花钱无节制，借钱又尴尬；就寝环境的维护烦恼重重，睡眠严重不足……）

（郑老师支招5分钟）

（设计意图：寝室生活烦恼是全班同学的通病，现场指导受益面更广；同时也让学生掌握了采访的基本方法。）

老师评价提升：询问组长两个问题，本组同学采访前做了哪些准备工作，采访时要注意些什么。

组长介绍：采访的基本方法，列出采访要点，模拟现场采访。

再请其他组的同学评价他们现场采访的情况或谈谈自己的心得收获。

主持人：再次感谢郑老师，为我们同学排忧解难。（教师板书：采访——解惑良策）

老师参与：在聆听郑老师的教导时，我也想起我的大学老师曾经在我迷茫孤独时这样告诫过我：让自己的眼睛看到更远的地方，也许我们会更加独立，更加自律。我愿意把这句话拿出来与同学们一起分享。

（设计意图：老师角色定位由活动的组织者、指导者、评价者，到这时转化为活动的参与者，学生因而全情投入其中，深深感动于从师长身上获取的成长养料。）

四、漂洋过海组——书信交流

主持人过渡：其实生活中的许多烦恼，我们也可以与家长沟通。下面来听听漂洋过海组同学的心声。（组长上台后）我们特别想知道你们为什么取“漂洋过海”这个名字呢？

组长：当我们收集这方面烦恼的时候，深深感觉到我们与家长之间的隔膜就像那辽阔无际的大海，我们多么渴望能驾一叶小舟漂洋过海，抵达与爸爸妈妈沟通的彼岸。（大家鼓掌肯定）

这是我们组同学罗列的本班中存在的与家长沟通方面的问题。（大屏幕出示一系列与家长沟通方面的障碍：妈妈太唠叨，大事小事样样都要管；爸爸妈妈总拿成绩跟其他家的孩子比；爸妈不了解我，乱下定论，乱猜疑；爸妈对我要求高，除了学习，其他都限制很严；有时候，语气和行为很粗暴……）

主持人问：你们是怎么解决的呢？

组长说：我们一起写了一封信——“给家长的一封公开信”，请谢燕同学来读一读：

写给爸爸的一封信

亲爱的爸爸：

在我的眼中，“爸爸”这个词能给我一种温暖的感觉，似乎有着一双宽大而又舒适的手臂拥抱着我，这个是我所希望拥有的。总以为您能给我，但是我觉得您有时离我十分远，有时又近得令我无法呼吸，我真的不知道该如何来面对您了。

我虽然希望和您之间的关系变得融洽些，但是似乎并不行，这简直就是天马行空的幻想。

记得有一次，因为好不容易放了一次假，我之前为学习而紧绷着的情绪一下子就松懈了下来，真想好好地放松一下。于是我就在那天晚上，看了好长时间的电视，本来以为您会知道我这么做的原因，可是……我正趴着看那令人发笑的脱口秀节目，看得正兴致勃勃的时候，这时，您突然说要我睡觉。我当时肯定是不乐意的呀，可是也经不住您的语气一次又一次地变响亮。我虽然嘴上说知道了，可眼睛还盯着屏幕看呢。终于您生气了，拿起扫把就打在了我的屁股上，虽然不怎么重，但我还是委屈地哭了。后来，我并没有等到您的安慰，您的不理不睬，让我真得有些心灰意冷了，尽管我知道我肯定是错了。

爸爸，我想对您说，虽然，我知道您这么做是出于对我学业的关心，可是这份严厉的不分青红皂白的爱，让我似乎很难接受。在我的眼中，您好像是一个不讲道理的、有些严厉的父亲，而我又多么希望您是一个能与自己的女儿敞开心扉聊天的父亲，能和女儿一块儿看看搞笑的节目，一起哈哈大笑的父亲。爸爸，我能知道您的慈爱体现在了那些严肃的话语中，但是这些话语却让我感觉到我和您的关系并不是在拉近，反而好像在远离，似乎中间有一层永远也撩不开来的薄纱一样，永远都走不近。

现在有了一个弟弟，我更加明显地感觉到我和您的关系更加疏远了。有时看到您和弟弟玩得很开心的时候，我才隐约地记起，您曾经也这样抱过我，也曾这样开心过。爸爸，我想我会努力改正不良的生活习惯，同时，也希望您能把对弟弟的爱匀一点给这个还未长大的女儿！

祝：身体健康、工作顺利！

您的女儿

2011 年 11 月 17 日

主持人：大家觉得她的信写得怎么样？……与爸爸这样沟通会成功吗？（明确格式：“祝颂语”位置错误；内容：一味要求爸爸爱的方式的改变，对自己反思太少；情感真挚打动人等。）

老师评价提升：正如同学们所说，写信要注意格式，情感要真挚，语气措辞要妥当，特别是内容上要写得入情入理，书信才能真正达到沟通的桥梁作用。（教师板书：书信——沟通桥梁）

老师拓展提升：台湾著名作家龙应台写过一本书，题目叫《亲爱的安德烈》，书中记录了她和她 18 岁儿子三年的通信内容。在书的扉页里，龙应台说：我们的通信，仿佛黑夜海上的旗语，我认识了一个十八岁的人。她的儿子安德烈说，谢谢你，妈妈，这些通信，记录下了我们三年的生活岁月，给了我和你连接的“份”。

（设计意图：引用名作家的说法拓展延伸中肯定了该组学生的积极面对烦恼的做法，强化这种书面交流的形式。）

五、励志馨歌组——诗文诵读

主持人：普希金有一首诗是这样写的，当我们遇到烦恼的时候，不要悲伤，也不要着急，要勇敢地去面对，一切都将会过去。下面有请励志馨歌组。

组长：这是我们组阅读了许多励志故事后，收集整理制作而成的剪贴板（出示剪贴板），我们取题为“励志”。而且我们还创作了一首诗来表达我们的心声，希望能带给大家面对烦恼的勇气和智慧。（组员朗诵诗歌《成长是一首歌》）（老师板书：读书——提升境界）

成长是一首歌

我们是一棵棵小树
盼望着参天耸立
片片浓荫献给大地
朝着太阳的方向
我们生长着生长着
成长是一次快乐的旅程
勤奋是通向成功的密码
积极、乐观是成长的元素
朋友，请你记住
成长是一首快乐的歌

我们是一棵棵忘忧草
忧虑、烦恼同样爬上
我们软弱的肩膀
曾几何时为了一道道难解的题目
茶饭不思
成长的路上我们与烦恼相伴
别嘲笑我们的幼稚可笑
那可是我们成长的烙印
烦恼的日子里，请不要忧伤

快乐的日子总将来临
朋友,请你记住
成长是一首烦恼的歌

我们是一只只忙于采蜜的蜜蜂
百花丛中
有我们穿梭的身影
我们快乐地唱着收获的歌曲
在生活广阔的原野里
到处都可以找到我们的蜜源
勤奋是我们生活的常态
汗水见证了我们成长的过程
朋友,请你记住
成长是一首勤奋的歌

我们是一匹匹飞奔的骏马
前进的道路上
并不是一帆风顺
风雨中抖擞起精神
天边的彩虹在向我们招手
我们士气十足
把烦恼抛向九霄
我们仰天长啸
朋友,请你记住
成长是一首进取的歌

(设计意图:制作剪贴板,培养学生收集整理资料并展出的综合实践能力;有感而发的诗歌创作与朗诵,渗透浓浓的语文味。)

主持人:最后,让我们告别烦恼,实现梦想,一起唱响我们的班歌——青春梦想。

(设计意图:情到浓时化作深情的歌曲,达到课堂活动的高潮,给学生留下深刻的印象。)

六、老师总结——深情强化

青春是一段难忘的岁月,成长是一首动人的歌曲,我们有追求与梦想,我们也有困惑与烦恼,从你们灵动的才思和优美的文字中,我仿佛看到花儿在悄悄绽放,雨丝在纷纷坠落。让我们记住这一堂语文课,当我们与烦恼相遇时,不要忧伤,不要着急,我们可以写写日记,与自己的心灵对话,我们可以找老师谈谈心,我们也可以写信真诚倾诉自己的迷茫,我们更可以读读书,让伟人名人的思想提升我们的境界。让我们大声地说——烦恼,我们不怕你!

（设计意图：教师总结，回归语文活动课的核心与方法论。最后的大声疾呼，给学生心理上的有力暗示，强化抗挫能力。）

七、作业布置——成长轨迹

(1)以“成长烦恼”为话题，写一篇作文。你可以写成日记的形式，也可以写成书信的形式……以记叙文为主，写出真情实感。

(2)出一期班刊，编辑同学们的成长日记、书信、诗歌、作文和自创的班歌，记录我们的成长轨迹。

附：板书设计

日记——心灵对话
采访——解惑良策
书信——沟通桥梁
读书——提升境界

（余姚市子陵中学　何蕊君）

《黄河，母亲河》教学设计

【设计意图】

《黄河，母亲河》是七年级下册第二单元的综合性学习内容，本单元的《黄河颂》以其饱含深情的文字再现了黄河的雄伟，传达出顽强的奋斗精神和不屈的意志的“黄河精神”，综合性学习正是基于这样的情感进行的，我想通过“知黄河”——“颂黄河”——“忧黄河”——“救黄河”的线索对黄河文化进行一次巡礼，学习黄河精神。

语文综合性学习是指学生自主进行的以语文学科为主并综合了其他学科内容的学习实践活动，旨在实现语文学习对学生素质的整体优化、全面提高。

首先，我将《黄河，母亲河》这一课综合性学习定位于一堂“语文课”，把基本目标聚焦在“通过各种语文活动认识黄河，感悟黄河精神”，让学生在搜集整理资料、发现问题、探究问题中去感受黄河的文化精髓，旨在培养学习语文的兴趣及语文综合能力，有效促进学生语文素养的提高，回归语文本位。学习形式也应该紧扣“语文”，综合性学习的形式可以多样化，但在操作上，仍以“语文”为出发点，我尝试了诗歌朗诵、仿写、想象描绘、设计广告词、现场采访、写调查报告等形式，在活动中渗透听、说、读、写的训练，使整个活动充满语文的芬芳。

第二，侧重于综合性。综合性学习不能只局限于语文的范畴，应该加强语文与其他学科以及与生活的联系，我围绕“黄河与历史”、“黄河与新闻”、“黄河与环保”、“黄河与调查”等内容展开，将语文触角伸向生活各层面，拓宽学生视野，利用其他学科为提高语文素养服务。另外，我以课文《黄河颂》为范文，组织学生仿写，领悟黄河精神，也指导学生积极搜集相关资料，积极走访社区，深入社会，初步尝试课内外相结合、校内外相结合的多样性学习方式。

第三，关注自主实践性。综合性学习不只关注知识和能力学习的结果，更关注学生学习过程中的参与程度，要让学生人人都参与、全过程参与综合性活动，重视学生参与的自主性，在主动参与语文实践活动中获得独特的感受，增强语文学习的主动性和积极性。我打算将学生或分成三人一组，或四人一组，或两人一组，合作完成资料的搜集、整理和汇报，集大家的智慧完成某项任务，积极培养学生自主学习分析的能力，在本活动中，确保每个学生都要思考，都有话可讲，不至于把综合性学习变成某几个学生的汇报表演课。

【活动目标】

1. 感受黄河文明,歌颂黄河的贡献,学习黄河的精神。

2. 关注母亲河现状,加强环保意识。

3. 培养学生根据主题搜索、整理、筛选资料的能力,引导学生运用语文的方法分析解决问题的基本方法,提高语文素养。

4. 培养学生的合作意识和创新能力。

【活动准备】

教师课前准备:描写黄河的古诗词,一则有关黄河污染的新闻,一组说明黄河污染严重的数据,几张黄河污染触目惊心的图片,两个保护环境的公益广告视频。

学生课前准备:全班分成三大组,课前找到有关黄河的美景图片、成语、俗语和故事、传说等资料。每个学生自主搜集有关甬江的资料,并设计几个有新闻价值的问题。

【活动过程】

一、知黄河

1. 诗歌导入

黄河是我们的母亲河,黄河以她雄伟的气势和深厚的人文底蕴一直受到文人的青睐,能从你们的古诗词积累中回忆出描写黄河的古诗词吗?

示例:九曲黄河万里沙, 浪淘风簸自天涯。刘禹锡《浪淘沙》

君不见黄河之水天上来,奔流到海不复回。李白《将进酒》

两条云岭摩天出,九曲黄河绕地回。王国维《读史二十首》

黄河,九曲迂回,奔腾不息,中华民族的先民就在黄河的怀抱里繁衍生息,难怪历代文人们不惜笔墨去赞颂她,下面就让我们去了解下我们的母亲河——黄河。

2. 三大组分板块展现“黄河魅力”

板块一:望黄河滚滚,掀起万丈狂澜,结成九曲连环!

第一幅是九曲连环的黄河图,第二幅是黄河夕照图,第三幅到第八幅是黄河壶口瀑布图。

板块二:你是中华民族的摇篮!

黄河用甘甜的乳汁哺育了一代又一代的中华儿女,孕育出灿烂的华夏文明,古人在生活中也积累了不少与黄河有关的成语、俗语、谚语。

成语:河清海晏,黄河水清,泾渭分明,中流砥柱。

谚语、俗语:跳进黄河也洗不清,不到黄河心不死,九曲黄河十八湾,鲤鱼跳龙门。

板块三:像你一样伟大坚强!

多少英雄的故事在黄河身边扮演,引得无数英雄为此折腰!

故事传说:大禹治理黄河。

战争:牧野之战,官渡之战,抗日战争时期“八百壮士投黄河”。

古遗址:仰韶遗址,蓝田猿人遗址

二、颂黄河

1. 仿写《黄河颂》

欣赏了黄河的美景,了解了黄河流域的文明,我们心中对黄河充满了崇敬之情,能否结合以上板块内容,再学习课文《黄河颂》某一小节的写法,每人仿写一小段诗歌,来抒发我们对母亲河的热爱!

2. 学生朗读展示(教师配乐贝多芬《英雄交响曲》)

示例1:我站在壶口瀑布旁,玉城雪岭是你的雄姿,奔腾咆哮是你的呐喊,你呼啸着远去,是中华大地的一条巨龙!

示例2:啊,黄河!有多少人喝着你的乳汁长大,炎黄子孙是你的骄傲!蓝田猿人从这里站立,仰韶文化由此发源。啊,母亲,我们为你骄傲!

三、忧黄河

1. 想象描绘黄河美景

黄河流域是中华民族的发源地,也是中国历来的政治、经济、文化中心,曾出现过商朝殷墟(今河南淇县)、秦朝咸阳(今陕西咸阳)、东汉洛阳(今河南洛阳)、隋唐长安(今陕西西安)、宋朝东京(今河南开封)等古都,宁夏的河套平原更是被称为"塞上江南",是黄土高原的鱼米之乡。黄河以她丰盈的水系滋养了万千儿女,以她的壮阔与富饶开创了一个个文明时代,你能从以下的古诗词中想象黄河流域的美态和雄姿吗?以同桌为一小组,一起想象并用自己的话描绘一番。

> 屏示:黄河远上白云间,一片孤城万仞山。
> 黄河落天走东海,万里写入胸怀间。
> 白日依山尽,黄河入海流。
> 大漠孤烟直,长河落日圆。
> 黄河摇溶天上来,玉楼影近中天台。
> 峰峦如聚,波涛如怒,山河表里潼关路。

示例1:在一片"风吹草低现牛羊"的黄河滩上,牛羊在水草丰饶的草滩上自由散步,如星星白点落在了绿毯子上,抬头远望,是一望无际的麦田,迎着微风,只见层层碧绿的麦浪向眼前滚来,好一个塞上江南!

示例2:奔腾咆哮的黄河在落日的余晖中远去了,繁华的洛阳城华灯初上,杨柳依依,酒肆店铺林立,车水马龙,莺歌燕舞,罗绮溢目,好不热闹!洛阳城里的夜生活才刚刚开始,是一座不夜之城啊!

2. 问诊黄河

(1)屏示一则新闻,并给新闻拟个标题。

> 人民网三门峡11月21日专电　河南省三门峡市陕县大营镇的黄河湿地国家级自然保护区,有一条被当地人称作"小河槽"的河沟。可是,数公里长的明管、暗管两条排污管道竟在保护区内排放企业废水,导致泡沫堆积,形成"泡沫云",并沿着这条"小河槽"流入黄河水域。"小河

槽”河坡两侧乌黑，河水呈浓黑色，散发着恶臭，水面漂浮着又厚又脏的泡沫。

知情人指着正排放污水的管道，告诉记者，这是条明管道，白天排出的水颜色不太黑，看似正常；到了夜间另一个管道就开始排放污水，流出的水污浊成酱油色，气味刺鼻，污水沿着“小河槽”直接流入黄河湿地，然后流向下游的黄河水域。村民说：“污染已经好几年了，不知道陕县环保局为什么就查不了！”

(标题示例：黄河湿地国家级自然保护区惊现“泡沫云”)

(2)说说黄河现状

母亲河现在怎样了？她的孩子们对她做了什么？

富饶美丽的黄河历经千年不再散发魅力，也许她很累了，她在喘息，她老了。通过下面一串数字你也许会陷入沉思。屏示：

近40%河段的水质基本丧失水体功能，120多万市民只能饮用苦水。

现在每天还有8000多立方米的酸性废水直排黄河，废水中铜、铅、锌、砷等重金属含量超出国家标准几十倍到上千倍。

近百亩小麦引溉了污水后被烧死，村民饮水后常拉肚子。

昔日的渔场现在已有19种鱼类灭绝。2002年，找到的一条最大的鱼还不足3两重。

3. 分析原因，提出建议

学生课前可以请教社会老师、科学老师，或查阅资料，分4个小组对黄河现状进行原因分析，另4个小组对改善现状提出合理建议。各选择1–2小组来陈述。

示例1：工业污染源违法排污严重，从而使大量废水进入黄河干流，加重了水环境污染程度；大量化肥、农药随雨水或灌溉水流入排水沟后汇入黄河成为重要的污染源。

示例2：环境意识淡薄，以牺牲环境和资源去追求经济发展而获得眼前利益，损害长远利益；人口增加且生产技术水平不高，是造成黄河流域水污染的根本原因；节水减污意识不足，大量的水资源被浪费和污染；忽视城市污水的防治，大量未经处理的废水排入黄河。

示例3：经济产业结构调整，多发展轻污染的产业，提高城市生活污水集中处理的能力，提高环保和节水意识，加大监管力度。

四、救黄河

1. 写解说词

某环保社团在“保护母亲河”行动中开展了“走进校园黄河图片展”的活动，一张是黄河断流，河床龟裂图，一张是水面发黑泛白，鱼群翻白图，一张是农民望着被河水毒死的麦田摇头兴叹图，一张是仅剩几只颓废白鹭于黄河滩涂觅食图。若请你在图片下方写一句言简意赅的解说词，你会写什么？

(每四人小组各选两张感兴趣的图片将各解说词写于黑板上，再全班点评，评出优胜者)

示例1：母亲的血液流干了(图一)

鱼儿的家在哪儿？(图二)

今年的收成又泡汤了(图三)

我们还能在这生活下去吗？(图四)

示例2：谁来抚平母亲的皱纹？(图一)

我们要大逃亡(图二)

毒死的不是小麦,分明是我们人类!(图三)

明天的食物在哪里?(图四)

2. 设计公益广告词

两个视频呈现:姚明代言"请不要吃鱼翅"的保护鲨鱼的活动;成龙代言"没有买卖就没有杀戮"的保护野生动物的活动。

若中央电视台正打算拍一则"保护母亲河"的公益广告,现正向广大观众征集广告词,你会怎样去设计呢?(老师提示广告词凝练、意蕴丰厚的特点,学生当堂完成并展示)

示例:黄河母亲累了,需要我们的呵护

黄河润泽万千儿女,受虐的黄河让她情何以堪?

五、家乡的母亲河——甬江

1. 新闻调查访谈

一方水土养育一方人,我们宁波的母亲河——甬江也养育了勤劳善良的宁波人民,甬江以她丰富的水系润泽宁波这方土地,从这里走出了如童第周、路甬祥、屠呦呦等众多科学家,走出了如邵逸夫、包玉刚等一批知名实业家,那么你们到底认识我们的母亲河吗?

若你是钱江都市频道《新闻 007》"第三只眼护卫母亲河"系列报道的调查记者,你将关注的是宁波的母亲河——甬江。你会采访哪些人去了解甬江?你最想了解甬江的哪些内容?通过此次调查走访你想表达什么?你的目的是什么?

活动方案:

(1)课前每个学生自主搜集有关甬江的资料,并设计几个有新闻价值的问题,以便在课堂里随时充当记者。

(2)课堂里挑选自愿充当记者的学生 1–2 名对全班同学进行即时采访,此时其他学生的角色为被采访对象。

(3)采访对象的角色:甬江边生活的农民、化工厂的工人、某化纤企业的老总、环保局领导、退休老教师、初中生、清洁工等。

2. 撰写新闻调查报告(课后作业)

以 4 人小组为单位,课后以记者的身份根据本次采访活动写一则新闻调查报告。

新闻调查报告写作要点提示:鲜明的主题;材料丰富真实;着重探究问题产生的原因;分析并提出解决问题的方法。

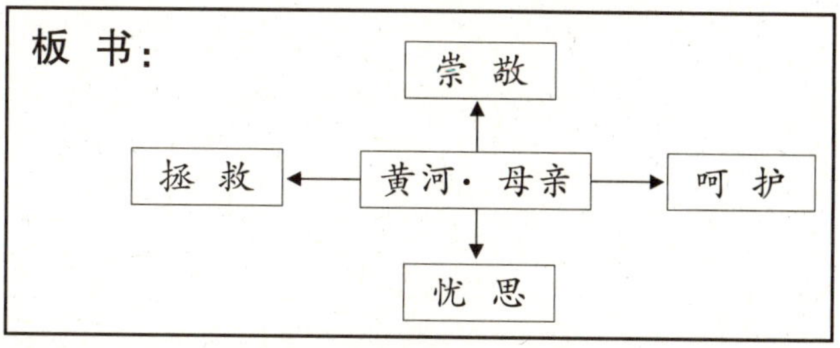

六、感恩·保护(结束语)

通过本次综合性活动,我们对我们中华民族的母亲河有了更全面更深入的了解,想必黄河伟大的精神会成为我们的精神财富,但更多的是对她现状的忧思,路漫漫其修远兮,作为有为青年的一代,让我们怀着一颗感恩的心去有责任地保护母亲河,让她青春永驻!

(宁波市东恩中学　王晶)

《我也追“星”》教学设计

【设计意图】

1. 培养学生自主学习能力。为学生开拓一个领域，激发起学生的学习兴趣，引导学生学习切入点，留给学生时间和空间，让学生充分发挥潜力，自主开展学习。

2. 培养学生围绕一个主题，搜集资料、整理资料、整合资料的能力。本次活动需要学生在课前通过各种可能的途径，大量搜集资料，搜集有关各行业明星的资料，并把自己认为有价值意义的资料整理起来，然后大家一起整合、利用。

3. 培养学生合作探究能力。在单个学生搜集资料的基础上，需要以小组为单位把资料进行整合，从而得到小组的成果，在这个分辨、筛选过程中，就培养了小组成员的合作探究能力。

4. 开拓一个方面的知识点。各行业都有明星，而且很多明星能对学生的学习、价值观和人生观起到很好的榜样作用，通过本次活动的开展，学习各行业明星身上闪耀的亮点，以引导学生正确的人生观、价值观。

【活动目标】

1. 对学生中普遍存在的“追星”现象加以正确引导，树立健康高尚的情感态度与价值观。

2. 让学生认识到，语文学习的资源和运用语文的机会无处不在，无时不有，初步体验在语文学习中沟通课堂内外、课本内外、学校内外联系的乐趣，从而开发利用现实生活中的语文教育资源。

3. 通过丰富多彩的口语活动，使学生在感兴趣的综合性学习活动中，锻炼自己的口语表达能力。

4. 多角度地认识名人，发现名人丰富多彩的性格特点或内心世界，使学生对名人有一个客观正确的认识和了解，写出自己有正确价值取向的追星观。

【活动准备】

一、教师准备

1. 制订本次综合性学习的方案(活动内容、时间安排、学生参与的形式等)。

2. 根据学生交上来的资料信息,制作成适合课堂需要的多媒体课件。

3. 组织学生做好参与课堂中的小活动的课前准备。

二、学生准备

1. 查阅并搜集有关明星的图片、文字等资料,整理好后上交。

2. 积极准备课堂上要开展的活动,做到在课堂上有良好的表现和展示。

【活动过程】

一、导入:用学生中普遍存在的追星现象导入本课

(同学们,我发现你们喜欢在书本的封面上贴上大头贴,这些大头贴有的是自己的照片,有的是明星的照片。我还发现,我们教室的墙上,同学们个人风采栏里,许多同学的照片,pose很美,是在模仿哪位明星的姿势吧?想必大家都很喜欢明星,那么今天这节课,我们就来一起追追星!板书:综合性学习——我也追"星")

二、讲解什么是明星,明星的含义是什么?

(1. 古书上指金星;2. 称有名的演员、运动员等;3. 各行业卓有成绩的出名人物也称为明星。)

三、认识明星

1. 中外明星猜、猜、猜(通过大量图片让学生认识和了解各行业的明星)

文坛明星:李白、鲁迅、闻一多、冰心、安徒生;

政坛伟人:毛泽东、孙中山、周恩来、邓小平、胡锦涛、奥巴马;

科学巨人:居里夫人、爱因斯坦、牛顿、贝多芬;

体育明星大荟萃:姚明、刘翔、郭晶晶、田亮、菲尔普斯、舒马赫、阿里;

影视歌星齐登台:李小龙、成龙、刘晓庆、李幼斌、赵本山、葛优、范冰冰、李冰冰、周润发、梁朝伟、林心如、孙俪、张学友、刘德华、黎明、郭富城、毛宁、杨钰莹、刀郎、李宇春、蔡依林、周笔畅、韩庚、杨幂、吴尊、陈佩斯、冯巩、小沈阳、刘谦。

2. 连线游戏:让学生将名人名言与相关名人进行连线(内容略)。

四、我星我塑:用自己的方式亮出自己心目中最亮的那颗星,可以是讲述"星"的故事片段或生活经历,可以是描述或模仿"星"的动作、声音、服饰、外貌等

五、凡眼看星

1. 明星是天才吗?

引入:(1)韩庚忍痛训练的故事;(2)蔡依林发奋图强的故事;(3)刘翔刻苦训练的故事。

学生讨论后,一起唱《真心英雄》中的"不经历风雨,怎么能见彩虹?"作小结。

2. 明星是完人吗?

引入著名歌手臧天朔涉嫌斗殴命案被捕,谢东、苏永康涉嫌吸毒,张国荣跳楼自杀身亡,赵薇身着日本军旗装而遭人台上袭击,杨丽娟与刘德华的故事。

开展讨论后用成语“金无足赤,人无完人”作结,并明确:我们对名人,要保持一颗平常心,既不能盲目崇拜,也不能求全责备。名人之所以成为名人,只是他们可能在某一个方面为社会作出了比较多的贡献,但这并不意味着他们一生的各个方面都值得我们肯定和学习。

六、我的追星观

1. 学生齐读屏幕上的文字

(1)人,需要的是敬仰,而不是崇拜;敬仰是尊敬、爱戴、信仰的集合体,敬仰是清醒的、有理智的表现;崇拜是一种盲目、狂热、迷信的结果,崇拜者完全失去自己、不能自己。

——牟瑞彬

(2)敬仰使人明智,崇拜使人愚昧。

2. 用下面的句式写下自己的追星观

我也追星,我敬仰的是__________,因为他(她)________________________。

给学生3–5分钟的时间写作,老师一边引导,写好后,在班级里交流,老师在此基础上适当点评。同时择机引入宁波人屠呦呦的个人事迹介绍,引导学生树立正确的追星观。

屠呦呦:1930年出生在宁波,她成功发现青蒿素——治疗疟疾的药物,能缓解全球数亿人疼痛,挽救数百万人的生命,2011年获得“美国拉斯克奖”(美国的“诺贝尔奖”)。

七、课堂小结

同学们,通过今天的课堂,我们知道,名人并不是,起码不应该仅仅是让人家知道名字的人,能真正称得上名人的人,一定是以自己超人一等的才华和超人一等的努力为民族、为国家做出过超人一等的奉献的人。

祝愿同学们都能成为21世纪的明星!

十、布置课外作业

讨论:

1. 在我们班里,你认为哪一颗星最闪亮?

2. 如果可能,将来,你希望自己是怎样的一颗星?(你打算在哪方面为社会作贡献)

(镇海区立人中学　梅玉芳)

《戏曲大舞台》教学设计

【设计意图】

《语文课程标准》中关于“综合性学习”的论述有这么两句:“加强语文课程与其他课程以及与生活的联系”“语文课程与其他课程的沟通,书本学习与实践活动的紧密结合”。从中我们发现,不管是“联系”、“沟通”还是“结合”,它都是立足于语文,是围绕“语文”,最终还是要回到“语文素养”上来的。本着将语文综合性学习引导到培养学生语文素养的实效上来的目的,也就是说要体现“语文味”,让课堂充满语文气息,《戏曲大舞台》在方案确定、内容安排、流程设计等方面都始终紧绷“语文”这根弦,在设计中“体现出语文知识的综合运用、听说读写能力的整体发展、语文课程与其他课程的沟通、书本学习与实践活动的紧密结合”,要让学生的语文素养在整个活动中得到发展。

【活动目标】

知识与技能:了解戏曲并积累相关的文学常识,赏析优美戏曲语言,培养语文能力,提高学生的文化修养。

过程与方法:通过知识竞赛了解戏曲基础知识,欣赏与品析戏曲唱词,说故事谈感受,就戏曲现状拟写宣传语。

情感态度与价值观:引导学生感受我国戏曲艺术的博大精深,加强热爱传统文化的教育;了解并探讨如何解决中国戏曲面临的困境并提高传承传统戏曲文化重任的意识。

【活动准备】

教师:指导学生利用图书室和互联网查阅相关资料,深入音像市场调查,收看戏曲频道及戏曲节目等形式,搜集传统戏曲的文字、图片、磁带、光盘,初步了解传统戏曲的一般知识(如渊源、流派、行当、角色、脸谱、戏装、动作程式等)。

在此基础上把学生分成若干组,分派任务:

(1)借助书籍、网络等搜集有关中国戏曲的基本知识,整理成知识问答题,全班交流,以使同学们能掌握更多的常识。

(2)了解一些著名的戏曲故事和人物,在课堂上介绍给其他同学,扩大学生的语文知识面。

(3)选取精美唱词,做好品析笔记,并与同学们一起研讨,将综合性学习与语文学科紧密联系在一起。

(4)深入社会、街道、文化馆及剧团,实地走访,听当地群众尤其是老人们谈和看戏有关的故事,感受地方戏曲文化的情和味,并写好访问日记;同时上网查爱看戏的人写的与戏曲情缘有关的文章,与大家一起分享感受。

(5)针对戏曲现状搞一个社会小调查,对现今的戏曲文化有什么看法?怎样振兴本地的戏曲文化?发现目前在戏曲文化建设方面存在的问题,完成小论文或者调查报告。

有目的、有任务的课前准备不仅能让学生在活动中获得戏曲的有关知识,同时能安排学生在课前完成原始材料的积累和后期资料的整理,以便在课堂上达到最好的效果。

【活动过程】

一、导入

师:有一次,一个同学跑到办公室向老师诉苦,我觉得他的话很有意思,请大家帮老师解读。

“我去检查同学们的仪表,小 A 和我叫板,小 B 在旁边帮腔,他们联合起来同我唱对台戏。”

明确:(1)对台戏:两个戏班为了互相竞争,同时演出同样的戏,比喻采取与对方相对的行动,来反对或搞垮对方;

(2)帮腔:指戏曲演出中,后台或场上的帮唱,用以衬托演员的唱腔,渲染舞台气氛,或叙述环境和剧中人的心情。比喻支持或附和别人的说法;

(3)叫板:戏曲中把道白的最后一句节奏化,以便引入到下面的唱腔上去。用动作规定下面唱段的节奏也叫叫板。比喻向人挑战,较量高低。(此处较为抽象,故截取一个戏曲叫板的视频,学生马上就能理解)

师:这都是与戏曲表演艺术相关的行话。这些行话进入现代汉语后有的具有比喻义,引申出新的含义,成为流行词语,被人们广泛使用。中国传统戏曲博大精深,今天就让我们一起去品味它悠长的韵味吧!

【设计说明:引用学生日常语言,用活泼生动的方式导入,既让学生明白戏曲离我们并不遥远,它的许多内容已经被人们广泛地运用于日常生活中,又激发了学生的学习热情。】

二、戏曲知识知多少

首先考考你们对戏曲知识的了解。第一小组整理了一些题目,请大家来抢答。

1. 享有“中国戏曲之母”雅称的是什么剧种?(昆剧)

2. 戏曲角色分为哪四大行当?(生、旦、净、丑)

3. 戏曲的角色采用哪些艺术手段表现人物?(唱、念、做、打)

4. 我国的国粹,享有“东方歌剧”盛誉的是什么剧种?(京剧)

5. 发展于浙江嵊县一带的剧种是什么?(越剧)

6. 我国戏曲史上成就最突出、影响最广的剧作家是谁?(元代的关汉卿)他一生写了六十多个剧本,代表作是哪一部?(《窦娥冤》)

7. 我国古代第一部系统、全面的戏曲理论著作是什么?(清代李渔所著的《闲情偶寄》)

8. 新中国第一部彩色电影是什么?(越剧《梁祝》)

9. 请说出京剧“四大名旦”?(梅兰芳、荀慧生、程砚秋、尚小云)

10. 看视频,猜动作。

截取京剧《拾玉镯》中女主角开门、喂鸡、穿针引线做女工的三个动作表演片段,让学生猜演员表演的是什么内容。猜完以后追问:舞台上根本就没有门、鸡、针线,同学们却能感受到她的表演内容,说明戏曲表演具有怎样的特点?

明确:戏曲表演的虚拟性,中国戏曲用虚拟的表演形式,在舞台上自由地转换时间与空间。舞台没有复杂的布景,只有一张桌子两把椅子,它随着人物的出场,能变化出许多不同的环境。可见中国戏曲是多么的奇妙!

11. 看表演,猜剧种。出示川剧变脸表演、黄梅戏经典名段《天仙配》“树上的鸟儿成双对”、京剧名段《打龙袍》和越剧《李白·黄鹤楼送孟浩然之广陵》,让学生来猜剧种,并说说该剧种的特点。

(1)川剧变脸。川剧变脸是运用在川剧艺术中塑造人物的一种特技。是揭示剧中人物内心思想感情的一种浪漫主义手法。(川剧用四川方言演唱)

(2)黄梅戏《天仙配》。起源于安徽的戏曲剧种,流行于安徽、江西及湖北地区。它的前身是黄梅地区的采茶调,清代中叶后形成民间小戏,称“黄梅调”, 用安庆方言演唱。20 世纪 50 年代在严凤英等人的改革下,表演日趋成熟,发展成为安徽的地方大戏。著名剧目有《天仙配》、《牛郎织女》、《女驸马》等。

(3)京剧唱段《打龙袍》。京剧形成于北京,时间是在 1840 年前后,盛行于 20 世纪三四十年代,时有“国剧”之称。现在它仍是具有全国影响的大剧种。它的行当全面、表演成熟、气势宏美,是近代中国戏曲的代表。

(4)越剧——中国第二大剧种。长于抒情,唯美典雅,极具江南灵秀之气;它以浙江嵊县的方言为语言基础进行表演。

明确:地方戏曲往往用方言演唱, 每一种地方戏曲都带有地方特色。

师:我们感受了京剧和越剧的不同,请同学们用“京剧像__________,越剧像__________”的句式来对京剧和越剧进行比较,说说它们的特点。

(示例:“京剧像雄浑的长河,越剧像娴静的清溪。”)

生:京剧似钢,越剧似水。

京剧像北方大汉,越剧像江南女子。

京剧像夏天隆隆的雷声,集聚而下的暴雨;越剧像春天柔和的春风,绵绵飘洒的春雨。

【设计说明:此环节分为三部分,首先是戏曲知识的初步了解,1—9 题旨在检测学生在活动准备过程中学习的内容,同时让学生了解一些戏曲常识;第二部分是看视频猜动作,牢牢抓住学生的兴趣,让学生明确戏曲表演的虚拟性;第三部分是名段欣赏猜剧种,主要是为了说明戏曲与方言的关系,另外选取的是耳熟能详的剧种名段,让学生对川剧、黄梅戏、京剧和越剧有更进一步的了解。更重要的是,越剧的选择是古诗《李白·黄鹤楼送孟浩然之广陵》,再通过对京剧和越剧的比较以比喻的句式来表达学生的感受,用语文的方式感受戏曲,这是综合性学习的精神所在。】

三、戏曲故事我来说

师:看来同学们的戏曲知识挺丰富的,下面我们来开一个“戏曲故事会”。同学们最近也了解了不少其他戏曲故事,谁来简单说说留给你印象最深的戏曲故事情节,并告诉大家为什么对它印象深?

【设计说明:此环节为开放性。要求学生用简短的语言介绍耳熟能详的一些戏曲故事,“为什么”一问引导学生关注故事传达出来的思想性和人文性。我们常说“舞台小天地,天地大舞台”,戏曲反映的就是现实生活,它大能波澜壮阔地去演绎一个王朝的兴盛没落,小能展现一个家庭或邻里的磕磕碰碰。一部精彩的戏曲可以去揭露社会的黑暗,赃官恶霸、暴吏豪奴无不被口诛笔伐,从而呼唤着正义和良知,如《窦娥冤》《陈州粜米》《蝴蝶杯》《打督邮》;可以去反对封建宗法制度,讴歌一对对青年男女冲破传统世俗观念的禁锢去追求自己理想生活的壮举,戏曲中最具教育意义的还是那些短小而富有情趣的生活戏,言近旨远,常常对生活中那些悭吝、自私等卑劣的行径予以讥讽,辛辣中有幽默,发人深省,如妇孺皆知的传统戏《小姑贤》《杀狗劝妻》。】

师:同学们看的戏真不少,对戏曲传达出来的主题思想认识深刻。下面我们来欣赏一段京剧,说说从中我们可以了解到哪些三国英雄故事和信息。(播放京剧《甘露寺》里“劝千岁”的一段唱词。具体如下:劝千岁杀字休出口,老臣与主说从头。刘备本是靖王的后,汉帝玄孙一脉留。他有个二弟汉寿亭侯。青龙偃月神鬼皆愁,白马坡前斩颜良延津诛文丑,在古城曾斩过老蔡阳的头。他三弟翼德威风有,丈八蛇矛惯取咽喉,鞭打督邮他气冲牛斗,虎牢关前战温侯,当阳桥前一声吼,喝断了桥梁水倒流。他四弟子龙常山将,盖世英雄冠九州。长坂坡救阿斗,杀得曹兵个个愁。这一班武将哪个有?还有诸葛用计谋。你杀刘备不要紧,他弟兄闻知怎肯罢休。若是兴兵来争斗,曹操坐把渔利收。我扭转回身奏太后,将计就计结鸾俦。)

明确:此段里讲到的三国典故,如斩颜良延津诛文丑、张飞鞭打督邮、三英战吕布、长坂坡大战、刘备招亲等。基于课堂时间的限制,可以让学生选取一个人物详细探讨,其他则简略说说。

例:赵子龙“盖世英雄冠九州”,师补充(1)曾在汉中以数十骑拒曹操大军,被刘备誉为“子龙一身都是胆也”——《大辞海·中国古代史卷》。(2)当年长坂坡恶战,赵云七进七出,连续杀死曹营名将五十余员,杀得曹军闻风丧胆。保护刘禅和甘夫人安全脱险。(3)智取桂阳时,展现了他过人的机智和出众的谋略。随诸葛亮吊祭周瑜时,因赵云带剑相随,吴将无人敢动诸葛亮;汉水救黄忠时,让魏国名将张郃、徐晃心惊胆战,不敢迎敌;刘备去世之后,曹魏五路犯蜀,赵云把守阳平关,一将当关,万夫莫开;七十几岁时仍为蜀军前锋,阵前力斩被作者称为"有万夫不当之勇"的西凉大将韩德一门五将。

【设计说明:戏曲故事题材广泛,尤其许多传统的剧目讲述的都是古代故事,这些故事往往是经典故事,如果我们在语文教学中适时地利用戏曲材料,可以让学生的文史知识逐渐广博。】

四、戏文妙词共赏析

师:戏曲故事是那么的吸引人,戏曲语言也是我们学习语言的典范。接下来我们一起来领略戏曲语言的博大精深。

(大屏幕出示:请说出以下唱词的修辞和作用)

(1)当阳桥前一声吼,喝断了桥梁水倒流。

(2)树上的鸟儿成双对,绿水青山带笑颜。

(3)天上掉下个林妹妹,似一朵轻云刚出岫(xiù,山洞)。

(4)梁:贤妹妹,我想你,神思昏昏寝食废。祝:梁哥哥,我想你,三餐茶饭无滋味。梁:贤妹妹,我想你,衣冠不整无心理。祝:梁哥哥,我想你,懒对菱花不梳洗。梁:贤妹妹,我想你,哪日不想到夜里。祝:梁哥哥,我想你,哪夜不想到鸡啼。

(5)良辰美景奈何天,赏心乐事谁家院?(纵有令人惬意的美好的时光,美丽的景色,却没有欣赏的心思,值得高兴的事。)

明确:(1)夸张:突出了张飞的威风和勇猛。

(2)拟人:把山水当做人,写出了山水的美丽,衬托了主人公的心情愉悦。

(3)比喻:生动形象地写出了林妹妹美貌盈巧。

(4)排比、反复:淋漓尽致地表达出思念之苦,充分地发挥出了越剧缠绵抒情的特色。

(5)对偶:使语句工整。

(引《红楼梦》)林黛玉听了,倒也十分感慨缠绵,便止住步侧耳细听,又听唱道是:"良辰美景奈何天,赏心乐事谁家院。"听了这两句,不觉点头自叹,心下自思道:"原来戏上也有好文章。可惜世人只知看戏,未必能领略这其中的趣味。"

师问:这段描述说明了什么?

明确:"原来戏上也有好文章。可惜世人只知看戏,未必能领略这其中的趣味"告诉我们,我们要学会欣赏戏词的美,说明优美的戏曲唱词也是如此的打动人。

师:戏曲唱词的美,仅仅是因为它运用了许多的修辞吗?再仔细看看京剧《甘露寺》里"劝千岁"的唱词,想想戏曲唱词还有什么特点?

明确:戏曲唱词是押韵的,使曲词显得通顺、动听、韵味浓厚。这与古典诗词很相似。正是因为戏曲讲究押韵,运用各种修辞手法,根植于古典文学的土壤,所以才这么具有表现力!

【设计说明:此环节的设计是综合性学习语文性的又一重要体现。戏曲语言是文言的诗化,讲究押韵,雅而易懂,俗而不陋。又往往融化古代名篇佳句,运用各种手法,我们有责任让学生领会戏曲唱词的美轮美奂。】

五、戏迷难舍梨园情

师:从同学们的话语中,我们知道了,戏曲是一门综合的艺术,它曾深深吸引着人们。让我们去打开人们的心扉,说说身边爱看戏的人与戏曲有着怎样解不开的情缘。

生 1:我爷爷最喜欢看戏,现在经常拿个 MP4,一路走一路听,干什么活都打开它,边干活边听戏,他说这样干活都不累!

生 2:我爸爸说,以前只有一台电视机。每当有戏曲节目的时候,他总是抢不过爷爷,总是无奈地陪着一起看……印象最深的就是"天上掉下个林妹妹"!

生 3:说起"天上掉下个林妹妹",我奶奶一听就会激动地说着"二十年前我还演过这出戏呢……"第一次听奶奶说,我有些惊讶,不过我相信她,因为她确实唱得挺不错的,而且都会激动地流泪……每次都是这样,毫无例外过。我从小跟奶奶长大,在她的熏陶下,自己也开始慢慢爱上了戏曲。

生 4:我听说,我姥爷和姥姥就是在戏文场认识的(学生们都笑)。真的,他们俩都是戏迷。只要我们村搭台唱戏,他们就会拿着板凳去看,而且每场都不落。

师问:真是戏里戏外都有故事呢!看来爷爷奶奶们真的对地方戏有很深的感情。那你们有没有问他们,为什么这么喜欢看戏?

生 1:以前没有电视,就爱看戏。

生 2:我奶奶说以前看戏的时候可热闹了,人山人海,孩子们便怀揣馒头,走着到外村去看戏。乡村的戏台很简陋。村外空旷的树林里选个高土凸子,栽几根铜杆,扯一挂布档,搭一幅帆棚,七拼八凑成了"金銮殿"。开戏前又吵又闹,等看戏的人们陆续到齐了,孩子们便趴在戏台前沿等开戏。

生 3:老人年轻时接触的主要是戏曲,歌就比较少,因那时还不太流行。他们有怀旧情怀,希望通过戏曲找找年轻时的感觉。我爷爷和奶奶就很爱看戏,他们还喜欢给我们讲剧情。

生 4:对对对,他们年轻时就像我们现在迷恋流行歌曲一样迷恋戏曲!

师追问:大家都讲老一辈的人爱看戏,同学们也没有喜欢看戏的,为什么?

(在这个环节中,很少有学生会表示爱看戏,许多学生都说不爱看。)

【设计说明:这个环节的设计其实是为写作做准备的,让学生把眼光投向生活,贴近现实,明白戏曲在生活中,爱戏的人离我们并不远,从而夯实本次写作基础。】

六、戏曲文化需继承

师:戏曲是一本书,它积淀着我们祖辈文明的印迹;戏曲是一幅画,它展示着多彩的社会生活;戏曲是一首诗,它蕴蓄着人们丰富的情感世界。遗憾的是,随着社会生活的发展,电影、电视和影碟机的普及,流行文化在群众文化生活中占据绝对主流的地位,中国传统戏曲艺术受到了极大的冲击,正一步步走向衰落。

越剧《藏书之家》里的一段文:"珍卷愧失传,万代罪名留。祖先若追问,扪心怎启口?子孙若追问,无语来遮羞。日月若追问,何颜世上走?天地君亲若追问,轰然毁塌百年楼。"那么戏曲又何尝不是如此呢?如果戏曲在我们这一代人手中失传了,我们心里该有多惭愧啊!

师：中国传统戏曲该如何继承与发展？请你支招！

（开放题，学生的招数五花八门，会让你感受到他们真的想为戏曲谋发展。举些课堂实践里的例子：有人说“把校园十佳歌手大赛改成校园十佳票友大赛，让同学们都来学戏”；有人说“让政府在电子广告牌上多放放戏曲”；有人说“给我们开设戏曲欣赏课”；有人说“让我们的遥控器每天停留在CCTV戏曲频道至少一小时”……）

师：请同学们替电视台戏曲频道拟一条公益广告，呼吁人们重视和传承戏曲文化。

例：看中国戏曲，做龙的传人。

看不够水袖长衫舞悠悠。

将戏曲进行到底。

一枝独秀（地方戏）秀河山；梨园金辉（百家戏）辉乾坤。

结语：今天，我们聆听了婉转悠扬的戏曲唱腔，欣赏了生动传神的戏曲表演，讲述了丰富多彩的戏曲故事，品评了意蕴隽永的戏曲唱词，同时还深思了戏曲的今天和明天，同学们的心里必定种下了戏曲的种子，课堂是有限的，语文学习的空间却是广阔的。最后老师也想拟一句广告语，为我们今天的课、为戏曲高唱：戏曲大舞台，有你更精彩！

作业：请以“戏曲“为话题，完成不少于500字的作文。（附一篇美文，供学生参考。）

附：

越剧的风景

“绕绿堤，拂柳丝，穿过花径。听何处，哀怨笛，风送声声。”很久没有听到《葬花》调子了，心中不免有些怅然，此刻，我真恨不能马上插翅，飞回我的故乡——余姚。

记得很小的时候，外公就跟我说，我是北方人。然而，“北方”这个名词在我的记忆中几乎是一片空白。我不知道北方是什么样子，是不是像余姚一样，有青石板铺就的小桥，有扑腾跳跃的鱼伢，有喧嚣来往的船只……只记得外婆是在余姚长大的，还知道，外婆年轻的时候很漂亮，会唱越剧。

我虽生在浙江，却从未去过鉴湖，但我知道，那是一个很美的地方。我曾想象过女孩儿在那湖边洗衣浣纱的情景，或许正是它，酝酿出了越家女儿红的香醇，荡漾起越剧清新婉转的声音。越剧，虽比不得京腔的有力，但却能吟哦出江南小城独有的韵致，这是越家女儿的声音，就好似日夜流淌的剡溪之水，一种听似缥缈，但又不得不让人魂牵梦萦的音律。淡淡的脂粉下，掩不住一张张清秀的面庞，然而身披长袍，头戴宫花之后，却俨然成了一个个小生。所以很小的时候我就知道，女孩儿是可以唱男腔的，至少越剧是这样。也许那时真是太小了，还没懂唱词的意思，就像大人一样，和邻家差不多大的孩子相互唤着“梁兄”“贤弟”，稚气犹在的声音竟还真的能唱上一曲《梁祝》。

大概是外婆工作的关系，我不得不随她离开余姚，来到南京。临走的那一天，我没有太多的留恋。未曾想，这一走，至今再没有回去过。

虽说都在南方，却再难听到越剧的声音，乡音未改，小小年纪便有了乡愁。此后的日子里，只要在街头巷尾，偶然听到一两句唱词，我都不禁会停下，直到那声音在我耳畔消失。随之，心头便涌上了一股淡淡的寂寞与无奈，紧接着哼上几句，更是忍不住潸然泪下。或许此时，越剧在我心中的位置几乎可以取代一切。

也许真的是“入乡随俗”了，也许是学习的繁忙让我无暇顾及其他，对家乡的怀念已不再像往日那样的浓厚。却又在不经意间听到了茅茅(编者注：茅茅即越剧名角茅威涛)的唱腔，这才使得我可以又一次在这熟悉的声音中感受越剧的美丽。

“浪迹天涯三长载，暮春又入沈园来。输与杨柳双燕子，书剑飘零独自回。”一曲《陆游与唐婉》勾起了我的伤感，我虽算不得“浪迹天涯”，却又同样有着一种似羁旅多年的游子无法回到故乡的惆怅。“沈园偏多无情柳，看满地，落絮沾泥总伤怀。”就好似黛玉在大观园中“偷洒珠泪葬落花”一样。身处异地，总难忘家乡的点点滴滴。如今，外婆的老迈寡言，更让我觉得越剧对于她的重要，所以，我总会抽空陪她坐在电视机前，静静地聆听越剧的声音，重温那风景如画的余姚。

(注：本文获江苏省第三届高中生作文大赛一等奖)

(象山县新港中学　石　毓)

《漫话探险》教学设计

故事会:探险家的故事

【设计意图】

设计本次故事会,旨在有意识地引导学生搜集相关资料,并能将搜集到的资料进行整合,培养学生处理、利用资料的能力,培养学生的语言复述能力和口头描述的能力,体验探险家积极进取、勇敢顽强、不畏牺牲的精神。

【活动目标】

1. 积极通过各种渠道搜集相关资料,并能根据自己的需要整理资料,会根据需要把材料改编成主题明确、形象鲜明的小故事。

2. 在活动过程中训练表达能力,会口齿清楚、大胆地讲述故事,力求做到绘声绘色。

3. 感受探险家积极进取、勇敢顽强、不畏牺牲的精神。

【活动准备】

【活动时间】

【活动过程】

为一星期(第一周周五布置任务,第二周周五活动,以下几个活动同此)。

1. 学生搜集探险家和探险活动的故事。内容包括:①记录探险家探险经历的故事;②反映探险家在探险过程中表现出来的积极进取、勇敢顽强、不畏牺牲的精神的故事。

2. 采用分组竞赛或个人竞赛的形式,开展专题故事会,选出最佳“故事手”。

3. 采用小组合作的方法,把搜集的资料编制成册,放在教室阅览角,供学生翻看。

4. 练笔:我最敬佩的一个探险家。

学生搜集故事的过程中,教师要指导学生对故事加以整理改编。整理改编的原则:一是故事不宜过长,一般一个故事3–5分钟;二是故事语言要生动形象;三是故事要口语化。另外,教师对于学生搜集的故事的内容要把关。

教师可以担任评委,适时点评,并利用点评的机会指点讲故事的技巧。

辩论赛:你说我说说探险

【设计意图】

这个活动的核心是"明是非"。通过辩论的方式,让学生在实践中了解辩论的流程,掌握粗浅的辩论技巧,培养学生的语言表达能力,训练学生思维的敏捷性,感知探险的积极意义,并能使学生初步形成理性看问题的意识,激发学生探究的兴趣和勇于创新的思维品质。

【活动目标】

1. 了解辩论的流程和规则,掌握粗浅的辩论技巧。

2. 能根据自己的议题和观点,搜集有力的材料,并围绕己方中心,清晰地陈述自己的观点,或能抓住对方破绽批驳。

3. 认清"探险"和"冒险"的区别,初步形成理性看问题的意识。

【活动过程】

辩题 正方:学生适合参与探险活动　　反方:学生不适合参与探险活动

1. 确定辩题,学生分成两组,用抽签的方式决定正方、反方。学生根据自己组的辩题搜集相关资料。

2. 用上网的方式,了解辩论赛的一般规则。

3. 选好主持人,教师根据辩论赛的规则重点辅导。

4. 教师指导学生写辩论词,如正反一辩的观点陈述词、攻辩小结,四辩总结陈词等。要求:观点鲜明,论据充分,语言凝练、犀利。

5. 辩论赛。

(1)主持人介绍正反方辩题、辩手、评委等。

(2)辩论。

①双方主辩手各自陈述主要观点;

②双方二辩三辩互辩;

③正反方自由辩论;

④双方观众(小组成员)可以互问互辩,也可以挑战对方辩手。

⑤四辩总结陈词。

(3)班主任作为特邀嘉宾点评并作适当的价值观引导。

6. 评出最佳主辩手和最佳观众。

学生辩论过程中，语文老师要特别注意价值观的引导。发现学生的辩题存在价值观问题时，及时提醒主持人加以纠正。

学生辩论过程中容易跑题，语文老师也应机智地加以引导。

7. 练笔：选择一个辩题，写一篇小随笔。

书海踏春：探险类书籍阅读交流

【设计意图】

通过阅读和交流探险家的故事，认识探险的价值，感受探险家积极进取、勇敢顽强、不怕牺牲的大无畏精神，初步形成理性分析问题的意识。

【活动目标】

1. 阅读探险家的故事，认识探险的价值，感受探险家积极进取、勇敢顽强、不怕牺牲的大无畏精神，激起探索自然奥秘的壮志豪情。

2. 初步形成理性分析问题的意识，并能根据个人喜好选择某一角度把自己的感受写成读书笔记。

3. 拓展视野，初步养成良好的阅读习惯。

【活动准备】

教师搜集有关探险的书籍，了解作者以及书本内容。

【活动过程】

1. 教师推荐有关人类探险纪实书籍或文学作品

《大地的语言》《夜航》(法)圣埃克絮佩里，《罗布泊探秘》《亚洲腹地探险八年》(瑞典)斯文·赫定，《中亚探险》(日)橘瑞超，《外国探险家西域游记》魏长洪、何汉民，《阳光与荒原的诱惑》巴荒，《西路无碑》曾哲，《荒原有爱》尚昌平，《独守苍茫》范春歌，《十年旅痕》孙心圣，《漂泊者之旅——走进墨脱》曹华波，《西藏之旅》《藏北游历》《西行阿里》《灵魂像风》马丽华，《1999，藏行笔记》《作家镜头——西藏的故事》《西藏——世纪末的探望》《徒步，加德满都到拉萨》曾哲，《最后的罗布人》杨镰，《楼兰——一个世纪之谜的解析》林梅村，《丝绸之路考察散记》吴景山，《天界——西北边塞行》张林，《无人区历险记》王一兵，《沙漠独行》杨镰，《险境秘辛——中国当代探险寻秘》肖海曦，《长江魂》杨欣，《余纯顺走西藏》《余纯顺风雨八年日记选》余纯顺，《万里海疆第一走》刘华，《与彭加木同行》夏训诚、胡文康……

《热爱生命》《荒野的呼唤》(美) 杰克·伦敦，《汤姆索亚历险记》《哈克贝里·费恩历险记》(美)马克·吐温，《神秘岛》《海底两万里》《气球上的星期五》(法)凡尔纳，《金银岛》(英)史蒂文森,“洛克王国探险笔记”系列 亚凰,《绝顶》张海迪……

《走出地球:人类探索太空纪实》黄建国、张贺琴,《遨游太空:人类探索太空的故事》于金昌,《我的探险:从南极游到北极》王刚义,《南极历险·北极历险》位梦华……

2. 学生选择一两本阅读,并写读书笔记。

3. 阅读心得交流,好书推介。

招聘会:野外生存夏令营模拟招聘会

【设计意图】

“野外生存夏令营模拟招聘”活动特点是“情景模拟性”。通过模拟野外生存夏令营招聘会活动,把学生引入具体的活动情境中,让学生设身处地体验探险,以此促使学生主动去了解野外生存训练对于人生的意义和一些必备的药品、物品的作用,掌握一些野外生存必备的知识;加深对野外生存的心理体验,培养大胆勇敢的探索精神。

模拟招聘会还可以让学生在实践活动中锻炼自己的组织能力,团结协作能力,口语交际能力。

【活动目标】

1. 通过模拟招聘会的实践,加深对野外生存的心理体验。

2. 了解野外生存的基本技巧和必备知识,培养学生吃苦耐劳、独立生存的意志品质。

3. 实践活动中锻炼组织能力,团结协作能力,口语交际能力。

【活动准备】

学生阅读有关介绍野外生存知识的书籍或观看野外生存技巧的纪录片,初步了解野外生存训练对于人生的意义和一些必备的药品、物品的作用,掌握一些野外生存必备的知识,做好野外生存的心理准备。

【活动过程】

准备:网上搜索“野外生存技能”发给学生,上相关专业网站了解户外生存的相关知识。

1. 模拟学生会发布公告:为了磨炼同学们的意志,培养同学们的独立意识,提高同学们的生存能力,学校准备今年暑假举办生存夏令营,现招聘志愿者前往挑战。挑战的地方有荒岛、荒山、荒漠、荒原,到时候只能带少许最基本的生活用品。请有意向者做好应聘准备。

2. 采用小组合作的方式,每组学生选择模拟挑战的一种生存环境,共同做必要准备,到时候由组长带队前去应聘。

3. 选12名同学,3人一小组分别代表荒岛、荒山、荒漠、荒原招聘方,就虚拟的不同情境设计好不同的模拟招聘会的问题,写好招聘公告。

4. 模拟招聘会。

5. 练笔：荒山(或荒岛、荒漠、荒原)生存技巧。

驴走家乡：登山步道显身手

【设计意图】

在“感知英雄形象”，明辨“探险意义”和“情景模拟”的基础上，设计“驴走家乡”活动，是一次实战。是学生野外生存知识、探索精神和毅力的一次检验。

【活动目标】

1. 检验野外生存能力。

2. 培养坚毅不折、吃苦耐劳、互帮互助的优秀品质。

【活动准备】

教师事先考察驴走路线。

【活动过程】

宁海是国家级山地户外运动基地，共有总计 80 多公里的七条登山步道，最短的跃龙线有 4.5 公里，风光秀丽。目前宁海驴走盛行，登山步道成为市民休闲健身的新选择。

1. 选择路线：杜鹃山——许家山。登杜鹃山是宁海市民休闲登山首选，许家山是著名的石头古村，此条路线大约单程 4 小时，沿途竹林、茶园、田野、海港随处可见，风景秀美。

2. 拟写报名帖。去户外网站下载有关报名帖的写作例文，拟写好“驴走宁海登山步道‘杜鹃山——许家山’报名帖”。帖上必须写明活动地点、活动时间、活动费用、活动线路、用餐方式、联系人员、联系方式、报名方式、野外行走注意事项等。

3. 学生报名，自愿参加。为保证活动安全顺利完成，教师联系部分家长参加。

4. 野外驴走。路线为单程，上午八点从杜鹃山脚妙相寺出发，到杜鹃山经王社到瓦窑头，最后到达许家山。中餐自备，注意环保，下午游览许家山石头村，玩寻石头村寻宝游戏，然后乘车返回县城。步行路线是国家登山步道，相对安全。

5. 就本次驴走经历练笔一篇。

附：报名帖范例(此文来自宁海文峰论坛)

国家健身步道辅一线 40 公里穿行公告

【活动背景】宁海国家登山健身步道 500 公里路面工程已完工，路标路识安装正在向西部推进。计划分时段穿越辅一线 40 公里，辅二线 80 公里，主线 180 公里。本次活动是整个计划的第一次活动。

【活动时间】2012 年 2 月 11-12 日两天

【活动路线】飞凤山—福泉寺—峰山—里辽—大短柱山—山洋—王爱山—西山金桃基地

【线路特点】

国家登山健身步道辅一线，从城市公园飞凤山出发，沿途翻越莲头山、大塘山、峰山、大短柱山、王爱山等山，经过名寺古刹福泉寺、"世外桃源"野鹤湫、白沙林场、革命根据地山洋，还有山头地等山村，古村、古寺、古道、古树穿插，山峰、溪流、瀑布、平原交叠，景观丰富，路况多样。

体力强度★★★☆ 、技术难度★★☆、惊险刺激★★★☆、自然风光★★★☆

【具体安排】

D1.早上 7 点半飞凤山集合出发，经屠岙胡、福泉寺、大塘山、峰山、平安山，到里辽露营。中饭途中路餐，晚餐里辽农家乐 FB ，晚上篝火狂欢。路程 20 公里左右。

D2.清晨的太阳照在"世外桃源"里辽营地上，欣赏山村风光后拔营启程，翻越大短柱山，到达白沙林场，经山洋、山头地，进入"何独王爱，我也爱之"的王爱山，到达西山金桃基地(路程 20 公里左右，中饭途中路餐)，乘车回家，结束本次活动。

【线路类型】轻装徒步

【报名人数】10 人左右为佳，最多不超过 20 人。同时招募后勤车辆志愿者若干名，运载露营装备至营地里辽村，晚上一起露营 FB，狂欢。第二天拔营后送回装备。

【费用预算】所有费用 AA 制

【集合地点】飞凤山

【报名截止日期】2012 年 2 月 9 日晚 21:00

【联系方式】跟帖或联系"倚马千言"1377729××××

【装备要求】帐篷、睡袋(0 摄氏度以下睡袋)、防潮垫、背包、登山鞋、防雨用品、头灯、个人餐具(碗筷杯)、个人衣服(冲锋衣裤和保暖内裤)、遮阳帽、登山杖、多功能刀具、身份证件、适量现金、洗涮用具。两个路餐、个人一天量的应急口粮(高热量食品，如牛肉干、巧克力、葡萄干等)、水及运动饮料。

【活动原则】自愿加入、安全至上、友善协作、服从团队

【风险说明】可能遇到的风险：跌倒、失足落水、虫蜂侵扰、交通意外等。

【人员要求】本次活动强度较大，人员要求身体健康、四肢灵活、体力好、善行走，必须具备团队协作精神。

【注意事项】

1. 该活动有不可预见的各种因素影响其计划的完整性，因此要求参与活动者为能负重、善行走、爱环保、具团队精神之成人，必须服从领队统一安排，不可擅自行动，否则后果自负。

2. 活动的发起者和参加者本着自由结合、自愿参加、风险自担、责任自负的原则参加本次活动。在参加时请注意安全，并对由此产生的后果、责任和义务有充分考虑。

3. 如遇特殊情况(比如冰雪、雨水、交通等)将取消或改变计划，请同行群友做好思想准备。

4. 钱、手机、相机等贵重物品请各自妥善保管。

5. 如报名者不足活动取消！

【安全提示】在户外活动中大家最重要的是安全，在保证自身安全的同时，必须听从领队的提醒和指挥。保险方面可单个自行在户外保险平台购买。

【免责声明】凡报名参加者均视为具有完全民事行为能力人，如在活动中发生人身损害者一切自理。凡报名者均视为接受本声明。

（宁海县跃龙中学　张爱莲）

附件一：

“漫话探险”综合性学习典型课例

——探险书籍推介交流会

【设计意图】

探险，对于七年级学生来说，是一个比较感兴趣的话题，他们向往天空，向往高山，向往海洋……宇宙、大自然对他们来说充满了神秘。为此，有必要引导学生正确地认识探险，更多地去认识一些探险家，了解他们的故事，学习他们为了人类的事业与自己的梦想不怕困难、勇于探索的探索精神。

【活动目标】

1. 了解野外生活必备的技术、常识，以及求生方式等等，积累探险知识。

2. 古今中外著名的探险家以及他们那些充满传奇色彩的故事。

3. 能正确地认识探险，懂得探险给人类带来的贡献。学习探险家们不怕艰险、勇往直前的探索精神，激起探索自然奥秘的壮志豪情。

4. 培养搜集资料以及交流、探究的能力。

【活动时间】

三周

【活动准备】

其中第一、二周完成前期资料准备工作（活动一），第三周完成成果展示（活动二）。

【活动过程】

活动一:搜集资料

1. 组织学生去电脑房,在网上查询有关探险的资料。

2. 去书店搜集有关探险类的书籍。

3. 学生把自己要推荐的书籍写好推荐理由。

活动二:成果展示

引言:前一段时间,大家通过各种途径搜集了许多探险的资料,也为自己喜欢的书籍编写了推荐理由。接下来,我们就来一个大比拼,看看这几天哪些同学、哪些小组积累得多,收获最大。

第一环节:知己知彼

(1)野外知识大考验

(教师大屏幕展示相应的题目,学生进行抢答)

题目如下:

①在没有火柴和打火机的情况下,在野外如何点火?

②在野外,在没有指南针的情况下,辨别方向的方法有哪些?

③在野外,如何处理中暑患者?

④在进入洞穴时为什么要点火把?

(2)野外知识书籍推荐

学生就野外生存方面进行好书推荐,要求陈述推荐理由。

①野外生存类

《怀斯曼生存手册》:这本书的特点是涵盖广泛,通俗易懂。

《野外生存基本技能》:从某种意义上说,和怀斯曼生存手册有些相似,不过差异也是非常明显的,这本书插图更加丰富精美。

《生存手册》:这是一本在冒险、历险、探险之极端环境下使用的手册。只有当自我保护必须至上,冒险成为必要时,才可以求助于手册中提供的各种方法和技巧。这些方法和技巧已经不止一次地帮助人们挽救了自己的生命,或成为英雄。这本书跟《野外生存手册》是有区别的。

《户外生存指南》:本书是户外探险者的必备指南,它详实地描述了户外生活中的种种挑战,并且针对探险中可能遇到的困难提出了实用性建议。本书用精简的篇幅阐述了户外生活中最重要的问题,搭建桥梁和栖身之所,取火技术;绳索打结和捆扎方法;渡河和航海技术等。书中还收入了 LanceMichell 博士关于医疗急救的知识。

《最新野外生存手册》:掌握野外生存的方法无异于把握住自己的生存命脉,无异于抓住了一根“救命草”。当一个人掌握了野外生存技能,往往能逢凶化吉、遇难成祥。本书教你 37 种特殊环境下野外生存的技能。

②登山类

《九死一生攀高峰》:这本书是“探险家丛书”中的一本。李致新、王勇峰是我国著名的登山家,他们携手登上了世界的七大高峰,被人们誉为“登山双子星”。本书作者详细地记述了他们征服世界最高峰的经历和他们团结一致、战胜艰难困苦的动人故事。歌颂了中国登山家为祖国争光,为世界创造奇迹的时代精神。全书的内容新奇、动人,并附有数十幅反映登山生活的精美照片。这是中国登山队建队以来在国内出版的第一本书。既有可读性,又有收藏价值。

《中国登山之旅》:本书的内容,完全采用国内登山爱好者提供的第一手资料。

③户外徒步类

《中国徒步圣经》:25条生死险路,30条心跳绝道,配以450幅精美图片和60幅手绘地图,令暴走族、背包族欣喜若狂的完全攻略珍藏手册。所有线路均为探险者亲历的惊险刺激线路。精心打造的生存之旅,充满挑战与刺激的乐趣。55条中国经典徒步穿越线路,记录沿途风光与详尽资讯,均来自徒步专业人士亲历的第一手资料。在中国野外逐步集合起来的这群人,他们毫无例外都是自虐狂,但更是真正的享乐主义者,因为,他们走的是这样一条路:身在地狱,眼睛在天堂。

《中国徒步穿越》:收录了中国经典徒步穿越路线。很多路线因为被收入此书中而逐渐成为国内驴友热捧路线,例如,新疆喀纳斯徒步路线,在被本书收录之后徒步人数骤增。

第二环节:前人的足迹

引言:从古到今,涌现出一批又一批的探险家,他们上天入地,走南闯北,揭开了大自然的许多奥秘。他们的故事充满传奇色彩,他们的精神永远激励后人勇往直前。

1. 学生推荐书籍

(1)瑞典著名探险家斯文·赫定:《我的探险生涯》和《亚洲腹地探险八年》。

推荐理由:一次次的惊险历程、无数的感人故事与奇丽景致,尽如实景般,栩栩如生地展现在《我的探险生涯》一书中。《亚洲腹地探险八年》从一瑞典人的眼里看当时的中国,了解几十年前新疆的样子,作者还画了很多沿途的素描,把八年当中的经历、甘苦、成败得失,都如实地记录在此书当中。

(2)挪威的人类学家和海上探险家托尔·海尔达尔:《孤筏重洋》、《复活节岛的秘密》和《太阳号草船远征记》。

推荐理由:在全球狂卖2000万册,被翻译成67种国家的语言,成为有史以来最为畅销的旅行探险经典。《复活节岛的秘密》:在浩瀚的太平洋东南角,有一座美丽的小岛,即“世界中心”——复活节岛。托尔·海尔达尔带你揭开复活节岛的神秘面纱!《孤筏重洋》中托尔·海尔达尔演绎了比哥伦布还要惊险、比麦哲伦还要神奇的英雄史诗。他质疑哥伦布之于美洲大陆的发现权;他质疑太平洋海上文明的传播模式;他大胆勾勒几千年前亚非欧文明的海上传播线路;他组织了几次震惊世界的探险之旅。他的结论——惊世骇俗,震动学界,描绘人类文明史。

(3)中国探险家余纯顺:《余纯顺走西藏》和《余纯顺风雨八年日记选》。

推荐理由:这是个真正意义上的探险者,他的书不但能让你切实地感受到西藏离你这么近,更让你被一种精神所打动。

2. 阅读心得交流

(1)学生发言,畅谈阅读作品的感受。

(2)教师小结:把学生的心得进行小结。

①锻炼生存本领。适者生存,不适者亡。因此,知道一些野外旅行及生存的知识很有帮助。在学习的基础上,常去野外活动就会摸索出野外生存的本领。一旦发生置身荒郊野岭的无助环境中就能应付自如了。

②锻炼身体,强健体魄。生命在于运动。探险能够让身居都市丛林中的人们不仅享受不同的风景,而且还能不花钱地锻炼身体,强健体魄。

③增加意志力。因为探险有一定的难度,通过探险,能磨炼自己的意志力,能培养勇敢、坚强和乐观的精神。

第三环节:结束语

通过这次活动,相信同学们对探险有了新的认识。探险的过程充满了成功与失败、喜怒与哀乐,但无论怎样,探险家的精神将永远激励着我们探索未知的世界,迈向全新的领域。

(宁海县跃龙中学　应　丹)

附件二:

“漫话探险”综合性活动综合汇报课

【设计意图】

本次活动设计,有意识地引导学生将课内外的信息进行整合、分析,尝试着让学生在综合活动中感受探险活动、积累探险知识、体验探险精神。希望这样的语文实践既能丰富学生知识,又能激起学生探索未知世界的兴趣,培养开拓创新、坚韧拼搏精神,同时着重训练学生的口语交际、写作两项语文基本功;让学生在体验综合性学习乐趣的同时,切实提高口语交际能力和写作水平,并在语文学习中锻炼运用语文知识的能力,认识语文运用的规律,提高学生的语文素养。

【活动目标】

1. 对人类探险及其意义有一定的认识,学习探险家乐于探究进取、勇于挑战自然和自我的精神。
2. 清晰明确地陈述自己的观点。

【活动准备】

(共两周)

一、教师

1. 设计活动计划,明确活动课内容和流程。
2. 组织动员。

总结学过的有关探险的课文，对其中探险家勇于探究，敢于实践的精神及不怕困难、不怕挫折，勇敢、坚毅的品质加以肯定。

组织学生了解一些探险活动应掌握的科学知识、生存知识和基本技能。

组织活动组开会，宣读活动计划，语文活动组讨论、修订计划，安排分工。

二、学生

1. 制作、张贴活动海报，向全体学生传达活动计划。（语文课外活动组参与）

2. 选定故事会和讨论会的主持人并写好串词。（语文课外活动组参与）

3. 课外上网、上阅览室搜集并整理古今中外探险家的典型故事及有关人类探险活动的图片、光盘、录像资料与探险活动有关的知识（地理、气象、人文、发展等）（全体学生参与，可以由小组长负责督促、检查、落实。时间为 10 天）。推荐书目：《奥秘》、《探秘》、《自然之谜》、《科幻世界》等科普读物。

【活动过程】

一、导入

教师：欢迎大家跟随老师走进语文的广阔天地。同学们，你们常常哀叹自己是笼中之鸟，如果现在给你充分的时间和条件去户外运动，你会选择什么运动呢？现在让我们一起来欣赏一项特别的运动。

（学生欣赏“攀岩”视频）

让学生说说是否喜欢这项活动以及原因。

教师小结：人类对未知世界的好奇心与生俱来。从高峻的山峰到深邃的海底，从浩瀚的大洋到茫茫的宇宙，哪里有奥秘，哪里就有人类的足迹。探险是许多人的梦想和愿望，它演示出了人在道路上的艰辛与刺激，同时它也是一种勇敢而伟大的行为。但什么是“探险”，怎样看待“探险”，也是我们必须澄清的问题，今天，就让我们一起走入综合性实践活动——“漫话探险”吧。

二、活动设计

第一个环节：七嘴八舌说探险

主持人：从古到今，出现了一批又一批勇敢的探险家，他们上天入地，走南闯北，打开了自然界一扇扇紧闭的门窗，让我们知道了世界上的许多秘密。这些探险家中，外国的有哥伦布、麦哲伦、斯文·赫定、南森、阿蒙森、斯科特等，中国的有张骞、郑和、徐霞客、尧茂书、余纯顺等。他们的故事充满传奇色彩，他们的精神激励着后人。下面，让我们一起透过探险家们的故事来漫话探险。请同学们以小组为单位，敞开心怀说探险，把你搜集整理的探险故事向同学们说一说，看谁讲得最生动有趣。

1. 张骞的故事

公元前 139 年，汉武帝派张骞前往大月氏国。他的使命是联合该地区人民起来抵抗匈奴。张骞虽被匈奴族捉去囚禁了 11 年，但他获释后再度前往中国以西的地方探险。他的旅行路线还经过了阿富汗。当时尚无人到过中国以西这么远的地方。因此，张骞给皇帝带回了中国第一次听到的关于印度、中东以及欧洲诸国的消息。张骞是第一位横穿阿富汗旅行的中国人,后来便是中国商人带着丝绸和玉石,沿张骞所经过的路线,翻山越岭来到中国西北并穿过了戈壁沙漠。这条路线被后世称为“丝绸之路”。

2. 玄奘的故事

玄奘是一位前往佛教发源地印度取经的和尚。他从中国出发,历时16年,行程6.4万千米,途经阿富汗、克什米尔和印度北方等地。玄奘在旅途中多次遇险,危险来自恶劣的天气和高山。玄奘有一次在喝泉水时,险些被箭射死。后来他又在印度北方塔克西拉王国被投入狱中。为了逃命,他差点儿被冻死。

3. 古奇人——徐霞客

徐霞客,自幼博览图经地志。22岁时,厌弃世俗,游历名山大川,历时30余年,不畏艰险,足迹遍布今江苏、浙江、江西、两广及云贵高原等17省。每到一地,即按日记事,将所见所闻写成日记体裁的游记。对各地的山形地貌、川河源流及地质、气候、物产、民俗等深入进行探索,详尽记述。他详细考察了我国西南地区岩溶的分布、类型、成因和农业利用,是世界上研究岩溶地貌的第一人。明崇祯十四年 (1641),徐霞客病故。其遍访各地的游记,由季会明等人整理成书,名为《徐霞客游记》。

4. 哥伦布的故事

克里斯托弗·哥伦布于1451年出生在意大利的热那亚港,14岁时就到海上生活。他通过对地图和书本的学习和研究后确信,向西横越大西洋航行能到达亚洲。他是西班牙著名航海家,是地理大发现的先驱者。

第二个环节:眼疾手快答探险

主持人:谢谢这几位同学的精彩讲解,他们讲的故事都非常精彩。探险是对未知领域的探索,是对自然和自我的挑战。探险过程中的任何艰难险阻,都阻挡不了人类迈向全新领域的脚步。我们在野外常常会遇到一些难以预料的事,有时还会陷入不堪的境地,这时,我们就要用上一些探险自救的知识,那么你会野外求救吗?你会辨别方向吗?你会看云识天气吗?下面让我们进入探险知识,小组竞赛活动中,进一步掌握必备的探险知识。

(学生抢答)

第一板块:选择题

1. 利用指针式手表对太阳的方法判定方向。方法是:手表水平放置将时针指示的(24小时制)时间数减半后的位置朝向太阳,表盘上12点时刻度所指示的方向就是北方。假如现在时间是16时,则手表8时的刻度指向太阳,几时刻度所指的就是北方?

(1)12时的刻度;(2)10时的刻度;(3)9时的刻度;(4)13时的刻度

2. 蚯蚓钻出地面说明了什么:

(1)将要下雨;(2)天晴;(3)刮风;(4)多云

3. 早晨天空出现火红般的云,表示了什么?

(1)下雨;(2)天晴;(3)刮风;(4)多云

4. 在不知时间也没有地形图和指北针等制式器材的情况下应如何判别方向?

(1)利用太阳判定方位非常简单;

(2)利用指针式手表对太阳的方法判定方向;

(3)利用北极星判定方向;

(4)以上答案都成立。

5. 国际通用的求救信号是

(1)SOS;(2)SSS;(3)OOS;(4)SSA

6. 国际通用的求救信号是什么?

(1)三长三短,不断地循环;(2)三长三短,循环两次

(3)二长二短,不断地循环;(4)三长二短,循环两次

7. 主绳直径9-11毫米,长度在45米以上,承受力在1500千克以上的绳索长度为多少米?

(1)40,55,65;(2)45,50,60;(3)35,50,60;(4)50,55,65

第二板块:判断题

8. 积雪特别厚时,穿雪鞋具有防止深陷的作用。

(1)对;(2)错

9. 手出汗时,抹一点粉袋中装着的镁粉,立刻就不会滑手了。

(1)对;(2)错

10. 攀岩用安全带,不过登山不用安全带也可以。

(1)对;(2)错

11. 没有罗盘时,用手表可以找出北方。

(1)对;(2)错

12. 朦胧月夜,天空出现阴沉的乱层云,表示明天会下雨。

(1)对;(2)错

第三个环节:唇枪舌剑论探险

教师:有人说,探险是一项很具挑战性的活动,富有刺激性,它使人活得更有意义,更能证明生命的价值。有人说,我们应当鼓励更多的人去探险,这样才能更好地开发地球资源,为社会进步作贡献;有人说,探险就是没有意义的冒险,它消耗了许多时间,浪费了许多钱财;搞不好还可能有生命危险,这就更不值得了。那么你是怎样看待探险的?下面就让我们辩一辩探险。

主持人宣读辩论中应注意的事项:

(1)观点正确,旗帜鲜明。

(2)以理服人,让事实说话。不把观点的敌对引申为人际的敌对;不靠嗓门压人,有理不在声高。

(3)用真情、善意、美感与人辩论,就能做到晓之以理、动之以情。

正方观点:

生1:探险可以锻炼你独立解决问题的能力,尤其是野外探险更是体现得淋漓尽致。如果没

有带足东西你就得靠自然来维持生命,你的生命就掌握在你自己的大脑和精神手里。

生2:魏格纳,马可·波罗,麦哲伦,哥伦布,阿蒙森,张骞,玄奘,徐霞客,这些探险家的努力就是为了他们一生的事业——探险,所以谁又能说探险无意义呢?

生3:探险有助于文明发展,没有冒险精神就没有人类文明。没有人类的一次次探险,人类能走到今天吗?!如果没有那么多的第一次,我们怎么可能生存发展下去?探险是一种征服自然的行为,但需要你充分了解自然,并有能力征服。探险成功可以树立强大的自信,因为探险往往是难以做到的事情。探险可以切身体验到人的渺小,从而珍惜生命。探险也是一种探索,是人与动物不同的地方,如果人没有这种精神,不可能进化为人。

生4:久居都市,我们会感到生活的平凡与庸俗,人的生活如果总是这样下去一定是很可怕的,当然我们也可以从电影电视等娱乐活动上感受一些可怜的刺激,但那是无法同到大自然中领略相比的。在大自然中我们可以领略到各种各样的惊险与刺激。洞穴探险、徒步峡谷、山峰攀登、丛林探险以及江河漂流、蹦极跳、潜水探奇、攀岩等野外活动,都将体会到各种各样的惊险刺激。

生5:探险是一项很具挑战性的活动,富有刺激性,它使人活得更有意义,更能证明生命的价值!像南极探险就是一个实例。斯科特率领的南极探险队,带着人类对地球的探索精神,背负祖国人民的希望挺身进入南极,且到达了南极点。经历了一切最具挑战性、刺激性的困难之后。他们的精神、品质得到了升华!是的,他们最终没能战胜气候而永埋于那冰天雪地的南极大陆!但他们的精神品质却世世代代鼓舞着一代代新人。通过他们的日记,人类对南极的气候有了深刻了解;经过研究岩石样本,人类了解了南极的地质且认识到那里存有大量天然气、矿物质,使得人类对地球母亲的了解又进了一大步。

生6:探险会使人永不自满,探索更多的奥秘。许多不知名的探险者为人类迈向大自然迈出了大大的一步。探险者们抱着坚定不移的信念,怀着不可摧毁的毅力踏上了路途。探险过后的那种胜利的喜悦是无法用言语来形容的,使他们突破了人类的极限。无论是在波涛汹涌的大海上,还是在干旱炎热的沙漠里,探险家们勇敢地面对一切,最终发现了地球上那些原来没有人知道的地方。如果认为他们没什么了不起——只不过是与狮子搏斗,吞下老鼠……那么,如果有胆量的话,你也去探险吧!

反方观点:

生1:探险劳民伤财。就像古代的郑和下西洋,虽然能加强同海外各国的友好关系,但是,在建立良好关系的同时,也要赠送一些礼物给其他国家呀!而且这些礼物都是上好名贵的丝绸、珠宝等,这无疑是加重了明朝人民的劳役负担。

生2:对自然条件的破坏。如果人们不去探险,那么就不会挖掘出煤、石油等优良资源,更不会造出汽车这样的交通工具,如今,汽车排放的尾气,对人类、对自然造成破坏。近几年来,众所周知,珠穆朗玛峰那终年不化的积雪正在融化,珠穆朗玛峰正在下降;其次是冰山融化,如果不是人们探险,那么自然资源就不会被人们所利用,也就不会有雾气污染大气层,那么冰川就不会融化,海平面就不会上升,人们也就不必担心会被自然灾害搞得家破人亡!

生3：对个人的伤害。大家耳熟能详的鲁滨孙，就是因为探险而被狂风卷到荒岛上的，且不说他度过了28年的孤独时光，也不说他最后被船只发现带回英国，就说他来到荒岛之前遇到的种种不幸，就令人胆战心惊！他虽然在岛上获得了一笔财富，成为了一个百万富翁，但是28年的孤独时光是不能用金钱来衡量的。

生4：探险有很大的危险性。2005年的一天，五名北大的学生去珠穆朗玛峰进行探险，结果在半途遇到雪崩，导致两人死亡三人失踪。类似的事件在各地经常发生，小到身体的伤害，大到生命的终结。如果不去探险，他们也许成为国家的栋梁，他们也许为社会作出巨大的贡献。但是盲目地鼓励探险，使这些风华正茂的优秀青年，还没有来得及施展他们的才华，还没有等到自己的人生绚烂之时便过早地离开了。这是对个体生命的轻视，对亲人的莫大伤害，也是对社会的巨大损失。为了自己人身安全，也为你家人朋友不再担心，请停下探险的脚步吧！

生5：探险是人类"中心主义"的体现，不是与大自然和谐共处，而是要以人类为中心，改造自然，征服自然，让自然服从人的欲望，而不是人类顺应自然的规律。比如人类走入原始森林，那里的"土著居民"、"土著"动植物都会受到侵害和打扰直至灭绝。为了世界上各种生灵不再受到精神危害，请停下探险的脚步吧！为了美好和谐的世界，请停息探险的脚步吧！

第四个环节：你言我语明探险

教师：探险的是是非非，同学们已经说了很多，屈原曾说过"路漫漫其修远兮，吾将上下而求索"。法国作家拉伯雷说：不敢冒险的人既无骡子又无马，过分冒险的人既丢骡子又丢马。请看新闻报道：

当探险成为一种时尚

李泓冰

"五一"黄金周不少年轻人不屑于去挤旅游热点，转而选择去穿越人迹罕至地区。然而，各路自助探险的出险率居高不下——

新疆31名户外运动爱好者穿越车师古道时遭遇暴风雪，幸好三天后获救；而探险内蒙古库布齐沙漠，一位女子中暑后不幸身亡……

（摘自2006年5月8日《新民晚报》）

学生讨论"探险"与"冒险"。

生1：探险和冒险常常是连在一起的，冒险并非就是探险，而探险常常需要冒险，因为面对自然界之谜，每前进一步都具有一定的冒险性，甚至可以说，探险的过程就是无数次冒险的联结过程。

生2："探险"是过程，也是目的，之所以要"探险"，就是要解开那些极少有人涉足或人类从未涉足的自然之谜；而"冒险"只是一种手段，之所以要"冒险"，是要通过"冒险"行为来达到预定目的。

生3：探险是有充分准备的漫长之旅，整个过程是考察和研究的过程，是人类认识、探索自然世界的一种方式，也是人类对自我的体能与智能的挑战和考验，而冒险是在某一具体情境之中的不得已而为之或应急性的行为。

师：每个人心中都有探险的激情，我们每时每刻都幻想着去野外探险，可探险并不是冒险，不是作无谓的牺牲，而是对未知领域的探索，是对自然和自我的挑战，是有备而去，唯有这样，我们才能在探险中获得乐趣。

教师小结：其实我们的学习和生活中，成功需要挑战骄傲，失败需要挑战信念，只有执著和探索才能走向成功，老师都希望同学们能"相信自己"，飞往成功的天堂！

（学生欣赏《相信自己》的FLASH）

教师小结：屈原有一句话说得好"路漫漫其修远兮，吾将上下而求索"，同学们，让我们踏着探险英雄们的脚印，将探索精神进行到底！

作业：请以"探险活动之我见"为话题，写一篇作文。题目自拟，文体、字数不限。可写自己的一次探险经历，如《我的一次历险经历》、《小岛历险记》；可写对某探险家的评价，如《小议郑和下西洋》、《斯科特一行值不值》；也可写对人类探险活动是非功过的评述，如《探险的功过》、《推崇（反对）探险》等。

（宁海跃龙中学　王雪娟）

附件三：

"漫话探险"综合性学习活动设计

活动设计共分三大阶段：

第一阶段——准备，共两周。

第二阶段——实施，共三课时，分段进行，可以利用课外活动时间补充。

第三阶段——总结

一、"我知道的探险家"故事会

【设计意图】

设计本次故事会，旨在有意识地引导学生搜集相关资料，并能将搜集到的资料进行整合，培养学生处理、利用资料的能力，培养学生的语言复述能力和口头描述能力，体验探险家积极进取、勇敢顽强、不畏牺牲的精神。

【活动目标】

1. 积极通过各种渠道搜集相关资料，并能根据自己的需要整理资料，并会根据需要把材料改编成主题明确、形象鲜明的小故事。

2. 在活动过程中训练表达能力，会口齿清楚、大胆地讲述故事，力求能做到绘声绘色。

3. 感受探险家积极进取、勇敢顽强、不畏牺牲的精神。

【活动准备】

1. 布置学生搜集探险家以及他们探险的图片，从图书馆和网上搜集探险家的故事(本单元课文涉及的除外)；让学生学会搜集资料，挑选资料，培养学生处理、利用资料的能力。

2. 由语文课代表牵头，组建一个负责策划和组织本项活动的临时机构，制订活动方案，推选出主持人。

【活动过程】

主持人导入活动：(投影显示学生准备好的探险家以及他们的探险图片)“神舟五号”升空之际，我国首位宇航员杨利伟成为举世瞩目的焦点人物。“神七”升空，举国振奋。“嫦娥计划”如期完成，中国人的足迹从此就会留在月球！2011年9月29日，“天宫一号”发射成功。它的发射标志着中国迈入中国航天“三步走”战略的第二步第二阶段。这是我国在未知领域的探索的成功。

在我们生存的这个世界上，有许多神秘的未知领域，对这些未知领域的探险，是古往今来许多探险家的梦想和愿望，它昭示着人类对大自然以及自我的挑战，演绎着生命价值的精彩。今天，让我们循着他们的足迹，踏访他们的探险之旅，只要你听一听这些扣人心弦的探险故事，就能感受到神秘世界的无穷乐趣，能够从中获得知识，开阔视野，激励你去探索未知的世界。

1. 小组内交流，进行评价，看哪位同学搜集的故事多，哪位同学搜集的故事精彩。

2. 每个同学在小组内讲自己搜集的故事，让学生把搜集到的“故事”用口语表达出来；小组评价效果。

3. 各小组推选出一名同学担任全班故事会的评委（人员的组成可与策划和组织本项活动的小组成员交叉，也可另外推选)，制订评价细则。

4. 由小组内推选出两名讲得最好的同学，在全班故事会上交流。

5. 评委就各组推选出来的同学所讲的故事内容以及语言复述能力和口头描述能力进行评点，选出优胜者。

6. “讲故事”结束后，由评委组织召开一个座谈会，每个人说说自己“讲故事”或“听故事”的体会、感想以及从中受到的启迪等，然后由主持人为全班同学总结。

二、“七嘴八舌话探险”辩论会

此活动设计为一课时，在学生已经了解一些探险知识的基础上，谈出自己对探险活动的认识，启发学生从不同侧面、不同角度认识探险，既可以谈探险活动对人类探索未知世界、迈向全新领域的正面引导作用，也可以谈探险活动对自然环境破坏带来的负面影响，还可以对人类探险活动的未来加以想象。以辩论会的形式，使学生对“探险”有更全面、深刻的认识，同时培养学生探究的兴趣和勇于创新的思维品质；训练学生的口语交际能力，在答和辩的互动中，培养学生的合作意识，训练学生的评价能力；培养学生对本项活动的策划和组织能力。这也为下一步写作文打下基础，使学生不至于无话可说。

【活动目标】

1. 了解辩论的流程和规则,掌握粗浅的辩论技巧。

2. 能根据自己的议题和观点,搜集有力的材料,并围绕己方中心,清晰地陈述自己的观点,或能抓住对方破绽批驳。

3. 认清“探险”和“冒险”的区别,初步形成理性看问题的意识。

【活动准备】

1. 由课代表牵头,组建一个策划和组织本次活动的小组,可由5–7人组成。小组成员可由各小组推选,也可自由报名。小组负责写出本次活动的具体操作方案,确定本次辩论的辩题,设置的“辩题”要使辩论双方都有话可说,有理可辩,使双方观点能够交锋;推选出主持人。

2. 全班同学自由选择辩题,根据情况确定正方和反方,由活动小组进行协调与平衡,分成几个辩论小组,在小组内进行辩论,由各小组推选出本组的最佳辩手,组建正反双方的辩论队伍。

3. 各小组推选出一名同学担任本次辩论会的评委（人员的组成可与策划和组织本项活动的小组成员交叉,也可另外推选),制订评价细则。

【活动过程】

1. 主持人导入活动:在电视节目中,我们见过多种辩论活动,在佩服辩手掌握材料的丰富,语言的机智与幽默的同时,也领略了他们唇枪舌剑中张扬个性的精彩。今天我们将要进行一场辩论,正方的立场是:探险利大于弊;反方的立场是:探险弊大于利。在双方智慧的碰撞,思想的交锋中,我们一定能够升华自己,获得沉甸甸的收获。

2. 活动方案实施:

(1)双方队员入场,正反两队主辩、一辩、二辩、三辩作自我介绍。

(2)主持人宣布辩论规则:正方主辩阐明本方立场,反方主辩阐明本方立场的同时,反驳对方立场。以下由正方一辩对反方一辩,反方一辩回答正方一辩再对正方二辩,循环进行辩论。共循环三次。

(3)自由辩论,这一环节须体现出快速,礼貌;所有辩论必须言之有据,言之成理,针锋相对。

(4)双方主辩最后陈词。

(5)主持人小结。

3. 评委讨论,确定点评人员,评价双方辩论情况以及辩手的表现,宣布获胜一方和双方最佳辩手。

辩论会后,每人就这次活动写一篇文章“探险活动之我见”,字数不限,要求能就探险活动鲜明地阐述自己的看法,有条理地写出依据。

三、总结

因为学生对活动倾注了极大的热情，投入了很大的精力，尤为可贵的是在搜集、查找、筛选资料的过程中提高了分析、运用材料的能力，提高了探究的兴趣，培养了合作的意识。所有这些，学生都期望被发现、被肯定，所以，活动总结就是对学生的肯定、鼓励，这对学生日后学会独立学习、探究学习、合作学习是有很大帮助的。奖项的设立可以灵活掌握，每个奖项的获奖人可以不止一个，目的是肯定学生、激励学生，使学生感受到成功的喜悦。教师不仅要关注那些“精英们”，也要关注那些平日内向、不善交际、独立学习有困难的学生，设立“积极参与奖”的目的就在于此。还可以追加一些综合性奖项，如“优秀组织奖”“奉献奖”“进步奖”“团结奖”等。

1. 学生总结个人总结内容

(1)自己在活动中所表现的态度。

(2)自己在活动中参与的程度。

(3)自己在活动中的收获与提高。

2. 教师总结

(1)活动收获

①对探险活动有了正确、全面的认识。

②提高了查找资料、筛选资料、处理资料、运用资料的能力。

③提高了语言交际能力、写作能力。

④学会了辩证地、多元化地看问题的方法。

⑤培养了团结协作的精神。

⑥体会到探究学习的乐趣，培养了主动探究问题的兴趣。

(2)存在的问题。

(宁海县跃龙中学　余跃英)

《马的世界》教学设计

【设计意图】

随着社会的发展,马的世界与我们渐行渐远。作为我们曾经最亲密的朋友,马在我们心中烙下一份情,中华民族有根深蒂固的马的情结。基于这一点,我在设计《马的世界》综合性活动课时,试图通过马的成语接龙归纳、马的故事你说我评、马的成语整合创作、马的诗文品味诵读等环节引导学生进入马的世界,感知马的外在形象和内在品质,从而让学生更为真切地体会中华民族对马的喜爱,对马的崇尚。同时也希望通过这一次语文的综合性活动课,让学生在运用多种形式了解马时体验到成功的喜悦,使学生掌握围绕主题查找有关资料的学习方法;培养学生写作和口语交际的能力;促进学生交流与合作的能力;传承民族文化,提高学生的人文素养。

【活动目标】

1. 情感态度目标

体会中华民族的爱马情结,拓宽文化视野,提高人文素养。

2. 知识与能力目标

(1)探寻"马的世界",了解马的有关知识。

(2)倡导自主、合作、探究的学习方式,培养探究精神和实践能力,提高学生"听、说、读、写"综合能力。

(3)培养多角度研究问题的意识,学习一般活动策划的方法,提高活动策划能力。

(4)提供学生一个合作、交流、展示的平台,张扬个性,培养创造性的人格。

【活动准备】

学生:

1. 预习"马的世界"

(1)通览内容,提出问题,做好记录。

(2)尽可能搜集资料,自己解决问题。

(3)根据活动策划方案和教师的专题活动建议,自己设计活动方案。

(4)写出学习感受及困难,并及时与同学、老师交流解决。

2. 填写课题方案

3. 根据活动情况,写下个人对马的感悟

教师:提前一周布置,提供课题研究方案,根据学生预习情况及兴趣特点,按马的成语接龙归纳、马的故事你说我评、马的成语整合创作、马的诗文品味诵读四部分,指导学生分成四个小组,选出负责人、主持人,提供各项专题活动设计建议。

【活动过程】

一、创设情境,导入课堂

1. 音像激情(播放歌曲《赛马》,PPT 循环播放马的图片)

马自古就是人类的朋友。学文史,我们知道保家卫国,忠心效主的马;学艺术,我们欣赏徐悲鸿那令人叹为观止的"八骏";就是外出旅游,我们也爱骑上一匹骏马,拍照留影。今天,让咱们一道走进马的世界,会一会这位朋友。(PPT 显示马的书法作品)

2. 欣赏马的书法

同学们,在众多马的书法作品中,你最欣赏哪一幅,并说说你的理由,可以联系马的体型特点、马的成语、马的精神等。

我们爱马,爱它俊逸脱俗的身姿,爱它奔腾不息的气势,更爱它勇往直前的精神。

今天就让我们在"马的世界"里,打开记忆的闸门,奔涌数千年的情感,洋溢起马的知识、马的历史、马的文学,与马共舞。请同学们按小组交流研究情况,清楚、简洁、准确、生动地在全班展示本组的成果。

二、马的成语接龙归纳(第一小组汇报马的成语研究成果,以竞赛形式呈现)

1. 马的成语接龙

马和人类同生死,共荣辱,无论在日常生活中,还是在军事活动里,马都和人类紧紧地连在一起,因此就有了许许多多马的成语。相信同学们也积累了不少,让我们来个马字成语的接龙,热热身,如何?(小组竞赛)

2. 马的成语归纳

热情澎湃的比试,犹如竞技的赛场,看来同学们为本次活动都做了充分的准备。我们组也整理了一组马的成语,在这儿来考考大家对这些成语的理解。

兵荒马乱	车水马龙	单枪匹马	害群之马	汗马功劳	金戈铁马
悬崖勒马	龙马精神	人语马嘶	车马盈门	马革裹尸	马首是瞻
一马平川	驽马十驾	千军万马	一马当先	万马奔腾	天马行空
心猿意马	招兵买马	马齿徒增	秣马厉兵	戎马倥偬	马耳东风

组员呈现自己的归纳成果,旨在让全体同学更全面地了解马,从而爱上马。

小结：在我国古代，马是速度的象征，马是财富的代表，生活中百姓需要马，战场上将士们更是离不开马，马与人类生活息息相关。因此，马的成语涉及人类生活的方方面面：有描写战争的，有喻指个人品质的，有渲染场面气氛的等。

三、马的故事你说我评（第二组同学借助音像向同学讲述马的故事）

马的成语义项丰富，值得我们课后好好推敲。马字成语中有一类非常特殊，它脱演于故事，概括故事的核心情节或主旨（幻灯出示此类成语）。例如：赵高指鹿为马，燕昭王千金买马骨。你是否有印象深刻的马的故事呢？接着让我们开个小小的故事会，请大家讲一讲与马有关的历史人物和历史故事。

要求：(1)说的同学条理清晰、语言流畅、投入感情、抓住细节。

(2)评的同学认真地听别人的讲述，并能对别人的讲述进行准确、流畅、完整的评价。

（视学生说故事水平，教师可穿插自己也来说说故事环节，进一步加强学生对说故事要求的认识，提高学生的听说能力。同时马的故事凝聚了马的品质风骨，是唤醒学生爱马情结的有效途径。）

小结：马就是这么一种有灵性的动物。它一直伴随着人类的发展与进步，在历史的长河中，似乎马一直那样傲然挺立着。

四、马的成语整合创作（第三组同学以相声形式用马的成语说说我们今天的故事）

虽说在现代社会，马已不如古代那么重要，它渐渐远离了我们的视线，但马的成语仍在沿用，无论是学习上、生活中或是工作时、运动中。现在就让我们用马的成语来说说我们今天的故事，为马开启一个新的篇章。我们组以我们四人为代表为大家来讲个相声——《一马当先以“马”说事》（四类事：学习、工作、生活和运动）。

（创作组上台表演交流，台下同学仔细聆听同学创作，要求作出相应评价，尤其注重对成语含义正确把握的评价。）

小结：古人说过，天上有游龙，地上有神马。过去，马是军队的根本，国家的命脉，虽然马对现代社会来说，已不是那么重要了，但是它那雄壮、俊逸的身姿却深印在人们心中，为我们演绎精彩纷呈、活力十足的现代生活。因为我们毕竟曾是骑在马背上的龙的传人。

五、马的诗文品味诵读（第四组同学PPT配图朗诵马的诗文）

刚刚第三组同学用马的成语叙说了我们今天的故事，其实马历来就是文人墨客赞颂的对象，在作家的笔下马的姿态更加纷呈。马和辛弃疾在一起，就成了“马作的卢飞快，弓如霹雳弦惊”；马和马致远在一起，就成了“古道西风瘦马”；马和得意的人在一起，就是“春风得意马蹄疾”，神采飞扬、意气风发；马和失意的人在一起，就是“雪拥蓝关马不前”，感伤凄恻，黯然神伤。让我们一起走进文学的海洋，以诵读诗文的形式继续去找寻马的足迹。

（生自由上台诵读诗文，并作简要阐述，阐述文中马的形象，阐述朗读这篇诗文的理由等。）

此环节重在让同学们了解各类马的姿态，他们的生存状态，为下一环节作铺垫。

六、总结：分享最爱的“马”

马以不同的姿态生活在我们的世界中，豪迈的军马；荣耀的赛马；自由奔放的野马；辛劳的役马……每一种马都给我们留下了它们的风采，让我们拿起手中的笔，写下你对马的感悟，与同学们共同分享。

（生提笔写感悟，完成后师生相互交流评价。）

结束语：马从远古的沙场驰骋而来，带着热情，带着希望，用自己的精神魅力引导着人们，几千年来，奋斗不息，从人类的助手幻化成为人类的朋友。穿越历史长河，经过时间岁月的洗礼，马与人类同甘共苦，逐渐流动成为一种精神。这种精神甚至升华为一种民族精神——中华民族自强不息、力争上游的民族精神。祖先们认为，龙马就是仁马，它是黄河的精灵，是炎黄子孙的化身，代表了华夏民族的主体精神和最高道德。天行健，君子以自强不息。我们将自己的民族精神铸就成了一匹骏马，奔腾、飞跃。所以我们崇尚马，尊重马，爱马，懂马。

最后在一组马的艺术作品中结束我们这节课。（幻灯片配乐放映）

希望同学们在今后能努力学习，让这匹传统的人文之马继续奔驰向前。祝同学们早日成才，如“千里马”般一跃冲天。

（江北区孔浦中学　王　琼）

八年级

上册

《世界何时铸剑为犁》教学设计

【设计意图】

本课选自人教版语文八年级上册第一单元的"写作·口语交际·综合性学习"《世界何时铸剑为犁》。本次综合性学习活动重在培养学生搜集材料与知识获得的能力,注重校内活动与校外活动相结合,激发学生的价值体验,从而促使其正确的价值观的形成。

本课将教师引导与学生合作五五分账,教师在课前预先安排学生查找针对性的材料,引导学生整理、综合材料,形成情感共鸣与正确的价值观。

【活动目标】

1. 让学生通过对有关战争的各种信息的搜集、整理、探究,提高对战争的认识,培养热爱和平的情感和社会责任感。

2. 让学生通过文字、图片、表演、论辩等形式展示成果,进而开阔文化视野,积累有关战争的历史知识和文学知识。

3. 让学生通过口语交际、英雄故事的讲述,培养学生的口头表达能力。

4. 通过写作训练,引导学生以"战争"为话题,多角度地认识战争的残酷,正义和非正义,阐明观点,提高写作能力。

【活动准备】

(课前分工明确地搜集材料,扩大知识储备,提高课堂有效性)

材料的采集与汇编——按分工,将班级分为五大组:战争图片组、战争文学组、战争诗歌组、战争资料汇编组、通讯评论组。

【活动过程】

一、情境导入

(由此引起学生对于战争的情感体验)

有多少人了解战争的残酷?

那种明明是酷热的气候,却感觉到从脊髓散发出来的彻骨战栗与寒冷!那种当子弹高速从头顶飞过时令人头皮发麻的感觉;那种炮弹哪怕在一百米以外爆炸,仍然能让你心脏停搏的感觉;那种燃烧弹、磷质弹、凝固汽油弹焚烧的尸体和伤员散发出来的让人窒息的刺鼻气味;那种战友被震荡弹和炮弹冲击波锤成碎肉和糨糊的视觉冲击;那种伤员撕心裂肺的惨叫!

连续十五天这样的日子以后,奇怪的事情发生了!当敌军的狙击手击中了你身边的战友,脑浆迸溅在你的脸上。你不再害怕,甚至不再做出战术规避动作。好像冥冥之中,还在盼望着属于你的那颗子弹……

这就是战场!

二、课堂预设

(依据前期材料准备时的各自一组,引申其他组信息的摄入,从而培养学生的信息转换和汇总能力,激发学生的主观能动性,带动学生深层次的感悟和情感体验。)

1. 战争图片组展示

战争是一张开启的地狱之口,人类历史上无数的战争便是从这儿开始的,到了21世纪的今天,战争的阴霾难道就消散了吗?

——和平的钟声仍未彻底敲响,那就让我们一起来回顾一下影像中的战争吧!

(PPT:战争图片组准备,并上台展示)

2. 战争文学组展示

看着这铺满尸体的战场,血色染红的夕阳,身为爱好和平的人民,你的心情如何?

——侵略者凭什么这样对待我们无辜的百姓?

诗人张养浩在《潼关怀古》里曾经说过:“兴,百姓苦;亡,百姓苦。”多少万英灵的血雨腥风啊!我永远忘不了,那是全世界、各民族的伤痛,太沉重了,沉重得让我不敢久留,我们去看看作家们笔下的战场吧!

(PPT:战争文学组登场做汇报展示)

3. 战争诗歌组展示

(PPT:王粲《七哀诗》节选)

“建安七子”之一的王粲在他的七哀诗中,描绘了这样一个场景:

出门无所见,白骨蔽平原。路有饥妇人,抱子弃草间。

顾闻号泣声,挥涕独不还。未知身死处,何能两相完?

——战争让许多家庭破裂。

王粲终于听不下去了,打马离去。自古至今,战争的罪恶是如此的相似。

请“战争诗歌组”继续为我们展示战争中的世界……

4. 战争资料汇编组

请“战争资料汇编组”对以上搜集到的材料进行总结及提问。

(“总结”意在去粗存精,深化学生的情感体验;“提问”意在固本溯源,升华课堂外的思考)

总结示例:这原来是一个纯洁而美好的世界,树高叶茂、百花齐放,人们微笑地面对生活。然而利欲熏心的人们用战争改变了自己的命运……于是,当炮火停止后,便出现了这样的画面:

战场已成了一片废墟,到处堆积着瓦砾和树木的断枝,张眼便可看见死尸。这里的居民不是逃走了,就是丧命了。战场一片寂静,一丝声音都没有,仿佛万物都停止了呼吸,仿佛空气也要凝结……

提问示例:

(1)战争,缘起于什么?

(2)发动战争的最主要原因有哪些?

(3)战争给我们带来了什么?

(4)世界会不会有完全意义上的和平?

在“战争资料汇编组”的引导下,各小组自由讨论并发言。

5. 通讯评论组展示

思考:人类真的如此残忍吗?生命的代价真的就那么微不足道吗?我们所追求的美好世界难道要付出这样惨痛的代价吗?同学们啊,我们将走向何方?

(请“通讯评论组”为我们展示他们的思考)

“通讯评论组”分别展示自己的“战事评论”,其余同学讨论评论成果。

三、课堂尾声

(文学、画面与音乐总是最牵动人心的组合,让课堂的感召力浸润于无声)

让战争废墟中的那抹落日重焕光芒……(音乐起)

(宁波市逸夫中学　陈　琳)

《让世界充满爱》教学设计

【设计意图】

《让世界充满爱》是人教版《语文》八年级上册第二单元的综合性学习活动，本单元所选课文的主题是“爱”，尤其是对弱者的同情和关爱。此前，学生通过本单元中五篇课文的学习，已对“爱”的主题有了初步感知。“爱”，对于初二学生来说并不陌生但也仅限于初步感知的基础上，如何通过活动调动他们的主动意识去关爱帮助弱者是活动的关键。通过本次活动，让学生学会观察、搜集、整理资料，在情感、态度和价值观方面，受到熏陶和启示从而对“爱”进行有深度的理性思考，让学生在实践中学会与人相处，与人合作，激发学生的同情心和爱心！

【活动目标】

1. 让学生更好地了解、认识、关爱普通人，尤其是弱者，培养学生的爱心、同情心。
2. 培养学生善于与人相处、与人共事、与人合作的精神。
3. 培养学生的口语交际能力，例如，勇于发言，积极参与讨论，善于与人沟通的能力。
4. 练习写作。

【活动准备】

1. 学生阅读教材，明确活动主题和内容。

2. 划分小组：全班同学分为三个小组，分别为阅读组、采访组、梦翼组，每组选出一名组长。每组各个成员都要积极参与并做好评价工作。

3. 小组活动：阅读组通过平时积累和资料搜集“爱心故事”，然后进行整理归纳，选出最让人感动的故事，并将感动的理由形成文字（根据整理加工并创作，有故事内容，有感动的理由，各小组避免重复，或以推荐词的形式）。

4. 利用双休日时间，采访组搜集、整理材料，看街头墙角摆小摊、捡破烂的，他们的状况如何，应该怎样关爱他们，如果有可能，可以主动与他们交谈，可以用采访的形式，访问要有目的，要提前做访问提纲；访问过程中，态度要中肯、诚挚，问题要集中，访问过程要做记录，事后认真整理；梦翼组查阅图书、最近报纸杂志，或上网搜索，寻找那些最近媒体上报道的迫切需要帮助的弱者，搜集到有关对象后，记录必要的资料，例如详细的联系地址等，要明确对方需要怎样的关怀。制作爱心卡片，卡片内容包括救助对象和救助方式，由班长制作一只“爱心箱”。

另外指定一名同学负责搜集体现社会上某些人面对弱者反应冷漠的图片，并配上文字说明。

5. 搜集各小组的采访记录和观察感受，整理成册，留做班级活动资料，部分优秀的可以在黑板报中展出。教师参与活动，并提出自己的指导建议。

【活动过程】

一、导入

回忆本单元内容和主题，导入支撑着人与人之间的是相互的理解和关爱，爱是人类最美丽的语言。让我们一起走进本次综合性学习《让世界充满爱》。

二、走进“爱的世界”

师：在过去的一周里，我们开展了一次搜集“爱心故事”的活动，下面我们请阅读组同学为我们分别来展示他们的活动成果。

学生讲故事前，可适当谈谈讲故事的技巧。（出示PPT）

小组成员走上讲台，讲述自己搜集到的爱心故事，并谈谈感动自己的理由（可以采用颁奖词的形式引出爱心故事）。其余同学评一评谁讲得最好。用掌声鼓励，感谢他们为我们带来的感人故事。

三、同一片蓝天下

师：同学们的故事把我们带进了一个爱的世界，尽管爱的世界如此美好，但在今天这个商品经济的社会里总有一种声音让我们泪流满面，总有一张照片让我们隐隐作痛。我们生活在同一片蓝天下，有些人生活得幸福安康，而有些人却遭遇种种不幸。

请采访组上台说说自己的观察所得和采访体会。

师：老师也有这样一组图片请大家欣赏。（播放PPT以加深学生对社会中的弱者更直观的认识）看完了这些图片，大家的心情一定和我一样不平静，请各小组讨论后派代表发言，可用“×××，我想对你说”的形式，小组讨论时，组长指派一人执笔，一人发言，每人都要参与讨论。

师：我想告诉大家，只有经历了生活中的苦难，或真正理解了别人生活的苦难，才能更深入地认识到生命本质的意义，和自我的存在。

四、爱的呼唤

师：生活中有太多太多需要我们帮助的人，但是在社会中却常常出现这样的画面。请出某同学，让她（他）来为我们出示她所搜集到的一些图片并分别为我们解说。听完了她（他）的解说，请同学们分别为每张图片配上一个小标题。

由某学生展示搜集并制作成的PPT，一边展示一边讲解。然后由学生发言。

师：画面中那些所谓的正常人，他们身上少了什么？（爱、良知）只有唤醒人们内心深处的良知，我们的世界才会充满爱。

五、人人都献出一份爱

师：同学们，你们是有爱心的人吗？请梦翼组展示活动成果即寻找到的许多需要帮助的人群。

首先请组长解说本组名称的由来：梦翼，梦的翅膀。接着向全班同学发出爱的倡议。

师：心动不如行动，下面让我们拿出自己的行动，写下自己的爱心方案，将自己的爱心方案写在爱心卡片上！写出你的帮助对象，找出切实可行的方法，注意写上自己的姓名！写好后请您走上台将您的爱心卡片投入到爱心箱中。

今后我们将会跟踪调查，看大家是否真的说到做到，然后再评出班上的爱心大使。（播放音乐《让世界充满爱》）

六、爱在继续

通过本次活动，你能否仿写完成下面这个句子。

爱是冬日里的一缕阳光，使饥寒交迫的人感到格外的温暖；爱是沙漠里的一口清泉，使口干舌燥的人重新燃起了希望之火；爱更是__________，使____________。

最后学生一齐朗读有关爱的名言结束本堂课。（出示 PPT）

爱是理解的别名。——泰戈尔

人生如花，而爱便是花的蜜。——莎士比亚

爱是生命的火焰，没有它，一切变成黑夜。——罗曼·罗兰

人间如果没有爱，太阳也会灭。——雨果

爱别人，也被别人爱，这就是一切，这就是宇宙的法则。为了爱，我们才存在。有爱慰藉的人，无惧于任何事物、任何人。——彭沙尔

师小结：

本次活动中，大家积极参与，认真思考，各尽所能。在这里，爱，不再是嘴上说说而已的美好言辞，而已是更加真实、更加具体地落实到生活实际中的互帮互助。本次活动没有结束，因为爱在延续。让我们用自己的真心去关爱生活中快乐和不快乐的人，让我们为他们擦去泪珠，和他一起唱歌。爱心，就像阳光，需要照耀在大地上，才能真正地成为温暖人心的力量。爱是要用心的。

请以“让世界充满爱”为主题，写一篇记叙文。要有具体的事例和自己的真情实感。要求中心明确，条理清晰，详略得当。

（奉化市莼湖中学 傅 秋）

《说不尽的桥》教学设计

“踏遍家乡访桥踪”活动课

【设计意图】

语文综合实践活动，不仅要达到语文学科教学的目标和要求，还要将语文与社会、语文与其他学科整合起来，培养学生的合作精神以及研究、策划、组织、协调和实施的能力。“踏遍家乡访桥踪”是“说不尽的桥”综合性学习系列活动之一。课前，立足于当地教学资源，发动学生利用图书、网络、教材等多种工具搜集资料，并将其予以整理与分析，促其形成个性认知并形成文字；课堂上，利用多媒体课件展示。

【活动目标】

1. 较全面地了解家乡的桥梁建设现状和家乡的桥梁分布情况。
2. 学习用说明性的语言简洁准确地介绍某一座桥的特点。
3. 领略家乡独特桥文化，提高语文素养。
4. 培养学生的观察力和想象力，培养学生搜集、整理资料的能力。
5. 培养学生团结协作的精神。

【活动准备】

宁海有丰富的桥文化，大小长短不一的石拱桥随处可见。我校学生来自全县各个街道、乡镇，学生按地域分成东片、西片、南片、北片、中片五组，组内又可以按各乡镇分成若干小组，分工合作搜集资料。要求学生利用双休日学生活动小组成员，去寻访、测量家乡的桥，了解有关桥的知识、风土人情，用相机拍下自己家乡的桥，并配上说明文字。文字的内容包括桥的修建地点、修建时间、桥的形式、结构特点、桥的具体数据、作用与意义、建造者等。并附上有关桥修建的小故事，或有关桥的乡土风俗。语言力求简洁准确。

教师要全程关注,适时指导。尤其是学生的说明文字,教师要指导学生修改。

【活动过程】

一、导入

以宁海已故作家徐群飞的《宁海古桥》所体现出的丰厚的桥文化为导入。

二、晒一晒家乡的桥形式

学生分五组用PPT展示本组拍摄到的不同形式的桥。根据配注的文字,从桥的地理位置、建筑年代、结构特点、建桥材料、桥的长宽、作用意义、建造者等方面简要介绍桥的特点。

三、赏一赏家乡的桥艺术

各组学生用PPT展示:(1)桥本身的形式之美:如前童古镇的一米拱桥小巧精致;(2)桥与环境的搭配之美:如南溪温泉的索桥与青山绿水的搭配之美;(3)桥饰之美:如深甽五洞桥的石刻狮子、白象、猴子的精湛工艺。

四、说一说家乡的桥故事

学生讲述搜集到的与桥有关的故事。教师就故事蕴含的积极意义和文化内涵点评。

五、谈一谈家乡的桥文化

学生谈一谈家乡人民与桥有关的生活风俗。教师就这种生活方式和风俗的文化味作点评。

六、教师用PPT展示宁海名桥

预设:这些桥肯定在学生搜集的资料范畴之内,此环节主要是提升学生的认识,让学生在比照中感受综合性学习的乐趣,获得成功的愉悦。

七、结束语

主要围绕以下几点展开:肯定学生的活动价值;鼓励学生的探究合作精神;激励学生努力学习,造福家乡。

课外指导学生把搜集的资料编成电子文档,打印成册,供全班同学欣赏。

附:宁海桥梁资料

1. 万年桥(宁波十大名桥之一)

位于双峰的榧坑村,坐落在黄坛以西25公里的崇山峻岭之中,整座桥采用巨大的溪卵石砌成,不用任何粘接材料,浑然天成。几十块未经雕琢的大石,摆在桥面两边当做桥栏,桥全长33米,净跨17.40米,宽4.70米,它是浙东最大的高山乱石拱桥,也是宁波跨径最大的单孔石拱桥。

2. 胡陈乡戊己桥(宁波十大名桥之一)

戊己桥位列宁波十大名桥,原有四十八孔,后因造公路减了一孔。此桥开建于清道光戊申年(1848),建成于己酉年(1849),故名戊己桥。此地原来濒海,桥墩受海水侵蚀,已是千疮百孔。

3. 登台桥(惠德桥)

这是一座南宋时建造的块石拱桥,单孔,跨径为7.5米,跨度8.6米,宽4.3米,高4.1米。桥的两头分别有两个龙头的石雕,这龙叫螭首,是龙的一种,是专门管水的龙。

据《宁海县志·人物篇》郑霖记载：宁海有黄公渡，港宽潮猛，渡船常为风浪所覆，当地民众不胜其苦，郑霖为太学生时，与弟季杰及灵峰寺僧人元海等曾有建桥之议。入仕后，虽公务繁忙，仍关心此事，每节衣缩食，给济元海造桥。而堤防屡为海浪冲毁，桥基崩塌。元海四方捐募，十年辛勤，桥未成，却积劳成疾而亡。郑霖感痛之余，嘱咐元海之徒清隐、惠涛继承师志，完成此举，并一再割俸，倾囊相助。两僧与当地民众辛勤努力，前后20寒暑，于淳祐十年(1250)五月建成，名“登台桥”，涵24洞，上可通车，下通篷船，为宁海古代建桥史上一大壮举。

当时正是贾似道当权，他四处网罗人才以为己用，郑霖深恶痛绝贾似道恃势弄权，不与往来。贾似道虽以“司都”、“监礼部郎官”等职笼络，但郑霖坚拒不就。贾怀恨在心，因此诬陷郑霖造黄公渡24洞桥——登台桥为“积粮聚众，图谋不轨”。宋理宗偏听不察，竟将郑杀害。数年后，理宗见郑霖遗表，始知其冤，追赠中奉大夫龙图阁直学士，赠葬西岙集福寺前。并为他用龙头做桥墩，以表治水有功。桥上两边的墩子上还各雕有两个倒挂荷花，以示郑霖清廉。

登台桥遂易名惠德桥。

此桥不但整体看上去线条流畅，布局和谐，而且其细节更令人叹为观止。四条龙门柱柱端雕刻的四只宋代风格的小石狮，耳小、眼凸，鼻与上下唇在同一平面上，与宋永裕陵的石狮如出一辙；栏板石望柱，拱券与拱券，均有紧密的榫接；桥边的“圭角素云”纹历历可数，优美雅致，据考证，“圭角素云”的如意云纹装饰是宋代家具和建筑中常用的底角装饰。

4. 桃源桥

作为宁海人，大约没有不知道桃源桥的，其实在古代，桃源桥也是宁海的繁华之地啊！桥上有卖小吃的，有看景致的，有走江湖耍杂艺的，有乡下来城里做散工的。到了夏夜，桥上萤火闪烁，桥下繁星倒映，人们到桥上乘凉避暑，谈古论今，家长里短，长夜不散；每逢到庙会或传统节日，桥东河中搭一个临时戏台，人们在桥上或横街上或看戏，或赶热闹；小孩子则在人群中穿梭打闹，不亦乐乎。此时此刻，锣鼓声、说唱声、嬉闹声响成一片，桃源桥成了一个露天剧场，热闹非凡。传说古时桃源河北通黄墩港，南连南门大溪，从水车、白峤运上来的粮食、海鲜，从岔路、前童运来的山笋、柴爿均在这里卸货，从城里买来的布匹、油盐，也在这里上船，桥头、岸边从早到晚都是熙熙攘攘，人声鼎沸。有一则民谣可以证明当时的盛况：“正月锣鼓闹元宵，力洋古渡产苔条，菜头萝卜水车出，大小航船桃源桥。”近千年过去，桃源桥已不存，但繁华依旧。

5. 复兴桥

沿梅林至温泉公路西行，临近深甽时，公路的右侧横跨深甽溪有一座双拱石桥，双拱高大，气势不凡，可惜半边已经坍塌。但依然无损它的高大与雄峻。这座建于清末的双拱乱石拱桥，桥面窄处仅尺许，现已无人行走。

6. 福应桥、登瀛桥和锁云桥

白峤据说是宁海最早的县城所在地，村中有三座古桥。这三座古桥分别叫福应桥(听说为保留它公路改道多花了两百多万元)、登瀛桥和锁云桥。

7. 五洞桥

宁海深甽镇石拱桥，建于清光绪丙戌年(1886)距今已有120多年历史了。因桥有五个桥孔,故又叫五洞桥。在当时宁海再也没有比它更高大坚固的桥了,所以县老爷为大桥题写了“缑北第一桥”勒石嵌在中空两侧的桥沿上,并在每孔桥沿刻上“磐石奠安”“中流砥柱”八个大字。石拱桥全长 76 米,中孔最高 10 米,桥面宽 6 米(中孔桥下嵌有石碑记载)。整座桥梁全部用青石砌成,块块青石都经精细加工,最大的有两千来斤,小的也有一千余斤。原来桥身左右两侧有 72 个方形石柱,柱上雕刻着 72 尊狮子、白象、猴子之类的动物。石狮口含圆球,猴子手捧仙桃,形象逼真,姿态各异。桥面上更有精致古朴的装饰图案,用有色瓷片镶嵌而成的龙凤和敦煌等形象。每孔桥脚砌成高大像巨轮船首分水样的桥墩,如遇山洪暴发,可以把水劈成两截,顺流而下,不至于冲毁桥墩,设计科学。到 20 世纪 60 年代因为通行汽车,桥上的石柱换成了钢筋水泥桥栏,桥面也铺上了厚厚的沙石,那些匠心独具、工艺精巧的石雕像以及雅致的古代镶嵌艺术珍品全被埋入沙石下面了。

到了新世纪,在石桥的旁边又修建了一座钢筋水泥结构的通车大桥,与此同时,老石拱桥结束了它长达快半个世纪的通车使命。桥面经过返修,重新焕发雄伟壮观、气势磅礴的风采,使它永远横架在白溪两岸,后人有诗赞美:“白溪汤汤苦难行,碧波粼粼架长虹;从此山乡有通途,千古不忘造桥人。”

8. 镇宁桥

位于宁海茶院乡庙岭村的一座古桥,经勘查确认是迄今发现的浙东古代第二座长桥。此桥为 25 孔石梁平桥,仅次于 1998 年已被评为 “甬上十佳名桥”的浙东第一长桥——宁海胡陈乡 47 孔、135 米的戊己桥。

这处原生态的古桥位于庙岭村前毛屿港的上游。1959 年,始建毛屿港水库。1963 年竣工后,大坝上游成为水库,改变了原来海港咸潮出入的环境。如今,在桥墩上还能发现咸潮侵蚀的痕迹。

经实地测量,镇宁桥实际跨水总长达 81 米,宽 2.3 米,高 2.5 米,每孔桥面为 5 块长条石拼铺而成,桥底有松木桩和护底石堆积。

据桥旁的镇宁桥桥碑记载,镇宁桥建于清朝同治六年(1867),距今已有 140 余年。此桥是庙岭村村民世代往来彼岸种地收割、邻村村民往来的必经之道。

(宁海县跃龙中学　刘福聪)

“说不尽的桥”活动汇报课

【设计意图】

指导学生通过资料室、图书馆、互联网、实地考察、访问知情人等方式获取资料。通过经典桥回顾、桥文化的涵泳、桥艺术欣赏、创意桥探索以及本单元的学习和知识积累,让学生对桥有一个比较全面的认识,通过展示交流活动,培养学生的合作意识和探究能力。

【活动目标】

1. 了解桥知识，领略桥文化，提高语文素养。

2. 增强学生搜集、整理、分析资料的能力。

3. 进一步培养学生自主、合作、探究的能力。

【活动准备】

1. 将全班同学分成若干个小组进行。

2. 指导获取资料手段：资料室、图书馆、互联网、实地考察、访问知情人。

3. 各组确定内容，搜集资料。如有关桥的照片、图片及说明文字，有关桥的对联、谜语、谚语、成语；有关桥的传说和故事。感受桥在文化传播中的影响。

4. 了解社会生活，了解人们的需要，提出自己的设想，并能说明、论证自己的看法。如果家乡有名桥，就搜集有关数据、介绍性的文字资料，对它进行探究、评估，找寻它对当地人民的经济、生活乃至文化的影响，评估其旅游价值，挖掘自己的乡土资源。

5. 物色两名小主持人。

【活动过程】

一、导入

桥梁专家茅以升笔下的桥形式优美，结构坚固，历史悠久，画家吴冠中眼中的桥与周围环境配合下的多种形式美。一座桥，一处景致。岁月流逝，世事变迁，不变的是那些桥的风姿。今天就让我们一起步入“桥”的世界，感受那多姿多彩，妙趣横生的“桥”文化吧！

二、课堂活动

（一）赏桥

古今中外，几乎每一座桥都以它独特的魅力为人们所赞叹，让我们一起步入桥的世界，欣赏中外名桥。（播放幻灯片“中外桥梁大观”，同时欣赏歌曲《北京的桥》）

（二）知桥

由学生主持。

看了这么多世界各地、风情万种的桥，真是让我们大开眼界。下面就让我们进入一个紧张、激烈的抢答环节，来检测一下同学们对桥知识的掌握情况。这些问题就是一座雄伟的大桥——知识桥，也是我们本节课要完成的目标，我们希望每个同学能顺利渡过这座桥。（多媒体显示问题及答案）

1. 桥从形式的角度主要分为哪些？

明确：梁桥、吊桥、浮桥、拱桥、立交桥等

2. 建桥的常用建材有哪些？

明确：钢铁、水泥、木材、石头

3. 我国造成后一直使用到现在的最古的石桥是哪座桥？能说出它的所在地吗？

明确：赵州桥　河北赵县

4. 现存最早，桥洞最多的石桥是哪座桥？这个题稍有难度，不过如果仔细看书了，也是可以很快找到的。

明确：江苏苏州的宝带桥

5. 吊桥首创于哪个国家？ A. 俄罗斯；B. 希腊；C. 罗马；D. 中国

明确：中国

6. 国内第一座钢箱梁悬索桥是哪座桥？没有人知道吗？提示一下？它在广东东莞。

明确：虎门大桥！

7. “万里长征，犹忆泸关险；三军远戍，严防帝国侵。”这副对联与哪座桥有关？

A. 泸定桥；B. 四元桥；C. 虎门大桥；D. 金门大桥

明确：泸定桥

教师小结，集体欣赏学生个人朗诵《再别康桥》。

（三）话桥

用几个小组竞赛的形式，说说有关“桥”的故事、成语、谜语、歇后语、诗歌等，以激发学生的兴趣，进一步了解与桥有关的知识。

1. 与桥有关的历史

2. 与桥有关的故事

很多桥都被赋予美丽的传说故事与浪漫色彩。如杭州西湖的断桥，就因为有白娘子和许仙的爱情故事而经久不衰；又如牛郎织女七夕相会的鹊桥，妇孺皆知。你们还知道哪些桥名的由来和关于桥的故事传说呢？下面就请同学们根据课前搜集的有关桥资料，让同学们分享一下桥的故事。

【参考资料】

贞女桥的故事

贞女桥建于南宋嘉定四年（1211），当年国子监助教吴南金之女妙静结婚当日，新郎来迎亲，过龙江河时不幸遇溺身亡，新娘闻讯痛苦不已，表示终身不嫁，并以嫁资在丈夫溺水处建桥，方便过往行人。

当阳桥的故事

曹操统帅五十万大军杀气腾腾地直奔刘备驻地新野。当时，刘备手下的战将只有关羽、张飞和赵云，士兵不过三千人，势难抵挡曹操大军。于是，刘备打算率领部下逃往江陵。但他不愿把老百姓丢下不管，百姓也不愿与仁厚的刘备分开。于是，十几万拖儿带女的老百姓跟在刘备大军的背后，每天只能走十几里路。而追赶的曹军日行三百里，终天在长坂坡赶上了刘备军队。刘备的眷属失散，赵云神勇，从曹营里救出了刘备的儿子阿斗。到了当阳桥，赵云无力抵挡敌兵，幸好张飞赶到桥头，在三声怒喝下，曹操的一名将领夏侯杰被生生吓死。而其余敌兵，包括曹操也狼狈逃窜。

3. 与桥有关的歇后语

九曲桥上散步——走弯路；烂板子搭桥——白搭；烂桩子搭桥——不牢靠

4. 与桥有关的谚语

双桥好走，独木难行。

船到桥头自然直。

你走你的阳关道，我走我的独木桥。

走的桥比你走的路多。

5. 与桥有关的成语。

过河拆桥　过桥抽板　过桥拆桥　桥归桥，路归路

修桥补路　遇水叠桥　遇水架桥

6. 与桥有关的诗歌

(1)一桥飞架南北，天堑变通途。(毛泽东)

(2)枯藤老树昏鸦，小桥流水人家，古道西风瘦马。夕阳西下，断肠人在天涯。《天净沙 秋思》(马致远)

(3)二十四桥明月夜，玉人何处教吹箫？《寄扬州韩绰判官》(杜牧)

(4)明日长桥上，倾城看斩蛟。《杂曲歌辞·壮士行》(刘禹锡)

7. 谜语：驼背公公，力大无穷，爱驮什么？车水马龙。(桥)

(四)喻桥

生活中有许多“桥”，它们既不架在水上，也不架在陆地上。它们的建造不费一砖一瓦，但却发挥了桥的作用。那是座无形的桥，就像班干部，他们是老师与同学之间的桥。又如电话，它是沟通人与人之间的桥。下面让我们以这样的句式，展开联想：

________是一座桥，________________________________。

示例：友谊是一座桥，连接着同学的心。

书本是一座桥，带着我走向知识宝藏的大门。

自信是一座桥，引导我们走向成功的彼岸。

知识是一座桥，搭造出我们的成才之路。

(五)绘桥

1. 写桥——欣赏家乡桥，写一段介绍性或赞美性的话。

我们刚才已经了解了古今中外的名桥，那么你家乡的桥是什么样子的呢？现在由几个同学展示课外拍下的照片，写一写自己家乡的桥，或介绍一下，让人有所知，或赞美一下，让人有所感。

2. 画桥——为自己的家乡设计一座桥，可以从形式、功用、结构、材料等方面加以创造性的设计，然后配以说明性的文字。大家比试比试。

三、活动总结

今天我们坐在一起领略了无数名桥风采，包括有形的桥和无形的桥，十几年后，或许我们

同学设计的桥梁，将入围世界名桥画廊。就让我们一起去跨越时代的桥梁，去构架属于我们自己的时代桥梁吧。

活动小结

通过经典桥回顾，桥文化的涵泳，桥艺术的欣赏，创意桥探索以及本单元的学习和知识积累，我们对桥有了比较全面的认识，我们一起通过展示自己搜集到的资料，了解到更多的桥的知识，桥的风采。这节课让我最高兴，最震撼的有三点：一是我们同学搜集的资料之丰富让我惊讶，同学们全面的资料是我们这节课进行的基础；二是我们同学的想象力之丰富，同学们拿出的每一幅图画，都极大地显示出了我们的绘画才能和想象力；三是网络共享，集众人智慧丰富自己的资源库。

（宁海县跃龙中学　潘伟丽）

"说不尽的桥"活动设计

【设计意图】

《语文课程标准》要求"语文综合性学习有利于学生在感兴趣的自主活动中全面提高语文素养，是培养学生主动探究、团结合作、勇于创新精神的重要途径"。那么如何在活动中体现出自主、合作、探究的精神？如何在活动中从"听说读写"四个方面提高学生的语文综合能力呢？

【活动目标】

1. 激发学生的兴趣，培养学生主动发现问题和探索问题的能力，并能积极地为解决问题去搜集信息和整理资料。

2. 学生通过活动的开展能发扬合作的精神，积极与小组成员协作，为共同的目标奋斗。

3. 学生听说读写的能力借助各种形式得到充分的锻炼和提高。

4. 学生通过搜集资料，调查访问，相互讨论，能用文字、图表、图画、照片等展示学习成果。

【活动准备】

1. 老师精心计划，合理安排。确定了活动的框架后，我对活动的每一个细节的内容、形式做了细致的安排。力求让活动目的得到充分体现。

2. 充分调动学生的兴趣，让学生想做、想探究、想合作。为了达到这个目的，要求学生：

(1)阅读单元活动中已经提供的关于桥的资料，确定自己的研究方向和探讨内容。

(2)制订简单的研究计划。

根据学生的研究方向，将同样研究内容的学生分成6个小组，确立小组长，根据学生的性格、能力又作适当的调配，保证每个小组既有组织能力强的领导者，又有严谨踏实的实干家，既有头脑灵活的开创者，又有电脑操作高手。明确任务，提出要求，进行小组合作学习，对本组的主题进行各有侧重的研究，自己动手准备资料。

主持人：柴紫薇，负责课题的选题、组织工作。

图片组：组长黎贤彬，负责搜集桥梁的图片，选择有特色的桥梁给它们建立小档案。

知识组：组长王昭斐，负责搜集桥梁的知识和桥梁专家资料。

故事组：组长麻忆初，负责搜集有关桥梁的故事传说、桥的名称由来等。

文学组：组长夏逸天，负责搜集有关桥的诗歌、对联、谜语、俗语、成语等。

美术组：组长史月竹，负责搜集有关桥的绘画、雕刻等艺术作品。

【活动过程】

第一阶段：讨论设疑，确定方案

在这一阶段里，老师引导学生围绕小组的研究方向，帮助小组成员拓展思路，提出问题，确定研究内容。比如在参与“有关桥的诗歌、对联、谜语、俗语、成语等”这个主题小组的讨论中，在老师的启发下，学生确定了以下几个方面的研究内容：(1)有关桥的诗歌有哪些？(2)它们的写作背景是什么？(3)它们寄寓了诗人哪些情感？(4)可不可以按照一定标准给它们分类？这些研究内容的确定，也就是明确了活动内容的框架，这使学生在后面的环节中，能够做到有的放矢，目标明确。然后，小组成员分工，确定活动方案，保证活动有条不紊地开展。

第二阶段：资料整理，深入探讨

此阶段学生的主要任务是围绕成果报告的内容，对搜集的资料进行整理和加工，为了避免以往成果报告中长篇累牍的下载网上资料，毫无个人见解的问题，我首先要求在成果报告的内容中必须有前言、后记和个人感受，然后鼓励学生开辟个性化的专栏。比如，探讨“世界及中国历史上著名的桥梁”主题的小组在成果报告中，设置了“桥梁之最”的栏目，他们从自己掌握的资料和角度出发，评选出最有历史价值的桥、最美观的桥、作用最大的桥等，还阐述了自己的理由。探讨“桥文学”主题的小组将内容设置为“古代诗人眼中的桥”“现代诗人眼中的桥”“故事中的桥”“歌曲中的桥”“我眼中的桥”等专栏。

由于自始至终，都是学生自己找感兴趣的问题，探讨自己感兴趣的问题，学生表现出了极大的热情，加上事先做了合理的计划，整个过程中，全班呈现出活跃而又有序的气氛。走在他们中间，惊异于他们一本正经的严肃，感叹学生出色的创新能力。试想，倘若老师没有促使学生从自我的角度出发探索，拟定学习策略，没有有效地激发他们的内在动机，是无论如何也不可能让学生的激情如此持久。

第三阶段：成果展示，异彩纷呈

为了更全面的锻炼学生能力，使学生的语文综合素质得到提高，鼓励学生借助一切可能的形式，将研究成果展示出来。其间，老师又做了以下两点工作：(1)竞选男女主持人，要求写串词，并能背诵，自如地主持活动。(2)规定表演时间，要求表演高质高效。

用不同的形式展示整理后的成果。

形式一：图片展览

学生扮成导游，用图片展示古今中外、形态各异的桥。总结：桥梁是人类所建造的最古老、最壮观、最美丽的建筑工程，这些形形色色、林林总总的桥，让人叹为观止。

形式二：知识竞答

采用必答、抢答的形式展示同学们搜集到的关于桥梁的知识。总结：桥与人类的生活密切相关，涉及许多的科学知识，是人类智慧和汗水的结晶，记录了人类的文明。

形式三：故事集锦

小组成员扮成历史学家展示有关桥的故事传说、桥的名称由来，如三国故事中的当阳桥、大渡河上的铁索桥、西湖的断桥等。总结：真没有想到小小的桥中有这么丰富的文化内涵，难怪历代文人墨客见到桥就吟诗抒情。

形式四：文学中的桥

扮成诗人、智者展示有关桥的诗歌、对联、谜语、俗语等。

形式五：桥与美术

展示桥的绘画、雕刻等艺术作品。

学生的表演令我大吃一惊，在展示形式的变换中，探讨的成果也水到渠成地展示在学生面前；有的小组成员扮成诗人、画家、历史学家，在两位主持人的穿针引线下，将研究成果娓娓道来；有的小组将研究成果做成竞赛题，再全班娱乐互动……整个活动是在学生自主学习的基础上完成的。

【参考资料一】

我国古代桥梁的发展

在远古时代，生产力非常落后，难以做到遇水架桥。《诗经》中就有许多描写涉水之苦的诗句。《诗经·郑风》云："溱与洧方涣涣兮，子惠思我，褰裳涉溱，子惠思我，褰裳涉洧。"意为：溱水与洧水刚刚解冻之时，相思的情人提衣渡河。《诗经·谷风》云："就其深矣，方之舟之。就其浅矣，泳之游之。"意为：河深的地方，用船筏渡河，河浅的地方，游泳渡河。《诗经·周南》云："汉之广矣，不可泳思。江之永矣，不可方思。"意为：汉江太宽，无法游泳渡过，长江太阔，无法驾筏渡过。涉水之苦，渡河之难可见一斑。架桥渡水就显得十分必要。

中国有文字记载的第一座桥梁是建于商代的钜桥，也称巨桥。《史记·殷本纪》记载："厚赋税以实鹿台之钱，而盈钜桥之粟。"《史记·周本纪》称：公元前1122年，周武王讨伐商纣王，攻克商都朝歌（今河北省曲周县东北），"命南宫适，散鹿台之财，发钜桥之粟，以赈贫弱萌隶"。有人认为钜桥非桥，但汉代许慎认为是："钜鹿水之大桥也，有漕粟也。"《水经注》漳水条："衡漳水北经巨桥，邸阁西，旧有大梁横水，故有巨桥之称。武王伐纣发巨桥之粟以赈殷之饥民。"郦道元也认为钜桥是漳河上的一座大桥，由于漳河较宽，因此，古桥研究者认为是一座多孔木梁木柱桥。春秋时期，在山西省绛县南的汾河上建有一座桥梁。《水经注》记有"凡三十柱，柱径五尺（约1.25米）裁与水平……"。三十根粗木柱，可见是一座相当规模的木梁柱桥。

到了战国时期,梁桥的建造应该更多了。从《史记》所记载的战国时期苏秦以尾生守信与女子期于桥下,大水来了而不走,最终抱柱而亡的故事来游说燕王的事情中,可以知道,至少这一时期,梁桥在我国黄河流域的建造已经较为普遍了。因为能让人抱柱的桥,应是梁桥。

秦代修建阿房宫,“覆压三百余里”、“二川溶溶,流入宫墙”,规模之大令人瞠目,说明当时的建筑技术已发展到了一个很高的水平。宫中“长桥卧波”、“复道行空”。与阿房宫同时代的中渭桥气势亦相当宏伟,据史料记载,该桥位于陕西省咸阳东南22里处,跨渭河,桥长380步,宽6丈,750柱,122梁,为木梁桥。当时秦国的都城咸阳,仿天象而建,渭水如天河穿城而过,中渭桥横跨其上,雕梁勾栏,华美壮观,汉代末年毁于兵火,魏武帝曹操重建,唐朝贞观年间移建。这是有桥史记载以来最早的有具体尺寸数字记录的一座。在两千多年前能建造如此长的大梁桥,在世界桥梁史中实属罕见。

栈道是一种特殊形式的木梁桥,在秦蜀之间的高山峡谷之间,栈道是交通的唯一途径。唐朝欧阳詹的《栈道铭序》写道:“秦之坤,蜀之艮,连高峡深,九州之险也”,“秦虽有心,蜀虽有情,五万年间,曼不相接”,虽然关山重重,危乎高哉,然秦蜀之间交通不断,全依仗千里栈道。《华阳国志》记有:“会诸侯于会稽,执玉帛者万国,巴蜀往焉;同武王伐纣,实得巴蜀之师。”说明至少在公元前一千多年,秦蜀之间已有栈道。《战国策》中则更有:“栈道千里,通于巴蜀,使天下皆畏秦。”至此有了栈道的明确记载和“栈道”这一名称。以后,栈道因军事需要,时建时焚,成为秦蜀之间的重要军事通道。

浮桥的记载略晚于梁桥,据《诗经·大明》记载:公元前12世纪,周文王“亲迎于渭,造舟为梁”。造舟为梁即建造浮桥,这是中国关于浮桥的最早记载。《左传》记鲁昭公元年(公元前541年)“秦公子鍼出奔晋,造舟于河。”当时公子鍼离开秦国,迁往晋国,所带辎重千余车,舟渡不便,于是造浮桥过黄河。《史记·秦本纪》记昭襄王五十年(公元前257年)“初作河桥”,张守节注:“此桥在同州临晋县东,渡河至浦州,今蒲津桥也。”这是著名的蒲津渡浮桥的最早记载。

汉代最为有名的第一座架于长江之上的浮桥,是东汉光武帝建武十一年(35年),四川割据势力公孙述在今湖北宜都县荆门和宜昌县虎牙之间,利用险要的地势所建的江关浮桥,其目的是想断绝汉军西进的水路交通,但最终被东汉的水师利用风势,纵火将这座浮桥烧毁。

索桥出现的时代也比较早,古籍中记载很多。这一桥型的出现,首先是由于地势使然。在西南崇山深谷、水流湍急的险阻地带,既不能架舟横渡,更无法筑墩架桥,而隔水相望的人民,只有采取凌空悬渡的办法,来解决出行问题。藤溜索是远古时代的索桥。后汉李膺、唐独孤及形容这种溜索,有“人悬半空,度彼绝壑”、“顷刻不戒,陨无底壑”。唐僧智猛说:“窥不见底,影战魂栗。”可见初过悬索心理的紧张,达于极点。

与此同时,四川盆地的竹乡出现了竹索笮桥。西汉扬雄《蜀记》记载:“(桥)上应七星也,秦李冰所造。按七星桥者,一长星桥,今名万里;二贞星桥,今曰安乐;三玑星桥,今名建昌;四夷星桥,今名窄桥……”公元前256年,李冰造七桥于益州(今成都),其中的夷星桥,即笮桥就是一座竹索桥。唐朝李吉甫所作《元和郡县志》写道:“夷人于大江水上置藤桥,谓之笮。”此外,在1800年前,西藏日喀则一带的部落首领唐东嘉布主持建造了一座牛皮索桥——彭错岭桥,为筹措建桥资金，组织了一批能歌善舞者在各地表演集资，不仅建成了索桥，还创造了流传至今的藏戏。

桥梁的发展首先依赖于建筑材料的更新，在中国古代，桥梁从木材到石材的更新依赖于铁器的诞生。春秋末战国初，中国开始有了生铁和冶炼铁，出现了铁器，这就极大地推进石料的多方面利用，为建筑石桥提供了条件。在原来木梁柱桥梁发展的基础上，增添了石柱、石梁、石桥面等新构件，更坚固耐用的石桥应运而生。

中国最早的石拱桥的记载见于《水经注》谷水条叙述的旅人桥："凡是数桥，皆垒石为之……桥去洛阳宫六七里，悉用大石，下圆以通水，可以受大舫过也。题其上云：太康三年(282)十一月初就功，日用七万五千人。"从这段文字上看，这座桥下可通大船，规模已相当可观，而且这样的石拱桥已不是唯一之构，亦不是初始之作，并已从梁与侧柱逐渐演变为三、五、七等折边拱，出现了成熟的圆拱。

这些成就标志着在隋唐以前，古代劳动人民在桥梁建设初期阶段的努力和创造，为中国古代桥梁在唐宋时代达到鼎盛奠定了基础。(摘自"松江公运"网站)

【参考资料二】

桥梁发展历史

桥梁是道路的组成部分。从工程技术的角度来看，桥梁发展可分为古代、近代和现代三个时期。

一、古代桥梁

人类在原始时代，跨越水道和峡谷，是利用自然倒下来的树木，自然形成的石梁或石拱，溪涧突出的石块，谷岸生长的藤萝等。人类有目的地伐木为桥或堆石、架石为桥始于何时，已难以考证。据史料记载，中国在周代(公元前 11 世纪~前 256 年)已建有梁桥和浮桥，如公元前 1134 年左右，西周在渭水架有浮桥。古巴比伦王国在公元前 1800 年建造了多跨的木桥，桥长达 183 米。古罗马在公元前 621 年建造了跨越台伯河的木桥，在公元前 481 年架起了跨越赫勒斯旁海峡的浮船桥。古代美索不达米亚地区，在公元前 4 世纪时建起挑出石拱桥(拱腹为台阶式)。

古代桥梁在 17 世纪以前，一般是用木、石材料建造的，并按建桥材料把桥分为石桥和木桥。

石桥 石桥的主要形式是石拱桥。据考证，中国早在东汉时期(公元 25~220 年)就出现石拱桥，如出土的东汉画像砖，刻有拱桥图形。现在尚存的赵州桥(又名安济桥)，建于公元 605~617 年，净跨径为 37 米，首创在主拱圈上加小腹拱的空腹式(敞肩式)拱。中国古代石拱桥拱圈和墩一般都比较薄，比较轻巧，如建于公元 816~819 年的宝带桥，全长 317 米，薄墩扁拱，结构精巧。

罗马时代，欧洲建造拱桥较多，如公元前 200~公元 200 年间在罗马台伯河建造了 8 座石拱桥，其中建于公元前 62 年的法布里西奥石拱桥，桥有 2 孔，各孔跨径为 24.4 米。公元 98 年西班牙建造了阿尔桥，高达 52 米。此外出现了许多石拱水道桥，如现存于法国的加尔德引水桥，建于公元前 1 世纪，桥分为 3 层，最下层为 7 孔，跨径为 16~24 米。罗马时代拱桥多为半圆拱，跨径小于 25 米，墩很宽，约为拱跨的三分之一。

罗马帝国灭亡后数百年，欧洲桥梁建筑进展不大。11 世纪以后，尖拱技术由中东和埃及传到欧洲，欧洲开始出现尖拱桥，如法国在公元 1178~1188 年建成的阿维尼翁桥，为 20 孔跨径达 34 米尖拱桥。英国在公元 1176~1209 年建成的泰晤士河桥为 19 孔跨径约 7 米尖拱桥。西班牙在 13 世纪建了不少拱桥，如托莱多的圣玛丁桥。拱桥除圆拱、割圆拱外，还有椭圆拱和坦拱。公元 1542~1632 年法国建造的皮埃尔桥为七孔不等跨椭圆拱，最大跨径约 32 米。当时椭圆拱曾盛行一时。公元 1567~1569 在佛罗伦萨的圣特里尼塔建了三跨坦拱桥，其矢高同跨度比为 1:7。公元 11~17 世纪建造的桥，有的在桥面两侧设商店，如意大利威尼斯的里亚尔托桥。

石梁桥是石桥的又一形式。中国陕西省西安附近的灞桥原为石梁桥，建于汉代，距今已有 2000 多年。公元 11~12 世纪南宋泉州地区先后建造了几十座较大型石梁桥，其中有洛阳桥、安平桥。安平桥（五里桥）原长 2500 米，362 孔，现长 2070 米，332 孔。英国达特穆尔现存的石板桥，有的已有 2000 多年。

木桥 早期木桥多为梁桥，如秦代在渭水上建的渭桥，即为多跨梁式桥。木梁桥跨径不大，伸臂木桥可以加大跨径。中国 3 世纪在甘肃安西与新疆吐鲁番交界处建有伸臂木桥，“长一百五十步”。公元 405~418 年在甘肃临夏附近河宽达 40 丈处建悬臂木桥，桥高达 50 丈。八字撑木桥和拱式撑架木桥亦可以加大跨径。16 世纪意大利的巴萨诺桥为八字撑木桥。

木拱桥 出现较早，公元 104 年在匈牙利多瑙河建成的特拉杨木拱桥，共有 21 孔，每孔跨径为 36 米。中国在河南开封修建的虹桥，净跨约为 20 米，亦为木拱桥，建于公元 1032 年。日本在岩国锦川河修建的锦带桥为五孔木拱桥，建于公元 300 年左右，是中国僧戴曼公独立禅师帮助修建的。

中国西南地区有用竹篾缆造的竹索桥。著名的竹索桥是四川灌县珠浦桥，桥为 8 孔，最大跨径约 60 米，总长 330 余米，建于宋代以前。

古代桥梁基础，在罗马时代开始采用围堰法施工，即打木板桩成围堰，抽水后在其中修筑桥梁基础和桥墩。1209 年建成的英国泰晤士河拱桥，其基础就是用围堰法修筑，但是，那时只能用人工打桩和抽水，基础较浅。11 世纪初，中国著名的洛阳桥在桥址江中先遍抛石块，其上养殖牡蛎二三年后胶固而成筏形基础，是一个创举。

二、近代桥梁

18 世纪铁的生产和铸造，为桥梁提供了新的建造材料。但铸铁抗冲击性能差，抗拉性能也低，易断裂，并非良好的造桥材料。19 世纪 50 年代以后，随着酸性转炉炼钢和平炉炼钢技术的发展，钢材成为重要的造桥材料。钢的抗拉强度大，抗冲击性能好，尤其是 19 世纪 70 年代出现钢板和矩形轧制断面钢材，为桥梁的部件在厂内组装创造了条件，使钢材应用日益广泛。

18 世纪初，发明了用石灰、黏土、赤铁矿混合煅烧而成的水泥。19 世纪 50 年代，开始采用在混凝土中放置钢筋以弥补水泥抗拉性能差的缺点。此后，于 19 世纪 70 年代建成了钢筋混凝土桥。

近代桥梁建造,促进了桥梁科学理论的兴起和发展。1857年由圣沃南在前人对拱的理论、静力学和材料力学研究的基础上,提出了较完整的梁理论和扭转理论。这个时期连续梁和悬臂梁的理论也建立起来。桥梁桁架分析(如华伦桁架和豪氏桁架的分析方法)也得到解决。19世纪70年代后经德国人K.库尔曼、英国人W.J.M.兰金和J.C.麦克斯韦等人的努力,结构力学获得很大的发展,能够对桥梁各构件在荷载作用下发生的应力进行分析。这些理论的发展,推动了桁架、连续梁和悬臂梁的发展。19世纪末,弹性拱理论已较完善,促进了拱桥发展。20世纪20年代土力学的兴起,推动了桥梁基础的理论研究。

近代桥梁按建桥材料划分,除木桥、石桥外,还有铁桥、钢桥、钢筋混凝土桥。

木桥 16世纪前已有木桁架。1750年在瑞士建成拱和桁架组合的木桥多座,如赖谢瑙桥,跨径为73米。在18世纪中叶至19世纪中叶,美国建造了不少木桥,如1785年在佛蒙特州贝洛兹福尔斯的康涅狄格河建造的第一座木桁架桥,桥共二跨,各长55米;1812年在费城斯库尔基尔河建造的拱和桁架组合木桥,跨径达104米。桁架桥省掉拱和斜撑构,简化了结构,因而被广泛应用。由于桁架理论的发展,各种形式桁架木桥相继出现,如普拉特型、豪氏型、汤氏型等。由于木结构桥用铁件量很多,不如全用铁经济,因此,19世纪后期木桥逐渐为钢铁桥所代替。

铁桥 包括铸铁桥和锻铁桥。铸铁性脆,宜于受压,不宜受拉,适宜作拱桥建造材料。世界上第一座铸铁桥是英国科尔布鲁克代尔厂所造的塞文河桥,建于1779年,为半圆拱,由五片拱肋组成,跨径30.7米。锻铁抗拉性能较铸铁好,19世纪中叶跨径大于60~70米的公路桥都采用锻铁链吊桥。铁路因吊桥刚度不足而采用桁桥,如1845~1850年英国建造布列坦尼亚双线铁路桥,为箱形锻铁梁桥。19世纪中叶以后,相继建立起梁的定理和结构分析理论,推动了桁架桥的发展,并出现多种形式的桁梁。但那时对桥梁抗风的认识不足,桥梁一般没有采取防风措施。1879年12月大风吹倒才建成18个月的阳斯的泰湾铁路锻铁桥,就是由于桥梁没有设置横向连续抗风构。

中国于1705年修建了四川大渡河泸定铁链吊桥。桥长100米,宽2.8米,至今仍在使用。欧洲第一座铁链吊桥是英国的蒂斯河桥,建于1741年,跨径20米,宽0.63米。1820~1826年,英国在威尔士北部梅奈海峡修建一座中孔长177米用锻铁眼杆的吊桥。这座桥由于缺乏加劲梁或抗风构,于1940年重建。世界上第一座不用铁链而用铁索建造的吊桥,是瑞士的弗里堡桥,建于1830~1834年,桥的跨径为233米。这座桥用2000根铁丝就地放线,悬在塔上,锚固于深18米的锚碇坑中。

1855年,美国建成尼亚加拉瀑布公路铁路两用桥,这座桥是采用锻铁索和加劲梁的吊桥,跨径为250米。1869~1883年,美国建成纽约布鲁克林吊桥,跨度为283+486+283米。这些桥的建造,提供了用加劲桁来减弱震动的经验。此后,美国建造的长跨吊桥,均用加劲梁来增大刚度,如1937年建成的旧金山金门桥(主孔长为1280米,边孔为344米,塔高为228米),以及同年建成的旧金山奥克兰海湾桥(主孔长为704米,边孔为354米,塔高为152米),都是采用加劲梁的吊桥。

1940年,美国建成华盛顿州塔科玛海峡桥,桥的主跨为853米,边孔为335米,加劲梁高为

2.74 米，桥宽为 11.9 米。这座桥于同年 11 月 7 日，在风速仅为 67.5 公里/小时的情况下，中孔及边孔便相继被风吹垮。这一事件，促使人们研究空气动力学同桥梁稳定性的关系。

钢桥 美国密苏里州圣路易市密西西比河的伊兹桥，建于 1867~1874 年，是早期建造的公路铁路两用无铰钢桁拱桥，跨径为 153+158+153 米。这座桥架设时采用悬臂安装的新工艺，拱肋从墩两侧悬出，由墩上临时木排架的吊索拉住，逐节拼接，最后在跨中将两半拱连接。基础用气压沉箱下沉 33 米到岩石层。气压沉箱因没有安全措施，发生 119 起严重沉箱病，14 人死亡。19 世纪末弹性拱理论已逐步完善，促进了 20 世纪二三十年代修建较大跨钢拱桥，较著名的有：纽约的岳门桥，建成于 1917 年，跨径 305 米；纽约贝永桥，建成于 1931 年，跨径 504 米；澳大利亚悉尼港桥，建成于 1932 年，跨径 503 米。3 座桥均为双铰钢桁拱。

19 世纪中期出现了根据力学设计的悬臂梁。英国人根据中国西藏木悬臂桥式，提出锚跨、悬臂和悬跨三部分组合的设想，并于 1882~1890 年在英国爱丁堡福斯河口建造了铁路悬臂梁桥。这座桥共有 6 个悬臂，悬臂长为 206 米，悬跨长为 107 米，主跨长为 519 米。20 纪初期，悬臂梁桥曾风行一时，如 1901~1909 年美国建造的纽约昆斯堡桥，是一座中间锚跨为 190 米、悬臂为 150 米和 180 米、无悬跨、由铰联结悬臂、主跨为 300 米和 360 米的悬臂梁桥。1900~1917 年建造的加拿大魁北克桥也是悬臂钢桥。1933 年建成的丹麦小海峡桥为五孔悬臂梁公路铁路两用桥，跨径为 137.5+165+200+165+137.5 米。

1896 年比利时工程师菲伦代尔发明了空腹桁架桥。比利时曾经造了几座铆接和电焊的空腹桁架桥。

钢筋混凝土桥 1875~1877 年，法国园艺家莫尼埃建造了一座人行钢筋混凝土桥，跨径 16 米，宽 4 米。1890 年，德国不莱梅工业展览会上展出了一座跨径 40 米的人行钢筋混凝土拱桥。1898 年，修建了沙泰尔罗钢筋混凝土拱桥。这座桥是三铰拱，跨径 52 米。1905 年，瑞士建成塔瓦纳萨桥，跨径 51 米，是一座箱形三铰拱桥，矢高 5.5 米。1928 年，英国在贝里克的罗亚尔特威德建成 4 孔钢筋混凝土拱桥，最大跨径为 110 米。1934 年，瑞典建成跨径为 181 米、矢高为 26.2 米的特拉贝里拱桥；1943 年又建成跨径为 264 米、矢高近 40 米的桑德拱桥。

桥梁基础施工，在 18 世纪开始应用井筒，英国在修威斯敏斯特拱桥时，木沉井浮运到桥址后，先用石料装载将其下沉，而后修基础及墩。1851 年，英国在肯特郡的罗切斯特处修建梅德韦桥时，首次采用压缩空气沉箱。1855~1859 年，在康沃尔郡的萨尔塔什修建罗亚尔艾伯特桥时，采用直径 11 米的锻铁筒，在筒下设压缩空气沉箱。1867 年，美国建造伊兹河桥，也用压缩空气沉箱修建基础。压缩空气沉箱法施工，工人在压缩空气条件下工作，若工作时间长，或从压缩气箱中未经减压室骤然出来，或减压过快，易引起沉箱病。

1845 年以后，蒸汽打桩机开始用于桥梁基础施工。

三、现代桥梁

20 世纪 30 年代，预应力混凝土和高强度钢材相继出现，材料塑性理论和极限理论的研究，桥梁振动的研究和空气动力学的研究，以及土力学的研究等获得了重大进展。从而，为节约桥梁建筑材料，减轻桥重，预计基础下沉深度和确定其承载力提供了科学的依据。现代桥梁按建桥材料可分为预应力钢筋混凝土桥、钢筋混凝土桥和钢桥。

预应力钢筋混凝土桥 1928年,法国弗雷西内工程师经过20年的研究,用高强钢丝和混凝土制成预应力钢筋混凝土。这种材料,克服了钢筋混凝土易产生裂纹的缺点,使桥梁可以用悬臂安装法、顶推法施工。随着高强钢丝和高强混凝土的不断发展,预应力钢筋混凝土桥的结构不断改进,跨度不断提高。

预应力钢筋混凝土桥有简支梁桥、连续梁桥、悬臂梁桥、拱桥、桁架桥、刚架桥、斜拉桥等桥型。简支梁桥的跨径多在50米以下。连续梁桥如1966年建成的法国奥莱隆桥,是一座预应力混凝土连续梁高架桥,共有26孔,每孔跨径为79米。1982年建成的美国休斯敦船槽桥,是一座中跨229米的预应力混凝土连续梁高架桥,用平衡悬臂法施工。悬臂梁桥如1964年联邦德国在柯布伦茨建成的本多夫桥,其主跨为209米;1976年建成的日本滨名桥,主跨240米;中国1980年完工的重庆长江桥,主跨174米。桁架桥如1960年建成的联邦德国芒法尔河谷桥,跨径为 90+108+90米, 是世界上第一座预应力混凝土桁架桥;1966年苏联建成一座预应力混凝土桁架式连续桥,跨径为106+3×166+106米。用浮运法施工刚架桥如1957年建成的法国图卢兹的圣米歇尔桥, 是一座160米、5~65米的预应力混凝土刚架桥;1974年建成的法国博诺姆桥,主跨径为186.25米,是目前最大跨径预应力混凝土刚架桥。预应力钢筋混凝土吊桥是将预应力梁中的预应力钢丝索作为悬索,并同加劲梁构成自锚式体系,1963年建成的比利时根特的梅勒尔贝克桥和玛丽亚凯克桥,主跨径分别为 56米和100米,就是预应力钢筋混凝土吊桥。斜拉桥如1962年建成委内瑞拉的马拉开波湖桥。这座桥为5孔235米连续梁,由悬在 A形塔的预应力斜拉索将悬臂梁吊起。斜拉桥的梁是悬在索形成的多弹性支承上,能减少梁高,且能提高桥的抗风和抗扭转震动性能,并可利用拉索安装主梁,有利于跨越大河,因而应用广泛。预应力混凝土斜拉桥如1971年利比亚建造的瓦迪库夫桥, 主跨径282米;1978年美国建造的华盛顿州哥伦比亚河帕斯科–肯纳威克桥,主跨299米;1977年法国建造的塞纳河布罗东纳桥,主跨320米。中国已建成十多座预应力混凝土斜拉桥, 其中1982年建成的山东济南黄河桥主跨为220米。

钢筋混凝土拱桥 第二次世界大战以后,世界上修建了多座较大跨径的钢筋混凝土拱桥,如1963年通车的葡萄牙亚拉达拱桥,跨径为270米,矢高50米;1964年完工的澳大利亚悉尼港的格莱兹维尔桥,跨径305米。

中国1964年创造钢筋混凝土双曲拱桥。桥由拱肋和拱波组成,纵向和横向均有曲度,横向也用拱波形式。拱肋和拱波分段预制,因此可用轻型吊装设施安装。这样,在缺乏重型运输工具和重型吊装机具下,也可以修建较大跨径拱桥。第一座试验双曲拱桥,建于中国江苏无锡,跨径为9米。此后,1972年建成湖南长沙湘江大桥,是一座16孔双曲拱桥,大孔跨径为60米,小孔跨径为50米,总长1250米。

钢筋混凝土桁架拱桥是拱和桁架组合而成的结构,其用料少,重量轻,施工简易。

钢桥 第二次世界大战后,随着强度高、韧性好、抗疲劳和耐腐蚀性能好的钢材的出现,以及用焊接平钢板和用角钢、板钢材等加劲所形成轻而高强的正交异性板桥面的出现,高强度螺栓的应用等，钢桥有很大发展。

钢板梁和箱形钢梁同混凝土相结合的桥型，以及把正交异性板桥面同箱形钢梁相结合的桥型，在大、中跨径的桥梁上广泛运用。1951 年联邦德国建成的杜塞尔多夫至诺伊斯桥，是一座正交异性板桥面箱形梁，跨径 206 米。1957 年联邦德国建成的杜塞尔多夫北桥，是座 6 孔 72 米钢板梁结交梁桥。1957 年南斯拉夫建成的贝尔格莱德的萨瓦河桥，是一座钢板梁桥，跨径为 75+261+75 米，为倒 U 形梁。1973 年法国建成的马蒂格斜腿刚架桥，主跨为 300 米。1972 年意大利建成的斯法拉沙桥，跨径达 376 米，是目前世界上跨径最大的钢斜腿钢架桥。1966 年美国完工的俄勒冈州阿斯托里亚桥，是一座连续钢桁架桥，跨径达 376 米。1966 年日本建成的大门桥，是一座连续钢桁架桥，跨径达 300 米。1968 年中国建成的南京长江桥，是一座公路铁路两用的连续钢桁架桥，正桥为 128+9×160+128 米，全桥长 6 公里。1972 年日本建成的大阪港的港大桥为悬臂梁钢桥，桥长 980 米，由 235 米锚孔和 162 米悬臂、186 米悬孔所组成。1964 年美国建成的纽约维拉扎诺吊桥，主孔 1298 米，吊塔高 210 米。1966 年英国建成的塞文吊桥，主孔 985 米。这座桥根据风洞试验，首次采用梭形正交异性板箱形加劲梁，梁高只有 3.05 米。1980 年英国完工的恒比尔吊桥，主跨为 1410 米，也用梭形正交异性板箱形加劲梁，梁高只有 3 米。

20 世纪 60 年代以后，钢斜拉桥发展起来。第一座钢斜拉桥是瑞典建成的斯特伦松德海峡桥，建于 1956 年，跨径为 74.7+182.6+74.7 米、这座桥的斜拉索在塔左右各两根，由钢筋混凝土板和焊接钢板梁组合作为纵梁。1959 年联邦德国建成的科隆钢斜拉桥，主跨为 334 米；1971 年英国建成的厄斯金钢斜拉桥，主跨 305 米；1975 年法国建成的圣纳泽尔桥，主跨 404 米。这座桥的拉索采用密束布置，使节间长度减少，梁高减低，梁高仅 3.38 米。目前通过对钢斜拉桥抗风抗震性能的改进，其跨径正在逐渐增大。

钢桥的基础多用大直径桩或薄壁井筒建造。

（宁海县城关中学　刘晓红）

《走上辩论台》教学设计

【设计意图】

本次综合性学习主要指向是通过辩论的形式开展口语交际活动。按照口语交际活动的类型,辩论属于“组织活动中的口语交际活动”,本设计以辩论的论题为依托,教给学生辩论时使用的口语交际技能。鉴于以上认识,本课选择“好兵与元帅”这一主题组织学生进行辩论,在辩论过程中适时指导学生学会有条理地表明观点,引用事例证明自己的观点。

【活动目标】

了解辩论赛的有关知识。培养学生搜集资料、筛选信息的能力。培养学生有理有据地表述自己看法和观点的能力。

通过知识的介绍和视频的观看来了解辩论。开展简易的辩论赛培养学生各方面的能力。辩论过程中,学会辩证地看问题。

【活动准备】

教师:确定辩题,布置学生课前准备任务。制作有关辩论赛的视频课件。准备好主持人的主持稿,辩论赛的评分表格。

学生:推选好主持人和正反双方各 3 名主辩手。明确己方观点,并搜集能证明己方观点的事实和道理的书面材料。正反方主辩手初步准备好发言稿。

【活动过程】

一、导入

师说:同学们,今天我们要进行一次语文综合性学习活动,让我们在论辩中感受语言的魅力。(出示幻灯片)

先来看一个小故事:

有一次宴会上,俄国著名的文学家赫尔岑被轻佻的音乐弄得非常厌烦,于是用手捂住了耳朵,主人见状很不高兴,向赫尔岑解释道:“演奏的是流行乐曲。”赫尔岑反问道:“流行的就一定是好的吗?”主人笑着反驳道:“不好的东西又怎么能流行呢?”

师:那么同学们,你们会怎样反驳这样的说法呢?大家讨论讨论,该怎么反驳这个观点。我们不能粗着脖子红着脸地和他吵,(学生自由发挥猜测答案……) 接下来我们来看看赫尔岑是如何反驳的。

(出示幻灯片)

赫尔岑也笑笑说:“那么流行性感冒也是好的了?”

师:你看就一句简单的话,就致主人以无言以对的境地。赫尔岑的反驳应该是成功的,而且可以说是很出色的,语言的魅力就在此,那么这种辩论的功夫是怎么来的呢?我们又该如何进行辩论呢?这就是我们今天所要学习的内容。让我们一起走上辩论台,去感受语言的魅力吧!

(出示课题)

二、辩论的知识

(出示幻灯片)

辩论在社会生活中有广泛的用途,如外交斗争、法庭辩护、论文答辩、方案论证等。日常生活中听到不同的意见,也会表示反对,这些都离不开辩论。

师:刚刚我们讲的赫尔岑的故事就是生活中的辩论,它是比较随意的,没有准备的。那么今天我们所要讲的是专题辩论,它是事先提出一个题目,事先告诉你,然后进行有准备的辩论。那接下来我们就来了解一下专题辩论的知识。

(出示幻灯片:专题辩论人员组成及程序)

1. 专题辩论一般具有较严格的程序和固定的规则,比赛正反双方各由 4 人组成,辩论分三个阶段,即程序辩论、自由辩论和总结发言。

2. 程序辩论:由双方一辩按正反顺序发言,每人发言不得超过 3 分钟。

3. 自由辩论:正反双方可以向对方提问,被提问的一方要及时应辩,正反双方的时间各为 2 分钟。

总结发言:正反双方的四辩为维护本方立场做总结发言,时间为 4 分钟。

三、专题辩论举例

师:或许老师刚刚讲的同学们可能还觉得有些抽象,那么下面老师给大家看一段视频,去感受一下真实的辩论赛的氛围,我们以 2006 武汉大学——澳门理工大学辩论赛为例。他们的辩题:当今社会,男性和女性,谁更需要关怀。

(出示幻灯片:播放视频)

四、我也来当辩手

师:刚刚看录像的时候,同学都很入神,为辩手们精彩的语言所折服。这就是辩论的魅力所在啊!下面的同学是否已经跃跃欲试了?那么接下来我们就要进入班级辩论赛时间了,我想同学们自己当辩手的感觉一定比欣赏别人比赛来得更好。

（出示幻灯片：出示辩题——好兵与元帅）

师：我们今天讨论的话题是好兵与元帅的关系，正方的观点是……反方的观点是……在上课之前同学们都已经做了搜集大量资料的工作，我想待会的展示一定是精彩的。在你们展示之前，老师还是要先和大家来说说关于本次辩论赛的几个问题。

师：首先是辩论稿的准备……

（出示幻灯片：辩论稿的准备）

1. 准备论题：就是我方所持的论题是一个什么样的判断，这个判断的关键词语是什么。

2. 准备对方：不管是正方还是反方，你必须知道对方可能会从哪些方面入手去立论，如果你能预测到的话，你就可以很好地准备你的辩论内容。

3. 准备自己：就是我方所持的观点一定要有充分的事实，确凿的论据。

师：这个第3点老师尤其要强调一下，在辩论的时候，有时候你讲很多的理论依据会显得空洞，你方的观点也会苍白无力，而一两个事实往往会给对方以巨大的反击，所以在辩论的时候一定要抓住事实，有确凿的论据，在充分事实的基础上，这样才会让自己处在一个比较有利的位置上，所以要牢记“事实胜于雄辩”。

师：接下来再来看一看辩论时的语言。

（出示幻灯片：辩论的语言）

雄辩：你辩论时底气要足，有充分的依据，说起话来要言之凿凿，这样才能在士气上先打倒对方。

刚柔相济：辩论赛不是吵架，我们所要做的就是让我方的观点更加清晰，所以从态度上、语言的力度上要得体，不能说一些污蔑对方的话语。

灵活巧妙：你不知道对方会提什么样的问题，你也不知道你在辩论的过程中会有什么样的陷阱，所以在面对一些敏感的话题时，你的语言要灵活巧妙，给自己以转圜的空间。

师：接下来说一说我们今天所要进行的班级辩论赛的一些规则，由于条件的限制，我们在班级开展的辩论赛就适当的简易一些，来看一下。

（出示幻灯片：辩论规则及步骤）

第一步，正反双方各有约2分钟左右的时间，派一名辩手做立论陈词。

第二步，自由辩论，约12分钟。它提倡双方积极交锋。正反方辩手轮流发言，先由正方任何一名队员起立发言，另一方辩手必须紧接着发言反击 ，若停留间隙超过1分钟，每一次要扣除该方5分。下面的同学可以随时起来助辩，每助辩一次加3分。

第三步，正反双方各有2分钟左右时间作为维护本方立场的总结发言。

师：最后来看看评分的规则。

（出示幻灯片：评分细则）

论点明晰，论据充足。（10分）

表达清晰，声音洪亮，语速适中。（10分）

提问得当，反驳有力，反应机敏。（10分）

尊重对方辩友，用词得体。（10分）

团体合作,配合默契,同学助辩手举手积极。(10分)

师:正反双方的总分各为50分,到时候我们请4个同学作为评委,以他们给的总分高低来计算双方的输赢。

下面我们请正反双方的阵营进入各自的准备阶段,双方同学分别交流自己收集的资料,看看这些资料是否对辩论有用,帮助双方的辩手抓紧准备,写好辩论稿。同学们可以互相随意地走动讨论,群策群力。

(出示幻灯片:辩题——正方:不想当元帅的士兵不是好兵;反方:好兵不一定要当元帅)

师:好,下面开始我们的辩论赛,有请我们的双方的辩手和主持人,现在老师把这个讲台暂时交给同学。

(辩论赛过程略)

师:不错,可以看出同学们为这一次的辩论赛是经过了精心的准备,你们可别小看了辩论赛,它是很能见一个人的功力的,这不仅需要大量的资料搜集,而且还需要你有睿智的思维以及敏捷的反应能力,刚才的辩论赛让老师看见了我们同学的极高的综合素质,你们的活跃程度真是大大超出了老师的想象,谢谢大家!请我们的评委赶紧算出我们本次比赛的分数结果吧!

老师给大家的这一个辩题,我们再来看一看,正方的同学紧紧抓住了"不想当"三个字做文章,从一个人应当树立远大理想的角度陈述了自己的观点。而反方的同学则从"不一定"三个字入手,告诉同学在通往成功的路上是会受许多因素制约的,很多时候你的理想未必能如愿实现,我们必须得正视这样的事实,这样才不至于气馁,自暴自弃!我觉得双方的同学说的都很有道理,我们确实应该辩证地来看这个问题,通过辩论,我们应该明白,一个人,应该树立远大的目标,这样才会有前进的动力,才会有前进的方向!我们也更应该明白,光有目标是不够的,在通往成功的路上,我们还需要有失败的勇气,输得起,有这样的气度然后才能脚踏实地地学习工作,毕竟元帅是只有少数人能当的,大多数人需要勤勤恳恳在自己的小岗位上做好自己的本职工作,这样才能向更高的目标迈进!

在自由辩论的交锋中,我们有的同学没有能很好地倾听,没有针对对方的观点,抓住对方表述中的漏洞,进行有力的驳斥,以后的辩论中还请同学们多加注意。

那么通过这样的一次活动,不知道有没有给同学们带来收获,不知道大家是否喜欢这样的语文课,我想听听同学们的声音……

五、教师总结

一节课的时间很快就结束了,通过本次综合性学习活动,通过辩论或多或少地提高了我们同学的口语交际的能力。同学们在辩论前积极准备资料,在搜集资料的过程中也增大了我们课外的阅读量。然后在辩论中正反双方阵营同学间的唇枪舌剑,同一阵营同学间的互相配合,我想也锻炼了同学们的口头表达能力和思维的敏捷性,培养了我们班级的团队合作精神。如果这一次课能给大家留下一点印象,那就是老师最大的成就了,再一次谢谢大家!

(宁波市三江中学 吕旭芳)

《莲文化的魅力》教学设计

【设计意图】

《莲文化的魅力》出自人教版《语文》八年级上册第五单元“综合性学习·写作·口语交际”,本单元相关课文有周敦颐的《爱莲说》一篇。语文教材及教参中提供给学生的内容是“对莲的科学探究”,相关风景名胜、古迹及部分诗词。跨学科的特点体现得较为明显,但大多属于了解性内容,学生通过上网查找即可获得。通过对古诗文的理解与赏析最多能感受到莲在作品中的形象(外在形象与象征内涵),但对于真正理解“莲文化”还有相当距离,更不用说体会其“文化魅力”了。何谓“文化”?莲文化具体体现在哪些方面?莲作为一种植物,为何会生成一种文化现象?这种文化现象的生成与人类活动(物质、精神)有怎样的必然联系?基于以上思考,作此教学设计。

活动围绕“文化”主题,分“感受”、“探究”与“抒写”三大块进行。

【活动目标】

1. 感受生活中的莲文化。积累与莲有关的成语、诗词等。
2. 能分析品味诗词中莲的丰富内涵,根据材料探究莲文化的成因。

【活动准备】

1. 提前一周布置摘记:利用书籍和网络,要求摘录与“莲”有关的成语、诗词及散文名篇。

2. 提前两天下发探究材料和表格(见附录一至附录三)。要求:探究每组材料的共同主题,写于该组材料旁边空白处。在表格处填写由老师指定的一组材料的探究结果。(全班分成四大组,每组指定一组为主要探究材料,结合材料给本组取一个组名)

3. 每组选出组长、小组发言人、评委各一名。

4. 每位同学填好探究表格,课前一天汇集到各组组长处。由组长挑选能力较强的几位同学整理汇编本组探究所得,填于表格二。将表格二交于本组的发言人。(注:表格一可以小点,全班人手一份;表格二可以大点,每大组一份,共四份)

以上作业须由老师落实。

【活动过程】

一、视听并行　感受莲之美

课前播放莲的图片,配古筝曲《春江花月夜》。

选择画面构图及色彩配合兼美的图片,注意选择不同环境下姿态各异的莲,选择日常生活中不太常见的各种品种的莲,如并蒂莲、品字莲、重台莲、绣球莲、红千叶等名品,千姿百态的莲的美图以直观的视觉形式配以悠扬的《春江花月夜》古筝曲,营造出一种恬静、淡雅的氛围,可以拓宽学生的视野,提升欣赏水平。

二、导入

据报道,在北京香山脚下的中科院植物园中,一千多年前的古莲子发芽并开出了荷花,至今已开了一百多朵。千年古莲怎能发芽开花?这是天方夜谭吗?不,这是事实!莲,到底是一种怎样神奇的植物?它和我们源远流长的中华文化有着怎样千丝万缕的联系?今天我们就要来共同品尝一次"莲文化"的盛宴。

三、组织活动 宣布规则

今天的活动不仅是我们每位同学展现自我的机会,同时也是对大家小组合作意识的一种检验。活动将以比赛的方式进行。

(1)组长起立,说说组名。(为什么取这个名?)

(2)评委就位,熟悉"评委须知"。(见附录)

(3)除了自然界中的有生命的莲,你还在哪些地方看到过莲的身影?

PPT播放艺术作品中莲的图片(国画、雕塑、屏风、瓷器、宗教等作品中的莲)。

无论是生活用品,还是书画艺术,乃至宗教都可见莲的身影。可见,莲的形象已渗入到我们生活的方方面面。

(4)宣布比赛规则。

本环节将以抢答方式进行,答对10分,答错不扣分。要求:①一人不能连续回答两次;②在老师说完"开始"后,方可直接答题。违者将取消本组本次答题资格。

四、活动一——"莲文化"之感受篇

(一)生活篇

【抢答】

1. 下列名称中,哪个不是"莲"的别名?　(D)

A. 芙蕖　　B. 水芝　　C. 水芙蓉　　D. 雪莲花　　E. 荷花

2. 根据下列描述说出与莲有关的成语

A. 封建时代对妇女小脚的赞美。(三寸金莲)

B. 形容从恶劣的环境中出身,或处在不良的环境中,却没有受到坏的影响。(出淤泥而不染)

C. 形容人口才好,能言善道,有如莲花般地美妙。(舌灿莲花)

D. 相传齐国时期,齐王有个宠妃叫潘妃,齐王为她铺了一条用金子雕刻的莲花路,潘妃走

过后熠熠生辉,由此而有一个成语叫__________。(移步生莲)

3. 人们利用莲制作了许多美味佳肴。你能介绍其中的一种吗?(每组各有一次机会)

西湖藕粉(晶莹剔透、香甜爽滑)、糖藕,大节的藕中灌入糯米加糖煮熟切片(有糯米的粘软、藕的清香)龙游发糕、三黄鸡(有荷叶清香)、八宝粥

4. 婚嫁习俗中,常用莲子、桂圆、瓜子、花生作为嫁娶聘物,寓意为(连生贵子)

5. 人们常用莲(荷)表达吉祥如意的良好祝愿,如以莲花和鱼组成的图案,寓为(连年有余)

6. 莲荷形象也出现于科举文化中。例如,明清装饰图案中以鹭鸶与莲荷组合造型表示对应试考生的祝愿(考试合格称为"登科",右图为"一鹭莲荷",则表示"一路连科")。

备注:

(1)将成语和诗词记下来(朗读一遍)。

(2)在介绍莲的美食时,若学生提到八宝粥,可适当提下"腊八粥"。(现在我们吃的"八宝粥"、"八宝饭",就是源于我国古代的"腊八粥"。相传腊八节是佛祖"成道"之日,佛寺取八种食物制粥供佛。宁波也有此习俗。)

[4-6题小结]:刚才我们做的几道题中"连年有余、一路连科、连生贵子"(提示:"莲"与"连"同音,"鹭"与"路"同音,"桂"与"贵"同音),这是运用了______的方法?(谐音)。谐音法在民间运用得非常普遍,即使是目不识丁的老太太,对某些传统习俗里的讲究也是毫不含糊。这些口耳相传的民间文化也是我们中华文化的一块重要内容。

(二)诗词中的莲

【抢答】

7. 根据提示,说出相关诗词:

A. 小荷才露尖尖角,____________________________。杨万里《小池》(早有蜻蜓立上头)

B. 小娃撑小艇,________________白居易《池上》(偷采白莲回)

C. 鱼戏莲叶间。鱼戏莲叶东,__________,鱼戏莲叶南,鱼戏莲叶北。《江南》(鱼戏莲叶西)

D. ________________,芙蓉向脸两边开。王昌龄《采莲曲》(荷叶罗裙一色裁)

E. 兴尽晚回舟,__________。争渡,争渡,惊起一滩鸥鹭。李清照《如梦令》(误入藕花深处)

重湖叠巘清嘉,有三秋桂子,十里荷花。(柳永《望海潮》)

旋折荷花剥莲子,露为风味月为香。(苏轼《莲》)

8. [第一组必答]请用一句诗来给这幅图命名。

(接天莲叶无穷碧,映日荷花别样红)

9. 藕丝细密、缠绕,很早就引起古人的注意。唐朝孟郊的《去妇》一诗中就有"妾心藕中丝,虽断犹连牵"之句,后来人们就用"藕断丝连"的成语来比喻表面上断了关系,实际上仍有牵连。

10. [第二组必答]"根底藕丝长"的下句是什么?

A. 亭亭出水中　B. 花里莲心苦　C. 碧荷生幽泉　D. 愿君早旋返

[注:"根底藕丝长,花里莲心苦"是辛弃疾的一首诗;"灼灼荷花瑞,亭亭出水中"(杜公瞻);碧荷生幽泉,朝日艳且鲜(李白);愿君早旋返,及此荷花鲜(吴均)]

【抢答】

11. 下列诗句所描写的哪句与“莲”无关？（ B ）

A. 芰(jì)荷香喷连云阁，阁上清声檐下铎(duó)。　　——潘阆(làng)《忆余杭》

B. 桂子月中落，天香云外飘。　　——宋之问《灵隐寺》

C. 小楫轻舟，梦入芙蓉浦。　　——周邦彦《苏幕遮》

D. 菡萏新花晓并开，浓妆美笑面相隈。　　——刘商《咏双开莲花》

（芰，古书上指“菱”；菡萏：指荷花）

12. [第三组必答]

曹植在《洛神赋》中驰骋想象，生动形象地写出洛神之美：“远而望之，皎若太阳与朝霞。迫而察之，灼若芙蓉出绿波。”请问“灼若芙蓉出绿波”一句与李白赞美荷花的哪一诗句有异曲同工之妙？

（清水出芙蓉，天然去雕饰）

【抢答】

13. 《红楼梦》第四十回：“史太君两宴大观园，金鸳鸯三宣牙牌令”中曾有人提到过李商隐的“秋阴不散霜飞晚，留得枯荷听雨声”这个人是？

A. 贾宝玉　　B. 林黛玉　　C. 薛宝钗　　D. 王熙凤

（原文：宝玉道：“这些破荷叶可恨，怎么还不叫人来拔去。”宝钗笑道：“今年这几日，何曾饶了这园子闲了，天天逛，那里还有叫人来收拾的工夫。”林黛玉道：“我最不喜欢李义山的诗，只喜他这一句‘留得残荷听雨声’。偏你们又不留着残荷了。”宝玉道：“果然好句，以后咱们就别叫人拔去了。”）

14. [第四组必答]南朝民歌《西洲曲》中“采莲南塘秋，莲花过人头。低头弄莲子，莲子清如水。置莲怀袖中，莲心彻底红。”这首民歌中，“莲”有怎样的含义？（ C ）

A. 是不慕荣利的象征

B. 是洁身自好的象征

C. 是传递爱情的象征物

D. 是西方净土的象征

备注：(1)第7题中，对教师与学生分享的两句诗可作适当赏析。(2)第8、第12题可让学生简单说明理由。

小结过渡：通过刚才这一环节的活动，我们了解到，莲不仅是一幅可供观赏的美景，可供食用的美食，还通过诗词作品、工艺、绘画、雕塑，乃至宗教等方方面面渗入到人类的精神世界中。那么，莲为何会发展成为一种独有的文化，为何会特别受文人的钟爱呢？此前我们已经写了自己的探究所得并汇总到组长处，下面我们有请各组的发言人上台。

活动二——“莲文化”之探究篇

第一大组发言人汇报材料一探究结果

[材料一小结]第一大组探究的结果是，人们利用莲的谐音来传达情丝与爱意。我也想到另

一个字——“荷”,与“和”是否也有异曲同工之妙?(可观察学生的表现,请学生阐述)“和”有“和平、和睦、和谐”之意,中国人向来“以和为贵”,中国的“和”文化也是非常丰富的。或许这也是人们喜爱莲荷的一个原因。

第二大组发言人汇报材料二探究结果

[材料二问题准备]中莲之美(颜色、姿态、神韵、气质等)是种赏心悦目之美,那么,残荷是一种怎样的美?

[材料二小结]从小荷出水到秋天的零落枯黄,正如人的生命过程。其实任何事物都一样,当它与人的心灵世界相契合时,这种事物就会在文人的笔下构成形象多变而意蕴丰富的艺术世界。

中国文人之所以更倾向于一种萧散、凄清的审美趣味,是因为水中的残荷多少带着点文人的某种孤独感、凄清感。

第三大组发言人汇报材料三探究结果

[材料三问题准备]中国的文人为什么会钟情于用莲来表达自己坚贞的品格呢?

[材料三小结]中国的文人士大夫在传统文化、价值观的长期浸染熏陶下,本身就有着对超尘出俗的高洁人格的追求,于是,生长于污浊环境中而有洁净高雅之态的莲与人自然就有了某种共通之处。西方哲人说:“人对于对象的意识,就是人的自我意识。”因而对莲的高洁、正直、独立、坚定、馨香、雅致的赞美,其实正是文人自我人格的精神写照。

[过渡]文学作品将莲人格化,并非偶然现象。它与佛教在中国的传播有着深刻联系。下面请第四大组的代表说说他们的探究所得。

第四大组发言人汇报材料四探究结果

[材料四小结]因莲所处的环境与尘世的想象,加上它独特的自洁功能,决定了它在佛教中的特殊地位。除了佛教,中国的儒家、道家思想也强调人的自我修行、自我完善,从而达到圣人、至人的境界,因而莲花在儒家、道家的心目中也有崇高地位。

[评委讨论]略。

[探究总结]从同学们的探究中,我们发现,莲这种自然之物之所以能衍生出丰富的莲文化,在于两方面:一是因为莲外在形象的美好,于是人们利用谐音关系来委婉地表达美好的情感。“莲”表“怜爱”之“怜”,“荷”表“和平和谐和睦”之“和”,“丝”表“思念”之“思”。二是与莲在污浊环境里神奇的自洁功能有关。莲的“出于淤泥而不染”及其“中通外直”的美好形象,和独有的自洁功能,契合了人们的审美理想,暗合了人们(特别是文人)的人生哲学和处世态度,因此在历史的发展中,其文化内涵也越来越丰富了。

[过渡——预测]可请一两个同学预测下哪组的发言人得分会最高,说明理由。

[评委宣布结果、点评]

[再次欣赏图片(配乐)背《爱莲说》]

[优胜组奖励]

活动三——“莲文化”之抒写篇(此可作为课外延续或第二课时内容)

请你写几句话描写莲或表达对莲的赞颂,也可结合莲说说自己的感受或思考。

附录一

探究材料(发给学生)

材料一

采莲南塘秋，莲花过人头。低头弄莲子，莲子清如水。置莲怀袖中，莲心彻底红。

——南朝乐府民歌《西洲曲》

(注:“莲”即“怜”,爱的意思。)

问莲根,有丝多少,莲心知为谁苦?　　——好问《摸鱼儿》

四张机，咿哑声里暗颦眉。回梭织朵垂莲子。盘花易绾，愁心难整，脉脉乱如丝。

——无名氏《九张机》

(咿哑:织布的声音;颦眉:皱眉;垂莲子:谐音双关,即“垂怜于子”。梭:织布工具;盘花易绾 wǎn,愁心难整:要曲折回环地织成美丽的花朵是容易的,而要清理心头的离情别绪则是困难的。)

材料二

(一)

小荷才露尖尖角,早有蜻蜓立上头。　　——杨万里《小池》

碧荷生幽泉,朝日艳且鲜。　　——李白《古风·其二十六》

(碧荷:碧绿的荷叶。朝日:早晨初升的太阳)

叶上初阳干宿雨,水面清圆,一一风荷举。　　——周邦彦《苏幕遮》

(干宿雨:晒干了昨晚留在叶子上的雨水。风荷:风中的荷花。举:挺立。)

清水出芙蓉,天然去雕饰。

——李白《经乱离后天恩流夜郎忆旧游书怀赠江夏韦太守良宰》

荷叶罗裙一色裁，芙蓉向脸两边开。乱入池中看不见,闻歌始觉有人来。

——王昌龄《采莲曲》

(一色:同一种颜色。裁:裁剪缝制。向脸:对着脸。乱入:杂入、混入。闻歌:听到采莲少女的歌声。)

(二)

菡萏香销翠叶残,西风愁起碧波间。还与韶光共憔悴,不堪看。　　——李璟《浣溪沙》

(翠叶:荷叶。韶光:美丽的时光,“韶光”的憔悴,既是美好时节景物的凋残,也是美好的人生年华的消逝。与韶光一同憔悴的人,自然不忍去看这满眼萧瑟的景象。王国维《人间词话》:“‘菡萏香销翠叶残,西风愁起绿波间。’大有众芳芜秽,美人迟暮之感。”)

红藕香残玉簟秋,轻解罗裳,独上兰舟。　　——李清照《一剪梅》

(补注:红藕:红色荷花。玉簟:精美的竹席。罗裳:丝绸制的裙子。李清照结婚不久,丈夫赵明诚即外出求学。诗人因闺中无法排遣的愁闷与相思之苦，便换上便装独自外出乘舟解闷。）

“芙蓉露下落，杨柳月中疏。”——萧悫(què)《秋诗》

（补注：颜之推对这两句诗极为赞赏，认为它有一种萧散的情趣，故评曰：“吾爱其萧散，宛然在目。”宋代的朱熹更加推崇：“李白‘清水出芙蓉，天然去雕饰’……自然之好，又不如‘芙蓉露下落，杨柳月中疏，则尤佳。”《彦周诗话》云：“世间花卉，无逾莲花者，盖诸花皆藉暄风暖日，独莲花得意于水月，其香清凉，虽荷叶无花时亦自香也”。）

材料三

秋至皆空落，凌波独吐红。托根方得所，未肯即从风。——弘执恭《秋池一株莲》

世间花叶不相伦，花入金盆叶作尘。唯有绿荷红菡萏，卷舒开合任天真。

——李商隐《赠荷花》

（伦：同等，同类。菡萏：未开的荷花。惟：只。卷舒：形容荷叶的姿态。卷，卷缩。舒，伸展。开合：形容荷花的姿态。开，开放。合，合拢。天真：天然本性。）

谨勿怨谤谗，乃我得道资。淤泥生莲花，粪土出菌芝。——苏轼《答王定国》

（谤谗：诽谤，说坏话。乃：是。资：资本。）

开花浊水中，抱性一何洁。——苏辙《和文与可菡萏轩》

（抱性：坚守信念。一何：多么）

予独爱莲之出淤泥而不染，濯清涟而不妖，中通外直，不蔓不枝，香远益清，亭亭净植，可远观而不可亵玩焉。——周敦颐《爱莲说》

材料四

通过电子显微镜，我们可以观察到莲叶表面存在着非常复杂的多重微米、纳米级的超微结构。莲叶表面上有一些微小的蜡质颗粒，并且覆盖着无数个约10微米的突包，每个突包的表面又布满了直径仅为几百纳米的更细的绒毛。在突包间的凹陷部分充满着空气，从而使得在尺寸上远大于这种结构的灰尘、雨水等落在叶面上，不会大范围直接接触叶面，而是隔着一层极薄的空气，并且其能接触的点也只是叶面上若干个凸起的点。

这是自然界中生物长期进化的结果。正是这种特殊的超微结构，使得莲叶表面不沾水滴，可以保持清洁：当莲叶上有水时，水会在自身表面张力的作用下形成球状，风吹动水珠在叶面上滚动时，水珠可以沾起叶面上的灰尘，并从上面高速滑落。这种自洁能力对于防止病原体的入侵也有着特别的意义。像莲花这样的植物，就是生长在很“脏”的环境中也不容易生病。因为即使病原体到了其叶面上，一经下雨就会随雨水冲走；如果不下雨，叶面很干燥，病原体还是生存不了。

（《洁身自好的莲花》节选）

我们走进佛教寺庙时，便可到处看到莲花的形象。大雄宝殿中的佛祖释迦牟尼，端坐在莲花宝座之上，慈眉善目，莲眼低垂；称为“西方三圣”之首的阿弥陀佛和大慈大悲观世音菩萨，也都是坐在莲花之上。其余的菩萨，有的手执莲花，有的脚踏莲花，或作莲花手势，或向人间抛洒莲花（如天女）。寺庙墙壁、藻井、栏杆、神帐、桌围、香袋、拜垫之上，也到处雕刻、绘制或缝绣各种各色的莲花图案。可见莲花与佛教的关系何等的密切。佛经中经常把佛国称为“莲界”,把寺庙称为“莲舍”,把和尚的袈裟称为“莲服”,把和尚行法手印称为“莲花合掌”。

佛教是着重寻求解脱人生苦难的宗教,将人生视作苦海,希望人们从苦海中摆脱出来,其解脱的途径是:此岸(人生苦海)—济度(学佛修行)—彼岸(极乐净土)。即从尘世到净界,从诸恶到尽善,从凡俗到成佛。

附录二

评委须知:

1. 在抢答环节,可参加本组竞赛。当出现答题先后的争议时,客观公正地作出判断。

2. 在探究结果展示环节,注意倾听各组代表发言,随时做好记录。在四组代表发言完毕时,给各组打分。并派代表点评。(打分标准:“十分好”50 分,“好”40 分,“一般”30 分——以上等级没有比例限制)

打分及点评标准(参考):(1)代表发言情况:观点是否鲜明、分析是否到位等。

(2)附加分:小组成员参与面、发言积极度(好 10 分,一般 5 分)。

附录三

表格一

姓名:________	第________大组
材料____的主题:	
我的探究/分析: (结合具体材料分析)	

说明:仔细探究本组材料内容,思考:(1)本组材料隐含的共同主题是什么?(2)你的依据是什么?结合具体内容分析。

表格二

第________大组	
材料____的主题:	
本组的探究/分析: (对有代表性的分析附上同学姓名)	

【教学反思】

语文综合性学习活动是新课标提倡的一种新型学习方式,但在以往教学中却并不为师生所重视。其一,从实用的功利主义角度出发,它在目前的考试份额中未占多大比例,没有吸引师生花大量时间精力去努力实践的“资本”;其二,从操作层面来说,综合课没有具体而有效的操作模式,往往因其“综合活动”的面具而掩盖了语文学科的本质,使得语文课常常“为他人作嫁衣裳”。加之综合课对学生的课前准备依赖性较大,耗费时间长,而实际作用却难立竿见影,使得教师学生都难以倾注更多的热情。

从接到任务到上完课,过程持续了近一月。也正是这样一个漫长的过程,让我对语文综合课有了更多的认识与理解。

一、对教学内容设定的反思

从形式引领内容到内容决定形式,教学主体定位的转变体现了语文综合性活动的角色回归。

最初的思考着眼于“综合性活动”。既是活动,就有别于传统的“传道、授业”的语文课。其显著区别便是课堂形式的转变。不再是以教师讲授为主,而以学生活动为主;不再是由教师“授予”知识,而要让学生自己去“悟”知识,让学生在轻松愉快的活动中学有所得,“寓教于乐”。目前的热门电视节目,如《星光大道》《鲁豫有约》《我爱记歌词》《天天向上》《达人秀》等形式均可借鉴,加上“辩论赛”“招聘会”“拍卖会”“汉语大赛”“导游辞”“颁奖辞”等这些形式可以让课堂充分体现出活动课的特色。精心设计几个环节,然后将内容补充进去,这课不就解决了吗?例如借《星光大道》形式展示学生课前准备的节目;借“拍卖会”形式让学生对图片内容进行说明性解说;借“导游辞”形式训练学生综合运用多种表达方式的口头表达能力;借“颁奖辞”形式进行写作训练……

但这似乎是所有综合课均可套用的模式,“莲文化”这一课的特质体现在哪里?活动可能热闹可能新颖可能与众不同,但到底要让学生收获什么?这堂课真正定位在哪里?

是教学形式决定教学内容,还是教学内容决定教学形式?

于是,重新思考。

“莲文化的魅力”是个偏正短语,中心在“魅力”,且是关于“莲文化”的,即“关于‘莲’这种植物的‘文化’”,重点还在于“文化”。那么,何谓“文化”?《现代汉语词典》对此的解释是:“人类在社会历史发展过程中所创造的物质财富和精神财富的总和,特指精神财富,如文学、艺术、教育、科学等。”这个定义明确指出,文化是“人类创造”的,并非与生俱来。看来,自当初吴王为取悦西施将莲花移植入宫中始(或许更早),莲就成了人们精神上的一个审美对象,也即开始有了“文化”内涵。以致后来,人们发现,莲除了可食用,有一定药用价值外,其身影已渗入到日常习俗、服饰、雕塑、绘画、瓷器、文学乃至宗教等方方面面!作为一种植物,竟与国人生活达到了如此息息相关的地步,不能不令人为之惊奇!经反复揣摩,最终我将教学内容设定在“文化”层面上。接下来,有一个问题必须思考:为什么是“莲”这种植物(而非其他任一植物?)演变出如此丰富的“文化”呢?仅是因其古老吗?显然,这其中有更多值得探究的东西。基于以上思考,我将“文化”具化为三部分内容:(一)“莲文化”之感受篇——从学生日常生活中接触到的与莲有关的生活细节入手,聚焦对莲的全面而直观的感受;(二)“莲文化”之探究篇——由表及里,探究存在于现象背后的深层文化因素;(三)“莲文化”之抒写篇——在以上两个环节的基础上,让学生将自己的所感、所思、所悟经自己的笔抒写出来，强化对莲文化之“魅力”的印象。重点放在前两个环节。

由感性的认识慢慢进入到理性的分析，这样的思路，比较符合人的认知规律。让学生在热热闹闹的活动背后，流光溢彩的表象背后，能够学会思考，学会探究，最终能有所得。倘若这种不满足于“现象”、“感受”而愿深究的意识能对他们此后的生活、学习及思考的方式多少产生些影响，那便是这堂课最大的价值所在。

综合活动课从本质上来说还是语文课，这种语文课与常规语文课的区别不仅在于活动形式的转变。如果说常规语文课是在“读万卷书”，那综合课便是要“行万里路”了。

二、对教学过程的反思

总体来看，莲文化之感受——探究——抒写三部分内容，整个教学过程流程清晰，信息量大，形式多变。在第一部分“‘莲文化’之感受篇”中，采用的活动形式是图片欣赏（配乐）和竞赛。课前悠扬的《春江花月夜》古筝曲配合教师精心挑选的千姿百态的莲的美图，使学生在优雅的氛围中更直观地感受了莲的美好形象。竞赛活动中“抢答”和“必答”相结合，关注到了课堂气氛，且张弛有度。在竞赛题的设计中，紧扣“文化”与“语文”两个关键元素，涉及成语、诗词、民俗、科举（服饰）、饮食、文学作品等诸多方面。诗词的设计又注意到了学生的熟悉程度，既避免了与第二部分“‘莲文化’之探究篇”重复，又为之打下了一定的基础。第二部分探究材料的选择可谓颇费心思。四部分材料的设计是帮助学生从四个方面去探究莲背后的文化因素。从描写莲的外在形象到称颂其内在品格，利用谐音关系传达情思及其在佛教领域的重要地位，多方面诠释莲的文化内涵。此环节的设计也曾有两大顾虑：（一）我国的莲文化是经长期发展演变而来，这种发展变化的轨迹集中体现在古代诗词作品中，而这些诗词作品对于初二学生来说大都是陌生的。（二）对于诗词的深入解读有助于学生深入感受莲的美好形象及诗人的心境，但这不是一堂诗词赏析课，如何让学生既能进入诗词领会文字的魅力又能跳出文字探究材料背后的深层文化因素？短短一节课时间如何解决这一矛盾？为解决这两个问题，首先，在每则材料中补充注解；第二，安排课前阅读和分工合作。诗词的理解和赏读被放到了课外，大大提高了课堂效率。表格的设计将这一形式落到了实处，确保每位学生读了、想了、写了。然后以代表汇报的方式展示各组探究结果。从本文的教学目标来说，最好的方式仍是在课堂上呈现学生探究的过程。当堂研读材料，当堂小组讨论、发言，继而在观点与思维的碰撞中渐渐明晰其文化内涵。无论对错，无论探究到怎样一个层次，这一过程本身会促使学生思考，学会合作与理性看待问题。这比单纯的结果展示要有意义得多。遗憾的是由于时间所限，这一过程终无法呈现。

三、对教学效果的反思

单从本课的教学实况来看，最初设定的教学目标已经较好地达到了，课堂中学生的积极性被调动起来，有感性的体验也有理性的思考，还有生生之间、师生之间思维的碰撞。多元的评价方式（学生评价、教师评价、听课教师评价）既丰富了课堂形式，同时也使学生能力得到多方面锻炼，课堂氛围较好。第三部分的写作训练是本课的延伸，被安排到了课外。从各组代表的发言情况来看，学生课前对材料的理解赏读工作还是做得比较认真细致的。但仔细推敲，学生的发言也暴露出一个问题:即对材料的探究仅停留在本首诗(词)本身,而对本组材料的共同的本质性的东西探究不多、不够,即未能很好地深入到表象背后探究其深层文化因素。反思其成因,是课前组内成员之间缺乏充分的交流与探讨,仅仅将各人的思考结果“拼合”在一起!而这一过程,恰恰是能够点燃学生思维火花,激发学生探究欲望的关键!每个人都有表现自身的欲望,都有收获新信息的期待。当课堂(或对话)能给予学生充分的表达机会,并且能够在与其他观点的交流与碰撞中获得新信息甚或使已有认识有所提升,那么,这样的课堂(或对话)必然能牢牢吸引住学生,激发起学生内在的学习热情!

本节课的设计首先关注了教师的教,从教师教的角度来看,课堂设计及目标完成的情况都比较好,且易于操作,学生也有一定收获;但从学生的学及可持续发展的角度来审视,四十分钟的课堂显然不能满足学生表达、交流、探究的需要。若不能挖掘出学生内在的热情,开启其内在的驱动力,那在课堂上刚刚点燃的探究的火苗是难以继续燎原的。在实际操作中,可再增加一、二课时,给予学生更多表达与交流的机会,在探究过程中获得更多满足的体验。

(宁波市兴宁中学　白向丽)

《怎样搜集资料》教学设计

【设计意图】

作为本国文化的承载体，语文在人们一辈子的生活中的作用是无可替代的。根据《初中语文新课程标准》所指出的“语文是最重要的交际工具，是人类文化的重要组成部分。”工具性与人文性的统一，是语文课程的基本特点。从语文课程的工具性特点来看，学以致用是语文学习的重要目的之一。综合实践题就是对这种学以致用能力的一种考察方式。但是综合实践不应只是中考卷上的某一个考题，而应该是学生在实际生活中的语文学习能力与应用能力的考察。

义务教育课程标准实验教材《语文》八年级上册第六单元“写作·口语交际·综合性学习”的内容就是“怎样搜集资料”，在这课中指出：搜集资料是语文学习过程中常常用到的一项基本技能。首先确定你想要研究的主题，围绕着这个主题，或到图书馆，或实地调查、采访，或上网，搜集你所需要的资料。也就是说，对于八年级学生来说，需要在独立操作的情况下完成以下任务：

1. 按要求确定研究主题。
2. 围绕研究主题，利用不同方式搜集资料。
3. 形成可具体评价的资料库或作品。

要完成以上任务，学生需具备以下技巧与能力，去开展综合实践活动：

1. 能自主组织文学活动，在办刊、演出、讨论等活动过程中，体验合作与成功的喜悦。

2. 能提出学习和生活中感兴趣的问题，共同讨论，选出研究主题，制订简单的研究计划，从报刊、书籍或其他媒体中获取有关资料，讨论分析问题，独立或合作写出简单的研究报告。

3. 关心学校、本地区和国内外大事，就共同关注的热点问题，搜集资料，调查访问，相互讨论，能用文字、图表、图画、照片等展示学习成果。

4. 掌握查找资料、引用资料的基本方法，分清原始资料与间接资料的主要差别；学会注明所援引资料的出处。

在当今这个信息化的社会里，只有具备迅速、准确地搜集、提取、利用信息能力的人，才能更好地实现个人价值与社会价值。如何去训练这种能力？后现代主义给我们的教学提供的新视野是：每一个学习者都是独一无二的个体，教学不能以绝对统一的尺度去度量学生的学习水平和发展程度，要给学生的不同见解留有一定的空间。我们的教学不能把学习者视为单纯的知识接受者，而更应看做是知识的探索者和发现者。语文教学不仅要注重结果，更要注重过程。学生在实践过程中不仅要获得问题答案，更要获得学习创造性以及主体性人格的培养。因而，我们应该指导学生走进生活学习语文，关注生活中的文化内容，使之成为学习研究的一个对象。走进生活的语文学习，不是说将语文学习的内容泛化，而是要重实践、重过程，学要有所得，学可有所用。这样的学习，好比是进入水中去学习游泳，既能学得快，又能学得好，同时还能学以致用，这样才能使学生的综合实践能力真正得到提升。

因以上原因，针对这一单元的学习要求，以“家乡风貌”为主题，我们设计了以下学习过程。

【活动目标】

1. 指导学生了解搜集资料的基本方法和一般过程，并指导学生运用不同的搜集资料的方法搜集资料，合理利用资料形成作品。

2. 指导学生对“‘三江’风貌”相关现象进行辨识、分类、考察、分析资料，培养学生主动解决困难的意识与习惯，学会独立探究。

3. 指导学生整合所搜集的资料，形成图、文、调查记录或口头表述形式的作品，培养学生表达能力。

4. 组织作品展示会，让学生进行个性化表达。

【活动准备】

1. 确定活动主体：1202班45名同学。

2. 确定活动时间：十月份，总时间为一个月，采用课堂外自主探究的方法进行。其中课内二课时，调查工作在课外时间开展。（主要考虑到这个月内假期较多、节日较多，有利于学生进行资料搜集和整理。）

3. 上课用的PPT。（《怎样搜集资料》）

4. 活动过程中需要的各类表格：《组员信息汇总表》、《资料搜集表》、《讨论记录表》、《成果展示表》、《小组活动评价表》。

【活动过程】

一、明确活动要求，进行知识准备

（一）在活动之前先明确本次活动基本要求

1. 团体活动时要团结合作完成任务。

2. 要独立操作各自的具体任务，遇到困难想办法解决，要做到不回避、不推托。

3. 最终形成自己的作品。

（二）明确学习内容

阅读义务教育课程标准实验教材《语文》八年级上册第六单元“写作·口语交际·综合性学习”学习内容。

（三）明确搜集资料的一般过程

第一步，搜集资料；

第二步，加工、处理资料；

第三步，综合安排资料，形成自己的认识和作品；

第四步，分享和评议作品；

第五步，发表作品。

（四）了解搜集资料采用的基本方法

1. 翻阅各种工具书、索引、书目提要类的书，查找相关的书籍资料、报刊，作摘录、札记等，也可以复印积累。

2. 有条件的同学也可以进行实地考察、采访，做好相应的文字与图像记录。

3. 利用丰富的互联网资源，使用搜索引擎，下载相关资料，做好资料的鉴别判断，进行筛选、分类。

（五）确定所要搜集的资料的范围

讨论理解关于“家乡风貌”包含的内容组成，初步提出活动中的主要调查对象和方案。由于学生本身学习基础、习惯、能力各有不同，为了避免讨论流于形式，在此环节中教师还是要成为主导者。主要着重于对同学所提出的话题的正确性、集中度、可行性方面进行把握。

经过教师引导、同学们讨论，初步定下了这次资料搜集的基本范围：(1)找一些与宁波的节日有关的风俗习惯；(2)找一找能够代表宁波形象的代表物；(3)不同的人眼中的宁波形象有什么不同。

二、分配小组，确认主题

根据各组所定的学习方向，将全班45人分为若干组（人员上可自由组合，但要注意不同特长人员之间的合理搭配），选出组长主持讨论选择本组调查主题与方向，按照每位同学自报的特长确定不同的资料搜集方式，可以是图书资料积累、实地调查、采访或上网。资料初步搜集完毕后将所有资料汇总，对所有资料进行分类，调整小组成员。对小组调查主题讨论归类。

组员信息汇总

<table>
<tr><td colspan="2">活动主题</td><td colspan="3"></td></tr>
<tr><td rowspan="7">本组成员基本情况</td><td>组内分工</td><td>姓名</td><td>主要职责</td><td>备注</td></tr>
<tr><td>组长</td><td></td><td>负责全组工作安排，作业检查，资料统筹，组织讨论，安排本小组成果展示。</td><td></td></tr>
<tr><td>副组长</td><td></td><td>协助组长进行外出工作的安排。</td><td></td></tr>
<tr><td>组员</td><td></td><td>网络资料的搜索整理。</td><td></td></tr>
<tr><td>组员</td><td></td><td>实地考察资料整理。</td><td></td></tr>
<tr><td>组员</td><td></td><td>书籍资料搜集整理。</td><td></td></tr>
<tr><td>组员</td><td></td><td>资料整理汇总、分类、美化。</td><td></td></tr>
</table>

以下是经学生小组讨论最终得出的调查主题：

	项目名称	主要内容	呈现方式
1	三江风俗	传说、故事　民间习俗	图、文
2	历史三江	历史资料　回顾过去	图、文
3	今日三江	今日风采　展望未来	图、文

三、实施学习方案

(一)个体研究，第一手资料搜集，形成个人观点

以多种方式，各组员分别进行相关信息的搜集、分类与分析，形成个人观点。在这个过程中，要指导学生学会辨析搜集到的资料，对资料进行分类、概括与正确引用。在辨析资料时，要注重判断资料的真实性、可靠性和准确性，对于不同价值的资料的取舍以是否符合所要表现的主题为唯一标准。可以采用摘要、编制索引、综述、制作卡片等方法来实现。

资料搜集

项目名称	三江日记之(　　　　　)		
参与人		时间	年　月　日——　　年　月　日
资料搜集方式	□阅读实体文本□查阅网络□实地调查□收听相关节目□其他		
我的搜集(请注明资料来源)：			

学生资料搜集结果。(略)

(二)小组研讨，部分资料汇总，形成小组作品

由组长主持，各组员在小组会议上发言陈述调查结果与形成的观点，进行碰撞，形成共同的或不同的见解，并将材料与观点汇总，形成书面材料，拟订发言提纲，确定发言方式，准备答辩交流。在这一过程中，首先要按照原定的表现主题将资料汇总。然后对所有资料按共性和特性要求进行分类。如果资料尚有缺漏或不完整，可在这一环节中进行补充。这一过程可以以组员单独思考形式进行，也可以以小组成员讨论形式开展，形式较为灵活，以能够形成小组特色为标准，避免与他人雷同。

如以下学生研讨活动部分实录所示：

组长：请同学们将自己所搜集的资料展示一下。我们来讨论一下接下来要着重表现家乡哪一方面的特色才能与众不同。

(众同学展示资料，主要展示方式有：电脑制作的课件、文字材料、照片)

组长：我们已经看完了五位组员的资料，大家有什么看法？

组员一：有三个主题，三个人的是关于三江口的简介的，有重复；一个是关于宁波商帮的介绍；一个是对于宁波的传统风俗的介绍。这也太散了些。

组员二：那我们怎么办？

组员三：选一个吧。不要统统用啦。太多了。

组员二：选哪一个？

组长：要和别的组不大一样的，要有特色的。

组员三:风俗介绍的怎么样?这个不大一样。我老家是象山的,有第一手资料。

组员一:那另外的资料怎么办?人家也找得很辛苦的。

组员二:不要不大好。用在一起怎么样?

组员三:怎么用?

教师提醒:注意一下,材料在不同情境下有不同的用法,可以利用材料之间的相通之处,像这里的三个材料,仔细看的话还是有许多相同点的。找找看。

(同学们又开始重新阅读材料)

组长:三江口,江岸美、港口大,经济发达。宁波商帮……从三江起航。风俗,开渔节,也是与港口有关。对了,好像宁波的文化、历史都和江、港有关。宁波的文化带有明显的水乡文化特色。不是说了嘛,港通天下。

教师:对了,水乡文化特色。此外,宁波的水乡文化特色与其他水乡的文化特色不同,它还拥有明显的海港优势。在这样的土地上长大的人们,有着开放的眼光,粗犷的风格。要突出这些特点,你们的话题一定会脱颖而出的。

组员三:那就都用上。题目就叫《夸夸家乡的江与港》不就得了,让我看看,有三江口的江岸经济,象山港的开渔节,对了北仑港港通天下。别跟我抢啊,我就写这个题了。

组员一:还有宁波商帮就是从这些江与港走向全世界的。

组长:还是每个人分一块吧。主要围绕"家乡的江与港",我觉得,还是要突出特别善于开放思想这一点吧。今天,我们就讨论到这里,请同学们回去后各自准备,写好发言稿。下周一中午我们汇总一下各自的成果。要在全班同学前介绍的。做得精致一点。

通过这样的分析、理解,资料基本上可以被合理利用了,最后就进入了整合材料阶段。可要求学生根据之前对资料的分析理解,将思考结果写成文章,制成作品,在不同的语文学习活动中进行展示。

(三)全体参与,各组成果展示,分享成功喜悦

1. 展示本组成果(图文形式)。

2. 各组代表依次上台展示说明本组研究过程与成果,小组其他成员补充说明。(形式上可作多样化:如演讲,朗诵,讲解,手抄报、电子报、作品展览等均可。)

3. 对其他组成员的质疑、追问进行解答,也可对其他组的成果进行评述。

成果展示

项目名称	三江日记之(　　　　　)		
参与人		时间	年 月 日—— 年 月 日
资料分析方式	□个人阅读□小组阅读□个人创作□小组创作□其他		
成果展示方式	□"看"三江　□"说"三江　□"演"三江		
研究成果:			

在这个过程中,小组同样可以调整之前的成果,使之更臻完善。

四、进行评价

(一)评价方式

分"小组自评、小组互评、教师评定"三个途径,用量规表格,按"优、良、中、及格"四个等第

制,进行能力评价。

(二)评价细则

1. 调查方式是否多样化,采用的方法是否得当。

2. 调查过程的资源安排是否得当。解决困难的方法是否得当。

3. 材料是否详实;内容是否充实;观点是否正确、鲜明、新颖。

4. 成果展示时形式是否美观多样化;陈述、答辩时是否清楚、流利、严密。

考评表格安排如下:

小组活动评价表格

第　　组　　选题:三江日记之(　　　　　　　　)

内容 评价	调查方式	调查过程陈述	遇到困难与解决方法	观点内容	调查成果
小组自评					
小组互评					
教师评定					

总等第评定:________

五、教后反思

注重过程,保证活动的顺利开展,是开展综合实践活动的关键。在资料搜集这一环节中,要注重独立性意识的培养。成果展示这环节中,则要突出形式多样性,让学生采用不同的形式,以自己最熟悉和擅长的方式展示成果。在展示过程中辨析自己作品的优缺点,及时进行改进完善。综合实践的目的不仅在于要求学生掌握学习对象的特征,更在于提升自我认识与处事能力,学会学以致用。

从活动过程来看,45 名参与活动的学生中有 39 名学生采用查阅网络的方式搜集资料。这说明网络学习给学习带来了极大便利。但同时我们也应该注意到,当今学生对于实体文本阅读的忽略与阅读能力的减弱,在与人交际过程中的技巧的缺失。我们可以在组织活动中有意识地对这方面进行方向性的引导与技巧的传授。

(宁波七中　许　颖)

八年级下册

《献给母亲的歌》教学设计

以“献给母亲的歌”为主题的图书编辑指导课

【设计意图】

这个活动是前面两个活动的升华，是对母亲感念之情的表达，有意识地把孝敬母亲的情感转化为实际的表达。

通过切实而有效的指导，让学生在具体的实践活动中，初步体验“编书”这项实践性极强的活动的特点，并与生活实际接轨，旨在活动中增强实际的操作能力。图书的编撰，对学生的审美能力和电脑操作技术，是强有力的挑战。

积极倡导学生自主、合作、探究的学习方式。学习编撰书籍的简单方法，在活动中提高学生语文能力。

【活动目标】

1. 了解不同的艺术表现形式可以从不同的侧面表现相同的主题——“母爱”。
2. 培养用多种表达方式(行为、语言等)表达真情实感的能力。
3. 初步学会写选编计划书，初步了解图书编辑的各个步骤。
4. 培养学生的语言表达能力。

【活动重点】初步学会写选编计划书，初步了解图书编辑的各个步骤。

【活动难点】学会用恰当的语言形式表达感谢母亲的情感。

【活动准备】PPT

【活动过程】

一、创设情景，引入主题

1. 同学们都看过《达人秀》这个节目吧？喜欢不？今天老师给大家带来其中的一个节目。请看——

这是一首献给谁的歌？（母亲）它原来只是一首古诗，知道它的题目吗？谁写的？我们一起来吟诵孟郊的《游子吟》。古诗谱上曲，变成了歌。你还听过歌颂母爱的歌吗？会哼唱一小段？（《妈妈的吻》《烛光里的妈妈》等，学生唱或播放视频）

2. 表达对母亲的爱意，形式和方法有许多，诗和歌，只是其中的两种形式。平日里，大家还注意到文学家们、艺术家们是用怎样的形式表达对母亲深深敬意的？

明确：

(1)文学作品：小说、散文、诗歌、戏剧。

(2)其他艺术形式：说唱艺术、表演艺术、绘画艺术、摄影艺术、雕塑、剪纸……

学生回答的时候，教师出示相应的图片(PPT)。

二、以教材为例，明确体例

1．教师点明活动内容

刚才我们一起回味、体会各种文艺作品对母爱的刻画。今天，我们来试着用另一种形式——编一本书，向我们的母亲唱出我们心中的赞歌。

2．学生讨论，编书的准备工作和完成步骤

以《语文》教材为例，看看一本书包含了哪些内容，哪些方面可以借鉴？

明确：

(1)一本《语文》教材包含了封面、插页、扉页、序言、目录、正文、后记、封底等，有的书没有插页。我们可以模仿。

(2)封面包括书名、编者、出版社，扉页内容和封面差不多，封底要写上书的价格。我们可以模仿。

(3)《语文》教材分六个单元，每个单元有一个主题。我们编的书也可以根据内容分类，编成几个小栏目。

(4)序言和后记可以写上编写的理由、体例等，也可以写上需要感谢的人和单位。

三、填写编写计划，明确任务

1. 学生分组，按一定的能力和特长，建议 6–10 人一组。

2. 学生讨论分工，明确任务。

教师发下“选编计划书”（后附），引导学生根据“选编计划书”的有关内容，组内分工。

(1)确定主编。主编即组长，负责组内分工和整个活动，组员必须服从组长的安排，以保证活动的顺利进行。组长安排不合理的，组员有权利和义务提建议，并集体讨论解决。

(2)组内讨论选编的主要内容和编排体例，并填入“选编计划书”的相应位置。如：主要内容是搜集表现母爱的诗歌，按照中国古代的诗歌、中国现代的诗歌和外国诗歌三个板块的内容，分三个栏目；再如，选编的内容为歌颂母爱的多种文学艺术作品，按照不同的艺术表现形式，分设栏目。

(3)根据选编内容，组内分工。有专门负责搜集某板块材料的，有负责封面设计的，有负责排版的，有负责编写目录的，组长负责最后的统稿和校对。

(4)根据选编计划，拟定整本书完成时间，并拟定各阶段完成时间。教师建议学生按一个月预计时间，分配各阶段时间，如搜集资料一个星期，交流校对一个星期，编写目录、封面封底设计一个星期，出版印刷一个星期，建议学生要前紧后松，有利于保证顺利完成任务。

四、拟写标题、栏目名称、卷首语

1. 拟写标题

教师：拿到一本书，首先映入眼帘的是它的书名，那是书的“眼睛”。它是一本书的魂魄、精神。

小组合作，根据内容，拟写正标题。

要求：语言凝练、生动形象、紧扣内容。

方法：巧用修辞、借用古诗词、化用古诗词等。

建议利用集体的智慧，多拟写几个题目，选择最佳的标题。

班级交流，引导学生从内容和形式两个方面点评。

学生拟写的标题列举：

片片红叶谢母恩

万水千山说不完的情

春天的诗

永恒的守望

母爱·星·灯

青青芳草地

青青子衿　悠悠我心

蜡烛的光辉

……

2. 拟写栏目小标题

要求扣住标题和栏目内容，其他要求同上一环节。(略)

3. 拟写卷首语

(1)范例欣赏，领悟方法。

教师：很多人有一个阅读习惯，翻开一本书，首先要细细阅读卷首语，这样就可以用较少的时间，了解书本的内容。卷首语，有的也叫序言。卷首语，大都用散文诗一般的语言来抒写，因为较能抒情达意。我们不妨来欣赏一首诗作，看看它适合黑板上哪本书名的卷首语？(讨论它与内容的合与离)

致母亲

假如我是一根蜡烛，
我愿为您燃尽所有；
假如我是一只飞蛾，
我愿为您扑熊熊烈火；
假如我是一支染色笔，
我愿为您染黑所有的白发。
……
是您，是您生育、养育了我，
我会用一生的色彩丰富您晚年的回忆。

再欣赏一首散文诗，它又可以作为哪一本书的卷首语？并思考卷首语的语言有哪些特点？

母爱，在无言深处

母爱，可以是一首歌，孩童或少年时，黎明或夜色中，它轻轻吟唱在我们耳边；母爱，可以是一个小小的举动，如已经长大的乌鸦，喂食给不能飞翔的年老的父母；母爱，可以无声无息，如她的目光，交接的那一刻，温暖就这样传递过来；母爱，还可以是那一个简约的词儿，就像广场的雕塑，静静地坐在句子里，没有声响，却依然可以感觉它的博大和力量……

带着珍藏在心头的母爱，走在春天，和风熏暖；走过夏日，花团锦簇；漫步秋天，彩叶飞舞；徐行冬日，腊梅沁脾。母爱陪伴，享受一路春光，收获一路丰硕。

明确：语言凝练，生动传神，富有抒情色彩。

教师小结：卷首语不是故事，不需要完整的情节，它需要浓烈的情感，让读者进入到你的世界里。它传递出各种信息：如这本书在表述什么，带给你什么？你又将从那里获得什么？卷首语是一座桥梁，引领你走进书中的世界。

(2)学生写作。

(3)诵读、交流点评并修改。

五、课堂小结，再提要求

课后，请同学们按照我们的编写计划，搜集到的有关表现母爱的文章、摄影、绘画等作品，整理、编辑成册，作为2012年的新春礼物呈献给母亲。如果哪个小组碰到了困难，可以找老师商量对策。

六、结束语

爱，来自敬爱的母亲，如土壤如水，如空气如阳光，滋养孩子一生的成长；爱，来自我们，应该回报以水、空气、阳光，还要加上暖暖的微笑。微笑是最美的花朵，我们要把这朵花，献给我们的母亲！花朵芬芳的世界，歌声便永远会回荡在母亲的心海。

附：

<table>
<tr><td colspan="5">选编计划书</td></tr>
<tr><td colspan="2" rowspan="2">标　题</td><td>正标题</td><td colspan="2"></td></tr>
<tr><td>副标题</td><td colspan="2">——献给母亲的歌</td></tr>
<tr><td colspan="2">主要内容</td><td colspan="3"></td></tr>
<tr><td colspan="2">主　　编</td><td colspan="3"></td></tr>
<tr><td colspan="2">编写组成员</td><td colspan="3"></td></tr>
<tr><td rowspan="5">分工</td><td></td><td colspan="3"></td></tr>
<tr><td></td><td colspan="3"></td></tr>
<tr><td></td><td colspan="3"></td></tr>
<tr><td></td><td colspan="3"></td></tr>
<tr><td></td><td colspan="3"></td></tr>
<tr><td rowspan="5">步骤</td><td>第一阶段</td><td>搜集材料</td><td rowspan="5">完成时间</td><td></td></tr>
<tr><td>第二阶段</td><td>交流材料</td><td></td></tr>
<tr><td>第三阶段</td><td>编辑校对、编写目录</td><td></td></tr>
<tr><td>第四阶段</td><td>封面设计、封底设计</td><td></td></tr>
<tr><td>第五阶段</td><td>印刷出版</td><td></td></tr>
<tr><td colspan="2" rowspan="4">栏目说明</td><td></td><td rowspan="4">栏目标题</td><td></td></tr>
<tr><td></td><td></td></tr>
<tr><td></td><td></td></tr>
<tr><td></td><td></td></tr>
</table>

（宁海梅林中学　胡　波）

“献给母亲的歌”写作指导课

【设计意图】

新课标教材人教版《语文》八年级下册第一单元综合性学习“献给母亲的歌”，是在学习了胡适的文章《我的母亲》之后，由课内向课外的延伸，通过活动，培养学生健康美好的伦理亲情，引导他们感受爱、理解爱、奉献爱的情怀，并为写作关于“母亲、母爱”的文章积累素材。

进入初中阶段后，学生逆反心理特别强，嫌父母唠叨，可能部分同学与母亲关系很僵，有的同学平时几乎不与母亲交流，甚至经常跟父母顶嘴，本次综合性学习目的是引导学生体会母亲的艰辛与劳苦，懂得母爱的无私与伟大。学会理性地思考母爱以及爱的内涵，学会用适当的方式向母亲表达感情。

【活动目标】

1. 启发学生感受母爱，帮助学生从生活的细节中发现母爱。

2. 学习古今中外歌颂母爱的诗歌和文章，教会学生表达的技巧，并用适当的语言表达心中的爱。

【活动准备】

课前准备：搜集相关的诗歌、文章，制作多媒体课件。

【活动过程】

一、导入

黎巴嫩文坛骄子纪伯伦曾这样说过："人的嘴唇所能发出的最甜美的字眼，就是母亲；最美好的呼唤，就是妈妈。"（显示课件）的确，在孩子的嘴上和心中，母亲就是上帝。千百年来，人们总是歌颂母爱，把母爱看做是人类最崇高、最纯洁、最美好的感情。面对这份崇高而美好的情感，怎样用美丽的文字来表达自己深切的感受呢？很多同学很困惑，不知如何表达。其实要想写好母爱并不难，就是于细微平凡处显真情！（显示课件）

二、写作指导。

老师有绝招，大家想学吗？

第一招：选用典型细节，寻找情感载体

所谓典型细节，指的是最有代表性的、独特的、真实的细节；所谓情感载体，也就是具体的寄托物。因为深厚的感情往往体现在一些小细节上，凝聚在普通的小物件中。有了具体的寄托物和典型的细节，母爱会显得更加贴切，更加真实。

老师说得有点抽象，下面就举个具体的例子来说明一下。爱是无性别、无国界的，写作的方法是共通的，如我们第二单元学的朱自清的《背影》，选取了哪个典型细节来体现父爱？通过父亲爬月台买橘子时的背影，背影和橘子就成了朱自清抒发父爱的载体。这些事物能帮助作者和读者交流，能承载作者的思想感情，是文章内容的聚焦点和感情的出发点。

(1)我国唐代就有位诗人用这一招写了一首名篇，大家知道是谁吗？诗的题目是—《游子吟》。同学们会背吗？集体背诵下。我们来看看诗人选用了什么细节？"临行密密缝"。为什么要密密缝？（预设：意恐迟迟归。密密缝不仅为了牢固，更是母亲把无限的爱意化为手中线缝进了衣服里。）孟郊正是抓住了这个典型细节，创作了母爱的千古佳作。

(2)我们把目光投向国外，初一时我们学过印度诗人泰戈尔的《金色花》，回忆《金色花》。今天我们读读他的另一篇作品《仿佛》。点名学生朗读。问题：泰戈尔选择从哪些方面来表现朦胧的母爱？（预设：通过母亲在我游戏时晃动摇篮，唱着歌谣来追忆；通过母亲熟悉的味道，熟悉的气息；通过悠远的蓝天，一望洞穿的记忆，母亲对我的注视。）泰戈尔正是通过母亲的声音、味道和目光三个典型细节传达了一份隽永的母爱。

同学们，当你静静回忆时，在记忆深处，总有那么一束母爱的阳光，轻轻触动了你心灵的角落，抚去久积的灰尘，露出它的光芒来。请大家撷取记忆中关于母亲的最美的一个典型细节，说出来与大家分享下。（板书：歌谣、味道、目光、唠叨、白发、皱纹等）

学生说，教师评。大家说的都太好了。生活中这样的载体很多，歌谣、味道、目光、唠叨、白发、皱纹等无不承载着母爱深情。如果我们能找到承载母爱的事物，并以此为线索，这可使文章思路清晰，主题更加鲜明。

第二招:精心锤炼细节,生动细腻刻画

刚才这一招是酝酿阶段,下面我们来学如何把细节外化出来。高尔基说:“文学的第一要素是语言。”我们的作文,语言同样应该摆在第一位。请看大屏幕:

有一个初秋的傍晚,我吃了晚饭,在门口玩,身上只穿着一件单背心。这时候我母亲的妹子玉英姨母在我家住,她怕我冷了,拿了一条小衫出来叫我穿上。我不肯穿,她说:“穿上吧,凉了。”我随口回答:“娘(凉)什么!老子都不老子呀。”我刚说了这句话,一抬头,看见母亲从家里走出,我赶快把小衫穿上。但她已听见这句轻薄的话了。晚上人静后,她罚我跪下,重重的责罚了一顿。她说:“你没了老子,是多么得意的事!好用来说嘴!”她气得坐着发抖,也不许我上床去睡。我跪着哭,用手擦眼泪,不知擦进了什么微菌,后来足足害了一年多的眼翳病。医来医去,总医不好。我母亲心里又悔又急,听说眼翳可以用舌头舔去,有一夜她把我叫醒,她真用舌头舔我的病眼。这是我的严师,我的慈母。

这是胡适《我的母亲》中的片段。在语段中,胡适给我们塑造了一位严师和慈母的形象,请问作者选择了哪些细节?(预设:重重责罚我;舔我的病眼。)作者又是从哪些角度对母亲这一形象进行细腻描写的?(预设:语言、动作、神态、心理描写等。)

胡适就是用上了各种描写手法:语言、动作、外貌等使文章写得细腻感人。

这也告诉我们,塑造人物时,也应运用各种描写。

三、课堂练笔

同学们,真水无香,真爱无痕。母爱也许不会轻易被发现,轻易被找到,她很安静,可却一直都存在。

1. 请大家拿起手中的笔,写下最让你印象深刻、感动的母爱瞬间。时间为 5 分钟。

2. 大家先以 4 人小组为单位,组内交流下,大家推荐一篇,展示出来。学生展示作品,师生共评。(评价时,指导学生扣住以上 2 个点。)选 3 篇进行集体评析,剩下的在组内互评。

四、课堂小结

母亲的爱,像一条长河。她恬静,偶尔会泛着微微的涟漪;她清澈,可以看得见河底的块块卵石;她轻柔,如春风缓缓送我前行……

母亲其实很容易满足,只要一篇作文,就可以感动她,只要一份关心,就可以感动她,只要一声祝福,就可以感动她,让我们心怀一颗感恩的心,去祝福她们吧!

播放音乐。

(宁海跃龙中学　应　丹)

“献给母亲的歌”综合性活动设计

【设计意图】

“语文学习的外延与生活的外延相等”。母亲节快到了,为了让同学们在这个节日过得丰富多彩而有收获,结合八年级下册第一单元的综合性活动要求,我们决定组织一次关于“献给母亲的歌”的综合性学习活动。

我校学生家庭条件比较优越,较以自我为中心。进入初中阶段后,学生逆反心理特别强,嫌父母唠叨,部分同学与母亲关系很僵(根据我班50名同学调查,就有15位同学平时几乎不与母亲交流,甚至经常跟父母顶嘴),本次综合性学习是消除两代人之间的隔膜、增进感情的契机。

八年级学生已有一定的搜集、整理材料的能力,并具备一定的组织协作的能力,但思维质量不高。所以,这次综合性活动一方面要充分发挥学生的主观能动性,体现小组的分工与协作能力,另一方面,教师又要体现主导作用,全程关注,适时引导,以提升学生思维的深刻性、批判性和敏捷性。

【活动目标】

1. 通过小组活动搜集、处理、分析信息并且把自己搜集到的有关资料通过不同的方式展示出来,与大家共享。让学生在活动中学会感激身边最亲近的人。

2. 培养用多种方式(实践、口语表达、写作)表达情感的能力。

3. (1)多侧面认识母亲,体会母亲的关爱,培养孝敬母亲的情感;

(2)学会用适当的方式向母亲表达感情,学会理性地思考母爱以及爱的内涵。

【活动准备】

为了充分发挥同学们的组织才能,培养创新与协作精神,避免这次综合性学习活动的无序、低效,活动开展前,老师建议同学们结合这次活动的主题和活动目标进行分组。

结合教材中对这次综合性活动内容的建议,发现本次综合性学习,主要任务有二:一是开展四项学习活动,二是在开展学习活动的基础上,写一篇作文。四项活动各包括若干小项,主要是“道不尽的母爱”“剪不断的‘脐带’”“多角度看母爱”“报得三春晖”,经过同学们讨论分析,并结合实际进行取舍,可让学习小组各有侧重地开展活动。

1. 关于“道不尽的母爱”

“母爱”的主题,在各种文学艺术作品中都有表现。开展本项活动,旨在引导学生围绕“母爱”这一主题把目光投注到各类文学艺术的题材和体裁中去,通过活动的开展,使学生获得“母爱”情感的浸润,同时培养诸如编辑、概括、交际等语文能力。除了教材中列举的五个方面,同学们又提出还可以自己从社会中、生活中去发现寻找母爱。据此,教师趁势引导学生可以分成两个小组,分别从文学艺术作品中以及从社会生活中两个途径去理解体悟母爱。

2. 关于“剪不断的‘脐带’”

开展这项活动,是促使学生主动了解属于自己的那份“母爱”,通过与母亲聊天,向母亲采访,进一步了解母爱,体会母爱。同学们认为这也是了解母爱的途径之一,可以和第一部分“道不尽的母爱”合并为一项。

3. 关于“多角度看母爱”

如果说,前两项活动侧重于了解和感受,那么这项活动则侧重于对母爱的理性思考,也就是说，前两项活动是较感性的，而这项活动则是较理性的了。同学们认为可以并入前面一、二两项“探寻母爱”这一个活动中去完成。要求各组在搜集相关材料后能加以理性思考，客观评价。

4. 关于“报得三春晖”

这项活动是对前面几项活动的升华和总结，既是对母亲感念之情的表达，又是对母亲热爱之情的深化，同时也是要求把孝敬母亲的感情化为实际行动。可以单独成立一个小组，在“回报母爱”中感悟母爱。

这样，本着最大限度地利用好教材，及根据实际教学目标对教学内容重新建构有所取舍的原则，我们将活动主要内容确定为两大块，分成四个小组完成：一是结合“道不尽的母爱”和“剪不断的脐带”的内容将活动内容归为“认识母亲”。根据“认识”的途径分为三个小组：(1)从文学艺术作品中去搜集相关材料，认识母亲；(2)到生活中去寻找发现，或是通过调查采访，了解认识母亲；(3)关注家庭生活中母亲对自己关爱的点滴细节，进一步认识自己的母亲。二是结合“报得三春晖”的内容，小组活动的主题为“回报母爱”。

综合性活动的过程也是学生语文能力提高的过程，为了小组的分工更加明确，并呈现“语文学习”的特点，老师适时加入了语言训练。老师提出一个问题：第一小组主要从文学艺术作品中去寻找母爱，老师为他们的任务做了一个归纳：字里行间寻母爱，同学们能对其他三个小组的活动任务也用相似句式概括吗？一石激起三重浪，同学们马上进行了热烈的讨论，最后分别将其他小组的任务概括为：第二组：街头巷尾觅母爱；第三组：庭前院下读母爱；第四组：寸草寸心报母爱。

【活动过程】

第一组：字里行间寻母爱

结合本小组活动的内容特点，老师又指导组长对本组成员进行各自分工：小李负责古诗词一块；小王负责散文小说等文学作品；小张负责历史故事；小金负责谚语俗语成语名言等；小章负责歌曲。最后，准备以手抄报形式展现本组成果。除了训练对资料搜寻提炼的能力之外，为了提高他们对问题的思考和提升，老师要求他们不能做资料的搬运工，老师建议他们对自己找到的资料根据内容分类，能对相关资料撰写读后感或者编者按等，这样将教材中的“多角度看母爱”的活动融入进去，也丰富了手抄报的内容，也很好地锻炼了学生的思维判断能力。

第二组：街头巷尾觅母爱

这组同学主要是深入生活，从生活中寻找发现。这组同学特别辛苦，但是这样的发现很有价值。同学们热情高涨，他们在街头小巷、车站、公交车、公园、商场、景点等各个场所，用眼睛捕捉每一个母爱瞬间，用相机为母爱定格，用文字诉说一个个母亲的故事，用心灵感悟一个个细节。对这个小组的活动，老师主要引导他们更广泛地去关注生活中的细节点滴，能更多地发现常人没有发现和关注的母爱情感。老师和学生一起讨论他们所发现所感悟的母爱的价值，并要求他们随时记录并整理，为成果的展示和评价做好充分的准备。

第三组：庭前院下读母爱

因为每天都和母亲生活在一起，许多生活细节总因为习惯成了自然，所以，虽然和第二小组相比，他们活动的范围狭窄了，但任务却颇为艰巨。这要求他们能做有心人，心怀感恩之心，要用新的眼光去打量母亲的这份爱，用感恩之心去感悟平凡生活中不平凡的母爱。在活动过程中，老师与孩子们经常交流，也让他们之间相互交流，互相启迪，存同求异，善于发现属于自己的那份独特的母爱，并且引导他们思考这份母爱的价值与力量。同时，老师也要求他们要随时记录自己的发现与心得，随时发现随时记录，主要以作文、日记或片段细节等方式展现。

第四组：寸草寸心报母爱

这一小组的同学主要在于为自己创设各种活动的情境，通过具体的活动，享受回报母爱时的幸福，体会回报母爱的不易，并将实践活动与写作训练结合，表达对母爱的感悟与认识。在活动过程中，老师主要指导他们结合自己家的具体情形，多种方式地回报母爱。要从心出发，而非形式，为"回报"而回报。不一定大家都去"洗脚"不可。即使"洗脚"，要洗的也是自己母亲的脚，而非大家母亲的脚。

在活动过程中，各小组的工作基本是独立的，小组内各成员是既分工又合作的关系。老师则轻松地退居到了"二线"，让学生完全成为活动的主角，老师只给他们做些服务与参谋方面的工作。课间的时候，同学们一个个埋头查找办手抄报的资料，不断有学生拿着书籍、下载或复印的文章问老师是否符合活动主题的要求。在这些资料的搜寻、整理、取舍过程中，学生的鉴赏能力正在悄悄地提高，而学生的情感也在接受"润物细无声"的熏陶！

【成果展示】

十天后，活动如期结束。各个小组都有了收获。从他们自豪的神情、跃跃欲试的表情上，同学们有多激动，一次实实在在的活动就是一次实实在在的收获。第一小组拿出了一份厚重的礼物《春晖》，他们找的资料非常丰富，并且对资料进行认真分类取舍，撰写读后感。如在"鹿跳峡"的故事后，学生有了这样的感悟："世间最伟大、最无私的爱是母爱。奉献和牺牲是母爱这两个字眼丰富内涵中最动情和闪光的部分。正是这种博大深厚的爱的力量，繁衍传承了生生不息的人类社会和万物生灵，谱写出永恒不朽、传诵不衰的爱的诗篇和情的乐章！"这样的手抄报是有一定质量的；第二小组将他们在街头巷尾拍到的照片展示在多媒体上，有以"手"为主题的系列照片，有以"微笑"为主题的母爱呈现。他们还为同学们讲述了照片背后一个个感人的故事，述说着他们的点滴感悟；第三小组的同学告诉同学们，他们用全新的目光打量自己的母亲，发现了以前被忽视的那么多的母爱，在其他同学心中激起了共鸣的火花；第四小组的同学是最幸运的，因为他们比其他同学先走一步，可以享受回报母爱后获得的甜蜜和幸福。如卢同学选择写信的方式表达对妈妈的感恩，他在给他妈妈的信中写道："以前，您整天在家里做家务，我只是坐在沙发上看电视，尽管您的汗水一滴一滴地往下落，我却一点也未感受到您的辛苦。我记得有一次'三八'妇女节，我还和您打了一次架，过去之后，我才知道我有多无知。现在我长大了，我知道，是该我关心母亲您的时候了。当您下次过生日的时候，我会点上三十八根蜡烛，让您也像我一样感受到生日的温暖与亲情的甜蜜。"……

课后，以"母爱"为话题的作文也水到渠成了。

（宁海县跃龙中学 郑灵飞）

《寻觅春天的踪迹》教学设计

【设计意图】

这次综合性学习围绕着感受自然展开。本次综合性学习的教材主要是学生们搜集、整理、加工的材料，激发学生对活动的浓厚兴趣。

本堂课活动过程分为六个部分：

1. “眼中的春天”落点在于联想、欣赏、观察、发现。目的是触发学生的情感体验，感受到春天的甜美欢悦的气氛，投入到老师预设的情境中，在观察的基础上锻炼表达。让学生学会主动关注事物变化，了解春天对于生命成长的意义。

2. “成语、谚语中的春天”落点在于能力、积累。能力是指培养学生搜集资料、整理资料的能力，积累是指把知识内化的能力，为我所用，为写作作好铺垫。

3. “诗画中的春天”落点在赏析、体悟。目的是让学生从艺术的角度来再次感受春天的“诗情画意”，初步从名家经典诗作中感悟春之神韵，关注到其中所蕴含的写作方法。

4. “文中的春天”落点在方法。通过对经典文段的赏析，分析写作特色，总结写作方法。

5. “笔下的春天”落点在实践、交流。目的是让学生化理论为实践，把课堂所学写作知识运用到写作中去，提高写作能力，并通过欣赏交流互相学习好的经验。

6. “心中的春天”落点是感悟、思考。目的是引发学生对春天、对自然及人生的思考，通过写作让综合性学习课堂上的收获和体验有一个表达的出口。

综合性活动要区别于普通的课文教学和作文教学，解放学生，不能把学生禁锢在课堂里，要给他们时间，给他们空间，让他们的眼睛去尽情捕捉，让他们的嘴去自由表达，让他们的大脑去放飞想象。学生要亲自动手搜集、制作材料，从开始准备到成果展现，让学生去体会每一种宝贵的情感体验。课堂上要注重创设音乐、画面、文字等结合的立体意境，让学习的过程始终充满春的氛围、自然的味道，使学生能身临其境感受大自然。听说读写特别是口语表达需无痕地融入到课堂中，注重学生能力的全面提高。

大自然本身就是一本书，一幅画，一首诗，借助这次综合性学习，让学生上一堂感受深刻的美学课,上一堂灵思涌动的文学课。

【活动目标】

1. 以自主、合作的学习方式,引导学生通过寻觅、观察春天的踪迹,去认识自然,感受生命,培养热爱自然,热爱春天的情感。

2. 在观赏春天、赞美春天的活动中,关注学生对春天的情感体验,进一步提高观赏自然和欣赏艺术的能力,学会发现美、感受美。

3. 引导学生掌握描写的方法,学会以一定的顺序观察事物,运用比喻、拟人、排比等修辞手法,作形象生动的描写。学会用适当的方式表达自己的感情和感悟。

【活动准备】

课前准备时间:三周。

活动准备过程:

1. 活动小组安排:(1)小组人数:4–6人;(2)小组成员的构成以前后桌为宜,距离近,彼此熟悉,便于沟通交流。

2. 活动任务分配:

小组中每个组员既应有自己明确的个人任务,又应有大家合作完成的集体任务。

集体任务:

(1)小组应在三周内安排一次春游踏青活动,建议集体活动。

(2)小组内两名成员一组,三周内轮流对校园内某种植物或动物进行观察,隔一天进行一次观察,须留下影像资料和文字记录,形成"自然日志",将观察期始末的照片冲洗出来。

个人任务:

小组内自行研究决定任务分派,每人至少需完成一项任务。

(1)拍摄最能表现春天的特点的照片,15–20张为宜,可在春游时进行拍摄。

(2)选择一首意境优美的描写春天的古诗,为其配画,纸张以4K为宜,便于全班同学观看欣赏。

(3)尽可能多地搜集描写春天特点的成语、谚语,不少于20个,要熟记不能照读。

(4)搜集描写春天的古诗,不少于5首,理解并能进行赏析。

【活动过程】

一、情趣导入

1. 诗谜引入

上课之前老师想为大家朗诵一首自己创作的小诗:

才恋恋不舍地对你说再见,
就要在烈日的炙烤中煎熬整个夏天,

在冷寒的秋雨里裹紧衣裳，
准备在下雪的时候给自己一个希望，
还好花会红，
还好草会绿，
还好你会来。

同学们，知道这个“你”是谁么？

2. 揭示课题

对，春天！春天是最惹人情思的季节，是最诗意飘飞的季节。最是一年春好时，又见桃红柳绿，又有鸟语花香，今天让我们在这明媚春日下，温柔春风中去“寻觅春天的踪迹”。

二、眼中的春天

1. 唤起记忆，发现身边春天

还记得我们小时候唱的那首《春天在哪里》吗？我们前段时间都去踏青了，当你走出户外，你看到了，听到了，闻到了，摸到了，能说说你眼中的春天在哪里吗？哪些事物或哪些事情最能代表春天呢？

（课件显示：春天在_____……_____）

生仿照句式自由表达。

2. 展示摄影，欣赏清新春景

是啊，春天一来，大地上就一片生机勃勃，到户外踏青的时候，有些同学用手中的相机记录下了美丽的春景，让我们一起去看一看吧。

（课件配乐播放学生拍摄的照片，从学生上交的作品中择优选录，每张照片要注上拍摄者的名字。）

3. 观察日志，感悟生命变化

大自然中，春天无处不在，盛开的桃花，流淌的小河都能让我们感受到春天的气息，就连我们的校园里也是春意盎然，春天给校园里带来了哪些变化呢？让我们来看看各小组都观察到了什么。

(1)各小组通过课件向全班同学介绍本组编辑“自然日志”的过程和观察到的事物变化过程，进行自我评价。

(2)朗读一篇组内推荐的最精彩的观察日志。

教师对观察、记录的写法进行简要指导，对各组编辑的“自然日志”和观察、记录的情况进行点评。

三、成语、谚语中的春天

1. 成语比赛，丰富知识积累

春天温柔地唤醒了沉睡的生灵，催动万物萌发，人们因此创造了数不清的谚语和成语描述它、赞美它。现在我们就来个比赛。要求：每组轮流发言说一个关于春的成语或谚语，答不上来时，同组其他同学可以举手补充回答，看哪组同学掌握得多。如果能答出老师随机提出的对成语谚语内容理解的问题,有额外加分。同学们还可以把喜欢的成语或谚语记下来。

学生通过比赛展示自己的积累及课前准备成果。

恭喜获得第一名的小组,老师送你们每人一串迎春花的标本书签,希望能和它一起,成为最早迎接春天的人。其他组的同学们表现也很棒,让我们为自己刚才的表现鼓鼓掌吧。

2. 再读成语,利用写作应用

老师也做了一些准备,搜集了很多成语和谚语,很多都已经被聪明细心的同学们先找到了。咱们一起把这些饱含着人们对春天喜爱的成语谚语读一遍。

(课件出示教师搜集整理的成语、谚语。)

四、诗画中的春天

1. 古诗配画,感受诗情画意

我们班有几位巧手的小画家,把这么美好的春天留在了画纸上,有句话说“诗是无形的画,画是有形的诗”。他们画的就是有趣的诗配画,画中含着诗的神韵呢。请同学们睁大眼睛,开动脑筋,看你能不能独具慧眼,猜出这是描绘哪首古诗中的春景的?

请画作的作者依次展示,同学们猜答画作所配的古诗,正确答案由作品的创作者揭晓,并阐述自己创作时的想法。

2. 经典古诗,领悟春之神韵

美好的春景让我们目不暇接,不少文人墨客便把春天写进了诗句里,千百年来人们吟诵着这样的古诗,想象着当时诗人所见,现在我们就踏着诗人的足迹去古诗中寻找春天吧。

这里有两首古诗,请你选择一首说说看,你从哪里感知到春天的气息的?春天带给你怎样不同的感受。

(课件出示古诗两首)

天街小雨润如酥,草色遥看近却无。最是一年春好处,绝胜烟柳满皇都。

——韩　愈《早春呈水部张十八员外》

碧玉妆成一树高,万条垂下绿丝绦。不知细叶谁裁出,二月春风似剪刀。

——贺知章《咏柳》

生表述诗句中所感受到的春的味道和自己的感受,师补充提点:

第一首诗是描写和赞美早春美景的七言绝句。以“润如酥”来形容初春小雨的细滑润泽,以远看似青,近看却无,描画出了初春小草沾雨后的朦胧景象。从常见景物中体会到早春景色的独特。第二首借柳树歌咏春风,把春风比作剪刀,说她是美的创造者,赞美她裁出了春天。诗中洋溢着人逢早春的欣喜之情。比拟和比喻新奇贴切是此诗的成功之处。

除这两首诗外,你还从哪些古诗中感知到了春意?

五、文中的春天

1. 品读文章,关注描写方法

吟诵、鉴赏古诗让我们感受到古人对春天的热爱、欣赏,下面我们再来看看散文名家朱自清是怎么描绘春景的,学学他巧妙的写作方法。

(课件展示,请学生朗读)

桃树、杏树、梨树,你不让我,我不让你,都开满了花赶趟儿。红的像火,粉的像霞,白的像雪。花里带着甜味儿;闭了眼,树上仿佛已经满是桃儿、杏儿、梨儿。花下成千成百的蜜蜂嗡嗡地闹着,大小的蝴蝶飞来飞去。野花遍地是:杂样儿,有名字的,没名字的,散在草丛里像眼睛,像星星,还眨呀眨的。

这一幅色彩斑斓的春花图真是让人回味无穷,你注意到了吗,文段是怎样描写春花特点的?

(生谈自己的发现)

2. 讨论思考,总结描写技巧

文人墨客笔下的春天是如此的诗情画意让人神往,欣赏了这些大诗人和散文家关于春天的精彩描写之后,同学们总结出了哪些值得我们学习借鉴的景物描写方法?

课件出示问题及提示:可从描写角度、修辞方法、写景顺序、语言运用、思想感情等方面考虑。

生自由回答,师作指导,课件出示:

第一,写景时注意写景的顺序;

第二,描写景物可从色(视觉)、声(听觉)、味(味觉)等多个感官角度去描写;

第三,运用比喻、拟人、排比等修辞方法,使文章更形象、生动;

第四,展开丰富的联想、想象;

第五,写出真情感受,融情于景。

六、笔下的春天

1. 再次欣赏,感受春之美好

古往今来,有多少诗人留下过咏春、颂春、伤春、惜春的动人诗篇。当你看到小草破土萌发,当你看到野花一夜开放,当你看到燕子划过天空,你是否也忍不住想要描绘我们眼中的春天,让我们的笔下,也绽放出春天的颜色!

现在请同学们欣赏一组春的视频,然后运用刚刚所学到的描写方法,用“春天在 _____ 里,你看……”的句式把你真实的感受用诗意的语言描绘出来。

2. 即时习作,理论支持实践

3. 朗诵作品,交流写作成果

投影仪上放大,全班赏析,由作者配乐朗读,教师给予评价 。

七、心中的春天

1. 启发联想,激发感悟思考

春天很美,同学们笔下的春天更美。春雨滋润了你们的灵感,春风吹动了你们的想象。我们寻觅到了春天的踪迹,它正在走进你们的心中。

同样面对春天,每个人都会有自己独特的感受,有人会联想到积蓄力量厚积薄发的坚持,有人会想到默默无闻倾心奉献的品格,有人会想象到花团锦簇的美好未来。即使是同一个景物,每个人也都会有自己独特的体会。我们一定要用自己的笔,自己的语言,写下自己在春天里的独特体验。

2. 布置作业,书写独特感受

课件出示:

请同学们以《寻春》为题写一篇600字的作文。

根据自己的视角去观察、感受春天,写出春景的特点,用独特的表达方式,来表达自己对春天的理解和感悟。

也许今天你没有勇敢地举起你的手,但是春天一定会给你温暖的力量,今天的课堂会结束,但是课堂里的春天不会结束,希望大家创造一个属于自己的春天。

(江北区绿梅中学 汪 澜)

《科海泛舟》教学设计

【设计意图】

人教版《语文》八年级下册第三单元的综合性学习“科海泛舟”，在教材上呈现出四大板块，每个板块对于口语交际和写作各有侧重。

第一板块：我第一次迷上了科学。第二板块：思考自然的启示。第三板块：展示身边的科技发明。第四板块：科学技术两面观。

面对这些板块，如果组合而上，显然一堂课有点勉为其难，就内容而言，只能蜻蜓点水。只谈其一，又觉得过于单薄，使语文综合素养的落实流于形式。所以，在此次综合性学习中进行了新的尝试。如果由点及面能达到活动的目标，何乐不为？

在教学设计时思考的方向是能否用一个有关科学的小话题，让综合性学习不必面面俱到、浅尝辄止，而是让学生有目的地准备学习的资料，培养深入探究的意识，并能在此基础上提升口语交际能力和写作水平。

选择合适的科学话题。所谓合适，既要有探究价值，又要贴近生活，可读可亲。如果选择有关网络利弊之类的学生常见的话题，他们可能无需思考，泛泛而谈，失去了探究的意义。如果选择火星探测之类的科学前沿的话题，学生也只是资料的收集员。“收”是东西放在眼前，人不需要花费多大力气就能得到；而“搜”中包含了一个有取有舍的搜索过程。而我希望他们成为搜集员，能有目的地准备资料。并且此类前沿话题，虽能激发学生的想象力，但因远离生活，产生不了亲切感，只能停留在感性的认识上。最后选定了“转基因食品”这一科学话题。这是因为转基因食品已很普遍，和我们的生活息息相关，学生又只停留在一知半解的基础上，甚至会因为一些不当言论而人云亦云，对转基因食品缺乏科学的认识。

选择可行的教学方式。本次活动既然想要在教学目标上多点开花，就要给学生充分的主动权。教师通过明确学习任务，让学生自由组合成四组。尺有所短，寸有所长，自由选择和组合的方式，能最大限度地调动学生的积极性。活动中的两组同学，主要是围绕“转基因食品的利与弊”展开辩论。活动中的一组搜集“转基因食品”相关的资料，并以说明文的形式撰写介绍，从而明晰概念，澄清误区。活动中的另一组同学对新闻报道能作客观合理的分析，从而提高判断是非的能力，端正严谨的科学态度。作业要求学生围绕"我——转基因食品的前世今生"的话题，从辩论中寻找言之成理的写作素材，适宜写科学小品文，和本单元的课文教学一脉相承。

总之，对于初中的学生来说，在实践的过程中，我们更要看重的是过程，而不要过分追求结果，应尽力而为地突出过程的完整性。教师要转变观念，转换角色，由学生学习活动的"主宰者、控制者"变为学生学习、实践活动的"指导者、参与者"，要敢于"放手"，还学生一片自由的天地，凡是学生可以做到的事情，教师决不越俎代庖，要让他们经历一个完整的自主实践的过程。

【活动目标】

1. 本单元利用综合性学习所得，让科学走进生活，增强学生的甄别意识，并进一步激发探究的兴趣。

2. 通过本次活动，旨在培养学生正确地把科技信息传达给他人的口语交际能力和写作浅显的科学小品、科普短文的文字表达能力。

3. 评价学生在活动过程中的积极态度、行为表现尤其是情感态度的变化和能力的提高（自我的纵向比较）；评价学生在活动中所起的作用和所取得的效果，评价学生搜集资料、口语交际、写作的实际水平（同学的横向比较）。

【活动准备】

（上课之前，老师已经安排了各小组的任务）

第一组：搜集有关"转基因食品"的资料，并要求撰写说明文进行介绍。

第二、三组：以"转基因食品是天使还是魔鬼"为辩论的题目，正反方准备好相关材料，在课堂上辩论。

第四组：对印发的"转基因食品"的相关报道，写好评论在课堂交流。

（选择恰当的评价方式）

1. 运用分层评价的方式。学生在小组学习活动阶段主要由学习小组成员相互评价、学生自我评价和小组长评价；学生在全班交流、展示阶段主要由教师评价和学生推举代表来进行评价。

2. 运用分项评价的方式。可以分别对搜集查阅资料、口语交际、写作进行评价。这种评价方式可以发现学生语文基本素质的强弱，以便有针对性地帮助学生取长补短，重点加强。

【活动过程】

一、导入

童年的眼中装满了好奇，于是打开了探求知识的窗户，发现这个世界真奇妙；童年的思维无拘无束，于是打破了万花筒拆了闹钟，总想发现其中的奥妙。爱因斯坦四五岁时就对指南针的指向感到惊奇，爱迪生小时候竟然学孵小鸡，这些都激发了他们对科学的浓厚兴趣。这一切，都源于他们对身边的新事物、新名词充满了好奇之心。到了21世纪，一些闻所未闻的新事物、

新名词逐渐走进了我们的视野。下面出示一幅漫画，看看哪位同学富有好奇心和探究欲。

漫画内容——家庭主妇对正在吃饭的丈夫说："你的土豆上长了一只眼睛！"

教师明确：这就是新世纪的科技产物——转基因食品。本单元的"科海泛舟"综合性学习，以"转基因食品"为话题，来一窥日新月异的科学技术。

二、活动内容

第一项活动——了解"转基因食品"

请第一组同学准备好，你们已经充分了解了有关"转基因食品"的知识，老师来考考你们。

出示问题：

1. 什么是转基因食品？

答：转基因食品是指利用基因工程技术在物种基因组中嵌入了（非同种）外源基因的食品。

2. 转基因食品可分为哪三大类？

答：转基因植物食品、转基因动物食品和转基因微生物食品。

3. 从世界上最早的转基因合法食品诞生至今有多少年？（ B ）

A. 10 年左右　　B. 20 年左右　　C. 30 年左右　　D. 40 年左右

4. 转基因食品能否改变生物的遗传信息？（ 能 ）

5. 科学家将玉米的某一段基因加入到核桃基因中，蛋白质也随基因加了进去，那么，以前吃玉米过敏的人会对这些核桃食品过敏吗？（ 会 ）。

现在，第一组同学在你们写的有关转基因食品介绍的说明文中，当堂补充老师刚才提到的知识，并推选代表朗读。

说明文示例：

转基因食品是指利用基因工程技术在物种基因组中嵌入了（非同种）外源基因的食品，包括转基因植物食品、转基因动物食品和转基因微生物食品。

转基因作为一种新兴的生物技术手段，它的不成熟和不确定性，必然使得转基因食品的安全性成为人们关注的焦点。从世界上最早的转基因合法食品诞生至今有 20 年左右，转基因食品的研发迅猛发展，产品品种及产量也成倍增长，日常生活中也广泛出现转基因食品。

其实，转基因的基本原理也不难了解，它与常规杂交育种有相似之处。杂交是将整条的基因链（染色体）转移，而转基因是选取最有用的一小段基因转移。因此，转基因比杂交具有更高的选择性。

一些研究学者认为，对于基因的人工提炼和添加，可能在达到某些人们想达到的效果的同时，也增加了一些潜在的危害。如科学家将玉米的某一段基因加入到核桃基因中，蛋白质也随基因加了进去，那么，以前吃玉米过敏的人也会对这些核桃食品过敏。

总之，转基因食品是科技发展后新兴的事物，我们要客观辩证地看待。

第二项活动——“转基因食品”是天使还是魔鬼？

现在，有请第二、三组同学对话题进行辩论

正方——第二组　观点：“转基因食品”是天使

反方——第三组　观点：“转基因食品”是魔鬼

规则略（按语文八年级上册已学的第四单元综合性学习“走上辩论台”的辩论赛规则定）

注：在辩论中如有相关科学概念混淆情况，由第一组同学举手示意并澄清。

对于辩论话题的评价和裁定胜负，由第四组同学集体商议确认。

（除语言表达技巧和逻辑思辨能力外，此项辩论活动的核心在于对转基因食品的安全性和对环境的影响方面，能让学生有更全面辩证的认识。）

参考示例：

转基因食品的优点：可增加作物单位面积产量；可以降低生产成本；通过转基因技术可增强作物抗虫害、抗病毒等的能力；提高农产品的耐贮性，延长保鲜期；可使农作物开发的时间大为缩短；可以摆脱季节、气候的影响，四季低成本供应。

转基因食品的缺点：转基因食品对哺乳动物的免疫功能可能有损害；转基因农作物可能产生新的病毒疾病，危害人类的健康；转基因农作物会打破物种平衡，破坏生物多样性，对生态系统带来潜移默化的影响。

第三项活动——对“转基因食品”相关报道进行评论

由第四组同学对印发的相关报道资料进行评论。

材料一：2010年，郭成林与鲁花公司签订了公关协议，在网上发表《金龙鱼，一条祸国殃民的鱼！》，称金龙鱼将“转基因大豆油和转基因菜籽油倾销到中国的千万家超市”，“转基因农产品在欧洲和日本是绝对禁止人民食用的”，郭成林在该文中疾呼：“金龙鱼，卑鄙的大品牌，祸国殃民啊，中国的汉奸们在祸害国家和人民，戕害着国人的身体，摧毁着中国的大豆产业链！”

材料二：发表在麻省理工学院《科技评论》杂志上的报告说，研究人员开发了一种转基因棉花。棉花植株中的一种基因被“沉默”了，这种基因原来的功能，是让棉铃虫产生一种消化棉花中的天然毒素——棉酚的能力。棉铃虫吃了基因沉默的转基因棉花，因为不能产生这种能分解毒素的蛋白质而致死。

材料三：在理论上，只要能实现转基因食品的生产和投放，引导目标消费者群体食用，一场基因战争就可能静悄悄地打完了。有关“农产品武器化”的讨论，曾经主要担忧在粮食和食品的生产、供给数量和分配上发生问题，现在必须增加一项新内容：农产品作为食品，不能当做武器使用。人们都渴望和平，呼吁“铸剑为犁”，殊不知在现代社会，“铸犁”亦可“为剑”！

参考示例：

转基因食品是利用新技术创造的产品，也是一种新生事物，人们对食用转基因食品的安全性有疑问是自然而然的。对于那些精心炮制的谎言，我们应当擦亮眼睛，自我判断。转基因技术丰富了食物的品种。同时，转基因农作物增强了对害虫的抵抗性，使食品的供货来源有了充分的保障。正像袁隆平所说，利用生物技术开展农作物育种是今后的发展方向和必然趋势，因此必须加强转基因技术的研究和应用。对待转基因食品,特别是可直接食用的转基因品种应持科学慎重的态度,但也不能简单拒之。总之,科学技术只要不被别有用心的人所利用,制造所谓的生物武器,就能为人们的生活带来便利,为人类造福。

三、小结

在此次综合性学习中,激发了同学们热爱科学的兴趣,同时也意识到,培养崇真求是的科学态度的重要性;相信你们定能在以后的生活中,更加深入、全面认识科学,在追求科学的过程中也怀有一颗人文关怀之心。

四、作业布置

以“我——转基因食品的前世今生”为话题,写一篇文章。

（宁波兴宁中学　李建军）

《到民间采风去》教学设计

【设计意图】

1. 了解中国传统图腾文化、儒家文化、园林建筑文化、古典小说等基本常识。
2. 了解月湖的历史知识和人文景观，注重实地月湖观赏和感受。
3. 理解月湖的花草树木和园林建筑的文化意蕴，探索中国渊源流长的文明境界。
4. 培养正确的审美情趣和高尚的情感态度、价值观，指导生活。

【活动目标】

1. 借助月湖的园林设施，自主、合作、探究内在的文化底蕴。
2. 培养学生正确的审美情趣和高尚的情感态度、价值观。
3. 语文实践活动与学生的生活实际相联系，指导人生。

【活动准备】

1. 布置作业：网络、生活中搜集有关月湖的介绍、摄影图片。
2. 选择南湖“竹屿”、中间“陆殿桥北侧”、北湖“芳草洲”制作成 PPT。
3. 课堂间接观赏和感受，去过的同学介绍给初到宁波的“外来者”。
4. 确定游览路线，出行方式，师生汇合的地点，教育学生注意外出人身安全。

【活动过程】

师生实地游览

1. 路线与身份：由南往北，模拟一个外地来宁波的游客。
2. 选择有教育意义的月湖园林设施，探索文化底蕴。

(1)“龙凤石柱”、少女雕像的象征意义与宁波周边类似建筑的比较

龙是神话中的神异动物，也是古代汉民族的图腾，它有鳞有角，能兴云降雨，本领非凡，

因而在封建社会里常作为至高无上的帝王的象征;至于凤也来自传说,是百鸟之王,它羽毛光艳美丽,身姿优美动人,古代常用来象征母仪天下的皇后;其次龙凤并举又有吉祥之意。

绍兴"柯岩石文化中心"里也有一个类似的主题雕塑群。在嶙峋的石壁间日夜流淌着涓涓细流,那清澈的流水永不停息地绕过三根用同样雕刻技艺塑造的石柱,人们取名为"源"。在那石柱上雕刻着孔子、释迦牟尼、李聃等人物和一部分简洁的解说文字。

在杭州美丽的西湖边上曾经也有一座少女飞天的雕塑,那是聪明的杭州人化用了苏轼的"欲把西湖比西子,淡妆浓抹总相宜"的诗句,这里有文化的意蕴。

(2)"竹屿"

湖南面有翠竹丛生的"竹屿"。园林建设者们在这里新栽了凤尾竹、孝顺竹、方竹、刚竹等,还配置了竹亭、竹廊、竹座楼,置身其间,清凉怡人,活生生是一个《隆冬话竹》的世界,恍如进入浙江安吉的竹博园。

苏轼曾说:宁可食无肉,不可居无竹。竹子历来就是中国古代文人墨客们借以表达人生志向的寄托物,缘于竹子长青、中空、气节坚贞。

(3)陆殿桥北侧

这里有三座建筑引人注目,它们是"关帝庙"、"居士林"、"贺秘监祠"。关帝庙是为纪念三国历史上的关羽,他是"忠义"的化身,也是"诚信"的象征。学生更熟悉《三国演义》,可以联系其中的"桃园三结义"、"三英战吕布"、"华容道私放曹操"、"败走麦城"等经典故事,演绎关羽留在人们心目中的精神内涵。

居士林是专为在家修行的佛教徒而修建,佛教不是迷信,它是世界哲学的一部分。宁波也是历史上禅宗深入人心的沃土。东钱湖的"小普陀寺"与居士林一样知名。虽然在学生中不必过多宣扬佛教,但作为文化底蕴深厚的宁波,这也是优秀的文化遗产,需要了解。

贺秘监祠在唐朝以后,就是纪念"四明狂客"贺知章的祠堂,后作为宁波《文学港》杂志社的编辑部。"少小离家老大回,乡音无改鬓毛衰"和"不知细叶谁裁出,二月春风似剪刀"的诗作者,他虽然是杭州萧山人,但也到宁波游历,为宁波的文化史书写下了浓重的一笔。

(4)"芳草洲"探幽

这里曲径通幽,园林风格颇有苏州园林或江南典型的特色。有假山池沼的配合,有亭台轩榭的布局,还讲究近景远景的层次。

芳草洲其实是水中陆地,这还是个小岛,岛的东面保留了原汁原味的芳草桥,西面新建了古朴的吊桥,洲内则回廊曲径通幽,假山玲珑,亭台掩映,疏影横斜,设计和布局堪称深得江南园林建筑的神韵。宋代如丞相史浩家族,以及杨简、袁燮、舒璘、沈焕等"四明学派"的著名学者,都曾在此定居或流寓讲学。这里还曾建有藏书家史守之、丰坊的读书楼,恰好与一带民居相隔的"天一阁"形成遥遥相望的历史呼应。

总之,月湖建设者们以传统造园手法,精雕细琢,终于建成了风格统一,环境优美,具有江南水乡特色的自然山水园。而月湖这种集赏玩、居住于一身的理念,又体现了在人口密集和缺乏自然山水的城市中,人们依恋山水、亲近自然、渴望反朴归真的精神追求。并且月湖那灵巧的规模、精致的布局、淡雅的彩绘、注重文化底蕴和人文精神相融合的建筑风格,又鲜明地反映了中国江南地区的居住文明水平。

3. 语文教育与生活意义

(1)对联、题词、匾额、楹联,诗词歌赋,无一不是中国古典文化的杰出代表。

(2)全民经商,社会诚信普遍缺失,已潜移默化地影响了纯净的校园,人际交往呼吁回归。

(3)重理轻文的社会普遍潮流,文化领域逐渐成为沙漠,普及和提高全民素质从学生开始。

4. 注意事项

(1)跨学科教学,教师精通的面需要非常广泛才能胜任,但又要避免非语文化倾向。如文学、建筑学、植物学等,还有自然风光、文物古迹、民俗风情方面都要广泛狩猎;并且对拥有的材料要有整体把握和比较深刻的理解,努力发掘文本内蕴的人文精神和思想意义,有创造性的灵感发挥。我想只有这样,才能在实践活动过程里做到有备无患,有的放矢。

(2)学生一般都只注意具体的形象,却流于走马观花,往往对人文景观中建设者们寄寓的抽象的象征意义不大深究。所以执教者要熟悉初中生的认知水平和理解层次,小到一草一木,大到深奥的古诗文碑刻均需要耐心、细致地讲解和剖析,做到"既入乎其中,又出乎其外",才不至于留下"不识庐山真面目,只缘身在此山中"的遗憾。

(3)改变课堂上居高临下的教学方式,遵循教学相长的原则,语言要生活化,以平易近人的谦和风范,或幽默,或嬉戏,循循善诱地引领学生由浅入深地感受和体验。这样的实践活动还必须建立在师生人格平等的基础上,要倡导一种去伪存真的作风,密切联系学生的想象和经验世界,注意学生反应的多元性以及师生之间的对话交流,注重彼此心灵的沟通,最终帮助学生明辨是非和培养学生健康的审美情趣。

(4)安全第一。

附:学生活动侧记

(一)

学生和我是坐公交车去的。这天碧空如洗,远近景物历历在目。我们走过大片青草地,来到龙凤石柱和美少女雕像旁,学生对这高大罕见的石柱都很惊奇,但也觉得没多少意思,只是围着它们转圈子。当我问上面雕刻的是什么?还说那个少女塑像的年龄大概多少?学生才开始仔细了。当然,这些都是既单纯又有点复杂的话题,于是我从远古的龙凤图腾说起,跟周边地域文化设施作了一次比较,还涉及这里它们内蕴的象征寓意,他们都听得津津有味,似乎打开了一片从没见过的天地。我适时启发他们:如果联系这个时代和宁波的发展前景,那月湖建设者们在这里塑造这些形象的用意是什么呢?学生很快找到了答案:是祝福宁波美好的明天。

(二)

走进"关帝庙"之前,我要求学生先讲几个从电视连续剧《三国演义》看来的情节。学生还出乎意料地从电玩游戏里很兴奋地说出了好多三国故事。我感觉有戏了,先肯定了他们的知识面不窄，接着我又直奔主题问关羽他是怎样的人物？涉世未深的他们开始时众说纷纭，莫衷一是，但学生还是互相补充着说出关于他的“过五关斩六将”、“华容道捉放曹操”、“败走麦城”等精彩篇章。我又说到自己去宁波基督教堂百年堂听牧师讲道后发现人们去的目的，是为了有所祈求。然后问学生关帝庙里的人们在做什么啊？学生基本上能准确地说出他们也是在祈求。然后，我从我国源远流长的文化史说起，讲到《三国演义》里的关羽之所以出名，是因为他的一生体现了光辉的“诚信”精神。又把2002年高考和今天宁波甚至全浙江省都在倡导“诚信”的事实告诉他们，再联系一些同学平时交往中的错误言行，指出违反了这个做人最起码的准则。学生有些沉默，似乎觉察了我的委婉的意思。

(三)

学生对那么小巧玲珑的亭台楼阁最初很不可思议，认为月湖园林以前只是图画里看到过而已。我说可别小瞧了它们，可以说是“麻雀虽小，五脏六腑俱全”的。不仅式样，而且规模，还有文字装饰，都是比较经典的，并非漫不经心地设置。这样，学生们才开始看清凝聚了丰富的文化涵义的楹联，碑刻等。不过，限于他们学识，这些园林的建筑特色包括其中的人文含义，都由我给他们粗略地讲述了一些。

(宁波市第十九中学　陈庆杰)

《古诗苑漫步》教学设计

【设计意图】

中国是诗的国度，中华诗词是民族文化的瑰宝。了解中华诗词，就可以了解民族文化的悠远与浑厚；欣赏中华诗词，就可以感受民族文化的灿烂与辉煌。本教案设计了以下四个环节的活动：创设生活情境，触景生情听古诗；展示生活画面，声情并茂诵古诗；配合生活场景，情景交融品古诗；巧妙化用诗意，生动形象绘生活。通过以上这些活动，让学生对自己知识储备里的古诗进行归纳整理、分门别类，形成体系，让学生通过活动了解古诗的相关知识和写法特点，学会一些诵读品味古诗的方法，让学生在诵读的基础上深入地理解古诗内涵，体会诗人的丰富情感，最后学会化用诗意，借助古诗的意境描绘生活、反映生活，培养学生通过诗歌进行联想、想象的能力，提高学生的写作水平。

【活动目标】

一、知识与技能目标

1. 通过本活动，让学生漫步古诗苑，感受中华诗词源远流长的历史风貌。
2. 了解古诗词有关知识。
3. 积累古诗词，学生争取多背一些古典诗词。
4. 学会诵读古诗词。

二、过程和方法目标

在搜集资料的过程中，让学生们积极地主动参与，培养自主合作的精神，感受精神劳动的艰辛与创造成果的喜悦。

三、情感态度与价值观目标

通过这次活动，培养学生对中华诗词的兴趣与爱好，提高对民族文化的热爱之情；培养学生古诗词的阅读理解与鉴赏能力，陶冶情操，提高审美情趣与文化品位。

【活动准备】

学生准备：

1. 每位学生找出三首自己最喜爱的古诗。

2. 学会声情并茂地朗诵自己喜爱的古诗。

3. 小组成员相互配合，分门别类辑古诗。

4. 生活中有许多场景是与古诗相契合的，请结合自己的生活说出自己对某句诗的体悟，小组成员互相讨论补充。

教师准备：

1. 准备好背景音乐及图片。

2. 做好 PPT。

3. 分好活动小组，布置好小组活动内容。

【活动过程】

一、听古诗

课前播放音乐《明月几时有》《卜算子》，营造课堂气氛。

师：刚才大家听到的音乐，相信大家都很熟悉，谁能说说你从这两首诗听出了什么？

（小组讨论，每一小组选出发言代表）

生 1：我从《明月几时有》中听出了苏轼对人生的感慨以及对弟弟的思念。

师：你很好地掌握了我们上课时的内容。

生 2：我从《卜算子》中听出了诗人对朋友的思念。

生 3：不对，诗中说的是“相思意”，那是对自己所爱的人的思念。

师：很好，这位同学听得很仔细，下面请同学们再听以下几首古诗，再来说说自己的感悟。

（播放音乐《二泉映月》，教师声情并茂地朗诵古诗《锦瑟》《雨霖铃》《青玉案·元夕》《秋夕》）

生 4：我从《锦瑟》中听出了作者的悲伤。

师：太笼统了点，谁能说得具体一点。

生 5：我听出了作者人生如梦的惆怅和迷惘。

师：很好，“人生如梦”，看样子你对《念奴娇·赤壁怀古》深有研究。

生 6：我从《雨霖铃》中听出了离别的伤感。

师：你怎么听出来的？

生 6：诗中有“多情自古伤离别”。而且，“杨柳岸晓风残月”一句，用“杨柳”暗示离别，“晓风残月”渲染离别的伤感。

师：你的分析很有水平，谢谢你的分析。

生 7：我从《秋夕》中听出了一个女子的孤独和凄凉。因为一个人看“牵牛织女星”，说明没有人陪她，可见其孤独。

师：你说的很对。这首诗反映的就是一位失意宫女的生活。

师总结：刚才大家听了诗歌，说了感悟，现在，我要请大家来诵读诗歌。

（二）诵古诗

师：课前我叫大家准备了自己最喜欢的诗歌，现在我请同学来给大家朗诵一下。谁自告奋勇？

生1：诵秦观《鹊桥仙》。

师：大家说他诵读的好不好？

生2：不好，读得太快了，没读出感情。

师：好，你能一针见血地找出他的毛病，相信你能读得更好，你来读一读自己喜欢的诗。

生2：诵李清照《声声慢》。

师：她果然读得不错，但老师还是不满意，因为她的诵读中有一个很大的毛病，那就是——

生3：她读得太欢快了，没有读出李清照晚年的凄凉与孤独。

师：对。看样子你对诗有更深的感悟，请你来读一读自己喜欢的诗。

生3：诵刘长卿《逢雪宿芙蓉山主人》。

师：诵读得很好，但停顿的处理还要注意。从上面这些同学的诵读中，我们可以总结出一些诵读的方法。

（投影出示诵读的方法：1. 把握诗歌思想内容，确定情感基调。2. 根据情感的需要，确立语速。3. 根据诗歌意境，确定轻读重读及音长音短。4. 根据语境的关系，确定诗句的停顿。）

师：根据投影片上的要求，每一小组在组内进行朗诵表演，相互纠正，学会正确地朗诵古诗。

三、品古诗

师：刚才我们听了古诗，诵读了古诗，但是我们读诗，不能只停留在文字上，下面我要请同学们从生活中找一找与古诗相契合的场景。

生1：我想说的是“山重水复疑无路，柳暗花明又一村”这句诗。去年春天，我到舅舅家去，在那里，我看到在山水的环抱中，柳树特别绿，花特别红。我感到“暗”和“明”两个字真的写出了春日阳光下的乡村景物特点。

师：是啊，如果这里用“绿”和“红”字会怎样呢？

生2：太俗。

生3：写不出阳光的照耀。

生4：写不出春光的明媚。

生5：写不出豁然开朗的感觉。

师：对，我们走入了生活，就能发现生活中不一样的古诗。再请一位同学来说说。

生6：我想说的是“无言独上西楼，月如钩。寂寞梧桐深院锁清秋”这句诗。我上初中住校的第一个晚上，看到天空中的月亮，好像特别弯，真的像一个钩子一样钩住了我的心。

师：为什么会钩住心呢？

生7：因为他想家。

师：是啊。李煜也说“剪不断，理还乱，是离愁”。正是离愁让这位同学与诗人产生了情感的共鸣。下面再请一位同学说说。

生8：我想说的是“知否？知否？应是绿肥红瘦”这句诗。我本来觉得“肥”和“瘦”这两个字用得太俗。后来有一次我看见一场大雨之后，那花瓣凋零的红花显得特别瘦弱，雨水滋润的绿叶显得特别肥大，除了这两个字，我想不出更恰当的词了。

师：“绿”代替叶，“红”代替花，是两种颜色的对比；“肥”形容雨后的叶子因水分充足而茂盛肥大，“瘦”形容雨后的花朵因不堪雨打而凋谢稀少，是两种状态的对比。本来平平常常的四个字，经词人的搭配组合，竟显得如此色彩鲜明、形象生动，这实在是语言运用上的一个创造。由这四个字生发联想，那“红瘦”不正表明春天的渐渐消逝，而“绿肥”象征着绿叶成荫的盛夏的即将来临吗？这种极富概括性的语言，又实在令人叹为观止。

生9：我最喜欢“不知细叶谁裁出，二月春风似剪刀”这句中的“裁”字，春天的柳叶真的像裁出来一样。

生10：我最喜欢“春风又绿江南岸”一句中的“绿”字，春风一来，大地转眼之间一下子就绿了。

生11：我最喜欢“日暮苍山远，天寒白屋贫”中的“远”字，雪一下，山仿佛变得特别远。

……

师总结：要深入理解诗歌，必须做一个生活的有心人，生活中处处有诗意，诗人正是抓住了这些生活细节，才写出优美感人的诗歌。我们理解诗歌，就不能只停留在书本上，要走入生活，发现诗歌之美，发现生活之美。

四、化古诗

师：我们可以从生活中发现古诗之美，我们也可以化用古诗的诗意来反映生活、抒发感情。很多文学家就是这样做的。比如，汪国真“歪歪斜斜的身影/又怎耐得/秋叶萧瑟/晚来风急”这句诗中就化用了李清照《声声慢》的诗意。下面请每一小组的同学化用古诗的诗意，来写一段话，一位同学主笔，其他同学补充。

（播放音乐营造氛围）

学生根据要求写作。

学生写作成果展示（投影片）

组1：陈子昂独自站立在幽州台上，“前不见古人，后不见来者”，所以只能对着那苍茫不尽的悠悠天地，流下怅然的眼泪；李白站在长安街头，纵酒狂歌“仰天大笑出门去，我辈岂是蓬蒿人”，其内心又是何等的落寞；张继的失意与寂寞融合在寒山寺的钟声里，和着江枫渔火把愁思传递到千年之后……

组2：“天子呼来不上船，自称臣是酒中仙。”也许李白真的是天上贬谪下来的酒仙，否则，他的诗句里怎么会有如此多的酒香、仙气呢？对于李白来说，生活中是不能没有酒的，高兴时他“人生得意须尽欢，莫使金樽空对月”“烹羊宰牛且为乐，会须一饮三百杯”；烦恼时他“抽刀断水水更流，举杯消愁愁更愁”“但使主人能醉客，不知何处是他乡”；孤独时他“举杯邀明月，对影成三人”“唯愿当歌对酒时，月光长照金樽里”。李白的一生没有离开过酒，以至于人们为他的死也设定了一个与酒有关的极富诗意的构想，酒醉之后“捞月而死”。

组3：“大鹏一日同风起，扶摇直上九万里”怀揣着兼济天下的梦想，二十岁的李白离开蜀中，开始了漫游天下的旅程。当他渡过荆门山时，眼前开阔的景象让他目瞪口呆，“山随平野尽，江入大荒流”，雄壮的山河进一步激发了李白游历天下的兴趣，不到十年的时间里，他的足迹遍布全国的名山大川，也把一首首奇绝古今的诗歌留在了名山大川，成为这些景点的永恒财富。无论是“飞流直下三千尺，疑是银河落九天”的庐山瀑布，还是“两岸青山相对出，孤帆一片日边来”的天门山；无论是“三山半落青天外，一水中分白鹭洲”的金陵凤凰台，还是“连峰去天不盈尺，枯松倒挂倚绝壁”的蜀道，都因为有了这些千古名句而变得深邃厚重。

组4：月亮，你是否还记得那一年与李太白对饮的旧事？是否还记得那一夜与苏东坡对视，共诉“人有悲欢离合，月有阴晴圆缺”的往事？是否还记得那一个黄昏曾有一位女子把酒东篱，守候月满西楼的故事？

组5：在那短短的诗行里，我读出了古人对山水田园的深深眷恋。这种眷恋，有的如王维一般，把诗当做画，把画当做诗，无论是“空山新雨”还是“大漠孤烟”，无论是“石上清泉”还是“长河落日”，诗人都是那么的痴迷沉醉；这种眷恋，有的如李商隐一般，把自己的离愁别绪融入到山水田园之中，涨满秋池的巴山夜雨，寄托了诗人无尽的思念，无限好的夕阳诠释了诗人年近黄昏的无奈；这种眷恋，有的如李太白一般，吸引着诗人走遍天下的山山水水，庐山那“飞流直下三千尺”的瀑布，黄河那“奔流到海不复回”的洪流，都给予诗人以无穷的灵感。

（教师对每一组的文句进行点评）

五、课堂小结

师总结：同学们，古诗词是古代的诗人们千锤百炼而成的文学珠玑。往往一个字就是一颗种子，落进心里，青葱一片，恰到好处地运用，哪怕一字一句，也会使文章灵性凸显。摘抄，背诵，默写，最终还是为了借古人的雨，浇自家的田，让自己的文章“绿”起来，“浮动”起来。古典诗歌是一个百花园，如果你是一位爱美之人，那么，走进古诗苑吧，相信你的收获会令人羡慕的。

（余姚市实验学校　鲍风云）

《背起行囊走四方》教学设计

【设计意图】

综合性学习是新课程改革的一大亮点，对培养学生的口语交际能力、写作能力、创新思维能力有很大的帮助。本次《背起行囊走四方》综合实践活动具有很强的实践性和系列性。培养学生编写导游词、模仿导游介绍景点，积淀厚实的生活基础，是培养学生综合运用能力的有效途径。因此我在教学设计和引导学生学习活动中做了些新的尝试，首先应该确立以下意识：

1. 提倡语文无处不在。语文综合性学习就是打破课堂教学的局限，要求学生走出校园、走进社会，要求学习教育与学生的生活紧密联系，拓展学生学习语文的各个领域。

2. 综合性学习要以学生为主体，培养学生主动学习、自主探究、小组合作等多方面能力，重视每个学生在活动中的参与度与广泛性。

3. 体现语文“综合性”的要求，设计开展手抄报大赛、游园调查、主题辩论、主持人演讲等各种形式的活动，把口语交际、写作训练融入语文教学。

4. 语文综合性学习又不能缺失“语文性”。综合性学习强调综合能力的培养，体现为语文基础知识的组合运用、语文学科与其他学科的交叉、书本知识与实践活动紧密结合。但是语文综合性学习其核心任务还是提高学生的语文素养，我们仍要以提高学生听、说、读、写基础能力，培养学生的语文阅读理解能力为首要目标。

【活动目标】

综合性学习主要体现语文知识的综合运用，听说读写能力的整体发展，语文学科同其他学科的融合沟通，文化知识与实践活动的紧密结合，体现为语文教学着眼于学生的个人成长，使学生的语文素养和综合素质不断发展和完善。鉴于以上认识，语文综合性学习的目标要从学生的实际情况出发，确定三维活动目标。

1. 知识与能力目标：能让学生自主组织文学活动，具有策划、组织、协调和实施的多种能力。主动发现问题和探索问题，能主动提出学习活动中感兴趣的问题；初步具备搜集、筛选、处理各类信息的能力；能用文字、图表、照片、绘画等多种形式展示学习成果；具有自我评价和相互评价的能力。

2. 过程与方法目标：围绕感兴趣的热点问题共同探讨，选出研究主题，制订简单的研究计划，调查访问，从报刊、书籍或网络媒体中搜集获取有关资料，讨论分析问题，独立或合作形式地完成调查报告；自行设计和组织活动，运用多种方法，从不同角度，进行多样化的探究，在实践中学习、运用语文。

3. 情感、态度与价值观目标：在编写手抄报、导游词、模拟旅游等活动过程中，让学生体验合作与成功的喜悦，提高他们的团队合作精神与自主学习的精神。使学生关注身边的小事，培养他们的文学修养，提高他们的文化品位和审美情趣；在各种交际活动中，学会倾听、表达与交流，初步学会文明地进行人际沟通和社会交往，发展合作精神。

针对《背起行囊走四方》本次活动，我确定了以下教学目标：

1. 通过活动，让同学们进一步了解宁波的地方文化，了解古镇的名胜古迹和人文风情。

2. 通过活动，提高学生的口语交际和写作能力。

3. 通过活动，提升学生的审美情趣和自主学习能力，从而增加学生的阅历，提高他们对语言文字的赏析能力，进一步提高语文素养。

在此三个具体实施目标中，我以感受"旅游文化"的魅力，尤其是导游词、手抄报的编写和创作，提升学生的口头表达和书面表达的能力作为活动重点。

【活动准备】

语文综合性学习不同于传统意义上的语文知识传授课程，也不同于单纯的语文活动课。综合性学习课关注学生在活动过程中的收获和心理体验，注重过程性评价，需要丰富的众多的课外知识和实践经验，因此，课前的准备工作是尤其关键的。由于综合性学习的活动范围较广，因此课前准备活动时间一般比较长，出现的问题也会比较多，参与活动的学生课前准备工作主要包括以下几方面：

1. 资料的搜集、筛选与整理。这些素材都是缘于学生的社会生活，所以相对书本知识来说要宽泛、丰富许多，引导学生要善于从大自然、身边新闻事件、社会人文等各个方面发现语文教育资源，并引导他们可从学校的图书馆、各种报告讲座、辩论会、布告栏、互联网络、电视广播、宁波的博物馆和科技展览馆、文物古迹以及民俗风情、社会街坊等诸多环境中广泛取材，这些都是我们进行语文综合性学习的宝贵资源。针对本次访古溯源活动，教师可指导学生先在网上搜寻有关五大古镇的资料、具体探访路线、古镇主要特色等。

2. 活动形式呈现的设计。把整个《背起行囊走四方》的综合性学习课程分为三个大活动环节，每个环节的学习内容又是相辅相成、互相促进补充的，再根据 702 班的实际情况，将学生分成几个大组进行活动，各自任务清晰，目的明确，每组成员还有不同活动要求。

3. 成果展示的汇报人的设计。缺少任何一个环节，都不能保证语文综合性学习的顺利完成。

将班级三十五位同学分成五组，分别走访宁波五大古镇：宁海前童、慈城古镇、象山石浦古镇、余姚丹山赤水、镇海古城。每组共七位同学，选出一个组长，由组长根据每位组员的不同情况，分配各自的任务：

1. 组长一名，负责成果汇报及组织协调。

2. 网络资料管理师两名，查阅与古镇有关的美丽传说、动人典故、诗词对联等。

3. 小记者两名，实地考察，收集与古镇有关的名胜景点、民俗风情、家乡风貌等。

4. 绘画编辑师一名，负责手抄报誊写编排工作，整理旅游的图片等资料。

5. 摄影师一名，采撷沿途优美风景。

6. 最后将七位组员的活动成果合作演绎，编写导游词，模拟旅游等。

以上活动准备都在课前进行，要求学生做好实地考察，资料归类总结等工作。教师在活动过程中，帮助学生合理整理资料、调整自己思想、组织协调同学、善于表达交际，对自己的活动过程要进行及时有效的评价认识，相应地作出反思调整；并随时留意发现、寻觅图文并茂、构思新颖的作品，以便小组间的交流展示。以上活动待大部分学生完成后便可进入活动成果展评阶段，充分发挥学生自主学习的能力，培养其主动勤奋学习的意识，教师及时肯定学生在学习过程中的独特体验和创造性表现。

【活动过程】

一、情境导入

白墙、青瓦、鹅卵石路散发出她清新的气质，小桥、流水、深弄水巷勾勒出她娉婷的身段，她安详而宁静，带着让人感动的沧桑将你轻柔地唤醒。纤纤波鳞，海定波宁。巍巍山岭，四明是名。藏风吐气，人杰地灵。时光一刻不停，古镇伴随新宁。本次综合性活动，我们来共同走进山水诗画的四明古镇，来倾听她动人的心声。

（请五位组长主持活动，课堂活动开始，教师参与其中，教学活动分三课时进行，呈现梯度螺旋提升，第一课时主要训练学生的口语表达能力，第二课时主要完成编写导游词的任务，第三课时以模拟旅游的形式，提高学生的口语交际水平的同时，培养他们的文学修养，达到语文综合能力的提升。）

活动一：四明古镇情（第一课时）

1. 配乐欣赏同学们采撷的古镇照片集锦。

主持人出场，推荐五组优秀作品展示，请全班同学欣赏评价各个古镇的特色。

2. 各小组派代表展示“四明古镇之风采”系列手抄报，同学们相互学习交流，分别讲述旅途中的所见所闻所感。

3. 请同学们向大家介绍走访的五大古镇：宁海前童、慈城古镇、象山石浦古镇、余姚丹山赤水、镇海古城，共享四明古镇之独特魅力。（口头表达训练）

第一课时的设计主要考虑到学生们首次接触综合性学习，对其了解甚少，因此我安排了每个组员具体的任务，让他们在活动准备过程中都有事可做，根据各自的特长和兴趣爱好选择不同的内容，在学习活动中找到自信和归属感。在设计这个环节时，我力求达到让学生们在旅游走访古镇的途中有所收获，对古镇当地的自然风景、民俗风情、草根文化等都有初步的认识，善于发现生活中的美，并可以用相机或语言文字将美好的瞬间放大、定格。

第一步配乐欣赏同学们采撷的古镇照片集锦，在优美的背景音乐中，学生们欣赏着自己采撷的美丽瞬间，首先是直观、感性地认识古镇的风韵。

其次各小组派代表展示“四明古镇之风采”系列手抄报，同学们相互学习交流，分别讲述旅途中的所见所闻所感。其实在这个步骤展示前，学生们做了大量的筛选、排版、誊写等工作，他们将旅游过程中有着特殊感情的景点或风俗留心记录下来，并选择其中最有代表性的画面用文字描述出来，在一份份色彩斑斓的手抄报中凝聚了孩子们集体的心血。通过这一活动，也培养了学生们团结协作的能力。另外我要求学生把自己的一份感动描绘出来让多人分享，互相交流学习，这样可以使每个古镇的特色都在每位同学心中留下绚烂的一笔。

最后请同学们向大家介绍走访的五大古镇，这个环节我主要训练学生的口头表达能力，考察他们能否将自己感兴趣的话题有条理、有详略地讲述出来，使听者有身临其境之感。

【温婉如花的前童】

古镇始建于宋朝末年，童姓子孙合族聚居于此，因坐落于白溪的前边，故名前童。古镇的建筑多为明代建筑和仿明代的清朝建筑，“回字”结构的八卦街巷，不仅小径由鹅卵石铺成，就连建筑的屋基也大多为卵石垒成，古镇的街巷狭小而密集，但村中老街、小巷却布置得井然有序，祠堂、水井、渠道错落其间，石雕、旧宅触目皆是。古镇历代人才辈出，形成了“小桥流水遍庭户，卵巷古院藏艺文”的古文化风范。比起一些出名的古镇，前童还是未开发的古村落，至今保存完整的古建筑群有：职思其居、明经宅、上堂屋、五福临门、好义堂、名宗祠、民俗博物馆、石镜山、孝女湖、柴万婴柏、徐霞客古游道等景观。

【历史积淀的慈城】

在历史中沉淀的慈城，留存大量的传统建筑。布局完整、规模宏大的孔庙，是浙东地区现存最为完整的文庙。明代的甲第世家、福字门头、符卿第、布政房和清代的冯宅等名人故居，做工精致，是当地民居的代表。还有民间的考棚——校士馆，是封建科举制童试之地，这些文物遗迹浓缩了中华民族数千年的历史，更凝聚了传统文化的精华。慈城是江南极少数保存较为完好的县城，除了明清传统建筑，还保留了大量的民居建筑。

【活着的渔文化古镇——石浦】

这是一座“活着的渔文化古镇”，已有600年的历史，它没有成为展示渔文化的花瓶，这里不再是一处沉闷、充满商业气息的空城。老宅与古迹，是渔港的先人们留下的生活印迹。建于明代的中街是一条保存极为完整、古老且繁华的商贸街。街道两旁的房屋多为木结构，以至于每隔50米左右就会出现一座月洞门式的风火墙。碗行街、福建街、中街、后街和延昌街，组成了古朴的石浦老街。

石浦建筑有着共同的特点：山在城中，城在山上；依山而建，拾坡而上。粉墙黛瓦，坚固大气，渔家人迎风飞再遏浪的神气。

【丹山赤水古村落】

赤水丹山脚下的古村落名为柿林村,据说全村只有沈氏一姓,而沈氏始祖则是周文王的第十子,受封于此地,遂以封地为姓,后裔便来此隐居。古村的石板路虽不宽阔却平坦整洁,青斑点点的粗石瓦墙,雕刻细致的雕花木窗,悠闲漫步的芦花鸡,趴在门口懒得连眼皮都不曾抬一下的大黄狗,晾晒在石墙上的粗短木柴,散发着腥咸味道的咸鱼、梅干菜……从村里进入丹山赤水的路皆由石块铺成,两旁翠竹林立,风动时,竹林沙沙作响。几处悬崖峭壁仿佛如楼宇般的巨石相依而成,旁逸斜倚的巨石也点点滴滴似地镶嵌在山脚边,崖壁上宋徽宗御笔的"丹山赤水"如同鬼斧神工。带着淡淡红色的山崖下一道溪水,连绵起伏,时缓时急,清澈见底。夏天溪中石块也会变成红色,远远望去如同溪水也被染红,"丹山赤水"由此得名。

【人杰地灵的镇海】

镇海古迹众多,沉淀了丰厚的文化底蕴,自唐宋以来,镇海一直为中国海防和商贸重镇,是著名的"海上丝绸之路"始发港。"浙东第一山"美誉的招宝山景区;风光旖旎的九龙湖;始建于南宋,位于镇海城区中心的镇海楼;融合了北方合院的大气,浸染了南方楼榭的玲珑,国内现存规模最大且保存完整的明清古建筑群落——郑氏十七房,是宁波商帮的最早发源地之一。悠久的历史在镇海形成了敢于拼搏的海防文化、敢闯世界的海上丝路文化、开拓进取的商帮文化等传统特色文化,并与现代都市文化相结合,构成了具有镇海特色的文化气息。

活动二:学写导游词(第二课时)

1. 每组成员整合资料,由组长编写导游词,要求配合图片、地图等。

2. 组长读导游词,组员猜景点,互评长处和不足。(可设计几处错误)

3. 教师归纳导游词的要点:

(1)抓住景物典型特征;

(2)按一定顺序写:①按游踪顺序;②按先重点后一般介绍的顺序;③按先整体后个体的顺序;

(3)语言要求:①知识性,从古至今,民俗人情,诗词点缀;②口语化,多用短句,简洁明了,亲切;③用词准确,随机应变;④趣味性,生动幽默,运用修辞。(写作训练、口语交际训练)

在上节课的活动过程中,学生已对五大古镇的基本特点做了大致介绍,大家通过照片、绘画、语言交流等形式对古镇有了初步直观的了解,但在介绍景点时,缺乏系统性、重点不突出、没有抓住景物的典型特征只是泛泛而谈,针对这一现状,我又在本堂课中主要设计了编写导游词这一活动,目的是想让学生在思维逻辑能力以及语言表达能力方面有所提高。

首先是由每组成员整合资料,组长编写导游词,要求配合图片、地图等。第一环节是为了训练学生处理筛选信息的能力,在众多纷乱的资料中,如何提取有效的信息进行归类整合,这对他们今后自主学习很有帮助。

其次是组长读导游词,组员猜景点,互评长处和不足。在本环节中,是我有意设置"陷阱",使得学生在介绍景点时缺乏层次感,详略不得当,特征不鲜明,从而让组员在点评中发现组长的不足,让学生明白介绍景物时应具备的几个要素,于是教师就可以顺理成章地总结编写导游词需要注意的几个问题:抓住景物典型特征、按一定顺序写、语言要求精练简洁通俗幽默。总而言之,导游词属于应用文体的一类,也是综合性学习要求学生掌握的写作技能。

导游词示例1:江心寺

各位游客,我们旁边的这座寺院叫江心寺,它创建于明永乐年间,距今已有600来年的历史,里面供奉着大慈大悲的观音菩萨与栩栩如生、形态各异的十八罗汉。据传,它是专门为保佑渔民出海捕鱼满载而归修建的,因此常年香火旺盛。至于它为什么会叫江心寺呢,那是因为在建造寺院时,这里还是四面悬水的小岛。

导游词示例2:碗行街

各位女士、先生!我们已进入渔港古城的第一条老街——碗行街,为什么叫它碗行街呢,那是因为清至民国时期,这里满街都是卖碗的店铺,各色各样的碗碟在这里应有尽有,故名碗行街。这条街又是进入古城南门(东门)的主要街道,因城门设在山丘高坡上据险而筑,古人用拾级升降法开筑这段长147米、高35米、石阶82级、略呈S状的街道,它犹如从港上抛向古城的云梯,其显著特点是“街道爬山坡、台阶密麻麻,抬头仰望见城楼、两排人家一线天”。此情此景显得奇特、绝妙,很多游客会被它吸引,纷纷驻足拍照留影,这种街道的特点在现有中国历史文化名镇中是非常少见的。

活动三:模拟古镇游(第三课时)

1. PPT播放各景点图片,一组同学做导游,配图介绍景点,一组同学做游客,模拟旅游。(口语交际训练)

2. PPT播放景点图片,给每幅画面配上优美的诗词或名字。

3. 欣赏有关旅游的文学作品,感受四明文化,了解古镇风情。推荐学生阅读与“旅游”有关的文学作品,余秋雨《文化苦旅》《千年一叹》《行者无疆》;周国平《南极无新闻》;唐师曾《我钻进了金字塔》《我从战场归来》《重返巴格达》《我在美国当农民》等。

由于前两节课活动的有效开展,同学们对景点的特征以及导游词的编写都有所把握,但作为综合性学习活动,除了文字、图表、绘画、照片等呈现学习方式外,更应该让学生在听、说、读、写等各方面的能力有所综合提升。因此在本堂课,主要设计了模拟旅游的课堂呈现方式,切实提高学生的组织交际能力。此外旅游作为当代人们的一种精神生活,它不但可以增长我们的见闻,开拓我们的视野,而且可以使我们在行走中寻觅心灵的净土,实现文化的追求。因此在学生掌握导游词的写法后,又设计了模拟旅游,使得学生在多媒体的辅助下,分组活动,一组同学做导游,配图介绍景点,一组同学做游客,模拟旅游。这样一来所有的同学对景点特征比较熟悉,又锻炼了他们的口语交际能力,并且在模拟做导游过程中,学生们提高了自主探究、小组合作、组织协调等能力。

第二步,要求学生为精美的景点图片配上合适的名字或诗词。这是陶冶学生审美情趣和培养文学修养的环节,因为他们对旅游景点有了具体的了解之后,再结合画面的色彩、线条为其增添最优美的名字,这样的设计既训练了学生概括特点的能力,也使他们对古代诗词有了更进一步的了解。

最后,我认为除了训练写作和口语表达之外,综合性学习还是提供学生美文欣赏,提高其阅读赏析能力的广阔平台。因此学生在了解四明文化的背景下,我要求他们通过大量阅读与“旅游”有关的文学作品,来加深对古镇风情、地方文化的印象,从而培养学生对语言文字的敏感度和浓厚兴趣,提高阅读水平。

石浦鱼市

明 吴 权

海气昏墓夕,江豚吹浪腥。
涛奔远岸白,帆暗近峰青。
野戍灯悬明,渔舟火聚星。
石城鱼市好,击棹复扬舲。

石浦竹枝词

清 陈秉元

蜃雨腥风骇浪前,高低曲折一城圆。
人家住在潮烟里,万里涛声到枕边。

留题丹山

宋 唐 震

四明光照九霄寒,阆苑神仙日往还。
瀑布远从银汉落,洞门长锁白云闲。
深崖瑞木金文润,绝顶灵槎铁色斑。
无限遗踪人莫识,落花香泛水潺潺。

语文综合性学习是在教师的引导下,学生自主进行的以语文学科为主并综合其他学科内容的学习实践活动,是以拓宽学习空间、增强实践机会、在多学科的交叉中体现语文知识和能力的实际运用、促进学生素质的全面提高,培养学生创新精神和实践能力为目标的自主、合作、探究的学习方式和学习过程。因此通过本次访古溯源的综合性实践活动,我们不仅了解了宁波古文化的历史,初步学会了根据景物的特征去设计和编写导游词,拓宽了视野,增长了见识,更重要的是锻炼了学生的口语表达能力、人际交往能力和组织表演能力。“生活处处皆学问”,通过本次活动,让学生热爱生活,在生活中学习语文,在语文学习中感悟生活!以下我将本次活动的评价反馈如下:

综合性学习的评价包括两个方面,即学生的学习评价和教师的教学评价。学生评价层面,我将其分为集体评价和个人评价。集体评价以学习活动小组为单位,进行同学间的互评,反映学生集体的学习状况。通过这种评价可以使学生增强责任感和合作意识,激发他们学习的热情和愿望,增强他们综合性学习的主动性。学生自评是学生对自己在参与整个活动过程的总体表现及收获进行评价，具体内容可包括：能否利用图书馆、网络、书籍等多种信息渠道获取资料；能否筛选有效信息和正确处理资料信息；能否将活动中存在的疑惑和问题及时沟通解决；能否运用多种形式和活动展现研究的成果等。总体上来说，学生通过自评和互评，可以及时地发现学习活动中所存在的问题，有效调整学生参与活动的积极态度以及与人合作的团结协作意识，总结活动体验和感悟，从而提高学习效率。

另外，教师的教学评价也可以及时发现学生存在的一些不良习惯，如虎头蛇尾、知难而退的情绪等，这些都有可能影响学生的自主研究学习。因此，在整个综合性学习活动中，教师都应及时关注和评价反馈，要对学生的人格素养、行为习惯、文学修养等各方面进行考察，许多非智力因素对学生参与活动的效果会有很大的影响。教师应在整个过程中多角度反思自己的指导是否到位。例如，教师能否提出有启发性的主题和建设性意见供学生研究讨论；能否有效引导学生筛选提炼有价值的信息资料；能否对学生进行及时有效的心理疏导，能否鼓励每个学生大胆探索、勇于表现、善于思考等。

（宁波市实验学校　徐　汛）

九年级

上册

《雨的诉说》教学设计

设计一

【设计意图】

从平常中寻找诗意，发现哲思。本课立足于学生对雨天的感受，调动学生的生活体验和阅读经验，打开感官，表达和书写感受。教师与学生共同描绘、书写、朗读，从活动到说到局部写到点评到整篇文章，循序渐进，激发写作兴趣，获得写作成就感。

【活动目标】

1. 通过小组竞赛的方式，使学生乐于表达，勇于表达，在口语交流中，自主合作探究，培养和巩固良好的学习习惯，如及时笔记，积累诗文。

2. 情境营造中，叙事、描绘、议论，鼓励多样化表达。

【活动准备】

一、课前准备

1. 搜集和雨有关的成语两个，诗句两联，现代文佳作两篇（佳作古今中外皆可）。

2. 选择一篇最喜欢的有关雨的经典，写上100字的推荐心语，写明喜欢的原因。

二、课件制作

1. 如数家珍小组竞赛。

2. 音频：钢琴曲《雨的印记》(Kiss The Rain)。

【活动过程】

一、如数家珍雨缤纷——小组竞赛激趣

雨是大自然神奇的杰作，这些精灵来自广袤的天穹，在蓝天碧野中盘桓，在口耳相传中流连。这些沟通天地的美丽使者,你知道多少?这里有一些小关卡,请你来试一试。

PPT出示《攻关贴士》:

1. 以大组为单位。

2. 分抢答、必答题。

3. 普通题每题10分,答错不扣分,但该组丧失抢答机会一次。

4. 附加题每题20分。规则同上。

5. 请一位同学担任记分员。

(一)成语篇

1. 抢答题:请根据解释快速回答出成语。

(1)温和的风,细小的雨。比喻方式和缓,不粗暴。(和风细雨)

(2)指春天下雨后,竹笋一下子就长出来很多。比喻新生事物迅速大量地涌现出来。(雨后春笋)

(3)指白天刮风下雨,天色暗得像黑夜一样。形容政治黑暗,社会不安。(风雨如晦)

(4)指适宜于草木生长的风雨。比喻良好的熏陶和教育。(春风化雨)

(5)枪杆像树林,子弹像下雨。形容战斗激烈。(枪林弹雨)

(6)附加题:天还没有下雨,先把门窗绑牢。比喻事先做好准备工作。(未雨绸缪)

2. 必答题:上题成语书写。请每组派一个同学上台书写以上成语,写对一个得10分。写错不扣分。齐读成语,请同学笔记于书上。

(二)诗文篇

1. 抢答题:请在横线上补充完整上下文诗句。

(1)杜甫的《春夜喜雨》:随风潜入夜,<u>润物细无声</u>。

(2)赵师秀的《约客》:<u>黄梅时节家家雨</u>,青草池塘处处蛙。

(3)苏轼的《饮湖上初晴后雨》:水光潋滟晴方好,<u>山色空蒙雨亦奇</u>。

(4)志南和尚的《绝句》:<u>沾衣欲湿杏花雨</u>,吹面不寒杨柳风。

(5)韩愈的《初春小雨》:<u>天街小雨润如酥</u>,草色遥看近却无。

(6)陆游的《十一月四日风雨大作》:<u>夜阑卧听风吹雨</u>,铁马冰河入梦来。

(7)杜牧的《清明》:<u>清明时节雨纷纷</u>,路上行人欲断魂。

(8)王维的《渭城曲》:<u>渭城朝雨浥轻尘</u>,客舍青青柳色新。

(9)附加题:李商隐的《宿骆氏亭寄怀崔雍崔衮》:……秋阴不散霜飞晚,<u>留得枯荷听雨声</u>。

PPT展示答案。请学生选择几句积累在书本上。

小结:

1. 宣布各组得分。肯定小组勇敢表现者。肯定及时笔记积累的学习习惯。

2. 有时我们不得不承认生活表面是平淡无奇的,就像那丝丝细雨,它们本来就是天地间一颗颗很普通的水滴呀,静静地蒸腾,默默地飘落,不管时光流逝,任凭季节轮回,亘古不息,天荒地老。然而有一天,平凡的雨与智慧的人们相遇,它独特的个性,那些深邃的生活哲理,就一次次凝结在意蕴丰厚的成语宝库中了。而当普通的雨和多情的诗人相遇,更是变得神采飞扬,变得情真意切,变得绵长悠远了。

二、无边细雨忆如丝——个人诉说体验

让我们静下心来,闭上眼睛,或是在一个夏日的午后,或是在凉凉的秋夜,在茂密幽静的竹林,在悠长寂寥的小巷,追随雨纤细的足印,聆听雨深深的呼吸。

(一)形容篇——描绘雨的容颜

1. 请说出2个关于雨的形态、声音、味道等各种感觉的词语来描绘不同季节的雨,也可以运用修辞。

(1)春雨:(春雨潇潇;斜风细雨;细如丝线的小雨,润物无声的牛毛小雨)

(2)夏雨:(夏雨激荡,如注的暴雨,倾盆,豆大……)

(3)秋雨:(秋雨淅沥如歌,清冷,宛若跌落风尘的精灵,空灵剔透,缥缈无依……)

(4)冬雨:(水滴晶莹而冰冷,风雨敲窗,在玻璃上啪啪作响,似醉酒的人在午夜肆无忌惮地敲门……)

备注:分季节来讲,是希望有学生有意识地关注不同季节不同环境中雨的特点,但是界限不一定特别明显,括号内的仅供参考,有些可以是不同季节共有的。

(二)情境篇——诉说雨的记忆

1. 说一说:静静地回想你记忆中和雨有关的画面或者场景,用几句话口头描绘讲述几句。

生1:常常会想起读小学时的画面,有时是撑着小花伞在雨中散步,在校门口买一点吃的,几个好朋友钻在一把花雨伞下,一路走,一路吃,一路聊。有时坐在教室里,如果忽然下雨了,就常常会想象自己举着一块小小的塑料书夹在雨中急奔,那会是一种怎样奇妙的感觉啊!

生2:在秋天,关于雨的记忆是断续的,像剪接的没有连贯性的镜头。好像总是一个很寂寞的周日的下午,还在下着一些忧伤的雨。我窝在家里,站在窗户旁边,看着雨打广玉兰宽大的绿叶子,像刷了一层油漆一般,看着雨滴在屋檐下慢慢地滴落,溅起一朵朵美丽的雨花。我可以这样看上好一会。

生3:我印象最深的是小学五年级的时候,一群人一起去登山。不巧下起了小雨。整个山村笼罩在迷蒙的细雨中,登山的十多个人或撑雨伞或披雨衣,背着沉甸甸的双肩背包,走在蜿蜒曲折的山径上。队伍拉得很长,三三两两的,我想如果远远地看我们,是不是一幅非常悠然而宁静的山水画卷。

2. 写一写:静静地写几句刚才你思绪飘飞中的内容,情景结合把刚才想起的雨之韵,雨中情付诸笔端。配乐钢琴曲《雨的印记》(Kiss The Rain)朗读自己的短句。

下雨,凉凉的,那雨珠儿亮晶晶的,透明的,使人看到自己的内心深处。(王梁羽)

雨又下了起来,在地上荡漾开一张张幸福的笑脸。(林赑)

它飞驰而来,来得慌乱,急匆匆挣脱云朵的怀抱,笔直降落,在空中肆意嬉闹,然后像孩子玩蹦蹦床一般,跳落,弹起,跳落……最终贴近大地的怀抱。(葛润宁)

一个个可爱的泡泡出现在水上,那市侩染俗的心,终于可以歇歇了……老天在向这片土地

泼釉吗？（葛凌）

好一场淋漓尽致的雨，浩浩荡荡，像一把把锤子敲击着大鼓，多么有劲，多么豪爽！（张敬博）

雨势丝毫没有减退，但我已经黔驴技穷，只能冲出去了……门开了，妈妈看见我身上的泥泞和狼狈，先是一惊，然后鼻子就红了。我走进家门，瘫在了椅子上，身体不停地哆嗦着。妈妈把一块浴巾裹在我身上，倒了杯热水给我。我一小口，一小口地喝着。妈妈心疼而带有歉意的目光看着我，吐出一句话："下次，妈妈一定去接你！"我的眼眶湿了，心里暖暖的。真有些感谢那可恶的雨水：下雨天，真好。（陈臻立）

雨又大了，我在车上，望着四周的黑幕，看了一下昏暗无彩的手表，车上的旅途是无趣的。闭上眼，将头轻放在玻璃窗上，车顶的雨点与金属欢快地撞击：灰姑娘的水晶鞋踏在地板上的清脆响声，丑小鸭破壳时的劈啪声，慢慢地，我恍惚进入了童话世界……（汪天凯）

小结：如果我们的心镜上落满了尘埃，怎么能反照出缤纷的世界；如果我们不睁开心灵的眼睛，如何能尽览多彩的人生。我们一旦拥有了对生活的热爱，就能触摸到细雨的冷热，嗅到往事的芬芳，同时能过滤、沉淀出人生的质地，透视出人生的真谛。

（三）品析篇——分享雨的情怀

拿出你所选择的一篇最喜欢的有关雨的诗文佳作，古今中外皆可，和同学分享你所写的推荐心语。全班走动传看分享佳作和推荐心语。每人要求看3篇左右。

生1：强烈推荐琦君的散文《下雨天真好》，我看了一遍又一遍。她是那么喜欢下雨天。在她眼里，雨天是童年时代一家人聚在一起的"欢乐"，是一种亲情的"牵挂"，更是一种温暖的回忆，通过一双小女孩眼睛的细心"搜索"和"描述"，这一组由淅沥沥的雨声连缀起来的画面，呈现出的是琦君那份既乐还愁的童年情绪。

生2：我喜欢有关雨的诗句中满溢着诗人心境的所有诗句。潺潺雨声中，李煜听出了国破家亡的浓愁；杜甫听出了润物无声的喜悦；陆游听出了铁马冰河的豪情：能在痛苦的底色中发现生命亮点的人需要一种心态，因为心态的亮度决定景物的亮度。

生3：阅读刘湛秋的散文《雨的四季》，我被文中的理性所打动。的确，在欢快的雨的交响曲中，我们也会听到抑郁、低沉的音调：春天里仍飘浮在空中的冬天的昏黄，骤雨中被雨水挡住的视线，漫漫秋夜里无边的寂静，冬日里浸透万物的清冷。这一切都在传递着这样的信息：生活不是一首抒情诗，痛苦的阴云会时时笼罩在生命的天空。

小结：阅读经典的作品，我们会发现情与理的自然融和。当情感的干柴燃烧以后会留下理性的炭火，盛放在思想的炉膛里，温暖着我们苍凉的生命，守望着我们精神的家园。

三、请君听我谱一曲——我手写我心中雨

雨中的世界却又是那样斑斓多姿：春雨洗礼中那株挂满晶莹水滴的小树，夏雨激荡中那个浑身浇透的雨中人，秋雨淅沥中那扇放飞悠远情思的玻璃窗，冬雨纷飞中那幅干净利落的木刻画，被雨淋湿的心情又是那样温婉动人，那缕缕鲜活温馨的情思，那种种深邃的思考都浑然天成地融于雨中。可想象，可叙事，可思辨，600字左右。

（一）思路启发

1. 注意观察，试着静静地聆听一场小雨，体悟大自然的韵味。敞开心灵，展开想象，每一朵云都有它的来处，都有它孕育和出发时的童话故事。

2. 理性地看待自然，也会有很多哲思。比如一次暴雨带来的自然灾害面前，众生百相，足以让你体悟个体的渺小、人性的深刻；思考灾害原因背后的精神灾患、人生的无常。

3. “少年听雨歌楼上，红烛昏罗帐。壮年听雨客舟中，江阔云低断雁叫西风。而今听雨僧庐下，鬓已星星也！悲欢离合总无情，一任阶前点滴到天明。”人生境遇不同，心境不同，听雨的感受也就各异。

4. 写作之前，首先尽可能地亲近自然，调动自身体验，形成个性感悟。在写作中，尽可能地发散思维，尝试不同文体。力求在语言上做到新鲜、生动、有风格。要有细腻的运笔或者适当的细节，避免大空型的抒情和议论，做到融情于景或寓议于事。

(二)写作沙龙：教师学生共同练笔

附：(教师作文)

下雨天，真好

细亮温润，雨，是上帝拨响的琴弦，将往事的歌谣轻轻吟唱。

留在童年心田里的是暴烈的雨点。台风季节，雨是脱缰的野马，一次次冲向我家灰褐苍老的木门。屋里的水泥地上于是百“川”云集，蜿蜒游动，越过换了一遍又一遍的湿答答的堵在墙角门缝的旧衣裤，直捣屋中央。赤着脚，湿冷的裤脚高高挽起，驱逐着入境的不速之客的是我的父母，而我和妹妹则在屋中央安全而温暖的床上嬉戏，“聒噪”声可与屋外的狂风大雨的咆哮媲美。

于是，没有什么雨可以让我害怕。初中时代的我，腼腆青涩只是表象。逢三伏雷雨天，我就十足成了一个冲锋陷阵的疯丫头。犹记好几次下午放学时风雨大作，久候雨不停，被压在教室里的我和一二个同路伙伴思家心切，便彼此怂恿夺门而出。先去校门口小店买上几颗甜而辛辣的生姜糖，大嚼之后便在店主诧异的眼神中冲进雨天瀑布之中。雨点如锤如棒，却敲响了少年心中的英雄之歌。脚蹬自行车，在劈头盖脸的雨水中，几乎睁不开眼。偌大的世界，仿佛只有我和伙伴。我们像堂吉诃德般横冲直撞，豪气干云。平日半个小时的路程骑了近一个半小时，虽然浑身湿透，疲软虚脱，但是，多年后忆起，这一路上的雨声，仍如胜利的鼓点般，令人痛快愉悦，而那小小黏牙的生姜糖，依然齿颊留香。

也是暴雨天，在杭州，为了赶好友聚会，伞在雨中直哆嗦，脚步却轻快如飞燕。分处三地的三个人硬是不避骤雨，如约赶到预订的茶馆，三张湿漉漉的脸，盯着各自滑稽的发型，茶馆的地上一步一个小水潭，相拥而笑。这是毕业分离后各自跨越平淡而忙碌的生活，让情谊一如暴雨般浓烈的时刻。

仍是大雨滂沱的日子，没带伞的我向家走去。生活中有太多的骤然而至的大雨，有时无伞的保护，仍需面对。于是，不如把暴雨听成贝多芬激情四溢的乐章。那些儿时台风之夜，那些少年时穿越雷雨的下午，那个成年后雨中辗转赶赴的白昼，莫不洋溢着温暖、雄壮、激越的旋律和芬芳。

在细雨绵密的日子，在家中翻箱倒箧的我，聆听着往事的轻歌徐吟，眺望窗外，三岁小儿在雨中玩耍，不禁莞尔：又是一个爱雨，笑傲雨中的孩子。

（宁波市兴宁中学　贺秀佩）

设计二

一、雨字新创

1. 童谣引入

“千条丝，万条线；数不清，剪不断；落在田里秧苗绿，落到河里看不见。”

知道这首童谣说的是哪个自然景物吗？（“雨”）

童谣抓住了下“雨”时的细、密等特点，所以大家一猜就猜出来了。你们还了解到哪些有关“雨”的知识吗？（提示：可以从来历、作用等角度）

知道最原始的“雨”字是怎么写的吗？

雨，早期甲骨文在代表天空的指事符号下面加（水），表示从云层降下水滴。晚期甲骨文、误将（水）的上面三点与代表天空的一横指事符号连写成或。

我们祖先造“雨”字本义是：天上云层降水。金文、，篆文承续晚期甲骨文字形。

看完“雨”字的演变，我们不仅惊叹于老祖宗的聪慧。老师在想，如果有机会，让你也来创造一个“雨”字，你会如何写？大家不妨动动脑筋，结合我们刚才提到的自然界“雨”的特点及相关知识，来个“雨”字新创。

要求：以组为单位，讨论成熟之后，由代表上台书写自创的字，并加以讲解。

（本板块的创设意图：了解与“雨”相关的知识，通过“造字”的活动，回归语文的“字”。）

二、听雨绘声

接下去让我们竖起耳朵，静静聆听天籁之声，和雨来一次亲密接触。

这个板块以小组竞赛的方式进行。要求：每组的同学在听完所放音频之后，用尽可能多的词语去形容所听到的雨声。哪个组说出的词语最多，哪个组获胜。

过程：给出四段有关雨声的音频。并请同学抢答，由本组组员记录，最终看哪个小组记录的最多。

预计：可能积累的词语如（滴滴答答、淅淅沥沥、大雨如注、大雨淋漓、大雨倾盆、狂风暴雨、骤雨大作、急风暴雨、大雨滂沱、大雨瓢泼、沙啦沙啦）

（本板块的创设意图：通过听音频抢答的形式，积累与“雨”相关的词语，回归语文的“词”。

三、看画赏雨

在雨声中，我们走入画家的笔下，看看他们又会用什么样的方式描绘“雨”。

例如：沈周《空山积雨图》

纸本墨笔，纵21.7厘米，横29.2厘米，北京故宫博物院藏。

“久雨阴连结，晴天安在哉？”这件作品是画家在积雨郁闷之日所作。画中描绘一平坡后的雨中树林景色。画面构景简洁，坡石后的林中溪水，缓缓流淌。低屋掩映，云气弥漫，雨雾迷蒙。画家以粗笔而写，墨色浑润，淡墨渲染，使画面显得湿气欲滴，阴雨连绵与画家郁闷难解的情绪跃然画上，与画家自题两首诗恰相对照。其一曰：“茅檐何日霁，溜响漫沉沉，气郁惟添睡，愁多亦怕吟。积润变鸣琴。安得东轩月，皓然当我襟。”

李迪《风雨归牧图》

系绢本、立轴，淡设色，纵123.7厘米，横105.6厘米，现藏台北故宫博物院。

“归牧”是画牛中常见的题材，但擅画花鸟走兽而长于写生的李迪，却赋予这个传统画题以崭新的绘画语言和深邃的表现意趣。先从图名谈起，顾名思义，风雨是此图的构思核心，是此画的灵魂。画上一对水牛的背景是一片呈半椭圆形的溪水，溪岸左上是土丘坡脚，长满乱草与矮树丛，沿着弧形溪边错落着芦苇和水草；所谓“山雨欲来风满楼”，从矮林枝叶向右倾斜，芦苇和水草向右倒伏，形象地点出大风是从左边吹来。而溪岸右下是两株向左、向溪心上空斜长的柳树，正与从左向右猛刮的狂风形成对峙。

画家还运用娟秀精细而流畅的笔法、激奋跃动的线条和浓淡相济的设色，除写出柳丝翻飞芦苇倾倒风向外，更渲染出一湾清水涟漪与一片昏蒙蒙天色相接，使这场狂风骤雨即速来临之气势跃然纸上！正是“树欲静而风不止”。更令观者似感触到空气中含有一丝丝雨意的清润。

李可染《春雨江南》

《春雨江南》一画是李可染山水画创作高峰时期，即20世纪80年代的重要代表作。近景山脚下是典型的黑瓦白墙的江南民居，红艳的春花点缀其间，其后是突起的重重山峦。画的左侧，一条江水蜿蜒远去，整个画面被大水浓墨泼洒得湿漉漉的，表现出一种崭新的动人意境。其春雨江南的意境就在“湿”，在雨中。画中所有的物象，都表现为被春雨淋得湿透的感觉，淋得山石泛着水光的闪亮，春花也如浸在雨中而水淋淋。这种意境被画家高超的笔墨技巧表现得生动至极。此画是先用浓墨勾勒轮廓，再以皴擦积墨与泼墨兼用，达到“墨韵”与“神韵”交融。再加上他将西洋绘画中的用光，巧妙地引入画中，使作品具有独特的艺术魅力，显示出一种博大、深沉、浑厚、开放，充满活力的时代精神。

归纳：

这些画之所以成为名画在于：画家紧扣了“雨”中的景物特点，将自己的情感注入所描绘的“雨”中，移情于物，托物抒情，才能创造出“情满于山，意溢于水”的“情景交融，感人至深”的意境。

清代方士庶在《天慵庵随笔》中说：“山川草木，造化自然，此实境也。因心造境，以手运心，此虚境也。”（本板块的创设意图：通过相关的美术知识，提高学生的美学修养，并触类旁通，了解“雨”在画家笔下营造的意境。）

四、读雨品情

不仅画家懂得借“雨”传情，用“雨”造境。古代那些多愁善感的诗人，当他们看到窗外或缠绵或激烈的雨,又会发出怎样的感慨呢?让我们走进古代诗作中的雨,品读诗人们借雨蕴含的情。

先由同学们整理学过的诗作中有关“雨”的诗句。

青箬笠,绿蓑衣,斜风细雨不须归。——张志和《渔歌子》

沾衣欲湿杏花雨,吹面不寒杨柳风。——志南和尚《绝句》

渭城朝雨浥轻尘,客舍青青柳色新。——王维《送元二使安西》

南朝四百八十寺,多少楼台烟雨中。——杜牧《江南春绝句》

夜阑卧听风吹雨,铁马冰河入梦来。——陆游《十一月四日风雨大作》

好雨知时节,当春乃发生。——杜甫《春夜喜雨》

七八个星天外,两三点雨山前。——辛弃疾《西江月》

夜来风雨声,花落知多少。——孟浩然《春晓》

清明时节雨纷纷,路上行人欲断魂。——杜牧《清明》

水光潋艳晴方好,山色空蒙雨亦奇。——苏轼《饮湖上初晴后雨》

山河破碎风飘絮,身世浮沉雨打萍。——文天祥《过零丁洋》

空山新雨后,天气晚来秋。——王维《山居秋暝》

寒雨连江夜入吴,平明送客楚山孤。——王昌龄《芙蓉楼送辛渐》

春潮带雨晚来急,野渡无人舟自横。——韦应物《滁州西涧》

绿遍山原白满川,子规声里雨如烟。——翁卷《乡村四月》

君问归期未有期,巴山夜雨涨秋池。——李商隐《夜雨寄北》

黄梅时节家家雨,青草池塘处处蛙。——赵师秀《约客》

黑云翻墨未遮山,白雨跳珠乱入船。——苏轼《六月二十七日望湖楼醉书》

雨,它自古就是文人墨客笔下的宠儿。不一样的季节,不一样的人,赋予雨不一样的心境。读雨的过程,别有一番情韵,读雨的景色,变换着不同的心情。

你看:早春的雨,如一阙小令,总能给人以婉约清丽,苍茫迷离的感觉。“沾衣欲湿桃花雨,吹面不寒杨柳风。”“天街小雨润如酥,草色遥看近却无。”“小楼一夜听春雨,深巷明朝卖杏花。”试想,春雨密密细细地斜织着,如牛毛,如花针,如果走在那样的蒙蒙烟雨中,眼里是满园的春色,空气里弥漫着桃李的芬芳,该是何等恬美安静的画面。

同学们也可以借助我们学过的诗句,用心感受雨景带给你的别样情怀,并试着想想当时的画面,用类似的文字,将作者蕴含在诗句中的情传达出来。

(完成后当堂交流)

雨本无形,但在诗人笔下却有了温润的质感,雨中有诗人淡淡的愁,真不知是雨增添了愁,还是雨变成了愁。夜冗长,灯昏暗,雨疏风狂的三月天,家国愁绪在雨天显得格外深重。

(本板块的创设意图:通过整理相关诗句,帮助学生做相应积累。同时运用读诗写话的方式,既培养学生的想象能力、写作能力,也让学生懂得古诗中“雨”的基本意象。)

五、“雨”字心解

台湾师大国文研究所博士杨振良先生曾经这样评价汉字:世界上没有比汉字更悠久更美

好的文字了，在我心头，每个汉字都是一首隽永的诗！那方正的外形，那点横撇捺的构架，就像是我们炎黄子孙的心灵图画。

文源先生是这样解读文字的：

酌：斟一勺月光/夜喝成一地女儿红

弓：如父亲弯曲的背/我是射向蓝天的响箭

会：聚集在一起/人云亦云

今天，当我们走进自然，聆听了来自天籁的雨声，感受到画家、作家笔下雨中的情愁，我们也可以借自己手中的笔，像文源先生一样去解读心中的“雨”字。

例如：雨　洒几滴清泪　蓄成一潭相思

写完之后，大家交流。

（本板块的创设意图：通过解读“雨”字，达到总结全课的目的。同时也是对学生创造性思维的一种锻炼。）

六、总结

读雨，在窗前，读雨丝留下的微微泛青的脚窝，读雨打残荷的幽幽词韵，读被雨打湿的前尘往事，读胸中包裹的如丝如缕的层层情感。让我们学会在百忙之中，偷得浮生半日闲，将倦意和疲惫心灵放置于大自然中，任雨水打湿，洗去了浮华的尘土，留得诗意的驻足。

课堂卡片设计如下：

《雨的诉说》资料卡 班级：________ 姓名：________ 时间：________		
【板块一】雨字新创	“雨”的相关知识：	
	设计的“雨”字：	
	设计依据：	
【板块二】听雨绘声	描写“雨”声的词语：	
【板块三】看画赏雨	我最喜欢的一幅画：	
	理由：	
【板块四】读雨品情	描写“雨”的古诗句：	
	我最喜欢的一句：	
	我的联想：	
【板块五】雨字心解	我对“雨”的解读：	

（宁波外国语学校　罗　琼）

《微笑着面对生活》教学设计

【设计意图】

综合性学习主要体现为语文知识的综合运用,听、说、读、写能力的整体发展,是提升学生语文素养的重要途径。因此,怎样突出综合性学习中"综合"特点,但是同时又不失语文味是授课者面临的一个重大问题。本次教学设计围绕同一个大话题,从生活中的挫折(失败)——微笑——演讲稿的写作方法,层层递进。首先从情感态度与价值观层面,引导学生怎样面对失败。学生由活动一的材料一、材料二中得出结论,以阅读的方式从榜样式人物身上看到结论,这样学生更易接受,更易于鼓励学生 "微笑着面对失败"的乐观积极心态,也更能体现出语文味。

本设计中三个教学环节中有两次进行分组合作,第一次合作因为难度较大,发挥集体的力量有利于交流中闪现智慧火花,降低难度;第二次活动则是由于答题面较广,合作交流过程中小组成员相互补充,在合作中培养学生合作意识和表达交流能力。活动三中包含了口语交际和写作的指导,虽然只有两个学生进行演讲,锻炼演讲能力,但合作过程中为学生营造说话的氛围,同时从演讲稿的形式和内容进行指导,让学生展开演讲撰写的实践。

在活动二这一块内容中,理想的模式是:教师指导学生到图书馆、网上搜集资料,看古今中外的名人伟人是怎样战胜困难、善待、关爱他人的,再指导学生写出演讲稿,登上演讲台,但由于农村学生受到资源限制,又加上迫于初三紧张学习,所以材料一到材料四全部是教师"越俎代庖"组织的。

【活动目标】

1. 知识与能力:通过训练,使学生掌握演讲稿写作基本的知识,具备写作演讲稿的初步能力。

2. 过程与方法:通过文本赏析,写作指导,使学生尝试用演讲的方式清楚、连贯、准确表达自己的观点。

3. 情感态度与价值观:树立正确的人生观,感受乐观的良好品格。

【活动重点】

让学生树立正确的人生观，能根据要求写作演讲稿。

【活动难点】

根据题目要求写出演讲稿。

【活动准备】

1. 提前一周布置“微笑”话题作文，以便在此基础上对作文进行修改，更好体现出演讲稿特点。

2. 提前确定两个学生作为演讲者，并对他们进行仪态仪表、动作表情、熟练程度等方面指导。

3. 活动二、活动三需要小组合作分组进行，课前提前分组，以便上课合理分工积极参与课堂。

【活动过程】

一、导入新课

（多媒体投影：你知道他是谁吗？）

1. 他是一位篮球巨星，但是曾被高中篮球队除名。 ——迈克尔·乔丹

2. 他是美国一位叱咤风云的将军，但他曾两次被西点军校拒收。他做了第三次尝试，终于被录取，并名垂青史。 ——麦克阿瑟将军

3. 他未通过六年级考试，62岁才当上英国首相，此前他已经历了一生的失败与挫折，他做出最大贡献时已是垂暮之年。 ——丘吉尔

4. 他四岁之前不会说话，七岁之前不会认字，他的老师描述他：迟钝，不合群，神思恍惚，老在做白日梦。他曾被苏黎世工艺学校逐出校门并拒其入学。 ——爱因斯坦

5. 他在一次演出后，被剧院老板开除，老板对他说：“孩子，你出不了名的，还是回去开货车吧。”但在此后，他却刻苦勤奋，最终成为了全球著名的歌手。 ——猫王

教师提问：这些人物有什么共同点？

教师归纳：受到挫折，仍不气馁，而后成名。

二、新授

活动一：阅读材料，发现微笑的力量

1. 阅读材料一、材料二，说说两则故事给你的一些启迪？

（材料一）1935年9月1日，小泽征尔出生在中国的沈阳，6岁时随全家返回日本。少年时代的小泽征尔就显露出了音乐天赋，他喜爱听音乐，他暗暗想：我一定要成为列昂尼德·克鲁采尔那样的指挥家。

1951年4月，小泽征尔正式考入了桐明学园的短期大学指挥系。在那里，他系统地学习了音乐理论和技术，并且开始担任学校管弦乐队的指挥。这为他以后做乐队指挥打下了坚实的基础。高中毕业后，他到欧洲去深造。他在贝桑松国际指挥比赛中获奖，并且连续两次赢得了伯克郡音乐节和卡拉扬主持的指挥比赛奖。卡拉扬很欣赏小泽征尔，并亲自指点过他。

1962年发生的“小泽事件”对一直走在坦途上的小泽征尔来说，的确是一个很大的打击。当

时，小泽征尔刚刚从巴黎返回日本，并受聘担任了日本广播公司交响乐团的常任指挥。可是，乐团中的一些成员对年轻的他很不服气，相比较而言，他们更崇拜德国著名指挥家富尔特文格勒的指挥风格。因此，他们拒绝参加演出，在空荡荡的剧场里，只有小泽征尔一个人站在指挥台上。公开被“晾”在台上，这给年轻气盛的小泽征尔带来了多么大的打击啊！愤怒之余，小泽征尔毅然离开了祖国，开始了他的流亡生活，并且发誓永远不再回来。他不相信自己会是个失败者，他决心做出卓越的成绩来，给那些瞧不起他的人看看。

他来到了美国，除了潜心学习之外，他还担任了芝加哥交响乐团维尼亚青年节的指挥。同时，他还兼任加拿大多伦多乐团的指挥。丰富的阅历使他积累了足够的经验，他的指挥技艺更加精湛了。5 年之后，他离开了美国，开始在世界各地旅行，并经常担任客座指挥。他的足迹遍布世界各地，各种不同的音乐流派、艺术风格他都接触过，并经过他的博采众长、整理加工逐渐形成了他自己的风格。从此以后，小泽征尔真正地出名了，他指挥的演奏会观众们掌声不绝，西方舆论界称他为“当今世界著名指挥家”。

尽管如此，小泽征尔仍没有忘记 1962 年给他带来的耻辱，他仍然对自己严格要求：每天凌晨一点左右睡觉，早晨五点起床。除了指挥演奏会以外，他把大部分时间都用在了研习乐谱上。

10 年过去了。1972 年，小泽征尔被聘担任了波士顿交响乐团的常任指挥。波士顿交响乐团是世界一流的交响乐团，能够在这样的乐团里担任指挥，对于一个音乐家来说是无上的光荣，小泽征尔通过自己的艰苦努力，终于登上了世界音乐高峰。

一个人要想超越别人，并不是件难事，要想超越自己却不那么容易。所以，如果一个人有着巨大的心理承受能力，他就有了成功的首要条件，因为失败是成功的垫脚石。失败并不可怕，但是要从中得到教训，否则才是真正的失败。有谚语说：“再平的路也会有几块石头”“经一番挫折，长一番见识”“小挫之后，反有大获”。保持你的乐观和果断吧，不断地给自己加油鼓劲，你心中的目标就会变成现实。

（选自《学会做事》，北京出版社 2000 年版，有修改）

（材料二）桑兰：原中国女子体操队队员，1993 年进入国家队，1997 年获得全国跳马冠军，1998 年 7 月 22 日，桑兰参加第四届美国友好运动会，在赛前练习跳马时因受外界干扰，在高速奔跑中动作失误，结果重重地摔在地板上，不幸因脊髓严重挫伤，造成颈椎骨折，胸部以下高位截瘫。但她表现出顽强意志，在美国治疗期间，以“桑兰微笑”征服了大洋彼岸的人们。并被美国著名的《人物》和《生活》杂志评选为年度英雄。而后，在北京大学新闻系毕业，并成为 2008 年北京申奥大使之一，又于 2008 年北京奥运官方网站担当特约记者。

教师在学生回答基础上归纳：乐观、坚强

2. 通过名言，理解微笑

投影微笑名言，请学生大声朗读，说说你是如何理解微笑在生活中的含义和作用。

幽默是心灵的微笑。最深刻的幽默是一颗受了致命伤的心灵发出的微笑。——周国平

微笑乃是具有多重意义的语言。——施皮特勒

不管怎样的事情，都请安静地愉快吧！这是人生。我们要这样地接受人生，勇敢地、大胆地，

而且永远地微笑着。

——卢森堡

当生活像一首歌那样轻快流畅时，笑颜常开乃易事；而在一切事都不妙时仍能微笑的人，才活得有价值。

——威尔科克斯

教师在学生回答的基础上总结：

微笑是一种态度，微笑是一种品质，微笑是一种艺术；微笑是一种境界，微笑是一种胸怀，微笑是一种潇洒。微笑是一种积极向上的乐观态度，一种处变不惊的人生理念，一种高格调的真诚与豁达，一种直面人生的成熟与智慧。

活动二：结合生活，发掘微笑

微笑是一种积极、乐观的精神。

小组活动：四人小组讨论：根据自己的经历，受挫折后还依然微笑面对生活的例子。

活动三：聆听演讲，赏析微笑

生活中有很多这样的例子倾注于我们的笔尖，我们可以用演讲稿的形式，来表现微笑之美。教师请两个学生有感情地朗读材料三、材料四，其他同学思考材料三、材料四与材料一、材料二比较有什么特点？

（材料三）

微笑面对挫折

亲爱的同学们：

大家好，今天我演讲的题目是《微笑面对挫折》。

今年我们步入了初三，在这一年中，也许我们会付出无法估量的艰辛，但我们同时会收获成功后的喜悦和挫折后的沮丧。微笑着面对挫折，是我们在这一学年中勇夺胜利的法宝。只有时时刻刻微笑着才能撑起你的信心，扬起自信的风帆，一直拼搏下去，使你成为困难面前的勇士！

爱迪生为了研究，失败过无数次；居里夫人为了“镭”的研制成功，遭受过许多挫折；袁隆平为了“杂交水稻”，经受了难以想象的打击。然而，他们挺过来了，他们微笑着面对，微笑着成功。

如果大家把我们现在遇到的困难认为是人生中最大的挫折的话，那也只是大题小做。我们对于挫折的理解，就像对爱情的朦胧无知一样，真正的挫折可能还比我们现在的情形复杂上千，上万倍。看一下林肯的一生，你便会理解什么叫做真正的挫折和微笑的力量。

亚伯拉罕·林肯，美国第十六届总统：22岁，生意失败。23岁，竞选议员失败。24岁，生意再次失败。25岁，当选议员。26岁，情人去世。27岁，精神崩溃。29岁，竞选州议长失败。37岁，当选国会众议员。39岁，国会众议员连任失败。46岁，竞选参议员失败。47岁，竞选副总统失败。49岁，竞选参议员再次失败。51岁，当选美国总统。

巴尔扎克说过：“世界上的事情永远不是绝对的，结果因人而异，苦难对于天才是一块垫脚石，对能干的人是一笔财富，对于弱者是一个万丈深渊。”我们要微笑地面对挫折，面对失败，对于生活的强者来说，挫折是永远的垫脚石。

拿破仑说过“避免失败的最好方法，就是决心获得下一次成功。”可见，面对挫折的勇气，便是从微笑中汲取的。我们不能只停留在失败的痛苦当中,做无所谓的挣扎。坚信你的痛苦只有过去,而明天是充满希望的!微笑面对挫折,迎接新一次的挑战。生活中,没有永远的胜者,也没有永远的败者!

微笑像阳光,给大地带来温暖;微笑像雨露,滋润着大地。微笑拥有和爱心一样的魔力,可以使饥寒交迫的人感到人间的温暖;可以使走入绝境的人重新看到生活的希望;可以使孤苦无依的人获得心灵的慰藉;还可以使心灵枯萎的人感到情感的滋润。幸福的诠释是微笑;快乐的意义是微笑;温暖的真谛是微笑;挫折的鼓励是微笑;坚强的象征仍然是微笑。那么,在面对充满挫折,艰辛之旅的初三生活时,我们何不多一些微笑呢?

实际上,这将是我们人生中的第一次挑战,一次挑战所有的艰辛、所有的挫折的旅途。

挫折的含义很是广泛:每一次上课被老师叫起,手足无措,是一种挫折;当你作业中的叉号比别人多时,是一种挫折;体育课上,你的球技比别人差了一大截时,也是一种挫折;考试后,你的三位数比你同水平的人低,也是一种挫折。

挫折出现后,可置内心的百感交集于不顾,抓住自己内心的信心与乐观的力量,冷静地去思考,沉着地去面对!

同学们,生活就是由这许许多多的挫折构成。生活的阳光来自于每个人内心的百折不挠,顽强不屈的抗争精神。不愿臣服于做挫折的奴隶,而要成为它的主人。这就是我们的使命!

每一次挫折都是一笔财富,当我们成功地克服挫折,并积累了相当丰富的经验后,我们就会在未来的中考考场,乃至整个人生中勇敢地拼搏!

同学们,相信实践吧!微笑着面对挫折,是你最好的选择!

谢谢大家,我的演讲完了!

(材料四)

微笑面对挫折

亲爱的同学们:

大家好,今天我演讲的题目是《微笑面对生活》。

"林花谢了春红,太匆匆",历史的长河中总回荡着无尽的叹息,悲喜相续,忧乐共融,无不映射了生命之旅的一个又一个站台。人生的悲欢离合,无法避免,那么,在必须选择前进的路上要坦然面对一切困难,笑对生活吧!正如前人所说:"闲看庭前花开花落,漫随天外云卷云舒。"

生活是平凡而又无趣的,不期而至的忧虑与痛苦也是一味重要的调剂品。它可以磨砺我们的意志,丰富人生阅历,激发出我们勇于挑战困难的信心,将痛苦化成特殊的人生养分。我们就在这样百味的人生滋味中长大、成熟。

周文王拘于羑里而推演出《周易》,仲尼困厄之时写出《春秋》,屈原被放逐仍矢志不渝作成《离骚》……这些事迹清楚地告诉我们:痛苦并非不可逾越的山峰,之所以停滞不前是因为我们在困难的磨砺中丢弃了那些忍辱负重、战胜痛苦的决心。司马迁虽身受极刑但仍坚强地活着,亦因"欲以究天人之际,通古今之变,成一家之言"的人生目标,面对挫折,他忍受痛苦及世人的眼光，终于造就了“史家之绝唱，无韵之离骚”的传奇巨作！

生活固有快乐，而哀怒也是不可或缺的情感，它使我们明白人生之酒多苦涩，人生之路的不平坦。但只要坚持自己的理想并为之奋斗前行，命运之花会绚烂地绽放。

陶渊明的菊花在南山下悠然开放；周敦颐的莲生于污泥浊秽中而依然盛开；川端康成的海棠花也在无人的黑夜里散发着阵阵幽香。沧海桑田，世事变迁，大自然的美丽在时间的沉淀中愈发醇厚。面对纷繁的花花世界，王维“独坐幽篁里，弹琴复长啸”，悠然自得；李白“举杯邀明月，对影成三人”，惬意潇洒，在面对了无数是是非非后，在经历了多次的大起大落后，这样的气节与风度带给我们的是无尽的思索与回味。

在物欲横流的现代社会中，每个人都有着太多的无奈与悲哀。我们微弱的力量虽不能改变社会，但至少可以改变自己，以积极的态度迎接挑战，以向日葵般自信而灿烂的笑容迎接明日的曙光！

时光流转，历史的长河卷起层层波浪，夹杂着希望的沙砾奔腾着涌向前方。胸纳幽兰，似莲“出淤泥而不染”地保持着纯美的心，以潇洒的姿态，向上的信念走入社会，融入自然，看待世事无常，风云变幻。

同学们，闲看庭前花开花落，漫随天外云卷云舒，你能做的！

谢谢大家，我的演讲完了！

（材料三、材料四选自：http://zhidao.baidu.com，有修改）

（多媒体投影）

学生分组合作后概括演讲稿特点，教师在学生回答基础上补充总结：

（一）格式特点：标题、称呼和正文

1. 标题。

2. 称呼：提行顶格加冒号，根据受听对象和讲演内容需要决定称呼。常用“同志们”“朋友们”等，也可加定语渲染气氛，如“年轻的朋友们”等。

3. 正文由开头语、主体和结语三部分构成。开头语的任务是吸引听众、引出下文。主体即中心内容。结语是讲演能否走向成功的关键，常用总结全文，加深印象；提出希望，给人鼓舞；表示决心，誓言结束；照应题目，完整文意等方法在激动人心的结语中结束全文。

（二）内容特点

1. 要观点鲜明，内容具有鼓动性，都是以微笑乐观为主题。

2. 层次简明，条理清晰，或记叙、或抒情、或议论。

3. 要口语化，语言流畅，深刻风趣，要通俗易懂。

三、作业布置

把上周“微笑”话题作文，改写成600字左右、“微笑面对生活”为话题的演讲稿。

要求：观点鲜明，条理清晰论述有力，语言具有感染力和号召力。

（象山县茅洋学校　刘　媛）

《青春随想》教学设计

【设计意图】

1. 重学科属性,体现活动"语文性"、"综合性"

"语文课程是一门学习语言文字运用的综合性、实践性课程",综合性学习活动作为语文学科课程内容之一,也该遵循以上原则。搜集活动素材时,应引导学生侧重于语言文字材料的整理,丰富个人语言积累库;设计课堂环节时,应注重活动形式的丰富多样,让学生在兴趣引领下、实践锻炼中亲近语文,运用语文;交流活动成果时,应紧扣学生"听、说、读、写"语文综合能力训练而开展各项活动,促进学生语文能力的提升。

2. 重课前准备,体现活动"过程性"、"有效性"

综合性学习活动应是一个学生持续参与的活动,这与《语文课程标准》中所设定的学习目标和评价标准是相一致的。课标强调,学生在综合性实践活动中能制订研究计划,懂得搜集资料,能在自主组织的活动过程中,相互讨论,体验合作与成功的喜悦,最终完成研究结果。它的评价标准则强调评价学生在活动中的态度、参与程度、语文知识和能力综合运用的表现,以及发现问题和解决问题的能力,最后才是学习成果的展示与交流。由此可见,综合性学习活动的开展更多的工夫应在课前准备。过程准备的充足,促进了后续课堂有效性的提高。

3. 重学生主体,强调"情感熏陶"、"精神导向"

语文课程致力于为学生形成正确的世界观、人生观、价值观,形成良好个性和健全人格打下基础。所以,语文活动在达到培养语文能力目标的同时,应积极挖掘活动主题的人文价值,促发深入思索,促进自身精神成长。所以在活动过程中,应注重调动学生的感性体验与理性思索,自然地熏陶情感、启迪思想,通过学生的自主活动,交流分享,切身理解、感悟"青春"的意义。

【活动目标】

1. 通过活动,积累与青春有关的、优美或富有哲理的语言。
2. 通过活动,分享青春滋味,引导学生正确认识青春的特点与价值。

3. 通过活动,探讨青春偶像的意义,提倡在思考中成长,培养积极健康的生活态度。

4. 通过活动,积累多方面素材,引导学生以“青春”为关键词多角度展开写作实践活动。

【活动准备】

要求:提前一周布置相关任务,要求学生全员参加,教师注重过程评价。

作业安排:

1. 画出“青春”滋味

对于青春,每个人都有属于自己的理解和感悟。你会选择怎样的图形、色彩来直观地表达你对于青春的理解呢?请调动自己的体验来为心中的“青春”作一幅简单的画。

2. 说说“青春”偶像

在你心中,哪些人的青春故事曾令你激动叹服,念念不忘?请简述其重要事迹,并谈谈你的评价。

准备形式:(1)个人在预习作业纸上根据问题作答。

(2)每一个四人小组在交流完自己的青春偶像后,推选一位同学为代表,重点讲述其打动所有人的事迹。其他成员帮助补充资料,制作 PPT。

3. 写下“青春”格言

准备形式:(1)选择摘录关于“青春”的诗篇、名言警句、美文美段、电影台词等。(3-5 句)

(2)利用早晚读读书时间,背诵自己摘抄的内容,强化语言积累,加深感悟。

教师准备:(1)根据学生作业反馈,挑选合适内容进行整合,设计课堂交流活动。

(2)在学生准备的过程中监督过程的有序进行,并合理调整分配,使人人参与,小组合作展现。

(3)制作班级青春留言册,使得活动有一个圆满的纪念结果。

【活动过程】

课间安排:PPT 自动播放学生成长的照片——自然引入青春话题。

(配乐:《我们都是好孩子》)

一、课堂导入

师:同学们,看这些照片有意思吧。我觉得时光真像个神奇的魔术师,它悄无声息地收起了童年的稚嫩,慢慢地将你们雕琢成了少年的模样来赶赴这一场与青春的约会。那么,我们该以怎样的态度来引领自己度过这个美丽的约会呢?希望今天的交流能带给大家一点启发。

二、青春滋味

1. 师:关于青春,每个人都有独属于自己的理解。在这节课之前,每位同学为青春作了一幅画,不同的色彩、图案表达了你们不同的感悟。咱们不妨把这份独特的青春滋味跟彼此分享一下吧。(请学生以自己喜欢的方式将自己的画粘贴在黑板上。因空间关系,个别画作比较类似的可以有选择性地粘贴,也可以交叠。)

2. 请学生根据自己或他人的图画，来简说青春的滋味。

3. 教师在学生简说的过程中，适当地选择同类色彩的画让学生比较差异。

例如：同样是蓝色，表达的青春滋味有差异吗？

——(1)孤独、忧郁、茫然、惆怅。(2)对未来满怀希望，奋勇进取。

例如：同样借助漫画人物来表达的青春滋味一样吗？

——(1)被现实所缚，不满压力。(2)充满自信，渴望独立，渴望创造。

4. 教师根据学生的回答小结、提问。

(1)虽然同学们在绘画时用了很多色彩，但具体表达的青春滋味其实主要有两大类。一类是积极向上，欣然接受成长的变化，体验着幸福与快乐；另一类却因各种各样的原因而感到忧伤沉重。

那么在与青春相约的过程中，是否该拒绝那些灰暗的色彩、沉重的滋味？

(2)借用学生和作家的话小结。

青春那么痛，但又义无反顾。

——金竺蓉

有些孤独，其实是我们成长过程中的一些无法回避的元素，我们要成长，就不能不与这些孤独结伴而行。

——曹文轩《感动》

所以，忧伤、苦涩、矛盾、渴望……同样也是青春不可缺的滋味。

三、青春偶像

1. 师：但是我们不得不承认，当自己沉浸在青春的复杂心绪中时，有时真的是很容易迷茫的。这种时候，你们都会怎么办呢？(学生谈)

2. 师：除了寻求身边的人的帮助外，我们还可以从他人的青春故事中得到情感的慰藉与精神的启迪。在之前的准备工作中，大家都思考准备了这么一个话题：

(屏幕展现)

在历史的长河中，古今中外无数人曾经在自己的青春岁月里，彰扬着、幸福着、苦闷着、奋斗着，用自己的青春故事阐释了青春的意义，给我们留下了许多感动、启迪。根据你自身的经历及了解，你会选择谁成为自己的青春偶像？

有意思的是，每个人心中的偶像几乎都不相同。可惜时间有限，我们不能一个个交流，就请几个同学作代表，跟我们具体讲讲吧。

学生甲：讲述曾国藩智会小偷的故事

故事：略。

生谈体会：小偷再聪明也只能是个小偷，而天资似乎愚钝的曾国藩却成就了一番大业。我想跟他的勤奋苦读实在是分不开的。

师小结：勤能补拙果然是永恒不变的良训。不过我还想说一点，我们的勤奋不仅仅只是为了一个学习的目标，更重要的是，青春时光太仓促，我们需要在有限的青春里去获得无穷的智慧。

学生乙：讲述刘伟的故事

故事：略。

生谈体会：如今，天性乐观、坚忍不拔的他，成了国人心中一位神奇的“断臂钢琴师”。因为他坚韧的毅力，我觉得他当之无愧应成为我们学习的偶像。

师小结：其实你们崇拜的很多文艺、体育明星，之所以让你们成为他忠实的粉丝，我想绝不仅仅因为他们靓丽的外形，而是你们在他们身上看到太多为梦想而奋斗的勇气与执著。

学生丙：讲述青年毛泽东的故事

故事：略。

生谈体会：电视剧《恰同学少年》，青年毛泽东的青春故事让我看得热血沸腾。我喜欢他博览群书、积极与同学为书中的内容而讨论争辩的那种求知的认真；喜欢他在校园里高声背诵《少年中国说》的意气风发；还喜欢他春夏秋冬爬山游泳锻炼体魄……怀揣报国之心，胸容青云之志！

师点评：偶像选得真好。青春真的不应该有那么多的浮华，那么多的无病呻吟。青春少年就该朝气蓬勃，健康向上，就该懂得成长的肩膀上要慢慢学着担负起属于你的责任。男生更该如此。

学生丁：讲述电影人物阿甘的故事

故事：略。

生谈体会：我之所以欣赏他，并不是因为他的成就，而是我感动于他在生命的每一个阶段，只单纯地向着一个目标，并为之踏实地，不懈地，坚定地奋斗，直到目标的完成，新的目标的出现。在生活中，我们总是被各种各样的东西所吸引，什么都想尝试，但阿甘告诉我，摒除心灵的杂念，做好当下的事，才有可能走得更远。

师点评：叶子莹的发言总是带给我们不一样的感觉，很值得我们思索。相较前面毛主席的领袖气质，阿甘太普通了。而我们大多数人就是一个个普通人。我们可能不会有很大的梦想，不能创造卓越的成就，也不一定会经历巨大的磨难，但是，我们可以像阿甘一样一步一个脚印踏踏实实地奔着一个目标认认真真地去做。这样，青春可能会少一丝迷茫与焦躁。

师提升小结

其实，还有很多人可以为青春的你们带来精神的启迪。（学生轮流大声报出自己的青春偶像）

他们中有感动我们、激励我们的当代偶像，也有民族英雄、文化大师、科学巨匠，还有影视作品、文学作品中的形象。比如高尔基笔下，阿廖沙生活在一个充满可怕景象的狭小天地里，却反而被锻炼成为一个坚强、正直、勇敢、乐观、自信的男孩。所以老师也希望在青春的旅途中，你们能与这些优秀的品质相伴，踏踏实实地去实现自己的目标，去追求自己的梦想。

四、青春宣言

1．示范为画配诗表意

（屏幕上展示学生的画：一颗在黑暗背景中用力向上生长的红色种子）

师：就像这幅画所表达的，哪怕遇到再沉重的压力，也要向着闪烁的明星努力倔强地生长。

如果再给它配上一首诗，我们就把作画的人的青春执著也全都表现了出来！

老师提供一个范例：配诗《相信未来》（请作画者邀朋友朗诵）

2．学生自主选择为画配话，朗诵

师：之前同学们也搜集了许多关于青春励志的格言、歌词、电影台词、诗歌等，我们能否也以这种配画的方式，将原本呈现你们青春心绪的画面，用语言的形式将它变成青春宣言的表达呢？

形式：小组中选择一幅画，组员合作商量，一起挑选最合适的语句直接写上去。

请小组齐力朗诵。

3．学生齐诵

青春不只是秀美的发辫和花色的衣裙，大胆的想望，不倦的思索，一往直前的行进，这才是青春的美，青春的快乐，青春的本分！

——郭小川

五、青春意义

1．分享故事"台湾大众银行电视广告——梦骑士篇"

思考：这些老人身上还有青春吗？

师小结：有梦可追，有梦愿追，有心灵继续收获。他们便永葆青春。青春，不仅仅属于某个特殊的年龄，它应该是一种积极向上、勇于尝试追求的心态。

那么，就让我们用这种积极的态度去看待我们当下的青春，让青春生活再灿烂一点，让这个约会更美丽一点。

2．举行青春仪式

展开班级定制画卷，书写下青春感言。

3．作业布置

请以"青春"为话题，创作一篇不少于600字的文章。自选文体、角度。

题目举例：

青春真美　　青春遐想　　把握青春　　感谢长大　　我有一个梦想……

（北仑区东海实验学校　李晓波）

《好读书，读好书》教学设计

【设计意图】

本单元以求知和读书为主题，“综合性学习·写作·口语交际”是与阅读部分相照应的。以“读书”为主线，设计了“名人与读书”、“读书大家谈”、“与书籍结伴而行”三个环节。通过活动，以培养学生自觉进行课外阅读的好习惯，学会读书的好方法，在读好书中，受到高尚情操与趣味的熏陶，发展个性，丰富学生的精神世界。

【活动目标】

1. 提高对读书的意义的认识，引导学生喜欢读书，力求养成勤于读书的习惯。
2. 认识到读书要有选择，提高对书籍的辨别能力，养成读书的良好趣味和读好书的习惯。
3. 学会和同学们一起读书，交流读书心得，分享读书喜悦，共同提高读书水平。

【活动准备】

教师明确本次活动的学习方向：向学生介绍本次综合性学习中需阅读、理解和搜集的资料，活动的目的。并可以给出例子，回答学生的质疑。

【活动过程】

一、导入

（黑板上给出课题）我们先请一个同学来念一下题目，好（hào）读书，读好（hǎo）书，这两个“好”字读音不一样，因为意思不同，好（hào）意为“喜欢”，好（hǎo）与“坏”、“劣”相对，这句话就是要求我们在学习、生活中，培养自己对阅读的兴趣，要热爱读书，并且也要选择有意义的，思想内容积极向上的书来读。

二、活动一:名人与读书

1. 读书名言

说到读书,古今中外有很多人都表达过对读书的见解,同学们有没有在课外搜集到这样的句子呢?我们一起来听听他们是怎么说的。

老师也挑选了几句名言,我们一起来朗读一下。

小结:每一句读书名言都是非常精辟的,都蕴含着丰富的读书道理。从孔子的“己所不欲,勿施于人”中,我们明白了待人接物的处世之道,从岳飞的“莫等闲,白了少年头,空悲切”一句中,我们认识到珍惜现在年少时光的重要性……所以,同学们在读书的时候应该学会积累,学会运用。

2. 听故事,谈感受

前面我们听到很多古今中外名人对于读书的体会和感受,那么他们对于读书这两个字又是如何实践的呢?下面看一个老师找来的视频短片《万斯同闭门读书》,请同学们边看边思考。

(看完后)问:看了这个小片段后,你有什么想说的吗?可以针对他的学习态度,或者说说他为什么会成为一代史学大家的原因?

小结:《万斯同闭门读书》这个小故事,让我们认识了一个勤奋好学的少年,也认识到了读书的重要性,它能使人进步,使人明智,使人充实,也正因为勤奋,造就了他伟大的一生。

3. 讲一则有关名人读书的小故事

除了刚看的这个故事外,我们同学还知道其他故事吗?

小结:同学们故事中的主人公都有一个共同点,都非常好学。不管环境艰苦与否,都积极创造条件,实现自己学习的愿望,为我们树立了好榜样。他们的勤奋好学、坚持不懈的精神历经千百年,依然如一盏明灯照亮我们前进的道路。

三、活动二:读书大家谈

前面一直在说其他人的读书故事,下面我们说说自己吧。同学们平时除了通过书本阅读来了解课外知识以外,还会通过什么途径呢?(上网)。是的我们可以通过上网来拓展自己的知识面,但是网上阅读也有它的弊端,我们来思考一下网上阅读有哪些有利之处和有害之处。(把同学分成两组,一组为甲方,讨论上网的有利之处;一组有害之处)

小结:说到这里,有同学可能有疑问了,那老师你到底认为我们应该通过哪种途径来阅读呢?老师在这里想借用一下邓小平说过的一句话:白猫黑猫,能抓老鼠的就是好猫。书本阅读还是上网阅读,只要能对我们的学习、身心健康有帮助的都是好途径。重要的是我们同学你自己能不能在上网阅读时主动屏蔽那些黄色垃圾信息,主动远离游戏赌博等不良网站,将网络为我所用,那么老师鼓励我们的同学要通过多种途径来获取知识,增加自己的知识储备。

四、活动三:与书籍结伴而行

1. 推荐作品

读书成才是我们每个人共同的心愿,同学们在平时也看过很多课外书。我相信,肯定有一本书令你难以忘怀,肯定有一个画面至今都历历在目,肯定有一个人物使你现在想起依然感慨万千。下面把准备好的作品拿出来，来推荐给其他同学。

看来，同学们都有一双慧眼，推荐的书都非常适合我们同学来阅读。老师也列了一张书单(略)，我认为这些作品都非常值得同学去阅读感悟。

2．读书方法介绍

我们在一开始，已经明白了这堂课的课题，叫做“好读书，读好书”，再来念一遍“读好书”，从同学们的停顿中我们知道了这句话要求我们选择好的书来阅读，你再思考下，我们是否可以换种停顿的方式？(“读好　书”)这种停顿就告诉我们手执一本好书，如何把它读好呢？这就需要一种好的读书方法，下面老师来简单介绍几种阅读方式。(泛读、跳读、精读、摘抄、“三复四温”等)

小结：同学们在阅读一本书时，要选择一种适合自己适合这部作品的方式，这样就能起到事半功倍的效果。

五、作业

最后我借用海伦·凯勒的一句话，假如给你三天光明，规定每天读一本书，你会选择哪三本书呢？请同学们制订自己的读书计划，列出书单，写上推荐理由，我们下节课可以一起来分享。

六、结语

同学们，读书不是一时的任务，而是一辈子的事业，所以希望同学们能以热爱读书的名人为榜样，以班级里热爱读书的同学为榜样，养成每个月至少看一本书的好习惯。最后祝福同学们因书而变得更加美丽，更加充实。

(慈溪市新浦中学　应青青)

《金钱，共同面对的话题》教学设计

【设计意图】

“金钱，共同面对的话题”是人教版义务教育课程实验教科书《语文》九年级上册第五单元“写作·口语交际·综合性学习”的内容。从教材的编写意图来看，这个话题旨在通过金钱问题让学生全面而理性地认识金钱这一每个人都必不可少的东西，从而树立正确的金钱观。本次活动的设计即从编者的编写意图出发，希望通过一系列有关金钱的活动的开展，引导学生树立正确的价值观，同时锻炼学生的实用文写作及口语表达的能力。

【活动目标】

1. 知识与能力目标

通过活动，培养学生针对具体问题发表自己的感想和表达自己的观点的能力，同时在活动中锻炼实用文体写作及口语表达的能力。

2. 过程与方法目标

创设一个学生自我展示的空间，让学生的语文知识和语文能力的综合运用得到表现；并能够达到引导学生留心身边的经济生活习惯和培养初步的理财意识的目标。

3. 情感、态度与价值观目标

通过活动，增强学生对金钱全面而理性的认识并树立正确的价值观。

【活动准备】

本次活动拟用一周时间做课前的各项准备工作。内容如下：

1. 根据学生学情将全班学生分为6小组，每小组6–7人，设组长一名，负责资料的搜集整合。

2. 各小组针对“金钱”问题搜集、整理资料、准备发言材料及推选展示代表。

3. 各小组完成实用文原创作品小小调查分析表“我做一天小当家”的写作并推选优秀实用

文展示。

4. 针对中学生的心理特点开展小型辩论赛——“为家长做家务，是否应当取得报酬”。由一、二、三组准备正方材料，陈述正方观点；四、五、六组准备反方材料，陈述反方观点。正方观点：为家长做家务，应该获取“报酬”；反方观点：为家长做家务，不应获取“报酬”。

5. PPT 辅助展示。

【活动过程】

一、听：听老师讲故事

活动环节一为“听老师讲故事”。此环节要求学生能够成为一名优秀的倾听者，认真听老师所讲的故事，能够对故事的内容有自己的体会或评价。

师：大家都知道威尼斯吧？那是一个奇妙的水上世界。老师的故事就发生在这个充满诗情画意的威尼斯。故事里从威尼斯富商安东尼奥开始，他为了成全好朋友巴萨尼奥的婚事，向犹太人高利贷者夏洛克借债。由于安东尼奥贷款给人从不要利息，并帮助了夏洛克女儿私奔，因此怀恨在心的夏洛克乘机报复，佯装也不要利息，但若逾期不还，便要从安东尼奥身上割下一磅肉。而此时，不巧传来安东尼奥的商船失事的消息，由于资金周转不灵，他的贷款便无力偿还。此时，夏洛克便去法庭控告，他根据法律条文要安东尼奥履行诺言，从他的身上割下一磅肉。为救安东尼奥的性命，巴萨尼奥的未婚妻鲍西亚假扮律师出庭，她答允夏洛克的要求，但要求所割的一磅肉必须正好是一磅肉，不能多也不能少，更不准流血。夏洛克因无法执行而败诉，害人不成反而失去了财产。

在这个小故事中出现了两个关键性的人物，一个是“安东尼奥”，另一个是“夏洛克”。安东尼奥为人宽厚善良，借人钱财从不收取利息，我们常说：“赠人玫瑰，手留余香。”故事的结局正告诉我们，正确对待“金钱”，“金钱”就是天使，它给善良的人带来幸福。而与之相反，夏洛克嗜钱如命，他对安东尼奥借钱不要利息及帮自己的女儿私奔的事情耿耿于怀，欲借此铲除安东尼奥来获得自己利益的最大化。此时，“金钱”便是魔鬼，一切罪恶的念头由此而生，而夏洛克的结局也是有目共睹的。

二、说：说出你的故事

活动环节二紧接上一环节内容，预设各小组学生分享他们的金钱故事。

师总结：同学们自己创作、搜集的这许多故事都在提醒我们要以一种健康的心态去对待“金钱”之于我们的这个问题，而老师更希望我们不光只是知道或阅读了这些写在书上的故事，更要多多关注我们的周围，把我们对待“金钱”的积极健康的心态影响到身边的每一个人。

三、读：品读感受名著魅力

活动环节三，紧接活动环节二将文学作品中涉及“金钱”问题的优秀作品介绍给学生阅读，加深学生对于“金钱”问题的印象。回顾环节一中的“吝啬鬼”夏洛克这一形象，提及中国文学作品中“严监生”、“胡屠户”等视财如命的艺术形象。推荐阅读外国文学作品“吝啬鬼”系列优秀作品：

1. 英国戏剧家 莎士比亚 喜剧《威尼斯商人》
2. 法国剧作家 莫里哀 喜剧《悭吝人》(或译名为《吝啬鬼》、《悭吝鬼》)
3. 法国作家 巴尔扎克 长篇小说《守财奴》(原译名为《欧也妮·葛朗台》)
4. 俄国作家 果戈理 长篇小说《死魂灵》

通过文学作品中的艺术形象,感知"金钱"问题之于我们每一个人,需知"艺术源于生活"。提醒我们引以为戒。

四、写:小小调查分析表"我做一天小当家"

"听说读"环节暂告段落,希望同学们做个有心人,多读好作品,多听好的意见,多多与同学分享交流。活动环节四——"我做一天小当家"的活动计划及心得体会展示。(PPT 辅助展示优秀学生原创调查分析表)

五、议:小型辩论赛——为家长做家务,是否应该获取"报酬"

"金钱"这个话题所涉及的范围实在太广了,环节五设计让金钱问题回归到我们的身边。"议一议":为家长做家务,是否应该获取"报酬"。正方一、二、三组首先提出正方观点并论证己方的观点,反方四、五、六组提出观点并论证己方观点。小型辩论赛展开,由教师充当主持并引导辩论正规有序进行。

六、小结

活动环节六——活动小结,用"钱可以买到 ________,但买不到 ________"句式,表达同学们通过开展活动对金钱问题的新认识、新体会。整理如下:

1. 钱可以买到朋友,但买不到友谊。(陈辉)
2. 钱可以买到服从,但买不到真诚。(李东岳)
3. 钱可以买到房子,但买不到家;钱可以买到钻石,但买不到爱情。(金艳)
4. 钱可以买到钟表,但买不到时间;钱可以买到钻石,但买不到永恒。(李亚琴)
5. 钱可以买到玩具,但买不到快乐。(高洁)
6. 钱可以买到朋友,但买不到信任。(周鑫)
7. 钱可以买到书籍,但买不到知识;钱可以买到药物,但买不到健康。(庄斌)

……

老师寄语:钱可以买到许多实际的东西,但买不到精神上的需求,满足不了我们对真诚的追逐。合理地规划金钱,能够造福人类,给身边的人带去幸福快乐;而一味的追逐它只会让你的心离灵魂越来越远。短短的 45 分钟的活动不足以说尽道明这个严肃的问题,能够正确看待"金钱"这个问题,对于我们即将毕业的九年级学生来说显得尤为重要。希望通过我们的语文活动用健康的心态去对待它,让金钱成为我们的天使。

(鄞州区雅戈尔中学 崔 乐)

《话说千古风流人物》教学设计

【设计意图】

“话说千古风流人物”是九年级上册第五单元综合性学习的活动内容。初中学生已经初步具备了对历史人物独立思考评价的能力，如何通过活动将其展示出来，是活动的关键。本次活动旨在通过对古代风流人物的了解、评价，让学生深入体会他们的思想情感、人生态度，从而树立起正确的人生观和价值观。以探究历史人物的活动为载体，学生的口语表达和写作等语文能力得到锻炼和提升；培养学生探究的意识，思考的习惯，在激发学生从已有事实中发现问题的同时，让他们自己寻找答案，向更高的层面拓展；让学生学会搜集资料并加以归类、分析，并最终形成自己对历史人物的评价；建立起正确的历史观，培养独立思考的能力，加强协作精神，使综合性学习真正落到实处。

【活动目标】

1. 学习如何评价历史人物，激起学生对历史人物的仰慕之情，鼓励学生树立起远大的理想和抱负。

2. 通过搜集、筛选、分析人物资料，培养学生独立思考能力，勇于表达并论证自己的观点。

3. 通过朗诵、演讲、辩论等活动，练习口语表达能力。

【活动准备】

1. 划分小组，教师与学生一起研读教材，了解活动的主题和内容，制订活动计划。

2. 选定历史人物，通过多种途径查找并搜集资料。

3. 根据小组活动设计方案，分配组员任务。在已有资料基础上筛选、加工，完成活动展示准备。

4. 交流准备情况，并互相提出修改意见。汇总活动内容，方便活动展示。

【活动过程】

导入：翻开中华民族的历史长卷，镌刻其上的历史人物瀚如烟云，而这些人物中最杰出者，是推动历史潮流向前奔腾的中坚力量，又如鲁迅先生所讲，是中华民族的脊梁。今天我们要进行的综合性学习活动“话说千古风流人物”就是要来说说这些人物。我们先来看看字典中是如何来诠释“风流”的？

多媒体展示字典查询义项：(1)有功绩的；(2)有文采的；(3)有才学而不拘礼法的。

字典的义项是干瘪的，同学们对风流人物肯定有自己独特的见解。在前期的活动中，我们查阅了大量的资料，总结出了各自不同的观点，接下来就请各组为我们分别来展示他们的活动成果。

第一小组活动展示

活动展示由小组主持人主持，主持人根据小组活动进程设计主持词。

第一环节

书法展示小组观点：胜者为王，败者为寇。

展示者具体阐述观点，字数150字左右。列举部分历史人物的实例进行阐释。

第二环节

情景剧。地点：乌江边。项羽自刎前，与刘邦进行辩论——谁是真正的英雄。在对话中，刘邦和项羽都大力宣扬自己的功绩，诋毁对方的人格缺陷。最后刘邦以胜利者姿态告诉项羽失败者永远钉在耻辱柱上，而自己作为胜利者将成为一代帝王，名传千古。

第三环节

故事汇：其他组员补充刘邦和项羽的故事。(未参与其他三个环节的组员均参加本环节活动)

第四环节

主题演讲：《历史永远站在胜利者这边》。

第五环节

教师采访组长。

提问：历史如果分为“成功者的历史”和“失败者的历史”，你会选择哪一部看呢，为什么？

第二小组活动展示

活动展示由小组主持人主持，主持人根据小组活动进程设计主持词。

第一环节

书法展示小组观点：英雄做事无他，自古成功有几？只坚忍一心，能成世界能成我。展示者具体阐述观点，字数150字左右。可以举一些历史人物的实例进行阐释。

第二环节

人物访谈：以采访形式对孔子进行提问。一人扮演孔子，一人扮演记者。问题侧重于孔子的主要理念和思想，宣传孔子对中国社会的巨大影响。

第三环节

调查报告：《孔子一生挫折调查》。围绕孔子在周游列国过程所遭遇的各种挫折和失败。得出调查结论，孔子在有生之年并未获得真正成功。本环节可以由多位同学参与报告，每人介绍孔子一处挫折，一人最后总结，并按时间先后上台。（未参与其他三个环节的同学均参加此个环节）

第四环节

朗诵课外创作诗歌：《断翼的飞翔》。围绕孔子人生坎坷失意但他的思想最终在他的身后得以发扬光大的角度来展开，进一步阐释失败者也可以是千古风流人物的观点。（诗歌25行以上）

第五环节

教师采访组长。提问：生前失意，身后风流，你会选择哪一个呢？结合本组观点，说说理由。

第三小组活动展示

活动展示由小组主持人主持，主持人根据小组活动进程设计主持词。

第一环节

书法展示小组观点：东风不与周郎便，成也东风，败也东风。

展示者具体阐述观点，字数150字左右。可以举一些历史人物的实例进行阐释。

第二环节

第一人称扮演：曹操。介绍曹操生平——《我的一生》，重点突出他的重大胜利和失败。

第三环节

第一人称扮演评价曹操。

建议人物：关羽；杨修；曹植。

第四环节

百家讲坛《假如（　　），那么（　　）》。细数在曹操一生中，如果历史环境或偶然因素发生微小改变，曹操一生成败的历史将会如何改写。（　　）处由自己填写，例如《假如没有那场12月的东风，那么赤壁之战的胜利者将是曹操》。（没有参加其他环节的组员可以参加此环节。最后一人总结观点）

第五环节

教师采访。

提问："时势造英雄"，你觉得曹操如果生在当代他会是一个怎样的人呢，为什么？

三个小组活动展示完毕后，由评论组组员分别对三个小组活动展开评价。

教师总结活动，综合三个小组活动对风流人物进行较全面的阐释。多媒体展示更多历史人物及其简介。

写作训练：作文《再述风流人物》。

（奉化市西坞中学　宋　明）

九年级

下册

《脚踏一方土》教学设计

【设计意图】

在本单元前面五篇课文学习的基础上，通过此次综合性学习活动使学生从文化层面上对我们脚踏的这一方土地有一个全面的认识。先从课文延伸强化对土地的情感，再从文化层次的各方面证明土地对于我们的重要性，然后从语言及风俗等角度感受人们的土地情结，最后回归到对土地利用的理性思考中。整个综合性学习活动充分体现语文味。在准备阶段根据学生兴趣，把全班分成几个小组，分头去搜集资料、分析资料。在搜集过程中考察组内成员的合作，搜集资料的方法是否科学。在讲述总结交流时考查学生所表现出来的口语交际能力(语言表达是否通顺、神态是否自然等)、参与意识(是否主动)和情感态度(是否认真)。

【活动目标】

1. 了解有关土地的神话传说、文艺作品、成语典故等信息，认识到土地在人民生活中举足轻重的地位。

2. 利用图书馆、网络搜集自己需要的信息和资料。提高筛选处理信息的能力。

3. 在活动中提高语言表达能力和写作能力，促进读写能力的整体发展。

4. 倡导自主、合作、探究的学习方式，鼓励在实践中学习、运用语文，体验合作与成功的喜悦。

【活动准备】

根据学生兴趣，分小组准备：

1. 多媒体制作小组。

2. 诗歌小组：搜集并朗诵土地诗歌小组。

3. 故事小组：搜集并讲述土地历史故事、神话传说、民风民俗故事小组。

4. 文章小组：搜集并整理土地情结的文章、安土重迁的含义。

全班同学整理有关土地的成语。

【活动过程】

一、土地的情感

1. 导入:集体背诵艾青的《我爱这土地》,感受诗中蕴含的对土地的情感。

2. 诗歌小组朗诵李广田《地之子》,并请同学赏析围绕“土地”有感而发的句子。

示例:“我愿安息在这土地上,在这人类的田野里生长,生长又死亡。”这句话和《我爱这土地》“连羽毛也腐烂在土地里”可以共鸣,献身于土地让人感动!“我无心于住在天国里,因为住在天国时,便失掉了天国。”作者认为土地是他心中真正的天国,可见土地在他心中的美好!“但我的脚却永踏着土地,我永嗅着人间的土的气息。”天上虽然有“白的云”“彩色的虹”“碧蓝的晴空”,令人向往,一个“但”“永”体现了作者对土地坚定的热爱之心。

3. 诗歌小组同学个别朗诵收集的关于热爱土地的诗歌,进一步让大家领会蕴含的对土地的情感。(示例:臧克家《三代》,巴金《愿化泥土》(片段),戴望舒《旅思》等。)

二、土地的重要

过渡语:女娲造人的神话说明了祖先对土地的崇拜;开拓疆土是古代许多统治者成就霸业的目标;而保卫土地的故事更是不计其数。土地历来在人们的心中都是至高无上的。下面就让我们一起走进“土地的重要”这一环节。

1. 展示搜集的人类与土地关系的绘画和图片,体现土地是我们的依靠,我们依存于土地。

2. 播放《白毛女》中“被逼卖女”的片段,突出土地对于我们的重要意义。没有土地,人们就失去了生活最基本的依靠,没有了土地就没有了生活的保障。

3. 故事小组用历史故事、神话传说、民风民俗展示土地对我们的重要。

(1)讲述一个历史故事证明土地在人们心中是至高无上的。如:重耳逃亡的片段。

(2)讲述一个神话传说证明土地在人们心中的神圣地位。如:社稷坛五色土的故事,寸金桥的故事。

(3)讲述一段民风民俗证明人们对土地的崇拜。如:用乡土治水土不服的妙方。

三、土地的情结

过渡语:我们的骨血里,我们的语言里和我们的很多风俗习惯中都和“土”、“地”有着密切的关系。下面就让我们一起来感受土地的情结。

1. 含有“土”或“地”的成语接龙游戏。(如:地大物博、地老天荒、地久天长、卷土重来、土生土长、人杰地灵、惊天动地、寸土必争、顶天立地、冰天雪地、土里土气、土头土脑、铺天盖地、挥金如土、面如土色……地主之谊、兵来将挡,水来土掩、一抔黄土……)

2. 展示关于土地情结的文章(如《我的土地情结》等),进一步激发学生的情感共鸣。通过阅读文本,交流阅读感触加深对土地情结的理解。

3. 了解讨论“安土重迁”的传统,列举身边的安土重迁现象,从文化层面进一步理解土地情结,并提出自己的理性思考。

出示材料(1):“安土重迁”含义——安:安心,习惯,安于;土:本乡本土;重迁:把搬迁看得重,不随便。在一个地方住习惯了,不愿轻易搬迁。形容留恋故土。《汉书·元帝纪》:“安土重迁,黎民之性；骨肉相附，人情所愿也。”

出示材料(2)：四明山上有些村庄交通很不便利，但老人们苦守着古旧的房子过着寂静的日子也不愿下山；贵州一些山区“安于”贫困，不愿政府的移民搬迁。

学生自由讨论“安土重迁”这一现象，各抒己见，教师归结。

四、土地的思考

人类文明的迅猛发展，常常带来土地的严重破坏，我们该如何去做呢？请充分发挥你的想象，大胆构思建议。

五、总结延伸

在《在希望的田野上》伴奏下总结对脚踏的一方土的情感。

六、作业

以土地为话题写一篇抒情文章或一首小诗来表达对土地的情感。

（镇海区仁爱中学　陈佩红）

《走进小说天地》教学设计

【设计意图】

1. 全面检验学生在初中阶段小说阅读的情况,奖励优胜组激发兴趣,合理评价学生小说阅读成果和综合性活动的能力。

2. 把小说的内容与热门的娱乐节目形式结合起来,既为学生所喜闻乐见,又达到走进小说天地的目的。

3. 学生自己动手搜集、筛选材料,设计不同难度的题目和时尚多样的形式并制作课件,不仅培养学生协作能力,设计创新能力,并于过程中体验成功的喜悦。

【活动目标】

1. 感受小说魅力,激发阅读兴趣,引导读书方法,陶冶高尚情操。

2. 走进小说,熟识情节,感受人物形象,体验情感,理解主题。

3. 能复述情节,介绍评价人物,叙述读书感受。做到条理清,重点明。

4. 发挥想象力和创造力,尝试进行小创作。

【活动准备】

1. 准备范围:初中三年课标规定的小说。

2. 活动分组:分四个小组,才力、性别尽量均衡。每小组参与每项竞赛,总分高为胜。

3. 活动形式:重在激趣。模仿娱乐节目,筹划组织有趣而富有挑战意识的竞赛活动。活动难度逐步递增:热身赛→抢答题→风险题(星级题:我是小说控)→加赛题(绝地反击:小组个体竞猜,小组配合竞猜)

4. 搜集资料:搜集已拍成影视的小说,挑选相关音乐和图片,以备竞猜。搜集相关小说典型片段描写,以备竞猜。精选设计难度不同的竞赛题,分三个星级,以备各组同学自由挑选难度答题;精选设计形式不同的必答、抢答题库。

5. 课件制作：挑选班中电脑高手组成课件制作组。

【活动过程】

一、主持人上台，导入走进小说天地

1. 屏幕显示活动主题：走进小说天地——902 班语文综合性学习活动。

2. 主持人上台：

提起小说，大家一定有很多话想说。确实，那一个个生动的故事，一个个鲜活的形象，给我们留下了难忘的印象。它们像一部部生活教科书，引领我们了解丰富的世界，真实的生活，既陶冶性情，又净化心灵。今天，让我们一起走进小说天地，来重温那难忘的小说世界。

3. 赛前热身。

图片竞猜人物。（列夫·托尔斯泰、高尔基）

（齐答）目的：进入备赛状态。

二、"热身赛"

活动 A——必答题（每组两题，每题答对加一分，答错减一分）

1. 下列故事不是《三国演义》中的一项是（　　）

A. 三顾茅庐　　B. 三气周瑜　　C. 桃园三结义　　D. 三打祝家庄

2. 下面是中国古典四大名著中的人物与情节，其中搭配不当的一项是（　　）

A. 鲁智深——倒拔垂杨柳　　B. 孙悟空——大闹天宫

C. 诸葛亮——三顾茅庐　　D. 刘姥姥——进大观园

3. "滚滚长江东逝水，浪花淘尽英雄。是非成败转头空。青山依旧在，几度夕阳红……"这是我国古代文学名著《＿＿＿＿＿＿》的开篇词。

4. 在《水浒传》中，绰号为"智多星"的人是＿＿＿＿，也被称为"赛诸葛"。他与一伙儿好汉在"黄泥冈上巧施功"，干的一件大事是＿＿＿＿＿。

5. "花和尚倒拔垂杨柳，豹子头误入白虎堂"是名著《＿＿＿＿＿》中的一个回目，其中"豹子头"指的是＿＿＿。

6.《水浒传》中共有＿＿＿＿将，天罡星＿＿＿＿人，地煞星＿＿＿＿人。

7. 有一位作家曾对他的作品"披阅十载，增删五次"，这位作家的名字叫＿＿＿＿。

8. 孙悟空的第一个师傅是＿＿＿＿＿＿，它的兵器原是大禹治水的＿＿＿＿＿，又唤＿＿＿＿＿＿＿，大闹天宫后被如来佛祖压在＿＿＿＿＿。后皈依佛门，唐僧为他取名＿＿＿＿＿。

主持人黑板上分组记下四组得分。

活动 B——抢答题（每题两分，答对加分，答错减分）

1. 留下准备（打三国人物）。

2. 济人急难（打水浒人物）。

3. 醒后得知一场梦（打西游记人物）。

4. 单刀赴会（打水浒传人名）。

5. 学富五车(打水浒传人物绰号)。

6.《西游记》中“大闹五庄观、推倒人参果树”的是______。

7.《水浒传》的作者______,朝代______,它是我国第一部________________小说。

8. 梁山一百单八将中第一个出场的是__________,他的绰号是_________。

9. “东胜神州海外有一国土,名曰傲来国。海中有一名山,山上有一仙石,受日月精华,遂有灵通之意。内遇仙胎,一日迸裂……”这段文字出自四大名著之一的《_________》,本书中你最喜欢的一个情节是:____。

10. 下面的对联各是哪部章回小说的目录?请在括号里写出这部小说的名称。

(1)及时雨会神行太保,黑旋风斗浪里白条。《_____________》

(2)八卦炉中逃大圣,五行山下定心猿。《_____________》

11. 在《三国演义》中有一位英雄,他曾温酒斩华雄、千里走单骑、刮骨疗毒,被后人敬仰并尊为中国的“武圣”,这位英雄是_____________。

12.《西游记》中,师徒一行经过千难万险,终于修得正果,最后唐僧被如来佛封为________、孙悟空被封为____________、猪八戒封为_____________、沙僧封为____________、白龙马封为_____________。

13. “景阳冈打虎”“醉打蒋门神”等说的是《水浒》中一位传奇英雄的故事。这位英雄是______________。

主持人黑板上分组记下四组得分。

三、“风险答题”。

活动A——“我是小说控”

要求如下:

(1)按照热身赛中抢答分数的高低顺序来答题,分数最低的先选题答,分数最高的最后答题。若分数相等,则通过抽签来决定答题顺序。

(2)点击“我是小说控”任何一个字,会出现不同星级的题目。自主挑选。

(3)选题时有不同的难度安排,分别是一星,两星,三星。一星积分最低,三星积分最高。三星题中有双倍积分题,具体内容由主持人说明。

(4)答题时,须快速回答,不可超过20秒,超过则视为答错。答错扣相应的星级积分,答对可得相应积分。

题组:

(1)“我”字背后的一星题:

保尔·柯察金是前苏联长篇小说__________中的主人公,他的精神鼓舞了我国千千万万的读者。

“我”字背后的二星题:

《威尼斯商人》是文艺复兴时期英国杰出的戏剧家和诗人__________的著名喜剧。夏洛克是这出喜剧中塑造的一个__________的形象。(三个字)

“我”字背后的三星题：

潜艇上的人睡的床用_____(材料)制成，潜艇上的人穿的衣服是用_____做成的。潜艇上的人用来写字的笔是用_____做成的。潜艇上的人用的墨水是用_____做成的。

(2)“是”字背后的一星题——图片：史文龙

“是”字背后的二星题——图片：红孩儿

“是”字背后的三星题——图片：刘备

(3)“小”字背后的一星题：

祥子是老舍的长篇代表作《________》中的一个人物形象。祥子，到北平谋生创业，_____次买车又________次失去是这部小说的基本线索，女主人公是________。

“小”字背后的二星题：

概述祥子买车三起三落的经过。

“小”字背后的三星题：

骆驼在小说中起什么作用？和祥子有什么外在和内在的关系。

(4)“说”字背后的一星题：

《老人与海》是美国小说家________生前发表的最后一篇小说，小说中的老人________(人物名)表面上看失败了，但精神并不屈服。诚如他所说的________。

“说”字背后的二星题：

《三国演义》中主要人物中被称“三绝”的分别是：“奸绝”是________，“智绝”是________，“义绝”是__________。

“说”字背后的三星题：

巴金“激流三部曲”是：《__________》、《__________》、《__________》。

巴金“爱情三部曲”是：《__________》、《__________》、《__________》。

茅盾“农村三部曲”是：《__________》、《__________》、《__________》。

(5)“控”字背后的一星题：

下面对文学名著的点评不正确的一项是(　　)(单项选择题)

A.《格列佛游记》是一部杰出的讽刺小说，作者用虚构的情节和幻想的手法，揭露批判了当时英国统治阶级的腐败与罪恶。

B.《童年》是高尔基以自身经历为原型创作的自传体小说三部曲中的第一部，这部小说生动地再现了19世纪80年代俄罗斯下层人民的生活状况。

C.《鲁滨孙漂流记》的主人公鲁滨孙热衷于航海、性格坚毅的他在小人国、大人国历险多年，吃尽千辛万苦，终于得到了可观的财富。

D.《水浒》中的英雄性格各不相同，但在“义”这一点上却是共同的。晁盖劫取生辰纲是“义”，宋江私放晁盖是“义”，鲁提辖拳打镇关西也是“义”。

“控”字背后的二星题：

下列回目出自《三国演义》的有(　　)(多项选择题)

A. 太史慈酣斗小霸王　孙伯符大战严白虎
B. 斩蔡阳兄弟释疑　　会古城主臣聚义
C. 卜周易管辂知机　　讨汉贼五臣死节
D. 呆霸王调情遭苦打　冷郎君惧祸走他乡
E. 村姥姥是信口开河　情哥哥偏寻根究底
F. 荆州城公子三求计　博望坡军师初用兵

"控"字背后的三星题：

下列故事出自《爱的教育》的有(　　)

A.《柠檬树与人生》
B.《少年爱国者》
C.《罗马纳的血》
D.《少年鼓手》
E.《马路文明》
F.《少年侦探》

活动 B——讲述你喜欢的小说人物(以组为单位)

要求：讲述你喜欢的小说人物，包括小说名、人物形象和性格特点、喜爱的理由。讲到 1 分钟以上方可得分(包括 1 分钟)，讲述时不得故意拖延，否则不得分。

生 1：我喜欢《水浒》人物吴用。吴用多才多智，有勇有谋，外称智多星。他自从得了刘唐的报信，就说服三阮，应了七星聚会，智取了生辰纲。初上山寨，便使林冲火并王伦，又举戴宗传假信，劫法场救了宋江。他用双掌连环计攻破祝家庄，用计赚宿太尉金铃吊挂，救了史进和鲁智深，扮演算卦道人预留反诗，智赚"玉麒麟"上山——梁山声名盛大，吴用功不可没，他是山寨上掌管机密的军事家，战略家，是名副其实的"智多星"。

生 2：我喜欢《水浒》人物董平。在梁山泊五虎将中，董平虽排名最末等，但综合实力绝对可居第一。首先他心灵机巧，三教九流，无所不通，品竹调弦，无有不会。一个武将能如此风流，的确难得。董平武艺高超，上阵攻韩滔，五十余合便占徐宁上风，与张清交战时，连躲两个石子，要知张清的石子连武艺如关胜、呼延灼之流都躲不过，可见其武艺超人。董平有一称呼叫"董一撞"，这个外号并非白得，宋江打东昌府时带去了二十五员将领，其中有林冲、花荣、史进、徐宁四个猛将，吕方、郭胜两个配合强将，韩涛、一丈青等亦勇猛异常，董平孤身一人冲杀宋江军队六个小时，还能安全回来，实在是猛将。

生 3：我最喜欢《西游记》中的唐僧。他是如来弟子金蝉子转世，或许有人认为他没有能力领导孙悟空、猪悟能、沙悟净。他确实只是一个普通人，但他却有一颗坚韧的心。孙、猪、沙三人虽可一步登天，却取不得真经，只有他，用他的毅力、决心、爱心，以凡人之身经受种种艰难险阻的考验，抱定目标信念，取得真经流传东土。他没有想过名利，甚至放弃唾手可得的名利，一心只为芸芸众生毅然踏上取经路，这种决绝、超脱、淡定让我佩服。

生 4：我喜欢《格列佛游记》中的格列佛。他是一个爱好冒险的人。从他的四个经历中，不难发现他崇尚正义，是位高尚的人。在小人国，他出急招灭了火，虽然不雅，但也确实急中生智。在大人国，虽被作宠物，却不自暴自弃，在慧马国，他凭借自己的聪明才智，成了慧马国非比寻常的"耶胡"。我更喜欢小说奇异的想象，也欣赏小说的讽刺艺术。

主持人黑板上分组记下四个小组得分。

四、"绝地反击"

自选题目，1、2、3、4、5、6 星中有听音乐猜小说——小组个体形式；有根据一段文字猜小说——小组合作猜形式（小组一成员背对屏幕，其余组员可以看屏幕上文字，猜题者向组员提问，根据组员所答间接获得屏幕上文字信息，从而猜出该段文字出自哪篇小说。）

（最后反败为胜的机会，共 7 题，以组为单位）

活动 A——听音乐猜小说

备题：音乐 1——《三国演义》中音乐，非主题曲。

音乐 2——《西游记》的音乐，非主题曲。

活动 B——背对文字猜小说

备题：

(1)风吹弯了路旁的树木，撕碎了店户的布幌，揭净了墙上的报单，遮昏了太阳，唱着，叫着，吼着，回荡着；忽然直驰，像惊狂了的大精灵，扯天扯地的疾走；忽然慌乱，四面八方地乱卷，像不知怎样好而决定乱撞的恶魔；忽然横扫，乘其不备的袭击着地上的一切，扭折了树枝，吹掀了屋瓦，撞断了电线；可是，他在那里看着；他刚从风里出来，风并没能把他怎样了！

(2)鲨鱼这时可以说是吼起来了。鲜血像水流一般的从它的伤口喷出。海染红了，在这浑浊的水中，我什么也看不见，什么也看不见，一直到水中露出明亮的地方的时候，我才看见勇敢大胆的船长，抓住鲨鱼的一只鳍，跟这个怪物肉搏，短刀乱刺鲨鱼的肚腹，但没有能刺到致命的地方，就是说，没有能刺中鱼的心脏。鲨鱼死命挣扎，疯狂地搅动海水，搅起的漩涡都要把我打翻了。

(3)与朋友在酒店豪饮，正在兴头，突闻一歌女哭泣，心中烦闷，问之为何哭泣？答曰：恶霸镇关西逼婚！鲁智深疾恶如仇，大怒！第二日去了歌女与其父栖身的小店，先暴打了镇关西手下流氓，放走歌女父子。又直奔镇关西卖肉的摊铺，当众耍笑恶霸镇关西。围观者皆大快人心。恶霸大怒，来打鲁智深，鲁智深大喜！正中我意也！挥神拳，三拳打死之！仰面而去。

(4)我经常怀着感激之心坐下来吃饭，敬佩上帝的好生之德，因为他竟在荒野中赐以我丰富的美食。我已经懂得去注意我的处境中的光明的一面，少去注意它的黑暗的一面；多去想到我所享受的，少去想到我所缺乏的。这种态度有时使我心里感到一种衷心的安慰，简直无法用言语表白。……我觉得，我们对于所需要的东西感到不满足，都是由于人们对于已经得到的东西缺乏感激之心。

活动中，背对文字的同学大多先问是中国小说还是外国小说，是外国小说再问国籍，继而问主人公性别或作家等等。4 题中，猜中三题，一题未中。

主持人黑板上分组记下四组得分。

五、活动结果和小结。

主持人宣布第二组获胜,其余三组分数比较接近。颁发奖品。

六、拓展延伸,写作练习

尝试小说写作,自由选择话题(反映现实生活,如车祸事件、食物安全、教育问题等),发挥想象,合理虚构情节反映现实生活。

写自己读书生活,尤其是读小说的故事或经历。

(宁波市新城第一实验学校 周 盈)

《关注我们的社区》教学设计

【设计意图】

让学生走出去，关注社区、关注生活、做一个有社会责任感的人，做一个文明的人，做一个热心公益的人。让学生在社会实践中，提高读写听说能力(特别是应用文的学习)，学会合作，发展自己的个性。让学生体会到，语文和生活密切相关，生活即语文，学习语文是为了应用。

同时这种亲力亲为的实践活动，可以丰富学生的写作素材，加深学生的认知，引发学生的思考，让他们写所见，记所闻，抒所感，表所思，呈现出一篇篇真实鲜活、有血有肉的本色作文。

【活动目标】

1. 加强语文与生活的联系，让学生在生活中学习语文、运用语文。
2. 培养学生的社交能力，树立社会责任感、使命感。
3. 提高学生口语交际能力和写作应用能力。
4. 增强学生自主性学习，并逐步学会合作性学习，探究性学习。

【活动准备】

1. 分组。给班里的学生按居住地大概分五六个小组，同时征求他(她)们的意见。每一小组选好组长，负责人。定好时间，定好地点，带上照相机、笔纸，设计好问题、准备好调查卷，去某个村(农村有社区的不多)走访、了解情况。把看到的、听到的、采访到的记下来、摄下来，包括自己的所思所感。

2. 每一小组在走访调查结束后，由小组长负责，搜集、汇总、整理、商讨、编辑第一手资料。侧重环保方面，环保问题是世界性问题，在我国各地都是突出问题。现在农村环境日益恶化，学生可能都有深切感受。也许有少数村、社区环境保护得不错，但也有待于继续加强。

【活动过程】

一、汇报展示

各小组选好代表汇报走访调查情况。可以通过PPT文字、图片来介绍。相信第一手资料，大家一定很有感触。

二、交流感受

同样以小组为单位，请小组代表谈感受。

三、自主讨论

论题：面对小区存在的种种问题怎么办？

我们每一个人都希望自己住的小区整洁、幽雅、文明，让我们为小区做点贡献吧。

四、小组创作

1．配写“图片解说词”

对拍摄来的照片（图片）配以文字解说。图片可以一组一组分类，设置栏目，为栏目命名。

2．创写“温馨提示语”

针对走访观察到的不文明现象，创写 “温馨提示语”，每一小句，不超过20字。

3．合写“倡议书”

这种文体学生可能比较生疏，师生可以一起商量、讨论“倡议书”的格式、写法，必要时教师作指导，示范。

4．拟写“文明公约”

这种应用文，相对来说，学生也是比较生疏，教师应指导学生“拟写公约”，注意拟写事项、格式、用语。同时教师可以备好几篇范文。

5．试写“演说稿”

“演讲稿”这种应用文，学生并不陌生，有些学生也许已经上台演讲过多次。但学生自己写时，老师还是要指导：标题命名、句式选用、用语措辞等要有针对性，针对社区、村庄的不文明现象，表明自己的态度，并且号召大家行动起来，共同为消除不文明现象而努力，为社区、村庄的美丽而努力。

五、成果展示

各小组：上台来展示，各自创作的内容。图片解说词、栏目命名；针对不文明现象的“温馨提示语”；拟写好的倡议书，要遵守的文明公约以及发表演讲。师生一起对这些成果进行评议，特别是用语、措辞、表达的方式、情感，进行一一斟酌、推敲。

六、教师小结

同学们，通过你们的走访、调查，你们对自己居住的环境——某个社区、村庄一定有很多感想；通过你们各种形式的创作、交流，你们一定有更多的感触，相信你们一定会做一个文明的人，一个有社会公德的人，做一个热心公益的人。

同学们，这次综合性学习，也锻炼了你们的胆量，培养了你们的实践能力，同时也提高了你们的应用文写作水平，表达能力，以及采访、调查、照相、电脑制作等跨学科知识。

同学们，多走出去，留心我们身边的事物，关注我们的生活，关注我们的社会，每天你会有不同的发现、感悟。生活就是语文，你不会再为写作题材的匮乏而愁眉苦脸，绞尽脑汁，乱编胡诌了。真实的、新鲜的、感人的题材往往来自第一手材料，来自亲眼所见，亲耳所听，来自你对人生、对生活、对社会、对未来的思考。

七、布置作业

参加社区、村庄的公益活动。若社区、村庄没有类似的活动，各小组自行开展一项公益活动，可以去展示今天课堂上的成果，比如把“图片配解说词”、“温馨提示语”、“倡议书”贴在社区或村庄的宣传栏里或村口某明显展示处……也可以以其他形式，比如给老人讲讲故事，读读报纸新闻，给他（她）唱唱歌，跳跳舞；帮村里的垃圾工人打扫卫生，等等。

结合这次活动，写一篇作文——《在社区（村庄）服务的日子里》，可以写自己活动过程中最难忘的事件、场面、人物、细节，可以写与同学合作的感触，可以写参加社区活动后对自然对社会产生的一些新想法、新思考等等。

如有个别同学因特殊情况没参加，可以修改本次活动中拟写的“文明公约”、“演讲稿”、“倡议书”，也可以写写社区、村庄或学校的环保方面的《观察日记》。

（鄞州区高桥中学 郑 飞）

《乘着音乐的翅膀》教学设计

【设计意图】

“乘着音乐的翅膀”是语文九年级下册的一次综合性学习内容，本单元最后一篇课文为脍炙人口的音乐剧剧本《音乐之声》，让本次的综合性学习有了铺垫。中考在即，这次综合性活动，既能让学生在自己喜欢的歌曲中舒缓学习压力，又能得到文学的熏陶，感受到集体合作的快乐与自主学习探究的成就感。

【活动目标】

1. 使学生认识到生活中处处有语文，自己平时所爱哼唱的曲目中也有语文的韵味。
2. 提高学生搜集归纳整理资料的能力和与人沟通协作的能力。
3. 用音乐舒缓孩子们的压力，感受音乐鼓舞人心的力量，获得情感的浸润。

【活动准备】

1. 将两大组的学生分成四组，搜集不同歌曲所表达的不同的情感。

歌词和旋律让我们产生的共鸣。比如歌曲可以表现喜悦之情，豪迈之气，相思之苦，洒脱之怀等等(每组分别举例诠释一种情感)，教师对其上交资料进行指导修改。

2. 另外两大组分成三组，搜集一些具有较大影响力的作品，说出这些歌曲的创作背景和对当时的人们以及后世所产生的影响。(教师以《音乐之声》做引)

3. 由每位学生准备最喜欢的一首歌，并写出理由，或写出你与这首歌之间的故事，选出故事性比较强的两到三篇由学生自己组成制作团队，将自己的音乐故事配上适当的音乐，除主人公外，部分学生也参与演出，拍成短片。其余作品作口头交流。

4. 排练好几组独唱与合唱的曲目。

【活动过程】

一、导入

先集体朗诵《西风的话》(选自叶圣陶先生主编的《开明国语课本》),再由四女生演唱,由学生来谈谈两者的不同,以及词与曲所带给你的音乐感受。(4 分钟)

西风的话

去年我回去
你们都穿新棉袄
今年我来看你们
你们变胖又变高
你们可还记得
池里荷花变莲蓬
花少不愁没有颜色
我把树叶都染红。

二、学生活动展示

(一)音乐里的喜怒哀乐,悲欢离合

1. 第一组以《快乐至上》为例,小组成员每位唱上一到两句,唱完后每个人用一句话概括自己所唱的这一句所表现的情感。共同感受音乐所带给我们的快乐。(3 分钟)

2. 第二组以《满江红》为例,学生以"岳母刺字"的故事为序幕进行课本剧表演,凝练地演绎了岳飞的一生,最后由男生齐声演唱《满江红》,悲壮之气溢满全场。(5 分钟)

3. 第三组以《月满西楼》为例(歌词为李清照的《一剪梅》),组员在音乐的伴奏下以咏叹的方式朗诵关于明月寄相思的诗句,并不断在 PPT 上出示(海上生明月,天涯共此时;思君如满月,夜夜减清辉;月上柳梢头,人约黄昏后……但愿人长久,千里共婵娟。)寂寞的月亮,清冷的月光,历来是孤独的文人们倾诉寄托相思之情的挚友。既而介绍李清照,介绍这首《一剪梅》的创作背景和表达的孤独与相思之情,最后由女生独唱《月满西楼》。(4 分钟)

4. 第四组以《蜗牛》为例,以一只不断爬行的小蜗牛为主人公,学生演出课文剧,演绎出歌曲里所表现的对梦想执著地追求和坚持到底的勇气,对在中考之路上跋涉的孩子们具有励志意义。(3 分钟)

(二)音乐懂我心,音乐让我奋进

以下三部作品都可以在语文书上找到依托,学生重温旧文,既亲切又丰富了新的知识。(《音乐之声》、《黄河颂》、《音乐巨人贝多芬》)

(1)先由教师播放《音乐之声》的经典片段,联系课文谈谈本音乐剧。

资料链接:《音乐之声》是电影史上一部经典的音乐故事片。课文节选的是剧本的开头部分,通过人物语言、动作、表情的描写以及环境的衬托,并将正面描写与侧面描写相结合,栩栩如生地刻画了少女玛丽亚热爱歌唱、心灵美好、活泼自由、纯真快乐的性格,使这位女主人公的形象宛然在目。剧本体现了电影《音乐之声》作为音乐故事片的艺术特色:以音乐为刻画人物性格的重要表演形式和剧情发展的重要表现手段，并将音乐与女主人公的生活、命运紧紧相连；玛丽亚内心独白式的纵情歌唱，具有浓郁的抒情风格；众嬷嬷对白式的、带有夸张的歌唱，富有戏剧风格和喜剧色彩。剧中对玛丽亚在野外放声歌唱时的环境描写，以及对玛丽亚和众嬷嬷的动作、表情描写，都具有生动的画面感。在英国的冷战时期，英国政府的紧急战时措施手册里甚至说，如果发生核战，BBC 就广播《Sound of MUSIC》的音乐来“安定人心”。(3 分半钟)

(2)第五组学生展示黄河和抗战的一组画面，以男女声配合朗诵的形式讲述日本侵华战争所带来的苦难，讲述《黄河大合唱》产生的背景。

资料链接：在抗日战争的特殊时期，要用歌曲来反映人民的呼声，用音乐来表达民族的苦难和奋斗精神，用音乐来反映人民对幸福生活的追求和最终取得胜利的信心。在艺术上音乐家有创新和发挥，用八首不同速度、不同体裁、不同调性，多层次对比陈述，集中表现人的喜、怒、哀、乐的原始情绪。整首作品像黄河的怒吼，奔涌着一股阻挡不住的浪潮，爆发着、咆哮着，具有强烈的时代感。创作中音乐家善于用起伏的旋律进行音调的结合，形成了自己独特的作品风格，反映人民群众坚强不屈的反帝精神和革命乐观主义精神并向人民指明方向。

《黄河大合唱》诞生已经 66 年，但其并没有因为岁月的改变、时代的变迁而被人遗忘，相反却被越来越多的人传唱。从 17 岁就开始指挥该曲至今已上千场的严良堃说，《黄河大合唱》之所以历演不衰，主要有三个原因：其歌颂伟大的抗日战争，表达中华民族反抗侵略的不屈精神，并最终以胜利告终，充分表现了民族的自信心；其本身的曲调，歌词写得非常中国化，一方面继承了民族的精华，同时也借鉴了西方艺术进行加工，是造诣高深而又雅俗共赏的划时代精品；作品不断改进，加工，跟随时代的进步。

他说，在《黄河大合唱》雄浑的歌声与音乐中，存在一个多世纪的被欺压感得到了解脱。音乐充分表达了听众的这种情感，同时它还能唤起在海外长大的华人的民族认同感。而在目前，再唱《黄河大合唱》，就更多了一种勿忘苦难心存危机的现实意义。今日我们能从《黄河大合唱》听到的，不仅仅是国家兴亡的民族呼声，不仅仅是时代的战歌。从音乐上来说，《黄河大合唱》音调有黄河船夫的号子，有来自民间音调的民族体歌曲，有乡土味浓郁的山西音调，作曲的技巧与和声，却又是很欧洲的。

已进入 21 世纪的今日，和 60 多年前《黄河大合唱》诞生的时代、生活背景虽然完全不同，但是这部作品对中华民族所起的精神激励作用却仍然存在。(3 分钟)

(3)第六组学生朗读《音乐巨人贝多芬》介绍贝多芬外貌的段落，播放《第九交响曲》片段，由学生来猜所要介绍的人物及其作品。以采访的形式引出贝多芬的生平和他作品中对命运的不屈的抗争，这种人格的魅力和音乐的力量曾激励了无数人。

资料链接：

贝多芬的祖父与父亲都是宫廷歌手。在大部分时间里，他的父亲都喝得大醉，没有对家庭和气过一点，甚至连家人们是否有足够的吃穿都从未过问。起初，善良的祖父还能使这个家庭免受太多的苦；反过来，他最大的孙子的音乐才能也使老人感到莫大的欣慰。但是当小贝多芬只有四岁时，祖父就去世了。贝多芬的父亲常把孩子拽到键盘前，让他在那里艰苦地练上许多小时，每当弹错的时候就打他的耳光。邻居们常常听见这个小孩子由于疲倦和疼痛而抽泣着睡去。不久，一个没什么水平的旅行音乐家法伊弗尔来到这个市镇，被带到贝多芬家里。他和老贝多芬常常在外面一个小酒馆里喝酒到半夜，然后回家把小路德维希拖下床开始上课，这一课有时要上到天亮才算完。为了使他看上去像一个神童，父亲谎报了他的年龄，在他八岁时，把他带出去当做六岁的孩子开音乐会。但是天下哪有后天培养出来的神童，尽管费了很多事，老贝多芬始终没有能够把他的儿子造就成另一个年轻的莫扎特。与莫扎特相比，贝多芬的童年太不幸了。莫扎特在童年受到良好的教育，他的练功时间是愉快而安静的，有着一个慈爱的父亲和一个被钟爱的姐姐；而贝多芬则不然，虽然他的演奏赢得了家乡人的尊敬，但世界性的旅行演出却远未像莫扎特那样引起世人的惊叹。

贝多芬不愿做一个客厅里的宠儿，他宁愿在自己的住所，能够随己意进进出出、起床、穿衣和吃东西。他喜欢按照自己的兴趣为房间里的琐事瞎忙。有一次，为了空气流通和看清窗外的景物，他竟特意把窗户砍掉一块。他总是同房东们发生纠葛，总是不断地搬家。每当他处于创作高潮时，他总是把一盆又一盆的水泼到自己头上来使它冷却，直到水浸透到楼下的房间——我们可以想象那房东和其他房客的情绪会怎样！有时他搬家搬得是这样的频繁，以致他甚至不愿操心把钢琴的腿支上，干脆就坐在地板上弹奏它。由于他每次租新房时必须签署一张租契，指明租期，他就往往同时为四个公寓付房租。这大概就是为什么他虽然挣了不少钱，可总是没有多少积蓄的原因吧！

当他真切地感觉到自己的耳朵越来越聋时，他几乎绝望了。人生似乎不值得活下去了：对一个音乐家来说，还有比听不见他喜欢听而且靠它生活的甜美声音更不幸的事情吗！起初，只有威格勒医生和斯蒂芬·冯·勃罗伊宁等几个老朋友知道他的不幸。他放弃到各王宫去听他如此喜爱的欢快的音乐会，他怕人们注意到他的耳聋，以为一个听不见声音的音乐家是写不出好作品来的。不！他想起他想写的一切音乐，“我要扼住命运的喉咙！”也许对他来说，在耳聋的时候创作音乐并没有别的音乐家那么难。在他看来，音乐不仅是用迷人的声音安排各种主题或音型，它也是表现最深刻的思想的一种语言。(4分钟)

(三)说出我的音乐故事

1. 选择三名学生口头交流自己的音乐故事。(4分钟)

2. 一名学生上台播放自己已经制作好的VCR。

学生作品：

小学快毕业时我去了一趟宁外，幽美的校园环境和浓郁的校园文化深深地吸引了我。“报考宁外！”这个小小的愿望开始在我的心里扎根，有了目标，我开始夜以继日地发奋苦读，从小我就是个对自己很有信心的孩子，打小成绩优异的我相信努力一定会换来成功。

参加考试后，在等待的日子里，我喜滋滋地盘算着将来在宁外的生活，甚至常常梦到收到录取通知书的场景。然而事与愿违，那张我日思夜想的薄纸始终没有寄来。我感到一种前所未有的挫败感，那一段日子，灰暗，抑郁，失落，我像一头暴躁的小狮子，第一次尝到了失败那苦涩的滋味，也对自己产生了怀疑，无论父母朋友怎么劝说我都听不进去。直到有一天——

我在江滨公园黯然地坐着，突然听见附近的一家店里正放着范玮琪的《最初的梦想》：

如果骄傲没被现实大海冰冷拍下
又怎会懂得要多努力
才走得到远方
如果梦想不曾坠落悬崖
千钧一发
又怎会晓得执著的人
有隐形翅膀
把眼泪装在心上
会开出勇敢的花
……
最初的梦想 紧握在手上
最想要去的地方
怎么能在半路就放
最初的梦想 绝对会到达
实现了真的渴望
才能够算到过了天堂。

我静静地听着，觉得每一句都敲击在我的心上，“用失败的眼泪去浇灌成功的花朵”，说得多好，我为自己的自怨自艾而羞愧，为自己的懦弱而汗颜。是啊，谁不是一次次地从摔倒中爬起来才学会走路的？“最初的梦想，绝对会到达……”我哼着歌往前走，满脸的泪水……

(四)课堂小结

贝多芬曾说过：“音乐是比一切智慧、一切哲学更高的启示，谁能参透我音乐的意义，便能超脱寻常人无法自拔的苦难。”今天，我们乘着这音乐的翅膀，徜徉在伟人的情怀中，陶醉在心灵的家园里。愿我们的生活，也能如歌如诗。

三、布置作业

以《星空》为旋律，写一段文字作为歌词。注意词与曲的融合。

(奉化实验中学　胡卓拉)

《我所了解的孔子和孟子》教学设计

【设计意图】

“我所了解的孔子和孟子”是人教版九年级下册《语文》第五单元中设计的综合性学习活动。经过几年的积累，初三的学生对孔子和孟子都有一定的了解，再加上这个单元的课文均为先秦诸子散文，为学生开展该项综合性学习活动打下了一定的基础。

课例的活动设计以“我所了解的孔子和孟子”为主题，力求促进初三学生进一步了解圣贤的思想和主张。当然，课例的活动内容不拘泥于课本知识范围，整个活动以《论语》和《孟子》为依托，引领学生亲近经典，亲近国学，走近先秦文化，进而培养学生热爱中华民族传统文化的情感。这不但有利于学生更全面地了解孔子和孟子，还有利于保护和传承我国古代优秀的传统文化和宝贵的精神财富，更为培养学生日后研究国学及传统文化的兴趣奠定了基础。

通过搜集资料了解古代先贤的生活、思想，我们不但可以培养学生查阅、整理、筛选、概括资料的能力，促进学生比较全面地了解孔孟及其思想主张，更可以鼓励学生发表自己的见解和看法，并且为将来进入高中学习评价古代人物思想及其作品内容价值奠定基础。我希望这项活动能在学生面前推开一扇展望民族传统文化的窗户，在学生心底种下一粒热爱民族传统文化的种子，让我国古代伟大的思想家、教育家在求学、交友、修身、治国等方面提出的精辟见解能更长久地影响学生。

【活动目标】

1. 培养学生查阅、整理、筛选、概括资料的能力，通过小组合作的方式，让学生多方面深入地了解孔子和孟子。

2. 在具体的情境中，引导学生开展活动，并将识记、体验、探究等学习方式相互融合。

3. 重温经典，从《论语》和《孟子》入手，带领学生进一步了解圣贤的思想和主张，并从中汲取营养，获得启发。

4. 引领学生走近国学经典，提升人文素养，培养学生热爱祖国传统文化，增强民族自豪感。

【活动准备】

1. 教师参与学生活动小组分配，推选组长，并以小组为单位参与制订活动计划。
2. 教师根据分组情况，为学生提供参考资料或相关网址，引导学生搜集并整理资料。
3. 师生共同筛选资料，甄选内容，商议活动形式，拟写活动方案，确定活动时间。
4. 根据活动方案，确定各小组任务，明确各组员分工（包括主持人、展示人等）。
5. 教师根据各小组阶段反馈，适时进行筛选、指导，避免重复，凸显特色。

【活动过程】

一、导入

1. 课前屏幕展示“孔孟”相关图片、资料，营造氛围。（配乐《曲阜孔儒风》）

2. 教师导语

作为春秋战国时期著名的思想家和教育家，孔子和孟子在两千多年的封建社会里分别被尊为“圣人”和“亚圣”。他们的思想观念，不但对中国社会产生过深远的影响，甚至远及日本、朝鲜、欧洲等地，在世界文化史上也占有相当重要的地位。

这节课，就让我们穿越历史的隧道，走近这两位古代圣贤，真正去了解这两位中国历史上最伟大的思想家、教育家。

二、了解圣贤

（建议：教师或学生可先由名人对“孔孟”的评价引入，再由两组学生分别介绍孔子和孟子）

1．说孔子

(1)【名人评价】（可选用）

例1：宋代的朱熹说：“天不生仲尼，万古如长夜。”

例2：郭沫若赞扬孔子说：“伟大的天才，圆满的人格，永远有生命的巨人。”

(2)【学生介绍】（建议：可以从孔子的生平、地位以及影响等多方面入手）

例1：孔子对后世影响深远，虽说他“述而不作”，但他在世时已被誉为“天纵之圣”、“天之木铎”、“千古圣人”，后世更尊称他为“至圣”（圣人之中的圣人）、“万世师表”，认为他曾修《诗》《书》、《礼》、《乐》，序《周易》，著《春秋》。

例2：据《史记》记载，孔子有弟子三千，其中精通六艺者七十二人，史称“七十二贤人”。如在德行方面出众的颜回、闵损、冉耕、冉雍，在政事方面出众的冉求、仲由等等。孔子及其弟子周游列国的经历（具体略）。

(3)学生介绍孔子几名优秀弟子的成就，让其他组学生猜测对应的人物。

(4)孔门弟子周游列国的知识竞答（见 FLASH 课件，由一组学生负责）

（PPT 阅读推荐：有兴趣的同学课后可以去读一读钱钧华的《跟孔子周游列国》）

2．说孟子

(1)【名人评价】（可选用）

例1：孟轲氏没，圣学失传，天下之士，背本趋末。——朱熹《读唐志》

例2:周公没,圣人之道不行;孟轲死,圣人之学不传。道不行,百世无善治;学不传,千载无真儒。

——程颐

(2)【学生介绍】(建议:可以从孟子的生平、地位以及影响等多方面入手)

例1:孟子是战国时期伟大的思想家,名轲,邹人。他幼年丧父,家庭贫困,在母亲的教导下勤奋学习。青年时以士的身份游说诸侯,推行自己的政治主张,后来退居讲学。孟子继承和发展了孔子的思想,并提出一套完整的思想体系,被尊奉为"亚圣"。

例2:孟子的思想集中反映在《孟子》一书中。性善说,是孟子思想的基石。它贯穿于整个思想体系之中,并为人的自我修养、自我完善提供了可能,为用教育的方法来解决人的问题乃至社会问题提供了理论依据。

(3)孟子的学说除了继承了孔子的儒家思想外,还在哪些方面有所丰富和发展?

例1:"仁义礼智信"为儒家"五常",孔子提出"仁、义、礼",孟子延伸为"仁、义、礼、智",后经董仲舒扩充为"仁、义、礼、智、信",后称"五常"。(具体略)

例2:孟子主张"施仁政,行王道""以德服人"。"重民轻君"是他"仁政"学说的重要组成部分,他把人民放在第一位,提出"民为贵,社稷次之,君为轻"。(具体略)

3."孔孟"故事会(每名学生可以提前搜集与"孔孟"有关的小故事)

(1)孔子和孟子除了思想上有许多共同点,成长的经历也颇为相似。两人同是幼年丧父,而最早对他们的成长产生重要影响的就是他们的母亲。谁了解他们的成长经历,来讲述一下孔子(或孟子)与母亲的故事?

(建议:"孔母"不似"孟母",为学生所熟知。教师可以事先提示部分学生专门搜集整理"孔母"的故事,如"教孔子学礼""亲临授教""外傅佳堂"等,具体略)

(学生比较熟悉的有"孟母三迁"、"断织教子"、"杀豚不欺子"等,具体略)

(2)通过PPT适时展示学生不太熟悉的故事《孟子欲休妻》(请学生复述大意,交流阅读启示)

孟子妻独居,踞①。孟子入户②视之,谓其母曰:"妇无礼,请去③之。"母曰:"何也?"曰:"踞。"其母曰:"何知之?"孟子曰:"我亲见之。"母曰:"乃汝无礼也,非妇无礼。《礼》不云乎?'将入门,问孰存。将上堂④,声必扬。将入户,视必下。'不掩人不备也。今汝往燕私⑤之处,入户不有声,令人踞而视之,是汝之无礼也,非妇无礼也。"于是孟子自责,不敢言妇归。(选自《韩诗外传》)

注释:①踞:箕踞,坐时随便,伸开两腿,像个簸箕,是一种不拘礼节的坐相,这样做对亲人、朋友、陌生人都不礼貌。②户:此处指内室。③去:离开,离去,此处指男方把女方赶回家,即休妻。④堂:正屋,客厅。⑤燕私:闲居休息。

(启示:如孟母教子,循循善诱;孟子受教,知错就改;与人相处,要严于律己,礼貌待人;也可以结合古人对"礼"的重视分析)

(3)同学们刚才讲述了孔子、孟子与他们母亲相处的一些故事,现在谁还知道其他与两位圣贤有关的小故事呢?(讲完请学生谈收获)

相关故事(具体略,详见附文资料)

(1)孔子赏乐　　(2)"发愤忘食,乐而忘忧"　　(3)孔家弹瑟
(4)孔子误会颜回　　(5)孔子学琴　　(6)孔子游春
(7)朱元璋删《孟子》　　(8)一曝十寒　　(9)掘井九轫不及泉,犹为弃井

(4)(师)孔子辞世:孔子一生四处奔波,周游列国,却始终不得志,他本想辅佐诸侯恢复周礼,建立一个统一强盛的周王朝,但这个政治理想最终也没能实现。69岁时,他的独子孔鲤去世。71岁时,得意门生颜回病卒。72岁时,弟子子路又死于卫国内乱。此时,孔子不但悲痛至极,而且身染重病。在他临终前,弟子子贡来拜见他。他让子贡弹琴,自己和着琴声低吟:

"太山坏乎! 梁柱摧乎! 哲人萎乎!"——《史记》

意思是说:"泰山啊,将要坍塌了! 梁柱啊,将要腐朽折断了! 哲人啊,将要如同草木一样枯萎腐烂了!"接着他流着眼泪对子贡说:"天下无道已经很久很久了,没有人肯采纳我的主张。我的主张不可能实现了。"七日后,这位中国历史上最伟大的思想家、教育家与世长辞。孔子的墓地就是今日的"孔林"。

(5)【孔林图片】请你综合以下资料,结合自己平时的积累,猜一猜后人在"孔林"种植松柏的用意。

(例如:松柏都种植在帝王祭祀的地方或家族墓地。在帝王祭祀的地方种植松柏是希望帝业千秋万代传下去;在家族墓地种植松柏象征着本家族像松柏一样兴旺,常青不败。而孔子生前就喜柏树,他曾说:"岁不寒,无以知松柏;事不难,无以知君子",故孔子故园现在依旧古柏林立。)

(课后思考:想进一步了解孟子的同学,课后可以去探究孟子的死因。)

三、重温经典(从《论语》《孟子》看圣人)

1. 颂名篇(回顾以往学过的有关于孔子和孟子的名句、名篇)

(1)回顾学过的课文,考察名句背诵和主旨理解(原文填空式、理解性默写式)。

七年级上册第二单元《〈论语〉十则》

九年级下册第五单元《得道多助,失道寡助》、《生于忧患,死于安乐》、《鱼我所欲也》

(2)学生推介这两部国学经典

例1:《论语》是儒家学派的经典著作之一,它以语录体和对话文体为主,记录了孔子及其弟子言行,集中体现了孔子的政治主张、伦理思想、道德观念及教育原则等。《论语》与《大学》、《中庸》、《孟子》并称"四书"。通行本《论语》共二十篇。《论语》的语言简洁精练,含义深刻,其中有许多言论至今仍被世人视为至理。

例2:《孟子》为儒家经典之一,是由战国中期著名的思想家、政治家和教育家孟子与其学生万章、公孙丑一起完成的。《孟子》共七篇:《梁惠王》(上下)、《公孙丑》(上下)、《滕文公》(上下)、《离娄》、《万章》(上下)、《告子》(上下)、《尽心》(上下)。《孟子》继承、发挥了孔子的思想,吸收《论语》中的精华,接受了《大学》《中庸》的一些特点。南宋朱熹又把《孟子》与《论语》、《大学》、《中庸》合为"四书",成为儒家经典之一。

(3)同学们知道《论语》、《孟子》的篇目是如何命名的吗?

这种标题是索引性的标题，命题往往只是为了划分章节，以方便阅读。《论语》中除了个别以“子曰”开头的篇目未用前两字（因为用“子曰”当篇目名，没办法区分），其余基本都是每一篇的开头两个字。

2．话经典

假如孔子和孟子都活在当下，你愿意跟随哪位大师学习？结合孔子或孟子的言行思想简要谈理由。（尽量结合《论语》或《孟子》中的记述阐释）

我愿意跟随_______学习，因为_______________________________________。

（提示：若引用著作中的原文，最好能对其意思稍作阐释，并结合实际谈理由）

例1：我愿意跟随孔子学习，因为他曾说“君子坦荡荡，小人长戚戚”“君子忧道不忧贫”，其实就是要我们有宽广的胸怀，要有远大的思想境界。每一个学生都是怀揣梦想来到学校，我们有理想有抱负，希望将来能在社会上成就一番事业。可有些同学上了初中以后，只会攀比吃穿却不关注学习，或是受了一点挫折就萎靡不振。其实要想实现理想，我们就不能对于一些小事斤斤计较、患得患失，而要着眼于真正的大事：我们应该在未来的几年里，通过不懈的努力更好地完成自己的学业。

例2：我愿意跟随孟子学习，因为《孟子·告子》里写到“羿之教人射，必志于彀，学者亦必志于彀。大匠诲人必以规矩，学者亦必以规矩。”从这里我们不难看出，没有规矩，不能成方圆。射箭如此，学习也是如此。安邦定国，治理天下又何尝不是如此？凡事都要有法则可依，有规律可循。作为一名班长，要想管理好班级，我认为必须要制订出一套合理的班规，并且自己要严格遵守，坚定不移地执行。只有班级干部以身作则，才会上行下效，形成一个良好的班级氛围。

教师适时总结：

例1：作为一名学者，孔子秉承“三人行必有我师焉”的谦逊，推崇“学而不思则罔，思而不学则殆”的态度，为后人所传诵；作为一名教育家，他提出“有教无类”，倡导因材施教，被今人尊为万世师表；作为一名思想家，他编“四经”作《春秋》，为后世儒学者奠定了主旋律；作为一名政治家，他深知“苛政猛于虎”，提出仁者爱人，劝统治者施行仁政。无论从以上哪方面来说，孔子都是值得我们学习的典范。

例2：虽然孟子离开我们已经两千多年了，但他的性善说早已成为中国传统人性论的主流；他的王道、仁政学说，历代王朝奉为施政准则；他的良知说，启发了宋明理学的革新派；他的养气说，为后来心性论提供了可贵的思想资料；他的仁者无敌、得道多助、失道寡助的思想，为后世外交军事的最高指导原则；他的社会和谐理论是中国古代社会和谐理论的代表，对我们今天构建社会主义和谐社会依然具有多方面的启迪意义。

3．荐妙语

分组推荐展示《论语》、《孟子》中的名句，让其他学生猜测该句所阐述的道理。（每组预先准备5则，并备有句义阐释和推荐理由，然后由教师负责筛选，避免重复，控制难度，由于时间有限，最后每组保留两则进行推荐便可）

例1：“敏而好学，不耻下问。”“以能问于不能，以多问于寡；有若无，实若虚。”——我们在学习的过程中总会或多或少遇到一些困难,真正的好学者不拘泥于固定的老师,因为随时随地都可以向别人学习,不仅要向地位、学识比自己高的人请教,还要主动、谦逊、不耻下问,因为每个人都有长处,我们只有虚心向别人学习,才能不断进步。

例 2:“老吾老,以及人之老;幼吾幼,以及人之幼。”——敬爱自己的老人,爱护自己的孩子,这是人之常情。如果能从这一点出发,对待别人的老人或孩子,像对待自己的老人和孩子一样,那么,我们就将自己的爱施与了社会,也迈出了成为道德高尚的人的第一步。

(可以将本次活动的材料,整理装订成册,名为《开启国学之门》)

四、走近国学

1. 了解“先秦诸子百家”

(如果时间来得及,可以向学生简单介绍“百家争鸣”以及国学的范畴,培养学生日后研究先秦文学和传统文化的兴趣)

2. 推荐阅读

(1)《论语》、《孟子》(原作或译本均可)。

(2)南怀瑾的《论语别裁》、《孟子旁通》。

(3)百家讲坛:如于丹的《论语心得》,傅佩荣的《孟子的智慧》,马瑞芳、纪连海的《感悟孔孟》,孔庆东的《论语的魅力》等。

(4)《墨子》、《庄子》、《韩非子》(原作或译本均可)。

附:参考资料

孔母教子的故事

孔母颜征在是我国古代伟大教育家孔子的第一位启蒙老师。小时候,孔子的母亲颜征在深谙学习的最好导师在于兴趣。由于孔子住的地方与宗府相离不远,所以每到祭礼的时候,颜征在都会想办法让孔子前往参观。颜征在还让儿子学习周朝的各种礼仪,以便将来从政治国,辅佐明君。

颜征在的父亲是一位饱学之士,自幼受父亲的直接传授,她积累了丰富的见识和学养。回到鲁都后,颜征在把三间房子中的一间作为书房,准备在孔子满 5 岁的时候教他念书。她先收了五个小孩子,在自己家教发蒙的书,并得到每位学生家的学资——五斗小米和一担干柴,这足以养活母子两人。孔子不到 6 岁开始跟班学习。由于孔母苦心栽培和细心教育,小孔丘还不到 10 岁,已经读完全部发蒙功课。孔母这一段家教生涯,对孔子以后办私学、兴教育,起到直接的影响。

按照当时的规矩,童子 10 岁就要外傅(跟别的老师去念书)。孔母关闭了她的学堂,把小孔丘送到城内最好的学堂,学习诗歌、典籍、历史等功课,即后世称为《诗》《书》《礼》《乐》等内容。

孔子 17 岁时,其母颜征在仙逝,终年不过三十四五岁。与孟母教子相比,孔母虽然少了些经典的范例,但是作为一个年轻守寡的女人,能够择良而居、亲临授教、外傅佳堂,成就了中国最伟大的教育家、思想家,足以名垂千史。

《孟子欲休妻》译文：

孟子的妻子独自一人在屋里，伸开两腿坐着。孟子进屋看见妻子这个样子，就向母亲说："这个妇人不讲礼仪，请准许我把她休了。"孟母说："什么原因？"孟子 说："她伸开两腿坐着。"孟母问："你怎么知道的？"孟子说："我亲眼看见的。"孟母说："这是你不讲礼仪，不是你媳妇不讲礼仪。《礼经》上不是这样说吗？将要进门的时候，必须先问屋中有谁在里面；将要进入厅堂的时候，必须先高声传扬，(让里面的人知道)；将进屋的时候，必须眼往下看。《礼经》这样讲，为的是不让人没准备，无所防备。现在你到妻子闲居休息的地方去，进屋没有声响，(人家不知道，)因而让你看到了她两腿伸开坐着的样子。这是你不讲礼仪，而不是你的妻子不讲礼仪。"孟子(听了孟母的教导后)，认识到自己错了，再也不敢说休妻的事了。

与"孔孟"相关的故事资料：

(1)孔子赏乐：孔子在齐国，有机会欣赏到他认为最美妙的韶乐。谓其"尽善矣，又尽美也！"(极动听优美)而后大受感动，一连好多天老是想着它，吃肉也没有味道了。

(2)楚国某县尹问孔子弟子，请他谈谈对孔子的看法，弟子木讷小心，一言不发，县尹只得怏怏而回。孔子得知后，很不高兴，怨道："你为什么不说：'我的老师是个发愤忘食，乐而忘忧的学者啊？'"

(3)孔子的弟子子路，为人刚勇，一日在孔家弹瑟，瑟声中带有杀气，犯了孔子的大忌——仁。孔子自然不喜欢，又不便发作，就不满道："子路弹瑟的本领已经登上厅堂，但尚未能进入内室。他为何要在我家弹瑟啊？"

(4)孔子误会颜回：有次孔子受困在陈蔡一带的地区，有七天的时间没有尝过米饭的滋味。有一天中午，他的弟子颜回讨来一些米煮稀饭。饭快要熟的时候，孔子看见颜回居然用手抓取锅中的饭吃。孔子故意装作没有看见，当颜回进来请孔子吃饭时，孔子站起来说："刚才孟李祖先告诉我，食物要先献给尊长才能进食，岂可自己先吃呢？"颜回一听，连忙解释说："夫子误会了，刚才我是因看见有煤灰掉到锅中，所以把弄脏的饭粒拿起来吃了。"孔子叹息道："人可信的是眼睛，而眼睛也有不可靠的时候，所可依靠的是心，但心也有不足靠的时候。"

(5)孔子学琴：孔子十六岁那年去向师襄子学琴艺。一次，孔子弹一首曲子，他一连弹了十多天也不调换。老师建议他换一首曲子，孔子却说我已经熟悉这支曲子了，但我还没有领悟他的技术，之后他又弹了很久很久，直到领悟到曲子的技术，用意甚至曲子的人物形象方才罢休。十六岁的孔子就能对一首曲子如此深究，难怪他日后成为"中华圣人"！外因通过内因起作用，内因是起决定性的。

(6)孔子游春：春天到了，孔子听说泗水正涨春潮，便带着弟子们到泗水河边游玩。……温暖的太阳是她明亮的眸子，和煦的轻风是她甜蜜的絮语…… 孔子的心情很不平静，就像他眼前的泗水波澜起伏。……陷入了沉思。弟子们不知老师在看什么，都围拢过来。子路问道："老师在看什么呢？"孔子说："我在看水呀。""看水？"弟子们都用疑惑的眼光望着老师。颜回说："老师遇水必观，有道理，能不能讲给我听听？"孔子凝望着泗水的绿波，意味深长地说："水奔流不息，是哺育一切生灵的乳汁，它好像有德行。水没有一定的形状，或方或长，流必向下，和顺温柔,它好像有情义。水穿山岩,凿石壁,从无惧色,它好像有志向。万物入水,必能荡涤污垢,它好像善施教化……由此看来,水是真君子啊!”弟子们听了老师的一番宏论,无不惊讶,谁能料想,从司空见惯的流水中,老师竟能看出如此深奥的道理!

(7)朱元璋为什么要删《孟子》?

因为孟子时常在各国的国君面前,直言告诫,从平民的角度告诫国君应该做什么,不应该做什么,有伤国君的尊严。更因为孟子提出的“人皆可以为尧舜”,不迷信权威的主张,可能会危害到朱家皇权的利益。

(8)有人指责孟子不尽力帮助齐王。孟子便解释说:“比如说,天下有些易活的植物,假如把它放在太阳下晒一天,然后再把它放在阴冷的地方冻十天,即使是生命力再强的植物也会死。我见到齐王的机会少之又少,即使给了他些良好的影响与帮助,我一离开,一些和我主张不同的人,又带给他许多不好影响。我怎么能使齐王的思想、品质好起来呢?”

(9)孟子看到一个人在掘井,已经挖了七丈二尺,可停止了,认为这里没水,孟子鼓励他:“继续挖,别放弃。”那人听也不听,扭头便走,他还是那个念头:这儿一定没水。于是便去另一个地方掘井了。孟子说:“掘到七丈深,离水泉涌流只有一步之遥了,就此罢手,岂不可惜?”这就是孟子的名言“有为者辟若掘井,掘井九轫而不及泉,犹为弃井也”的来历。

【孔子之死】

孔子病,子贡请见。孔子方负杖逍遥于门,曰:“赐,汝来何其晚也?”孔子因叹,歌曰:“太山坏乎!梁柱摧乎!哲人萎乎!”因以涕下。谓子贡曰:“天下无道久矣,莫能宗予。夏人殡于东阶,周人于西阶,殷人两柱间。昨暮予梦坐奠两柱之间,予始殷人也。”后七日卒。——《史记·孔子世家》

【孔林由来】

孔子死后,弟子们为了表达对老师的哀思和怀念,就决定在孔子墓旁栽上一些树。子贡说:“老师很喜欢松柏,子曰‘岁寒然后知松柏之后凋也’,可暗喻老师锲而不舍、奋发上进、不畏严寒、坚强刚直的品格。”于是,在孔子的墓地旁,弟子们就栽下了许多松柏。

尽管孔子的弟子很多,但远没有在墓地达到植树成林的程度。自汉高祖刘邦公元前195年农历12月以太牢(猪、牛、羊各一头)之礼祭祀孔子之后,历代封建皇帝竞相仿效,才使孔子的身价和名气不断提高。到了东汉,整个孔氏家族的墓地还不过一顷,还没有被称为林。东汉后,历代统治者一再下令扩修孔子墓地,不断地植树志哀。宋文帝元嘉19年(公元442年),一次就为孔子墓地“栽松柏六百株”。到了唐代,唐太宗贞观十一年(公元637年),为了表示皇上尊孔重儒,保护好这片树林,便下令拨给孔氏家族“户二十,奉守林庙”。这是历史上最早称孔氏墓地为“林”的记载。不过,此时所称的“林”,似乎不指墓地,而是指墓地上的树林而言。后来到宋代大中祥符元年(公元1008年),宋真宗东封泰山过曲阜,专门前往孔子墓地,一改过去的称谓,正式以“林”代称墓地了。

从此,孔氏家族的墓地称为“孔林”,亦叫“至圣林”。这三个字现在就在孔林的第一道大门上。

孔子的墓地称林后，儒家学派的主要人物也效仿孔氏家族的做法，把家族的墓地易称为林。孟子的故里有孟母林、颜氏家族的墓地称颜林。曾子的故里有曾庙和曾林。正是孔家的这种风气，逐渐影响到普通老百姓家，把自己家的墓地也叫林，其实有许多的坟地一棵树也没有。据我所知，在山东和东北大部地区，现在老百姓仍称自己家的墓地为林，可见"林"在民间的广泛深远的影响。

【荐妙语】

"日知其所以，月无忘其所能，可谓好学也已矣。"——每天知道一些过去所不知道的，每月都不忘记已经掌握的，这样就可以称为好学的人了。

"君子食无求饱，居无求安，敏于事而慎于言，就有道而正焉，可谓好学也已。"——求学的人对于吃住问题不必过多计较，重要的是要勤敏做事，慎于言论，向有道德学问的人学习，这才算得上好学。将饥寒威胁置之度外，这是乐学忘忧的境界。

冉求曰："非不说子之道，力不足也。"子曰："力不足者，中道而废，今女(汝)画。"——我们平时学习时也总是爱找客观原因，认为自己能力不足，脑子笨，没有恒心，无毅力，却不肯下功夫学习基础知识，学习知识也总是浅尝辄止。学习就要树立远大的目标，有坚定的信念，再加上科学的学习方法和严谨的学习态度，才能取得不菲的成就。

乐民之乐者，民亦乐其乐；忧民之忧者，民亦忧其忧。乐以天下，忧以天下，然而不王者，未之有也。(《梁惠王下》)——"乐以天下，忧以天下"这使我们想到《岳阳楼记》中范仲淹那传诵千古的名句——"先天下之忧而忧，后天下之乐而乐"——不正是由此生发出来的吗？不过，从"乐以天下，忧以天下"的与民同乐同忧到"先"天下之忧而忧，"后"天下之乐而乐，的确注入了更为强烈的使命感和自我牺牲精神，而且，也更具有一种浓厚的悲剧意识。

大人者，不失其赤子之心者也。(《孟子·离娄下》)——孟子认为人性本善，所以寻求人的道德，要寻求从先天带来的本真。在后天将这种本真加以引导，不使思想、行为变坏，就成为了君子。

穷则独善其身，达则兼济天下。(《孟子·尽心上》)——当你穷困不得志时，它以"独善其身"的清高抚慰着你那一颗失落的心；当你飞黄腾达有时机时，它又以"兼济天下"的豪情为你心安理得地做官提供着坚实的心理基础。因此，无论你穷与达，它都是一剂绝对见效的心理良药，是知识分子战无不胜的思想武器与法宝。

民为贵，社稷次之，君为轻。(《孟子·尽心下》)——孟子的这句话是其民本主义的集中体现。民众是天下国家的根本，民众决定国家的安危，天子、国君和大夫要按照民众的意愿办事。这句话承认了人民大众在历史上的决定作用。

(注：本设计所附"参考资料"主要根据宁波市数字图书馆(维普)期刊资源筛选整理)

(北仑区芦渎中学　谭伟强)

《岁月如歌——我的初中生活》教学设计

【设计意图】

“岁月如歌——我的初中生活”是人教版义务教育课程实验教科书《语文》九年级下册第六单元“写作·口语交际·综合性学习”的话题。从教材的编写意图来看，是要让学生通过这次活动，总结三年来初中学习、生活的得失，增进友谊，促进班集体团结向上，为更高一段的学习鼓劲，同时锻炼写作、口语交际能力。

【活动目标】

1. 知识与能力目标

通过对三年来的有关学习、生活等各种资料的搜集和整理，让学生重温初中生活的欢乐与美好，在交流中锻炼写作、口语交际能力。

2. 过程与方法目标

创设一个学生自我展示的空间，让学生的语文知识和语文能力的综合运用得到表现。

3. 情感、态度与价值观目标

营造一个情意融融、心灵相通的环境氛围，让学生重温初中生活的欢乐与美好，体验合作与成功的喜悦，培养学生热爱生活的情感。

【活动准备】

1. 时间安排

活动准备时间可计划一周。三年初中生活的回忆总结，毕业前的告别，学生要说的话很多。

2. 组织安排

活动的策划、组织和实施都由学生担任。本次活动由班委会组织全体同学参加，活动的内容比较多，同时临近毕业，时间比较紧，所以难度也比较大。教师放手让学生策划、组织、实施的同时，要视情况予以指导、建议。

3. 不要因为活动影响正常教学

同学三年，一旦分别，感慨万千，依依不舍，这是人之常情。但有时兴奋过度，几天甚至更长时间处于兴奋中，就会影响学习。教师要及时提醒他们恢复平静，继续前进，友谊长存。“海内存知己，天涯若比邻。无为在歧路，儿女共沾巾。”王勃劝慰朋友的诗句，说的正是这种情景。

4. 要关心“弱势”群体

可能有少数学生出于升学压力或其他方面的原因，不愿参加活动。要采取适当的方式帮助他们消除顾虑，参加集体活动正是减轻压力的一种方式。

【活动过程】

一、序言

岁月荏苒，青春行走在时间的河岸，渐行渐远。记忆在风中飘落，为我们唱着过去的赞歌，那些琐碎的记忆在脑海里定格成了一个个片段。一个个镜头在脑海中回放，将它们连成一条永恒的线，穿起那些落叶般的美好与幸福。让我们打开记忆之书，重温那份永存于心的旧日温馨吧！

二、第一章　忆往昔岁月

三年前，稚气无知的我们在这里相逢，三年中，我们经历了许多的快乐与痛苦，而三年后，我们却不得不面对离别，今天，就请大家一同翻开我们的青春纪念册，来回顾我们自己的成长过程。

你还记得这些往事吗？

（幻灯片循环播放三年中同学们学习生活的照片）

问题：初中三年中，给你影响最大的人或事是什么？谈谈你的收获。

（高兴的事好说，大家分享快乐。说到“不愉快的事”时，要分析“不愉快”的原因，“过去的就让它过去”，以后过愉快的生活。当“不愉快的事”涉及人，或同学，或老师时，要能体谅。提倡“化解矛盾”，“消除隔阂”，在适当的场合握手言欢。）

（鼓励学生畅所欲言，鼓励学生能在说明白事件的基础上来一点个性感悟。）

无论是欢声笑语，还是艰辛苦涩，因为我们曾经经历，所以我们成长，这就是我们的收获。曾经的岁月让我们难忘，让我们一起来诵读《难忘的岁月——我的初中生活》。

附：

难忘的岁月——我的初中生活

四月的春风，半是辉煌，半是烂漫，那是春风走过的地方。它吹绿了小草，吹开了花朵，吹出了青春的赞歌。Θ

十五岁的青春年华，是金色的年华，是人生的花季和雨季。亲爱的朋友，三年的时光，幽静的走廊，是你陪着我走过，在这条长满荆棘的青春路上，有你有我，彼此才不孤单。敬爱的老师，您曾带领我在知识的海洋里遨游。带领我欣赏了一个又一个美景，跨过了一个又一个绊脚石。而如今，终于到了分岔路口，要放开彼此的手，从今以后自己走……Θ

我喜欢，站在窗前看操场，看操场上来来往往的人群，看男孩子们打篮球时帅气的身影，看女孩子们坐在草地上嬉戏聊天……在最后的一年里，心中多了忧伤，多了惆怅，多了不舍，于是更加喜欢站在那窗台上眺望，吹风，无所事事，更加喜欢窗外飘落的雨丝和午后那一抹明媚的阳光。Θ

夜深人静时，一个人的回忆，记起了一张张幼稚，纯洁，亲切的笑脸，想起一起去参加社会实践，一起参加运动会，一起参加广播操比赛……一起做的许多事情，那凌乱的教室和写满板书的黑板。记起的全是大家的好，即使有争吵，有埋怨，有不解，但这一切，都更加衬托了友谊的珍贵。亲爱朋友们，你们会记得我吗？我的好？我的坏？当你们孤单时，请抬起头，夜晚的天空中，最明亮的那颗星，是我对你们深深的祝福。我还是孤单的吗？新的世界，新的环境，新的面孔，你还会记得我们之间的点点滴滴吗？Θ

我清楚的悲伤着，清晰地看着最后的时光从我身边一点一点地流逝，我什么都不能做，也什么都做不了，无奈地眼睁睁地看着离别越来越近，却也越来越恐惧。于是，将彼此的手拉得更紧了一些。亲爱的，别放开我的手，因为前方是暗淡的，不知还会有多少坎坷，多少难走的路……

梦想，喜悦，悲伤汇成了我们青春的所有纪念。你有你的路要走，我有我的天空要寻。再见了，难忘的岁月——我初中生活。Θ

读完后让学生提一个最想问老师的问题，教师联想表述自己初中生活中最有意思的事。

岁月如歌，亦如诗如画，下面请用诗的语言来赞美这段生活。

三、第二章　恰同学少年

通过刚才同学们的朗读，激起了我们无限的情思，接下来，我们就来一个诗歌朗诵会，来表我们的离别情。

附：

三年是一段怎样的岁月

第一年，我们带着稚嫩的脸和好奇的眼
系着鲜艳夺目的红领巾
一步步认识集体，融入家庭
慢慢积累推心置腹的交情

第二年，我们带着对彼此的熟知
徜徉在更上一层楼的知识乐园
集体活动的团结一致
一次次独占鳌头

第三年，我们带着殷殷期盼
开始了更为艰辛的攀登
我们同甘共苦
我们共同进退

我们一点点谱下青春的诗，岁月的歌，往昔的回忆
坚守着足下的土地

时光如白驹过隙
在懵懂中却始终看不透
三年是一段怎样的岁月？

（陈嘉怡）

年华是一曲不老的弦音

寂弦弹奏着一曲弦音
谱出了年华的自在

匆匆的岁月
留下不朽的音符
灵动于心
轻拂于脾
前尘注定今生的年华
相遇不过是瞬间
转身依别泪惊潸
璨然间
不老永刻
铭记不朽

生命就是一场美丽的挣扎
但是——
你好，明天！

（戴增璐）

曾有你的曾经

想起你们，
我那些在十六岁前便已垂垂老去的你们，
便想起了曾经，
那唯有阒静千年、方能心平气和提及的“曾经”

那些“曾经”，

在酷暑严寒中刻骨铭心，
它们消解于云淡风轻，
重现于被蚕食之斑驳的蜃楼幻景
而后越过谎言绵延的山，
浸透谤议丛生的雨
几个转身，几番起落
坠入泥泞，归于尘埃

心有天高，不甘于方寸之地
急于探近人间的台前幕后
观望这个花花世界
那些叫不天真、笃定的年代
不切实际的盲目、叫人心痛的善良

万千晴雨
铭记一生的却只有曾有你们的须臾
唯此一幅索骥之图
不能视一切为虚无

（贺 洁）

岁月之歌

没想到，日月如梭
转眼间，即将离别
岁月之歌在这个时候响起
回忆的波纹在这个时候荡漾
刚来时的片段仍记忆犹新
现在却面临残酷的分离
岁月呵！你不待人

回想起你的幽默
曾经带给我多少快乐——
同学！

回想起你的教诲
将会让我受益终身——

老师！
回想起你的模样
现在的风采依旧不减当年——
母校！

岁月之歌再次响起
啊！那永恒不变的承诺
那残酷的——
离别！

（李一昀）

四、第三章　永远的祝福

记忆的长河中，我们留下一长串欢笑与悲伤的浪花，未来的天空里，回忆和思念是一片飘逸动人的彩霞。让我们回忆过去，展望未来，祝福他人。给班上的一位同学或者老师写一段毕业赠言，尽可能展示个性，简短真挚。

附：

赠老师：

1. 亲爱的老师，三年过去了，你教导我太多了。您不仅教给我知识，而且还教给我做人的道理，这使我懂了许多。在这毕业之即，我希望您可以教出更多更出色的学生。（龚浩吉）

2. 敬爱的老师，三年就要过去了，我们也快和您说再见了，在这三年里，您为我们操了很多心思，您就像一位辛勤的园丁，守护着我们，默默地奉献着，在我们接下来的成长道路中，希望你们不仅是我们的老师，更是我们的朋友。（蔡天阳）

3. 三年的陪伴一朝就要分开，三年的目光这时就要散开，三年的教诲如对您的思念决不会忘怀。三年了，我们相处三年了，不免产生了些感情，虽早料到内心会疼痛，殊不知竟是这般剧烈。我坐下看着眼前这一行蚂蚁，仿佛被一条时光的锁链刺了记忆，那些金黄色的记忆碎片散了出来，时刻放映着我们的故事。果然，离不开您。（刘珊珊）

4. 老师啊！三年的时光已悄然过去，这三年里，有快乐，有难过，有困难，有挑战，都是您带着我们往前走，也许我曾让您头痛，也许我曾让您担忧，也许我曾让您哭笑不得，这都是我们一起度过的，最美好的回忆。尽管有一天您将桃李满天下，尽管您会忘记我们，但我们，始终都会铭记您的教诲。（毛迪芳）

5. 亲爱的老师，我们就要分开了，我舍不得你们。在这三年里，我曾经在沙漠上行走，希望有甘甜的泉水，而您虽在咫尺却不让我停下来痛饮甘泉，在我终于到达绿洲时您却递来那片甘泉。老师，临走前，我要送您一束鲜花，那花是我的微笑，那绿叶是我常青的思恋……老师，您值得思念，但思念一词，无力表达我热烈的衷肠，可以说思念似火在燃烧。（何颖）

赠同学：

1. 因为你们，我得到了友情；因为你们，我有了信心；因为你们，我每天都在欢笑。马上就要分开了，我希望你们还能像从前一样快乐地活着。分开后就不常联系了，但我们的友谊永远都在。相信你们能够用自己的努力得到自己想要的。加油，我永远顶你们。（徐璐）

2. 初三了，我们将要分隔两地，我们能否再见谁也不知道，你陪伴了我三年，陪我嬉笑，陪我学习，陪我玩耍，我跟你如同亲人一般，几乎已经不能分开，但是命运注定要我们分开，我们只能听天由命，我会想念你，我永远都会记得你。（徐巧丽）

3. 三年时间即将过去，虽然只有这短暂的三年时间，但是，我们却建立了深厚的友谊，使我们在分别的时候依依不舍，我们在一起的回忆是多么美好，但转眼我们分别在即，虽然不知道我们会不会再见面，但我们现在要好好珍惜这一刻。（岑娜波）

4. 转眼，三年的光阴即将逝去，徘徊在成长道路上的我们也将做出我们各自的决定。的确，是时候了，是时候分开了，是时候说“再见”了。火红的彩霞在雨后，真诚的友谊在别后，浇水不因石而阻，友谊不因远而疏，离你越远，思念越近。的确，这便是永恒回首的唯一理由，望我们于多年后再次重逢时，互相回忆我们之间的相识——相认——相知。（刘珊珊）

5. 不管未来有多遥远，成长的路上有你有我；不管相逢在什么时候，我们永远是朋友；不管未来有多长久，请珍惜我们相聚的每一刻；不管多少个春夏秋冬，我们永远是朋友；与你们同行，回想起我们曾经拥有过的共同理想；与你们分离，憧憬着我们重逢时的狂欢。我们即将步入新的生活，前面的路还很长很长，让我们更加珍惜今天所拥有的友谊，用真情去浇灌友谊的花蕾。（罗婷）

6. 三年了，时光飞逝，本以为遥远的毕业此刻就在眼前，回想三年，从那个懵懂的小男孩小女孩，从那时互不相识，到如今互相熟知，无话不谈，虽然常常起纷争，却并非真正为难，像一场场雷阵雨，大家忘了电掣雷鸣，只记得雨后彩虹。但愿你还能记得那一段充满着奋斗激情的闪亮日子。彼此分手，我会在某个夜晚，抑或是一个清晨，憧憬着我们重逢时的狂欢。（毛迪芳）

7. 今天是我们挥手告别的时候，请接受我的祝福，我们曾经一起疯过，苦过，笑过，努力过……现在我们即将要分离，同学啊！分别后不要忘记我们曾经一起走过的日子，今天，我们是亲密的同学，明天我们将是竞争对手，愿友谊在竞争中更加深厚！（高格）

五、尾声　同一首歌

“天空中没有留下翅膀的痕迹，但鸟儿已飞过……”青春像一只银铃，系在我们的心坎上。只有不停地奔跑，它才会发出悦耳的声响。“你们今天是桃李芬芳，明天是社会的栋梁。”我相信你们的明天会更好！

当我们沐浴第一缕晨光，阳光给了我们斑斓的希望；当我们第一次合影，微笑给了我们斑斓的畅想；当我们即将别离，回忆给了我们斑斓的守望；让我们合上记忆之书，齐唱毕业歌《送别》再诉离别情吧。

（慈溪市卫前初中　林益庆）

下篇　教学思考篇

性质与作用

综合活动课的几个特点

一、注重“课”的综合性

(一)注重“听、说、读、写”的综合

综合性学习是将语文的工具性与人文性进行统一的有效途径,它为听、说、读、写创造了必要的情境,提供了可以讨论的话题,也为学生寻找课外材料指明了方向。如有教师在进行《马的世界》一课时,让学生先来讲讲有关马的故事,其他同学进行评价,看其故事讲得是否流畅、生动,然后再交流搜集来的有关马的成语、诗歌、散文,欣赏过后,让学生观看各种马的图片,拿起笔写一写自己喜欢的马。一堂课从听说到读写,遵循学生的认知规律,使学生的语文能力得到了全方位的训练。

(二)注重语文与生活的综合

教学时,应尽量让语文与生活对接,回归生活,这是大语文观的需要,综合活动课更该如此。不能唯教材是举,只是给学生讲解语文书本上的知识。应根据学生的实际生活需要,活用教材。更不能把综合性活动课看成是作文课,每个单元按部就班地给学生进行作文讲解,只注重学生“写”的能力的发展。综合性学习有面向生活的开放性与实践性的特点,它的开放性使得学生的生活实践有了更为广阔的天地。《语文课程标准》也指出,要“充分利用学校、家庭、社区等教育资源,增加学生语文实践的机会”。我们应帮助学生从家庭、校园以及社区生活中选择感兴趣的主题和内容;另外教师要做的就是“沟通课堂内外,拓宽学生的学习空间”,努力给学生创设相对开放的学习环境,为学生提供多渠道、多层面的实践机会,这对学生的实践能力和创新精神的培养,以及学生语文素养的提高都是有着相当大的推动作用的。如在进行《感受自然》、《雨的诉说》、《寻觅春天的踪迹》、《说不尽的桥》这样自然风情类的综合性活动课时,就可以给学生开放的空间,带领学生亲自去体验和感受,培养他们热爱自然、热爱生活的态度。

(三)注重语文与其他学科的综合

《语文课程标准》中明确提出:“语文学科提倡跨领域学习,与其他课程相结合。”多元智能理论认为:“传统教学过分强调语文和数学智能,忽视学生的运动、音乐、视觉、人际关系、自我认识等多种智能的培养,使得学生其他方面的智能受到一定程度的压抑,其智能优势难以充分展现。”刘仲林在《跨学科教育论》中说:“整合是新的科学观念和思维方式,它重现各学科知识、

理论、方法间的互渗、互补、互促,以取代相互排斥、相互孤立、相互封闭的思维方式;整合是新的知识结成新的知识网络,帮助人们整体地了解世界,认识世界,把握世界……”这些无不强调了语文与其他学科进行整合的重要性。有教师在进行《寻觅春天的踪迹》一课教学时,让学生用画笔描绘心中的春天,用音乐唱响心中的春天,学生通过画笔,通过音乐把自己对春天的独特的感受表达了出来,整个课堂洋溢着浓浓的春意。教学取得非常大的成功。

我们提倡综合性活动课中语文与其他学科的整合,但是必须关注到一点,那就是无论怎样综合,必须要立足语文,因为语文是其他学科的基础,而借助其他学科知识或者教学手段也是为语文课服务的,万不能本末倒置。

二、追求“课”的和谐美

(一)追求情境的和谐美

通过创设和渲染一种和谐的情境,将知识的传授在相应的情境中有效展开,这对于开展综合性学习有着非常大的意义。如有教师在《寻觅春天的踪迹》一课中,为了营造课堂情境,在上课伊始播放了班得瑞的轻音乐《童年》,并为学生展示了一幅幅春意盎然的图画,将学生带进了春日融融的春季,学生尽情地享受春日的幸福与温暖。有教师在《走上辩论台》一课中,先设置了几个有关辩论赛的常识问题,让学生对此进行抢答,学生顿时被抢答题所吸引,神经绷紧,极具竞争的性质。在这样的氛围下,学生个个如走上辩论台的辩手,对下一环节辩论赛的顺利展开有着相当大的推动作用。上什么类型的综合活动课,营造相应的和谐的情境,在和谐的情境下,实现师生情感和心灵的共鸣,实现生命活动的对接。

(二)追求师生关系的和谐美

和谐的师生关系,能够让学生敢于动口、敢于动手,形成积极的态度和愉悦的心态,能促使他们成为课堂真正的主人。但和谐的师生关系并不意味着学生可以随心所欲,并不是可以忽视甚至无视教师的地位和价值。真正和谐的师生关系是应把品味、赏析、质疑、思考、批判的权利留给学生,把组织、引导、点拨的权利留给教师自己。教师应成为学生的合作者和引导者,应善于开启思路,补充材料,总结方法。如有教师在执教《走上辩论台》一课时,留给学生足够多的权利和自由,放手让学生自行组织辩论赛,但在辩论的过程中,也不忘及时将学生发散的思路进行梳理,总结有关辩论的知识和方法;在学生的辩论偏离主题或语塞时,又会及时予以点拨、提示,以使辩论赛可以顺利进行。再如笔者在《背起行囊走四方》一课前,让学生搜集大量的材料,但对学生搜集的五花八门的材料笔者会予以辨别、整理,挑选出有价值的材料在课堂上呈现。这些不仅体现了师生关系的和谐美,也体现了教师“导”和“引”的作用。

三、凸显“课”的语文味

综合性活动课因为它的特殊性,使得很多教师只关注学生对活动的参与度,忽略了它所要体现的“语文味”。很多课堂看似热闹非凡,全员参与,而语文课所应有的情味和韵味却消失殆尽。综合性活动课必须立足语文,彰显语文的特点。要凸显综合活动课的“语文味”,笔者认为应做到以下几点：

（一）激活学生的情感

“学生不是待灌的瓶，而是待燃的火。”激活学生隐藏在内心的情感，捕捉住学生独特的感受，才能使语文课具有足够的“情味”。程少堂老师曾说过：“语文教学要培养学生的善良和悲悯情怀，首先就要把学生培养成情感丰富的人。要让学生学会感伤，学会有魅力的流泪，这是语文独特的任务。”教师要主动发掘课程能够凸显情味的点，并且努力去实现课程和学生之间的情感共鸣。如在《献给母亲的歌》这节课中，笔者先播放了《烛光里的妈妈》这首歌曲创设情境，很多学生被歌曲感染，为了让学生更进一步从身边的小事中感受到母爱的伟大，笔者用动情的语言向学生讲述了自己在北方时，母亲常在冬天起大早为我熬骨头汤的故事。当故事讲完，学生的情感已经被激活，很多人眉头紧锁，甚至有学生眼含泪花，他们心中对母亲的爱呼之欲出，整个课堂都洋溢着浓浓的情味。再如《寻觅春天的踪迹》一课中，教师带领学生从“自然的春天”走进“诗文的春天”，再走进“心灵的春天”，要求学生对春天“深情关注”，为春天“写一首赞歌”，学生随着课堂梯度的不断升级，情感也不断被激活。

（二）丰富语言的积累

语文课的“语文味”离不开语言的积累。余映潮老师说过：“在语文教育中，不注重积累，学生的语文仓库就会贫瘠，学生的语文泉流就会干涸。”可见积累语言的重要性。综合性学习非常关注学生的活动，学生在活动中身心相对放松，在愉悦的学习氛围里积累语言，能够起到事半功倍的效果。如在《马的世界》这节综合性活动课中，教师让学生比赛背诵有关马的成语，在激烈紧张的竞赛氛围里，学生热情高涨，在此基础上，教师再提出要求，让学生将背出的成语应用到自己要写作的短文中，不仅实现了语言的积累，还实现了语言的运用。在这样有趣的活动课中，相信学生积累的成语定会“终生难忘”。再如有教师执教《世界何时铸剑为犁》时，让学生将搜集的“表示战争的成语”、“描写战争的诗句”、“有关战争的名言”分类整理在抄写本上，相信这不仅扩大了学生的文化视野，也提高了他们的语文素养。

（三）促成文化的积淀

语文是人类文化的重要组成部分，是传承文化的重要工具。弥漫着文化气息的综合活动课应是我们所追求的。我们要立足语言，给课堂注入浓浓的“文化味”，促成学生文化的积淀。如在执教《黄河，母亲河》时，笔者从“黄河——中国文化的起源”讲起，让学生体会黄河文化的厚重；在执教《莲文化的魅力》时，让学生了解“莲”不仅是文人所喜爱歌颂的对象，它已经成为一种文化，成为中国一种有着独特意义的意象；在执教《我所了解的孔子和孟子》时，笔者结合宁波的慈孝文化，将孔孟“仁”的文化思想进行传承和发扬；在执教《戏曲大舞台》时，笔者向学生详细介绍了中国的国粹——京剧，让学生感受国粹的魅力……这些无不体现出了活动课的“文化味”，相信这浓浓的“文化味”不会成为“过眼云烟”，定会历久弥新。

综上所述，在执教语文综合活动课时，我们应做到关注“课”的综合性，追求“课”的和谐美，凸显“课”的语文味。相信把握住以上三点，我们便可以大声地对综合活动课说“爱你也容易”！

（宁波江北区孔浦中学 翟 跃）

让综合性学习引领我们走进“大语文”

长期以来，语文教学效率不高，困境难以摆脱，学生对单一、枯燥的教学形式产生了厌烦心理，再加上寄宿制学校特殊的情况，学生接触外面世界的可能性变小，他们对生活、对语文的体验和感悟也日渐减少。因而如何提高语文课堂效率，扎实培养学生的语文能力，便成了我们语文老师共同思考的问题。“把世界作为你的课堂，将所有科目融合为一门完整的学科来学习。”这是《学习的革命》一书作者戈登·德莱顿与珍妮特·沃斯帮助学生走出厌学困境所提出的对策之一，而这样“一门完整的学科”，非“大语文”莫属！

作为一门基础学科，语文具有传授知识、发展能力、启迪智慧，以及陶冶情感、提高审美能力等多种功能。这是因为语文是一门涵盖面很广的学科，语文学习的外延与生活的外延是相等的。语文本身就是文化的载体，与一切文化知识息息相关。这一切都决定了语文学科与其他课程以及自然、社会之间的联系，也就是语文学科本身的渗透性。因此，语文教学不能拘泥于字词、段落或阅读上做文章，毕竟语文是一门语言的艺术，其教学成功的关键还在于语言的运用水平与人文素质的养成。那么，在语文课上有机地渗透其他相关的知识，使语文课海纳百川，成为“博学之学”，以各种教学方式的渗透和综合运用来激发学生学习语文的兴趣和热情是当前语文教学改革中一个重要课题。

以“大语文”观来指导我们的语文教学，是语文教学改革的必然趋势和有效途径。那么什么样的课程形态能便于更好地践行“大语文”观呢？我认为：语文的综合性学习就是这样一种课程形态。它与传统的语文课堂教学不同，它在教学时空上打破了课内和课外的界限，在课程内容上沟通了语文与其他课程以及自然、社会之间的联系。它以学生自身经验和社会生活为基础，以项目活动为载体，以课题探究为中心，让学生在自主实践中综合运用语文知识技能，发展语文素养和个性潜能。因此，可称之为“生活化的课程”、“经验性的课程”、“个性化的课程”。

语文综合性学习的本质是综合性言语实践活动，综合性是其突出个性。语文综合性学习通过各种层次的综合、整合，把语文课堂扩展成整个现实生活世界，把语文学习变为学生的真实生活，把以往彼此孤立的、缺乏生机的听、说、读、写环节，转变为学生充满活力的言语生命实践。这与“大语文观”强调的语文的外延即是生活是一致的。

具体来说，语文综合性学习的“综合性”表现在以下几个方面：

学习目标上，不仅综合了识字与写字、阅读、写作、口语交际等方面的能力目标，还综合了“知识与能力，过程与方法，情感、态度与价值观”的三维教育目标；

学习内容上，不仅综合了语文的“知、能、用”，还将语文与自然、语文与科学、语文与艺术、语文与生活、语文与社会进行了综合；

学习过程上，不仅综合了感知、理解、识记、分析、鉴赏、表达等语文学习过程，还综合了质疑、探究、体验、假设、验证、总结、反思等一般学习过程；

学习方法上，既综合了读（朗读与默读、略读与精读、味读与速读）、写（仿写、缩写、改写、创作）和口语交际（提问与答问、述说与演讲、讨论与交谈）等语文学习的基本方法，也综合了资料的搜集与整理、图表的阅读与绘制、音像的欣赏与表现、手工制作等操作方法；

学习结果上，体现为成果内涵的“知、情、意、行”多维统一，以及呈现形式的多样性（文字、表册、图画、照片、实物、表演等）。

由此看来，语文综合性学习确实为我们“大语文”观下的语文教学开辟了一块崭新的园地，但是要在园地中开出“美丽的花”，结出“甘甜的果”，却似乎并不那么容易。因为在实践中，语文综合性学习既是热点也是难点。相关报告和案例表明，综合性学习是学生喜爱的语文学习活动，但对教师而言，这种学习活动却是最难把握的。因此，要让综合性学习真正引领我们走进“大语文”，这对我们教师来说，自身专业素养水平的提高无疑是提出了新的要求。对此，我们可以从以下几个方面去尝试：

一、教学设计的取向：构建模块，系统设计

教学设计是教师依据学生特点和自己的教学理念，运用一定的方法，对教学活动进行规划、安排和决策。创造性的教学设计能激发学生的求知欲，促进学生综合素质提高的活动，是语文综合性学习教学设计的基本取向。从人教版的教材来看，综合性学习或连续或间隔地跟随主题单元，内容以专题或可选择的活动项目来呈现。因此，语文综合性学习教学设计不可简单沿袭传统的教学设计“系统方法”，必须转变设计观念，将系统方法和现代教学设计方法结合起来。现代的教学设计观主张以课题或问题为核心，不追求教学流程设计的严密性，强调活动方案的概括性和灵活性。所以，语文综合性学习的教学设计宜采用模块式的基本结构，按课题、项目设置模块，在模块中再采取系统方法设计教学内容、教学活动、教学策略、教学媒体等要素。一般来说，语文综合性学习实施的基本流程是：确立主体→制订方案→实践体验→交流评价。

此外，还应着力于“学习资源和人际关系的组合”，创设适合探究与交往的学习环境，便于学生更好地开展学习活动。

二、教学策略的取向：综合运用，弹性选择

所谓教学策略，是以一定的教学观念和教学理论为指导，为完成特定的教学目标或教学任

务，对影响教学的各个要素进行系统研究，最终形成的具体操作方式。实践中运用较多的语文综合性学习教学策略有以下几种：

趣味竞赛策略：这是常用的教学策略，青少年好胜心强，趣味竞赛能使学生体验学习的快乐，有利于培养竞争意识，密切学生人际交往。这一策略在每一项综合性学习中都可以运用，它能够充分调动学生的学习热情和积极性。

角色模拟策略：利用角色效应，激发学生学习兴趣，在角色模拟表演的言语实践活动中，收获对学习的体验，培养加工学习材料的能力。《话说千古风流人物》的综合性学习中，可以让学生将他们搜集的千古风流人物进行分类，如领袖风采、忠臣良将、文学才子、思想巨臣、抗战英雄、宁波本地的风流人物等，并选择最喜爱的人物编写课本短剧进行表演。通过表演能帮助他们了解这些伟大人物的辉煌成就，以及他们对中华文明产生的巨大影响，并从他们的身上找到激励自己前进的动力。

社会任务策略：针对学生探求社会问题的心理，将课题转化为他们能够胜任的任务，能有效地激发他们的学习动机，并在活动中增进社会责任感和交往能力。如在《让青春飞扬》的综合性学习中设计采访调查环节。要求学生采访三类人：一是采访老人，让他们回顾自己的青春时光，谈谈感想；二是采访中年人，让他们谈谈人生的奋斗经历；三是采访同龄人，了解他们目前的生活状态和理想。在采访过程中，学生既能记录真实，也能明白青春时光的宝贵，认识自己身上所肩负的责任。

专题探究策略：让学生综合运用历史与现实、自然与人文、科学与艺术等资源去发现问题、分析问题、解决问题。如在《探索月球奥秘》的综合性学习中，要求学生从六个方面搜集资料：(1)月球探秘；(2)有关月亮的诗歌；(3)有关月亮的成语；(4)有关月亮的对联；(5)有关月亮的神话传说；(6)有关月亮的歌曲，在搜集整理资料的过程中，他们也就初步了解了月球的自然现象和人文现象，培养了科学探索精神和人文精神。

情境模拟策略：通过模拟现实世界的场景，把现实问题转化为语文问题，让学生在“物化的世界”中展开创造性学习，培养创新意识和实践能力。如在《我也追“星”》的综合性学习中，通过营造高仿真度的生活化情境，让学生成为演练的主体，通过双向和多向的互动，演练“学明星、当明星”，体验追星与被追星的感受，以获得更直观的情感体验，同时也锻炼了他们的实践能力。

联结拓展策略：以单元课文为信息点，以“与信息点相关的所有信息”为学习内容，课内外联结拓展，相得益彰。如在《漫游语文世界》的综合性学习中，引导学生走进商业街，在生活中学习语言，从校园到社会，关注周围人们的语文生活，一方面能够拓展语文学习的空间，汲取营养，另一方面也能干预语言文字使用中不规范、不文明的现象。

上述策略可以综合运用。此外研究性学习中常用的策略，如小组合作、网络学习、交流分享、弹性选择等也都适用于语文综合性学习。总之所有策略都可以互相联结、整合，生成语文综合性学习的策略系统，以实现最优化教学。

三、教学评价的取向：侧重过程，形式多样

综合性学习的评价是对人的综合评价，公正性和发展性尤其重要。当代教育理论倡导对学生的知识与能力、过程和方法、情感态度与价值观进行全面的、综合的评价。要做到公正有效评价学生在综合性学习中的表现，可以将重点放在学习过程的主要环节上：项目确立和内容设计的学习价值和可探索性；对课程资源利用的优化程度；学习策略和方法的科学性及效果；参与实践的积极性和全程体验性；学习结果的新奇性和独特性；学习的合作性及交往状况；提出的见解是否符合人类的基本道德和规范；学习效率的高低等。总之，评价时宜粗不宜细，多鼓励少批评，调动和保持学生语文综合性学习的积极性，以促进学生可持续发展。

至于评价的形式，应当多样化。自我评价、相互评价、教师评价和社会评价要综合运用，不可偏废。例如在条件允许的情况下可以请学生家长、或是特聘专家、或是社区工作者等对学生的综合性学习进行评价。同时在校园或社区展示学生的学习成果，或将学生的某些优秀文本资料、图片成果推荐到报刊发表。这种形式多样的评价方式必然会激起学生更大的学习热情和学习兴趣。

综上所述，语文综合性学习这一课程形态已成为“大语文”教学观的重要载体，成为了语文新课改的特色和亮点之一。作为教师，特别是寄宿制学校的教师，我们应该多实践，多探索，为语文综合性学习的更好实施开辟出更宽更广的道路，让我们的语文学科绽放出新的光彩，焕发出无限的生机，让我们的学生能够从学习中更好地感受生活，感悟生命，从而切实提高他们的语文素养！

（宁波至诚学校　何　艳）

综合性学习应该姓“语文”

一、综合性学习的地位

作为一种新的学习方式和内容，综合性学习以一个固定的主题连带几种活动形式存在于每一单元之后。根据需求决定存在的原则，其实我们不难发现，“综合性学习”的出现不是偶然的。因为单纯的语文知识并不是语文，只有当它们被用来为人们解决生活中的实际问题时才能称为语文。有鉴于此，《语文课程标准》给出了语文发展的一个新的方向：“语文综合性学习有利于学生在感兴趣的自主活动中全面提高语文素养，是培养学生主动探究、团结协作、勇于创新精神的重要途径，应该积极提倡。”这也就是说综合性学习主要体现为语文知识的综合运用、听说读写能力的整体发展、语文课程与其他课程的沟通、书本学习与实践活动的紧密结合，同时这一提法也决定了语文学科的综合性学习是对学生语文能力及其运用的极大综合。

语文综合性学习的理论模型来自杜威的实用主义、皮亚杰的建构主义和多重智力学说的整合统一，是综合运用语文知识和能力的同时兼顾到相关学科知识和能力迁移运用的新型学习模型。在这一理论模型中，语文学科与其他学科的知识和能力是以一种整合的状态出现的，它有利于改善学生已有的知识结构和能力状态，最终达到促进学生新的认知结构的形成。综合性学习从根本上改变了学生语文的学习方式，把学生从被动、接受式的学习转变为自主学习、合作学习与探究学习，从而确立起了新的课程观和教学观。

二、综合性学习的缺陷

从目前的教学实施情况来看，语文综合性学习已经引起广大语文教师的足够重视，然而毕竟它还是一种新的学习形式，有着空间广阔的新的学习内容。相当多的一线语文老师面对综合性学习的授课内容，或多或少都会出现一种茫然的感觉，结果造成综合性学习出现了一些无法把握的局面。具体地说，当前的综合性学习的课堂教学存在着两大常见的问题。

其一是窄化。有些教师把综合性学习当成是学生阅读和写作能力的一种训练形式和手段，将综合性学习课上成了单元阅读课和写作课的补充内容，只做了些搜集资料、积累素材之类的工作。更有些教师对课本则完全采取功利化的措施,以布置背诵,应对知识性填空题为主。过分依赖教科书,唯教材是从,把综合性学习当课堂作业课来完成。这样一来,学生对综合性学习也就自然停留在"跟着老师走,感觉我没有"的阶段,甚至于让学生谈谈对综合性学习的感受,他可能只会给出"背诵""默写"之类的回答。所以很容易流于形式。

其二是泛化。为了避免出现单纯的识记型的教学模式,有些教师矫枉过正,于是往综合性课程中添加了太多太杂的非语文的学科知识和声光电等多媒体信息,结果一节课下来,课上热热闹闹,课下稀里糊涂。学生的听说读写能力的提高实在有限。课后也会给听课老师一种云里雾里的感觉:"这是科学课,是班会课,还是艺术课?这还是语文课吗?"实在是不像纯正的语文课了。

三、综合性学习应对策略

对于上述两种将综合性学习异化的情况,很多有识之士已有了足够的重视,也提出了许多操作建议。但是具体问题需要具体分析,综合比较之后,我们发现有一些建议的可操作性其实有待商榷。所以如何选择合适的教学策略,有效地开展语文综合性学习活动,成为摆在广大一线教师面前的棘手问题。

当然对于那些可行性的建议,我们可以根据具体的教学对象和其他情况进行一定程度的修正。笔者认为综合性学习应该姓"语文",以"文学体悟、文字运用、文化积累"为内核,应属一种比较适宜的综合性学习策略。

翻看近几年省内各县(市)区的中考语文试卷,我们注意到各地教研室对语文综合性学习的考察思路是非常清晰的。如2010年金华市中考语文试题卷积累运用部分中的第5题就是一道综合性学习题。从文字材料上,我们不难看出此道题的综合性,主要表现在如下方面:

1. 提倡跨领域学习。命题人带着"大语文"的观念将目光聚焦到当年的热点话题——世博会,设计出具体的语言环境。

2. 综合运用语文知识解决跨领域学习过程中的某些具体问题,融听、说、读、写活动于一体。第5题分为三个活动小题:见证世博——传承国学——国际交流。这三小题分别以对出下联、介绍地域名人、简介地方名胜的形式呈现。

结合2010年金华市中考语文试题卷的这道综合性学习题,我们发现它暗合了笔者在前文中所提及的"文学体悟、文字运用、文化积累"这一内核。比方说第一个小题需要考生通过对所给材料的阅读,进行文学体悟,概括出所对下联所需的关键信息。第三个小题"国际交流"则更关注学生对文字的综合运用能力。而要答好第二、第三两小题则需要学生平时的文化积累和教师在教学中对地域文化内容的涉及。所有的三个小题共同体现了"文化气息"。

分析习题不是我们研究的终点,综合性学习的根本目的是提升学生的语文能力。解析习题,反过来指导教学并不是舍本求末。其实可以说它是目前局面有些尴尬的综合性教学急需的一剂正本清源汤。当然这服汤剂中不可或缺的是"三文良药"——文学、文字、文化。这样能真正地符合"新课标"对语文综合性学习的内在要求:既能贴近生活,又能立足于检测学生的语文能力,紧紧抓住语文的缰绳。正可谓是"出新意于法度之中,寓妙理于豪放之外"。

(一)文学体悟

立足于学生的角度,我们发现中学生正处于心智成长、求知的阶段,知识结构并不完善,还不完全具备独立思考判断能力,在大量的信息中,很难筛选出有价值的材料,由此得出自己的学习结论。而且每个单元的语文综合性活动虽说有了活动的主题、大方案,但基本上没有明确给出细致的操作性强的过程计划。所以加强语文课程与其他课程以及生活的联系,沟通课堂内外的前提就变成学生能很好地对各种学习资源读通读懂。在这一过程中,老师就不能完全从学生的学习过程中脱离开去,只做一个旁观者。单纯地追求学生学习的自主性,培育学生探索精神,结果导致学生漫无目的,先进的教学方法也只能流于形式。所以教师在操作上可以从文学体悟的层面加以适当引导。这也暗合"新课标"中对教师角色定位的新要求。

以人教版语文教材七年级上册第二单元"综合性学习·写作·口语交际——漫游语文世界"为例,我们可以尝试一种有效的教学设计。语文世界,浩瀚如海,茂密如林。可以说,生活处处有语文。在这样的活动中,学生所面对的资料信息是无限宽广的,家庭、校园、社会、网络上的语言文字运用情况都可以成为活动学习的对象。为了提高学习的实效,便于活动的操作,我们确定了"新奇的网络奇语"、"巧妙的广告妙语"、"流行的时尚新语"、"生动的方言活语"等几类与本地区学生生活密切相关的鲜活词语作为本次"漫游"的领域。在"漫游"中,重点培养学生在活动中的主动探究和对各类信息的搜集、整合、处理的能力。教师可以通过解词环节让学生了解词语生成的来龙去脉和学习方向,也能够通过"下定义"的形式使学生对新词热语的内涵有更深入的了解,还可以借助品鉴,展示若干巧妙的广告、店门、标语、告示,从效果和写作手法等具体方面评一评它的巧妙之处。语言的归纳概括、根据已知信息推断新信息这样几个步骤环环相扣,有条不紊地推进,充分地保证效度,趣味的外衣之下又不失语文的本色。

(二)文字运用

综合性学习与平常的教学相比,在趣味性上有着先天的优势,通过灵活多变的形式,自然可以让原本稍显枯燥的文字读写能力的训练变得简单易行,易为学生接受。而且在内容上,综合性学习上的文字运用与一般的写作教学课还是有比较大不同的。篇幅不大,内容新鲜,形式多样是它的优势。现行的语文考查内容中的综合性学习也必定有一个小题是涉及应用型的文字运用内容。还是以上文提到的"漫游语文世界"为例,在评析成功的广告宣传语的精彩奥妙之后,上课教师可以考虑让学生进一步,仿写广告词,同样能达到平时作文课的练笔效果。当然,我们还可以根据综合性学习的主题,灵活地加以变通,选择不同的文字运用的方式。又比如在七年级上册的"我爱我家"综合性学习中,可以在课前的预习准备阶段让学生写一封给父母的信。在课堂教学环节对家庭亲情的感悟之后,再以学生的文章来进行升华,提升学生书信写作的能力。灵活运用文字,让学生在趣味中感受到文字的魅力,更为重要的是,这还能弥补现行语文教材对应用类文体关注不够的缺陷,一举两得。

(三)文化积累

苏霍姆林斯基曾有论述:"当儿童跨进校门以后,不要把他们的思维套进黑板和语文课堂的框框里"。所以我们应拓宽语文学习和运用领域,注重跨学科的学习,使学生在不同内容和方法的交叉、渗透和整合中开阔视野。继续以前文提到的“漫游语文世界”为例,在体悟文学、运用文字的基础上,让学生切身感受到鲜活的生活语文,更培养起对地域文化的一种感悟。而这一点从近几年来各地的中考语文命题的趋势中已有所印证。2010 年金华市中考卷需要学生对地域历史文化名人简介,2011 年宁波市中考卷中涉及的“海上丝绸之路”的对联题……一系列的大文化、大语文视野下的综合性学习内容都明白无误地告诉我们文化整合的重要意义。而通过阅读命题说明和解读试题,我们也发现综合性学习应该是文化的整合而非文化的混合。对于如何在语文课堂中上出文化味,使之具有一定的厚重的文化感,这需要语文老师有一定的跨学科的综合性的修养。

不过把握好“度”,是去泛化的关键。中学语文课而非大学文化课,这应该是所有语文教师的内心预设。“戴着镣铐跳舞”在一定程度上可以让课堂不至于重点缺失。而这一问题可以用笔者在上文中提及的“文学体悟,文字运用”来加以解决。比如“探索月球奥秘——仰望月亮”这一主题,教师可以让学生搜集与月相关的文学作品,经过讨论交流,甚至可以让学生分组“改诗为文”,进行文学的二次创作。在这样的预设中,学生总结出学习结论,感悟“月”在传统文化中的特殊地位,使课堂充满着文化的生成。这样一来,既有语文重点,又富有文化创新。

四、总结

综合性学习应该姓“语文”,以“文学体悟、文字运用、文化积累” 为内核的学习策略具有相当高的可操作性。其实语文教材上对于综合性学习的授课设计提到的只是很简略的几笔,更多的则是需要广大教师发挥主观能动性,充分利用各种语文教育资源,以各种已有的题型为切入点,用“文学体悟、文字运用、文化积累”构建起充满文学味、文本味和文化味的语文味十足的大课堂,让学生能理性的学习,感受语文的美好,提高语言表达的能力,最终提升自己的语文综合能力和语文素养。

(镇海区蛟川书院 李 戈 包晓明)

活动之后说“语文味”

有人说，传统的语文教学强调知识传授，是“结论式教学”，结果造成语文的外延不断萎缩，学生对学语文的兴趣越来越淡，于是大家齐喊“当语文老师可悲”。课改后，出现了语文综合性学习，在全新的理念引领下，大家又把综合性学习搞得轰轰烈烈，而问题也伴随而来，说什么“耕了人家的地，荒了自家的田”，意思说是缺乏“语文味”。罗丹说过：“生活中不是缺少美，而是缺少发现美的眼睛。”我想，语文综合性学习中不是缺少“语文味”，而是我们缺少活动的组织，缺少发现“语文味”的思维。下面是我开展了初一上册第六单元综合性学习《追寻人类起源之“感受神话的魅力”》活动后，我对综合性学习“语文味”的理解。

一、“语文味”融合在学生生活中

综合性学习的一个很重要的特征就是让学生和生活有“零距离接触”，让学生走出教室，走进图书馆，走进计算机机房，走进社会，在更加广阔的语文世界中学习语文，认识生活。一次，科学老师把一位成绩比较优秀的学生叫进办公室，说是这次科学作业没完成，老师想问个究竟；而学生呢，开始支支吾吾，绕来绕去，老师当然怀疑她说谎。在老师几经盘问之下，学生终于说出实情，原来这位女生每周日都得跟随其父母去教堂，对神的信仰已经深信不疑；再说这次的科学作业恰好是人类起源、进化的题目，她很犯难，要是做了，就表明她相信科学，而不信神，那是对神的大不敬，最终她还是放弃做这些题目。当老师把这个故事讲给学生听，学生一下子像炸开了锅，议论纷纷，说三道四，有的赞成，有的反对。是的，有争论就有收获，争论的过程也就是学习的过程，也就是体验生活的过程，也就是反思生活的过程。事实上，抛出该材料，对学生思考“我们学习关于人类起源的神话应该抱有怎样的态度？”这个问题是很有帮助的，同时也增强了思考这个问题的现实意义：纠正了学生错误的思想观念，树立了学生正确的价值观、人生观、世界观。

语文期刊《语文学习》的封面有句话——“语文学习的外延与生活的外延相等”，综合性学习是语文学习的分支，它的学习外延更是与生活的外延相等。虽然这里所说的是个例，个例也能充分证明综合性学习的重要特征之一是让学生和生活有零距离接触。学生一旦体味生活，“语文味”也就出来了。

二、“语文味”潜藏在活动过程中

阅读、写作、口语交际、综合性学习，哪个学习过程特别明显，显然是综合性学习。搞综合性学习，其他老师能观摩到的往往是“汇报课”、“展示课”，这算是显性的；其实大量的学习过程在背后，那是隐性的。举例子或许更能说清楚。

学生查到了我国古书《山海经》里对“女娲造人”的描述，原文：

俗说天地开辟，未有人民，女娲抟黄土做人。女娲造人不暇供乃引绳于泥中，举以为人。故富贵者，黄土人；贫贱者，引絙人也。

原文是文言的，学生看看很熟悉，因为内容与袁珂的《女娲造人》很相近，但这段话中许多字词对初一学生来说有难度，主要是如何读，如何解释，比如“抟”“絙”等字；而有些字词，比如“暇”“乃”“引”“故”等，你掌握了它们的解释，对以后学文言文或有关词语很有帮助。这部分学生想到的不仅是自己要搞懂，更重要的是展示课中要让广大同学读懂，所以，他们随即拿起《古汉语常用字字典》，一一把它们查了，记下了，疏通了，理解了。这不也是学语文的过程？

试想，由老师直接出示该材料，然后要求每个同学读懂，不懂的地方，自己查字典，我可以猜得到班级中肯定有同学不愿意做，能偷懒的就会偷懒，能方便就方便，如抄袭。现在，参与查这部分资料的学生热情高涨得不得了，动尽脑筋，想做个尽善尽美，完全是自主、合作、探究性的。

展示课上，初一五班一俞姓同学上台讲解，她款款而来，娓娓道来，接着讲得绘声绘色，又一次把所有同学带入“女娲造人”的情景之中，整个过程，她是完全脱稿的。如果我们想掌握她参与该活动的收获，我想她积累了许多文言知识，也培养了她语文说与读的能力，提高了她的语文素养；如果我们想了解其他学生的收获，我想他们在展示课听得那么认真，头脑里描绘着女娲是如何造人的，这样，既培养了他们“听”的能力，又训练了他们的思维，特别是想象能力。

语文综合性学习强调在活动中学习，但这些活动首先必须是语文活动，也就是说要让学生围绕所确定的主题范围进行活动，这样才会积累广泛的语文知识，培养学生听、说、读、写等方面的语文能力，从而全面提高学生的语文素养。这根弦一直在我们语文老师的头脑中紧绷着，正因为有这根弦，才会在活动指导中，有的放矢。我让初一五班杨同学等人查找赞美有关人类起源的神话的诗歌或文章，他们几位同学在网上查来查去，发现这样的诗歌不多，或者不满意。正当他们烦恼时，我插了一句：“你们读了很多这方面的神话，总会有点感触吧，就把它写下来就是了。”我插这句话确实没经过怎样思考，只是即时即景而说的，不料他们几位同学马上动手写下了几句，其中杨同学写的小诗还在展示课上朗诵了。

啊！美丽的神话，
你是众人智慧的结晶，
你是世人永久的骄傲，
让我们来赞美你美丽的神话。

沧桑岁月洗不掉你的优美，
你让后代子孙感悟优良品质，
你让大千世界充满神奇，
让我们赞美你美丽的神话，
让我们感受你蕴含的智慧与悠扬的历史。

我们暂且不论这首小诗有多么好，诗味多么足，但小诗里有自己的感悟，哪怕是很粗浅的，是自己写的就是最好，并且写诗本身就是一项语文活动。这一举动至少可以证明学生对搞语文活动是多么感兴趣，参与热情是多么高。展示课上，杨同学亲自上台朗诵，神情兴奋，声音洪亮而又抑扬顿挫，她的表现欲得到了充分满足(平时她是个默默无闻的小女孩)；其他同学呢，则是在台下发出唏嘘声以示赞赏，这是无形的感染力在发酵的结果。

以上粗粗地梳理了我们开展这次活动的部分过程，我们感觉到有活动就肯定有个过程，有过程就肯定有具体的实践，活动和过程是合二为一的。这也是综合性学习的特点，因为综合性学习，尤其突出以活动为载体，让学生在活动中体验，在活动中获得，在活动中提高，在活动中成长。

三、“语文味”暴露在展示课的设计中

从搜集资料到整理资料，再到展示成果，都是学生从个体到小组，到全班的过程，所以学生在综合性学习中具有很强的学习自主性，老师只不过是学习过程的主导者。这次综合性学习，我把展示课的设计也大胆地放给学生去做，表现在以下两方面：

(一)展示课过程的设计

大量的资料摆在学生面前，学生对资料进行剪辑，剪辑过程类似于按文章中心选取材料，安排详略的过程。学生要是学会了对资料的选取，那么，他们在写作中也会用上这种方法，根据文章选取材料，安排详略了。无形的熏陶大于教师的灌输。

展示课的材料准备好了，哪部分材料先展示，哪部分后展示？展示顺序多个，哪个最合理，为什么是最合理的？学生讨论着，琢磨着。最后，学生认为先是“世界各民族中间广泛流传”的关于人类起源的神话，然后，镜头缩小到我国的神话，再聚焦到点上，如《淮南子·精神训》、《淮南子·说林训》、《山海经》等不同的说法。这是一个顺序，从世界大的“面”上，再到我国小的“面”上，再到个别的“点”上。

从展示课上，我们还可以发现一个明显的顺序，那就是现象到本质。学生前面展示关于神创造人类的神话，不论是世界的，还是我国的，这些都是考察的对象，是现成的，表面的，即现象部分；而学生对它们进行比较，发现它们相同点和不同点，再问“既然同学们都认为女娲、上帝创造人是不对的，这是对人类起源的错误解释，但是这类神话为什么能够世代流传”，那就是对神话故事“本质”的拷问。展示课好像是一篇说明文，说明文的顺序有多重要，大家是熟知的，现在，学生懂得展示课要如此安排顺序，相信他们在写说明文时也会好好斟酌顺序。这不就是学到语文了吗？

说明文并不是平淡无味的，许多文章运用比喻、拟人等修辞加以描绘，使其形象生动；同样，我们的展示课要增色，有创意，让它成为一篇“散文”。同学们把自己查到赞美神话的短诗《创世史诗》、《创世神话》和短文《美丽的神话文学》以及杨同学自写的小诗安排在每一板块后面，一放一收一赞美，大家自然会感受到神话的魅力。还有一点要提及的是，短诗、短文分别安排在哪个板块后面最合适，也让参与展示课设计的学生绞尽脑汁，我们说这样的思考过程就是学习语文的过程。

(二)展示课主持人串词的撰写

生活中，我们看大型晚会，大型活动的电视节目，经常会被主持人幽默风趣的临场气魄所倾倒，同样会被他富有“文学味”的语言所感染。学生不做则已，一做就想惊人，我先让主持人中的那名男生去撰写，该男生胆量大，语文成绩好，有做主持人经历，我想委托他写很放心。第二天拿回来后，我浏览了一遍就交给了主持人中的女生去改写，她拿过稿子粗看一下，轻轻地说句“这么多的接下来”。主持人用语“接下来”一多，总会让人感觉到平淡，但想用别的精彩语言替代也不是件容易的事。那位女生拿去，经过一晚上修改，润色了许多。你看，两位主持人在语文方面是不是收获了很多。他们的收获也带给全班同学分享，全班同学不也是在收获着吗？

综合性学习要有“语文味”，口号喊得很响，老师评课也常用“语文味”死扣，有点儿怕人。其实，只要大家实实在在去开展综合性学习活动，学生会用心去参与、体味，不要怕没有“语文味”，因为生活处处有语文嘛！我们要坚信，学生眼前或许没能直接感受到“语文味”，多年后，他们一定会感受得到。

(象山县丹城二中　鲍敏华)

综合性学习的灵活性

最近上《苏州园林》一课,它是叶圣陶写的一篇序言,教完了此课,我交给学生的任务是整理自己的照片,编成一个集子,写一个序言。我以为学生随便弄了几张照片,应付我的检查。没想到上课的结果出乎我的意料,学生的搜集组织能力令我刮目相看,他们做得有模有样。搜集到的各类照片整合处理制作成 PPT,并写上序言。这些照片都是他们自己在假日亲自去抓拍的风景。如赵敏等同学整理的一组照片集是小普陀和王安石公园。经过课堂内的展示,同学们更加热爱自己的家乡了。因为东钱湖素有"太湖气魄,西子风韵"美称,改观的王安石公园更是美不胜收。

通过这次活动展示,我就将这一节课定为如何搜集资料。学生也有从网上搜集的照片。但都是他们非常熟悉的风景。因为他们是土生土长的东钱湖孩子,对这里了如指掌,它的变化,它的历经沧桑,学生搜集整合之后完全已经变成他们自己的成果了。实在令人拍手称好。课堂教学中展示他们的成果既提高了语文学习,又培养了能力。引导学生把搜集来的资料去粗取精,整理归纳,并就各自的特长,与人合作,以丰富多彩的形式来展示自己的成果。学生通过展示自己的成果,在给他人以美的熏陶和知识的传播的同时,自己也获得知识、乐趣和成就感,体现了综合性学习的"语文特色",也体现了全面提高学生的语文素养和培养学生勇于创新精神的重要性。

我认为每次定了一个主题,师生表面上忙忙碌碌,上图书馆、阅览室找资料,回来把资料一剪一贴就算了事,这样的话效果并不是很明显。其实真应该走出课堂、学校,让学生自己动手合作,只有自己亲自操作了才能兴趣盎然,才会有巨大的成就感。曾经有这样的综合性学习"感受自然"和"寻觅春天的足迹",教师往往出于安全考虑, 让学生闭门造车。这只能做做表面文章,使整个活动失去了意义。因此,必须充分重视课外的零碎准备过程。特别要考虑什么样的语文教学内容适宜采用什么样的活动形式,怎样的活动过程对学生提高语文能力有促进作用,并在活动的各个阶段引导学生扎实掌握学习内容,认真检查学习效果,使活动有声有色,又实实在在,每个学生既乐意参加,又都各有收获。

一、综合性学习的内容有可变性

我们老师可能一个个循规蹈矩，按照教材同步训练，其实大可不必，完全可以互相贯通。生活本来就是如此千姿百态的。曾经上过一节难忘的综合性学习的课——《献给母亲的歌》，那次学生深切地感受着母爱的光辉。正当我声情并茂讲述着母爱的故事时，我并没注意到一个学生哭了，另一学生轻声暗示我说，老师别上了，她哭了。为什么呢？因为她失去了母亲，母亲因病亡故，她正在悲痛之中，当别人都沉浸在浓浓的母爱之中，而她哪里去感受母爱啊，这岂能不伤心呢。

那堂课对于其他学生来说上得很成功，但我还是在思考，应该重新设置，要考虑那些没有母爱的孩子的心理。然后我又想到了“微笑着面对生活”这个综合性学习，她虽然是九年级上册的内容，但我可以不分年级界限，同样可以把它收编在这个学期里进行第二次活动。当你生活遇到不幸、挫折时应该如何微笑去面对，坚强面对，学生可以在课堂内展开讨论，这样避免了单调的循规蹈矩的教学方式。综合性学习，要做好语文学科内的综合，语文内容的前后联系，语文知识的连接贯通，语文技能的综合运用，语文实践的趣味，有利于学生的语文素养和语文能力得到整体推进和提高。

二、学生可自主设计安排活动

在综合性学习中，学生是学习的主人，可以根据自己的兴趣自主选择、自觉参与。综合性学习的过程，往往是学生自己设计安排、学生自我活动为主的过程。在这个过程中，着重于让学生在各项具体实践和运用中获取直接的感性知识和生活体验，着重于让学生在活动中去感受、体会、理解。这样做，不仅学生得到的印象是深刻的，而且各种能力也得到切实地培养和提高。东钱湖王安石公园由水利文化广场、半山忆和湖畔休闲区三部分组成，是在原王安石公园、小蓬山公园和湖滨公园基础上进行景观升级改造而成的，增设了反映东钱湖历史内涵的安石魂、半山忆、水利文化特色的雕塑和文化墙等景观，以此体会王安石改革变新的精神蕴含，追忆王安石治湖泽民的不朽功绩。

学生在介绍它的过程中不仅积累了丰富的历史知识，还培养了互助合作精神，爱家乡、爱祖国的意识，同时通过这些实践活动使语文素养进一步得到提高。

我认为，作为语文教师，作为新课程改革的实践者，我们要充分利用现实生活中的语文教育资源，优化语文学习环境，努力构建课内外联系、校内外沟通、学科间融合的语文教育体系。我们要引导学生开展丰富多彩的语文实践活动，拓宽语文学习的内容、形式和渠道，使他们在广阔的空间里学语文、用语文，开阔视野，丰富知识，砥砺能力。

开展一次综合性学习活动，只要能依据现实生活环境，师生的实际情况，以语文为核心，综合运用其他知识和方法，有效地甚至创造性地解决实际问题，完成一个个成功的过程，使学生解决实际问题的能力得到应有的锻炼，这就达到了目的。

综合性学习活动倡导学生主动参与、乐于探究、勤于动手，培养学生搜集和处理信息的能力，获得新知识的能力，分析和解决问题的能力以及交流和合作的能力，它最大限度地拓展了学生的学习空间,使学生通过实践增强学校与社会的密切联系,培养学生的社会责任感。通过综合性学习这种活动,不断地去认识自然,了解社会,丰富人文情怀,提高对自身的认识和能力,从而促进自身的发展,只有这样,我们的教学才能真正做到在务实中求活,在求活中务实。

教师在活动中应以激发学生的兴趣和参与热情为前提,学习活动的选题应贴近学生,注意对学生活动的指导。更重要的是要为学生营造实践情境,通过引导,让学生自己能够发现问题、提出问题、解决问题。特别是学生能够面对各种现实问题,综合运用所学的知识,主动地去探索、发现、体验、重演、交往,亲力亲为,获得解决现实问题的真实经验,从中培养实践能力。

例如,在"说不尽的桥"综合性学习时,可以要求每位学生利用网络、书籍等资源,就自己感兴趣的话题搜集一到两条关于桥的信息,内容包括:诗歌、小说、散文等文学作品,有关的格言、俗语, 摄影、歌曲、广告等作品。这样,在搜集、查阅的过程中,既调动了学生的学习兴趣和积极性,又锻炼了学生的动手操作与搜集资料的能力。学生可能有各自不同的表现、不同的视角、不同的感受和不同的言语方式,而这正是要达到的活动目标,也是教师指导、激发、激励的方向。就应该在过程中下大工夫,让学生有充裕的课余时间反复阅读、思考、记述、讨论,落实每个环节。可以了解"杭州湾跨海大桥",北京的"卢沟桥"、"我过的桥比你走过的路还多"等等。内容广泛,知识丰富。提前两周分小组安排了任务,让学生查找以下四个方面的资料:1.关于桥的成语、歇后语;2.关于桥的故事;3.关于桥的歌曲和图片;4.在查找资料的过程中,根据学生的提议又增加了"关于桥的古诗词",后对个别环节又进行了适当调整。学生在查找资料的过程中积极踊跃,为活动课的顺利成功进行做好了充分的准备。同时,要想上好每一次活动课还需要教师在每个学期开始时对该阶段的综合性学习有个整体考虑,从时间上整体安排,以避免仓促上马,草草了事的现象。到了交流时,同学们都有自己的整理成果,带到班里让大家欣赏、品尝,以体现自己的参与能力 。

于漪老师曾说:"哪一门学科能有语文那样的灵动蕴藉; 哪一片天地能有语文世界的斑斓多彩。"总之,语文综合性学习为学生学语文、用语文提供了广阔的空间,有利于培养学生的自主探究能力、合作协调能力以及创新能力,对于提高学生语文综合能力,发展学生语文素养大有裨益。

(宁波市东钱湖中学 邱艳芳)

语文“综合性学习”，关键是一个“杂”

如何认识初中段的语文“综合性学习”？关键是一个“杂”。

一、目标“杂”

人教版初中语文《教师教学用书》的《致老师们》这样阐述：我们对“综合性”的理解有两个观点，一是听说读写融于一体，尤其是把写作与口语交际渗透于综合性学习之中，中心内容是在综合性语文活动中提高写作与口语交际能力；二是突出学习过程中的探究性，重点培养学生搜集资料、筛选信息和研究问题的能力。

综合性学习所承载的目标至少有——提高 “搜集资料”“筛选信息”“研究问题”“写作与口语交际”这五个方面的能力。也就是说，开展一项综合性活动，我们一般都要涉及这五个目标，当然每一个活动的目标会有一定的侧重。事实上，在《语文课程标准》中，“口语交际”“写作”和“综合性学习”的目标是分开阐述的，总共有 22 条目标。那么，作为一个综合性学习，即使我们在操作的时候有所侧重，它所承担的目标依旧是很庞杂的。

二、内容“杂”

因为“综合性学习”姓的是“综”，所以必然要和其他学科、社会生活产生联系和渗透。黄伟教授这样界定“语文综合性学习”的内容：“在学习内容上，不再拘泥于‘语文学科’，而是要关注与关涉科学、人文和自然、社会、人生以及历史、现实、未来等科学、文化、艺术、道德各个领域。”我们来看初中阶段的“综合性学习”究竟涉及哪些主要内容。

【内容分类】

1．体验成长类

《这就是我》《微笑着面对生活》《青春随想》《成长的烦恼》《岁月如歌——我的初中生活》《乘着音乐的翅膀》

2．自然风情类

《寻觅春天的踪迹》《感受自然》《背起行囊走四方》《说不尽的桥》《黄河，母亲河》

3．语言文字类

《好读书，读好书》、《漫游语文世界》《古诗苑漫步》《走进小说天地》《莲文化的魅力》《走上辩论台》

4．历史文化类

《话说千古风流人物》《我所了解的孔子和孟子》《到民间采风去》《脚踏一方土》《马的世界》《戏曲大舞台》

5．专题探究类(热门话题类)

《世界何时铸剑为犁》《关注我们的社区》《我也追“星”》《金钱，我们共同面对的话题》《漫话探险》

6．科技生活类

《科海泛舟》《探索月球的奥秘》《追寻人类起源》

7．其他类

《怎样搜集资料》

……

如上可知，初中三年的综合性学习确实所涉领域众多，有些与语文的关联度并不是很大，这也造成了很多老师将某些综合性学习弃而不用。

三、顺序“杂”

上述综合性学习分解在初中的各个阶段，大部分是与单元主题一致，从单元来说有一定的完整性，但是从整体来说这些“活动”就缺乏了内容的连贯和能力的层递。更有一些根本就是莫名其妙。比如《怎样搜集资料》，老师们记得它被放在哪里吗？笔者以为，它应该放在七年级第一个单元，甚至，应该放在小学里。这样，后面的搜集资料，筛选信息等才有据可依。

四、过程“杂”

为了完成一个“综合性学习”，往往需要“调查访问”“查找资料”“交流辩论”“表演汇报”“写作成文”等漫长而又复杂的过程，我们究竟该用几个课时，学生究竟能用和喜欢用哪些方式来开展活动？我们现在讲究效率，这些漫长而又复杂的过程，对提高语文素养究竟有多少作用？这些都需要我们作审慎的分析。

因此，如何处理众多目标间的关系，如何选择合适的活动内容，如何让能力(主要是写作能力)的提升有一定的顺序，就成了我们的困惑，所以也就有了我们今天的活动主题——“解决‘综合性学习’疑难问题”。

我讲上述的问题，不是为了说一些消极的话，排斥综合性学习。而是，我们必须正视教材不够完善，操作存在困难这一现实。用教材编写者的话来说就是：“综合性学习是课程标准中的新内容，是语文教育中的新课题，没有多少经验可供借鉴，我们这次教材编写也是一个尝试。”我们都在摸着石头过河。

下面就综合性活动的内容开发来谈谈我的设想。

初中三年共六册有三十六单元36个综合性活动。以七年级上册为例,简要说说这些活动开展的常见方式和内容安排,与老师们探讨。

七上第一单元主题与内容

主题	活动方式	主要内容
这就是我	1. 自我介绍	参加班里自我介绍活动,让同学和老师认识、了解你。
	2. 写自荐信	根据自己的特长爱好,向班集体或学校社团推荐自己。
	3. 模拟面试	由同学分别扮演考官和应聘者,进行一场刊物组织招聘小记者的模拟面试。

活动1,一般在班队活动课完成,由班主任和语文老师共同协作。活动2,侧重于书面表达,可以自荐班干部、小组长、黑板报刊出;也可以向学生会、文学社、纪律检查组等组织写自荐信。活动3,侧重于情景的模拟和口语的表达。是在活动2基础上的进一步深化。其中活动1和活动2必选。

七上第二单元主题与内容

主题	活动方式	主要内容
漫游语文世界	1. 发现生活中的语文现象	1. 分小组搜集家庭、校园、社会中运用语言文字的情况。 2. 将搜集到的资料加以筛选、梳理,编成如“错别字大集合”“精彩的广告语”“方言更奇妙”等小专题。
	2. 班内交流讨论	1. 交流搜集到的新词、错词等。 2. 怎样看待新潮词语和用法?如“淘宝体”“梨花体”。
	3. 写作	《语文,有你真好》《语文,想说爱你不容易》

属于语文的分内活,时间和精力多花一点,许多地方的中考,包括宁波的,往往涉及这一活动。如解释网络语言的含义,修改滥用的广告成语,谈谈新生语言对传统汉语的冲击等。

七上第三单元主题与内容

主题	活动方式	主要内容
感受自然	1. 我有个朋友	像《山中访友》那样,以“我有一个朋友”为题,向全班同学介绍自己的一两个自然界的“朋友”,并说说以它为友的原因。
	2. 走过四季	班上交流对四季的感受,再具体描述自己最喜欢哪个季节的独特景色。
	3. 心中的美景	用生动形象、有感染力的语言描述自己心中的美景。

三个活动都适合写作,任意选择一个,先介绍、再写作;教材要求的写作是活动3,我的建议是活动1和活动2。

七上第四单元主题与内容

主题	活动方式	主要内容
探索月球的奥秘	1. 月球奥秘知多少	分组探究如起源、地质构造、月貌、月相、月食、人类登月、开发月球、月球与人类等问题。
	2. 观察月亮运行情况	观察月亮运行情况,参观天文台或天文馆。
	3. 丰富多彩的月亮文化	交流有关月亮的神话传说、文章诗赋、对联、谜语或与月亮有关的民风民俗、风景名胜。

活动1和活动2与语文无关,根据学生的学习状况,可以与科学课结合进行,当然,不做也

无妨。活动3必须要做得踏实,积累一些有用的文化常识。写作,不建议写与月球有关的科技类、幻想类的文章,个别学生可以尝试。可以写情景作文,如"皎洁的月光洒满窗前……""清冷的月光映照着窗户……",实实在在先写好记叙文。

七上第五单元主题与内容

主题	活动方式	主要内容
我爱我家	1. 老照片的故事	讲述老照片中隐藏的鲜为人知的故事。
	2. 我家的一件珍品	选择家中最有意义的一件物品,弄清来龙去脉,叙述家庭往事。
	3. 妈妈的唠叨	1. 模拟电话交流劝勉同学不要因为妈妈的唠叨而出走。 2. 代同学写信详谈自己对出走的看法。

活动1,"老照片"有点像朱军做"艺术人生",个人觉得不适合初一的孩子。活动2,"珍品",在当今社会现状之下,能把有意义而不值钱的东西当作珍品的实在很难得。所以,"珍品"就是"贵品",除了极个别的学生,大多数只能去编造。活动3,讲道理谁都会,但大多只是空话套话。而且,现在班内有很多单亲孩子,这块内容做口语交际不太合适。我建议:回忆家庭往事,列出家里最快乐的三件事、最不快乐的一件事和最想对父母说的两句话。作文:《我爱我家》《我想有个快乐的家》二选一。

七上第六单元主题与内容

主题	活动方式	主要内容
追寻人类起源	1. 了解神创造人类的神话。	搜集有关神创造人类的神话。讲述有关神创造人类的神话。
	2. 搜集材料完成进化表。	

五、语文综合性学习的应对措施有哪些呢?

1. 教师必须解放思想

因为综合性学习强调语文课程与其他课程的联系,强调语文学习与生活的结合,促进学生语文素养的整体推进与协调发展,所以不要把语文综合性学习看成可有可无的环节。语文教师要充分认识到语文综合性学习的价值和意义,站在大语文的背景上实施教学。

2. 教师要钻研教材,整体规划,有的放矢

解决综合性教学与其他学科矛盾的唯一办法就是教师在教学中的取舍。人教版初中语文教材每册都安排了六次"语文综合性学习"活动,六册共36次综合性学习。教师必须对这36次的综合性学习有一个整体的了解。通过对教材分析,我们发现语文综合性学习可分主题活动类和专题研究类两类。"写作·口语交际·综合性学习"属于主题活动类;"综合性学习·写作·口语交际"则属于专题探究类。主题活动类比较容易把握,花费时间相对较少,容易体现语文课程特点;专题探究类相对不好把握,教师就应根据实际情况,有所选择和侧重。例如我在八年级下册往往会选择《献给母亲的歌》《到民间采风去》这些贴近学生实际的专题开展活动,其他几个专题则采用小活动形式,这样既节约了时间,也落实了综合性学习。

3. 农村教师要善于利用资源,创造性地开展活动

教学资源无处不在，我们要关注学生生活和热点话题，开发各种资源。比如：利用家庭资源，实施综合性学习。以本人教学为例，在《献给母亲的歌》的综合性学习中，我课前引导学生给母亲献上一句心里话，促进家长和孩子的沟通；利用网络资源，搜集整理有关图片、摄影和广告作品，并制作成课件；利用教材资源，让学生熟知课文和阅读材料中出现的有关母亲的名言、谚语、对联、诗词和文章；利用音影资料，让学生学唱歌曲《妈妈的吻》。再比如七年级上册"童话寓言"单元，我们根据该单元故事性强的特点，将童话故事《皇帝的新装》改编成课本剧，同学们自编了精彩的情节，滑稽的表演引得学生开怀大笑，将课堂古板沉闷的气氛一扫而光。

4．教师应明确活动步骤，积极准备，参与指导

综合性学习也离不开教师微观调控。首先，激发学生探求知识的兴趣，确定专题。例如在《到民间采风去》，先拿出一则宁波人砍价的笑话，激发他们探求本地方言的兴趣，然后和学生共同确定"家乡素描"、"认识方言"、"节日习俗"和"乡土发现"四个专题。最后，制订计划，参与指导。我按照学生所住区域把他们分成四个研究小组并指导他们分别对以上四个专题进行探究，要求小组成员从本地的地形风貌、遗址文化、本地方言、节日风俗、民歌民谣、名人故事等方面去搜寻资料，协助组长制订了时间进度表和组员评价表。学生积极性很高，他们向当地精通习俗的老人进行了社会调查，翻阅了大量地方书籍，做了大量笔记，查阅了网络资料，组织筛选了大量资料。最后，学生充分地发挥了聪明才智，展示了各种成果："家乡素描"组拍摄了家乡朝拜胜地五磊寺、美丽的杭州湾跨海大桥和上林湖风景，还通过绘画展示了家乡"过去——现在——未来"的历史演变过程；"节日习俗"组制作了课件，通过图片和文字介绍，展示了本地的端午习俗和婚嫁礼仪；"认识方言"组别出心裁，通过小品形式演练方言，既有趣味又体现了地方特色；而"乡土发现"组则讲了初唐书法家虞世南、抗倭英雄戚继光等名人故事，小组还合唱了本地民谣。活动气氛活跃，呈现形式多样。这样，教师的有效指导充分挖掘了学生潜能。

5．教师必须改变各自为政的做法，发挥教研组合力，共享资源

例如：八年级《莲文化的魅力》这一综合性学习，我们先分配各个教师的不同任务，每位教师从"莲与现实生活、莲与科学知识、莲与文学"中确定一个专题进行活动。活动实施以后，学生们呈现出好的绘画作品，精彩的文章，新颖的手抄报，美丽的图片等，我们把这些活动成果汇总整理，制作成课件并分析活动得失。这样做充分发挥了年级组的合力，还得到其他学科教师的支持，效果不错。

总之，语文综合性学习是农村中学语文教学的一片全新的领域，是语文教学园地中一朵绚丽的奇葩！只有教师出力，学生的活动才能给力。我们深信：在广大教师的努力下，农村中学的综合性学习一定会别有洞天！

（慈溪市新城初中　张丹央）

浅谈初中语文综合性学习中教师的引领

"语文综合性学习"作为和"识字与写字"、"阅读"、"写作"、"口语交际"四项等重的一个项目,第一次被写入课程标准之中,构成了语文新课程一道亮丽的风景线,是语文课程改革的新举措和新突破,对改变学生的学习方式和全面提高学生的语文综合素养具有深远的意义。

在语文综合性学习实践中,语文老师遇到的最大困难就是资源不足,尤其是书上编写的很多综合性学习活动在本地因资源问题无法开展,不同的人有不同的生活经历,不同的区域有不同的文化背景,不同的地方有不同的风俗人情,统一编写的教材再科学、再全面,也有它的局限性,在这里是好教材,在另一个地方就未必是,教材所编的内容符合这里的实际,不一定符合其他地方的实际。因此,要真正搞好语文综合性学习,首先语文教师应是一位探矿者,用自己的学识和智慧,充分发掘身边的语文综合性学习资源,为语文综合性学习所用,不局限于书本上所列的几项活动,而是根据所在学校和所带学生的实际情况,开展丰富多彩的语文综合性学习活动。比如家乡一片美丽的竹林,既可以是学生学习语文的乐园,也可以是开展语文综合性学习的美好资源。天边的一道晚霞,是美丽的风景,更是引领学生走入语文梦想天堂的彩桥。

语文是一个广阔的天堂,它包含着社会、人生、自然的方方面面;反过来社会、人生、自然的方方面面都可以作为语文综合性学习的资源,但这些资源并不一定适合我们的教师、适合我们的学生、适合我们的学校,这就要求我们的语文教师是冶矿者,从众多的语文综合性学习资源中,淘出适合自己学生的资源,结合本地实际,因地制宜,确定好适合自己学生的活动主题,让学生有较高的热情投入到活动中去,并进行积极探究,从中获取知识和能力,不断地提高语文素养。

在语文综合性学习中,在一定知识铺垫的背景下,学生可以根据自己的兴趣、爱好、经验、条件、能力等选定所学的主题,自主设计、发掘,利用课内和课外、校内和校外的语文学习资源,自主开展实践活动;但学生毕竟是学生,他们的生活空间狭小,思想水平不高,生活阅历简单,情感体验单一,看待问题片面,在语文综合性学习中,很难把握活动内容的广度和深度,这样完全放手让学生去做,语文综合性学习就会流于形式,得不到提高语文素养的实效,从而失去了语文综合性学习的意义。所以,在语文综合性学习中语文老师应该是设计师,将语文综合性学习课规划好,让学生有目的、有准备地去学习,从而提高语文综合性学习的效率。

一个个体的人不同于个体的物,不可能像操作机器一样,给他一个程序、一段指令,就可以完全按要求去执行,学生是一个个充满思想、情感、有个体意识的人,他们时刻变化着。一堂语文综合性学习课就如一台晚会,在晚会开始前,请学生表演一个节目,没有具体的环境感染,他们总是不太愿意做,当其他人几个优秀的节目表演下来,他们的情绪被调动起来,有了表演的欲望,这个时候就要求语文老师像导演一样,做出重新的调整、进行合理的安排,使每一个学生都参与到语文综合性学习的活动中来,使每一个学生都得到锻炼和提高,从而提高所有学生的语文素养。

学生要获得真正的提高,要克服两大难题——惰性和依赖性。在语文综合性学习中,有很大的创新成分,学生在活动中有可能走向两个极端,一是学习流于形式,只触及学习内容的表皮,表面上热闹,而实质上没有什么收获;另外就是活动因为有创新难度而学生无法有实质性的进展。在这个时候语文老师,就应该是导师,是学生深入学习的航灯,去点破学生的错误做法和思想,去导引学生突破重点和难点,从而使学生深入到学习中去。同时学生语文素养的提高重在学生人生认知和思想水平的提高,这就需要语文老师像导师一样不断地去开导和引领学生。

"学生意识"就是在教学中要关注学生的发展,注重联系学生的生活经验,注重培养学生的学习兴趣;"童年意识"就是关注学生的心理发展,注重学生的感受,让学生爱学、乐学,给学生一个幸福的童年。初中生形象思维占主导,并逐步向抽象逻辑思维过渡,好奇心强、肯动脑、爱表现、渴望得到别人的赏识、渴望成功是他们的天性。教师应理解和鼓励学生的表现意识、期望意识、成功意识,要经常让学生担当角色,参与表演,在活动中学习,在学习中活动,在实践中思考,这样学生有所动、有所思、有所感、有所悟,大胆实践,勇于创新,敢于发掘自我、发展自我,不但促进了每个学生良好个性的自主发展,而且也培养了他们尊重他人与他人合作的意识和能力。

在语文综合性学习中,师生之间是民主平等和谐的教学相长的伙伴关系。学生是学习活动的提出者、设计者、实施者,既有选择学习内容的权利,又有承担实施活动的义务,学生在整个活动中都处于一种紧张、积极、亢奋的状态,从选题到制订计划,再到搜集资料,最终呈现成果,无不渗透着他们的辛勤劳动和积极思考,是真正的知识建构的主体、探究的活动者、积极的认知者,真正被置于学习的主体地位。虽然语文综合性学习强调学生的自主性,但是,活动不是自发的、漫无目的、毫无规则的行为,更不是随心所欲的过程,所以仍要重视发挥教师适时、必要、谨慎、有效的指导作用,以追求真正从自主的学习活动中有所收获,从而使学生的学习实践得到不断提高和完善。教师作为组织者、促进者、平等的参与者与学生一起共同探究,从原来的传递知识向激励思考、提供帮助转移,鼓励学生寻找多种信息源,启发思路,补充知识,介绍方法和线索,创设民主、宽松、和谐、愉悦的氛围,提供学习实践的机会,组织好合作学习,既做到在互动中把学习引向深入,又做到因材施教,加强个别指导,组织好全班交流,在交流中加强引导、调控，让学生通过参与与真实世界相关的学习任务来培养他们自主学习的兴趣与能力，从而促进学生个性的健全发展，同时也促进教师在活动中的自我发展；后为退居一旁的积极的旁观者，让学生自主学习发现、合作探究。所以，教师的角色主要体现在：(1)为学生创设学习情境，做学生自主活动的"领路人"；(2)有效地推动活动的进展，做学生实践活动的"指路人"；(3)善于组织学生开展合作学习，做学生集体活动的"带路人"。学生既要尊重指导老师，虚心听取他们的指导意见，又要树立自主立题、自主实施、自主结题的意识，并把这种意识转化为现实，逐步发展为完整意义上的具有独立人格的自由人。这样，师生在和谐愉快的情境中实现互动，学生的综合素养、教师的创造才能都得到了充分的发挥。

评价在语文综合性学习中具有导向和监控作用。评价的目的是促进学生语文素养的不断发展和提高，促进学生的发展，同时也促进教师教学水平的提高，促进学校的发展，使评价的过程成为促进、发展与提高的过程，这样才能发挥评价的教育功能。所以，要改变过去那种以分数排座次的总结性、甄别性、选拔式的评价，要体现以人为本的思想，立足于给每个学生提供展示自己，发展自我的机会，确保每一个学生在原有基础上语文综合素养都能得到不同程度的提高。

评价的内容突出整体性和综合性。"评价的着眼点主要在：在活动中的合作态度和参与态度；能否在活动中主动地发现问题和探索问题；能否积极地为解决问题去搜集信息和整理资料；能否根据现有的课内外材料，形成自己的假设或观点；语文知识和能力综合运用的表现；学习成果的展示与交流。"即评价要突出"四重"——重过程、重应用、重体验、重全员参加，充分体现了"知识与能力、过程与方法、情感态度与价值观"三个维度的综合，以全面考察学生的语文素养。

评价方式应灵活多样，评价方法也要多样化。综合性学习的评价"尤其要尊重和保护学生学习的自主性和积极性，鼓励学生运用多种方法，从不同的角度，进行多样化的探究，既有学生个体的独立钻研，也有学生群体的讨论切磋，所以除了教师的评价之外，要让学生开展自我评价和相互评价。"要做到形成性评价与终结性评价相结合，以形成性评价为主。提倡采用档案袋的方法、成长记录的方式来加以评价。定性评价和定量评价相结合，更应重视定性评价。注意将教师的评价、学生的自我评价、家长评价与学生间互相评价相结合，加强学生的自我评价和相互评价，建立多元、互动的评价体系，增强评价的民主性，强调评价主体之间的双向选择、沟通和协商。

总之，学生语文素养的提高是一个复杂而漫长的过程，语文综合性学习需要教师具有多种综合素质，要在活动中充当多种角色，而在语文综合性学习中语文教师的引领起着十分关键的作用。

(鄞州区蓝青学校语文教研组)

现状与对策

关于开展综合性学习活动的几点思考

综合性学习是随着课程改革走进我们课堂的全新的课程形态，它完全打破了时间、空间、资源，包括学科的界限，不再局限于45分钟，不再局限于教室，学习内容不仅仅来自教材、老师、同学，集中体现了《语文课程标准》关于"全面提高学生的语文素养，正确把握语文教育的特点，积极倡导自主、合作、探究的学习方式，努力建设开放而有活力的语文课程"的新理念，既是新世纪课程结构改革的必然要求，也是语文教学改革的呼唤。

一、出现的问题及原因

正因为是全新，所以我们都缺乏经验。因为都处于摸索阶段，所以在操作的过程中出现了三个问题：一是漠视，不做、不评价；二是窄化，成了纯粹的写作课；三是泛化，为活动而活动，缺乏明确的目标指向。

出现这三个问题的原因是多方面的。一是思想问题。学校需要追求升学率，综合性学习的目标很复杂，有近期和长远之分；有刚性和柔性之分；有显性和隐性之别。而老师们有着分数的压力，过于关注知识，功利性考虑比较多，过分地突出了综合性学习中近期的、刚性的、显性的目标。二是认识问题。什么是综合性学习活动？它与课外活动、分科课程有什么关系？它的新理念是什么？如果不能把这些问题彻底弄明白，就不可能有完整意义上的综合性学习活动，甚至偏离活动的宗旨。三是方法问题。综合性学习活动的展开，对所有的师生来说，都是一个严峻的挑战。我们的教师习惯于"执行"的教学模式，把现成的东西拿过来，照着要求去做，却很少考虑为什么要做，如何做，做得怎么样。

而众所周知，综合性学习有自己明确的不可替代的培养目标，开展语文综合性学习对全面提高学生的语文素养具有重要意义。课标7—9年级第四学段关于综合性学习的阶段目标是这样规定的：

1. 能自主组织文学活动，在办刊、演出、讨论等活动过程中，体验合作与成功的喜悦。

2. 能提出学习和生活中感兴趣的问题，共同讨论，选出研究主题，制订简单的研究计划，从报刊、书籍或其他媒体中获取有关资料,讨论分析问题,独立或合作写出简单的研究报告。

3. 关心学校、本地区和国内外大事,就共同关注的热点问题,搜集资料,调查访问,相互讨论,能用文字、图表、图画、照片等展示学习成果。

4. 掌握查找资料、引用资料的基本方法,分清原始资料与间接资料的主要差别;学会注明所援引资料的出处。

这四条,体现了综合性学习对知识与能力、过程与方法、情感态度价值观三维目标的高度整合。漠视综合性学习的做法是短视的、功利的;仅为考试而教的语文教学是贫瘠的、干瘪的,没有目标的语文教学,是盲目的、模糊的。教师应该摒弃功利,着眼于学生的终身发展,真正关心学生的成长。

二、开展综合性学习主要把握的四个原则

语文综合性学习,是对语文课程内容进行新的整合,同时,让学生在综合性的活动中得到语文,培养综合素养,获得整体发展。它有综合性、实践性、开放性、生成性、自主性几个特点,所以我们在开展活动时要把握下面四个原则:

(一)目标的确定要突出浓浓的"语文味"

任何一个综合性学习的主题,要以其他领域的内容为题目,设计思路应该是以其他领域的问题作为引子,引发兴趣、提起话题,而活动的每一个环节的成果设计都首先要落到语文的目标上。不能把其他领域的知识当作学习的目标。比如《探索月球的奥秘》、《说不尽的桥》的设计,等等,都应该有这样的前提认识。学习的内容,都需要根据语文的目标加以筛选整合。这样才能够克服泛语文、非语文的现象。

李海林老师说,判断一个综合性学习是不是语文的综合性学习有三条标准:一是活动量,语文活动是不是主要的;二是活动对象,是不是语文的听说读写;三是活动的结果,它的产物是不是语文的范围。

所以,我们可以利用三个设计的策略:一是突出语言;二是关注文化、审美因素;三是紧扣听说读写。

许多综合性学习课,主要突出了活动性和综合性。要么只是让学生展示所谓的学习成果,看起来学生搜集到的资料很丰富,要么主要让学生表演节目,唱唱跳跳好不热闹;要么主要挖掘、探究知识的科学性,显得好像很专业,很深奥……让人看不出它究竟是什么课,到底想让学生学习什么,常常忘记了它是语文综合性学习,没有突出浓浓的"语文味"。

(二)体现综合性特点

综合性学习的基本特征,主要表现为语文知识的综合运用,听说读写的有机结合和听说读写能力的整体提高,语文课程与其他课程的沟通,书本学习与生活实践的紧密联系,知情意行的和谐发展。

(三)突出学生学习的自主性和积极主动的参与精神

综合性学习活动是在教师指导下的学生自主活动。从主题的确立、学习途径的选择到学习

成果的展示,乃至学习评价主要由学生自己来决定。教师参与指导学生,参与学习过程,但绝不可包办代替。综合性学习从形式到内容都体现了学生是学习的主人。学生在自主性活动中可以充分发挥自己的潜能,展示特长,进而养成主体意识、独立人格和对集体、社会的责任感。

(四)重视课程资源的开发利用

综合性活动由于其主题与每个学生的生活密不可分,教学中可供挖掘的资源非常丰富。教师要引导学生走出课堂,放眼自然风光,关注民族文化,使活动内容丰富多彩,做到语文学习与生活相结合。尽可能因地制宜,凸显地方特色。

三、活动以后的反思

这个学期开展的综合性学习活动,一方面让我们感受到教师们正以新的精神面貌走进新课程,正在新课程中重新塑造自己的教学观念与业务素质,让我们看到新课程带来的语文教学改革的新春气象。但另一方面,也引发了我们对新课程中综合性学习的一些误区的思考。

(一)综合性学习倡导学习方式的多样化,但并不是越多越好

有的教师对综合性学习的组织与开展,误以为采用的学习方式越多就越能体现综合课程的特点。其实未必。选用何种学习方式,要充分考虑学习类型和学校环境及相应的条件,要考虑学习目标,要考虑新的学习方式到底离学生有多远。综合学习应在考虑学习类型、学习条件、学习目标的前提下,重点解决一两个学习方法、方式问题就可以了,千万不能变成万花筒般的方式的堆积。况且,良好的学习方式的形成,不是一朝一夕的工夫,它不同于知识学习可以在短期内可得。学习方式的养成不能心急,以慢慢养成习惯为好,尤其不能强制。

(二)不能盲目地滥用网络技术和多媒体技术

综合性学习倡导利用网络技术和多媒体技术,有的教师误以为现代化教育技术手段运用得越多越好。事实并非如此。技术永远只是语文学习的辅助性工具,不能喧宾夺主,不能取代学生对语言文字的品读,不能代替学生对文本的感悟,不能代替学生对生活情境的亲身体验。网络技术在教学中的优势和价值是其他工具和媒体无法替代的,但不要一提综合性学习就要运用网络技术,有时是不需要的,有时不用更好。

(三)小组合作不能淹没独立探究

在综合性学习中,小组合作是必要的、重要的,但当前的问题是,学生的合作过多,独立探究过少,甚至小组合作淹没了独立探究。没有独立探究作为前提和基础,小组合作一定是低效的、形式化的,甚至可能让有的学生偷懒,养成懒汉心理和投机心理。一定要关注并倡导独立探究与小组合作的互动与互补。

(四)综合性学习要“动”也要“静”

综合性学习严格地说是一种学习“活动”,没有活动就没有综合性学习。同时,综合性学习也是“学习”,包括知识的涵养、文化的积淀、能力的培养、情感的浸润等,这些学习常常是需要“静”下来的,并非越热闹越好。从学问理解和掌握的角度上讲,对有一定深度的知识、学问的理解和掌握是需要“冥思苦想”“潜心思考”的,而那些在“热热闹闹”“嬉嬉笑笑”中就能获得的知识大多是浅层次的知识；从能力形成上讲，越是复杂的能力越需要智慧的参与，越需要悉心体悟，反复琢磨，只是停留在热闹的表面是无法解决深层的能力素质问题的；从情感养成上讲，情感教育的最高境界是“润物细无声”，是一种濡染、参悟、潜移默化，而这需要的是“静”而不是“动”；从学习效率和身心协调上来讲，动静结合对人的协调发展、提高学习效率都是极为重要的。但是，当前在综合性学习中，甚至在语文教学中，这种“静”实在太少了。这种倾向值得我们深思和关注。

（五）评价方式要实现多样化

由于其评价手段不再是考试，评价的目的也不是用来甄别和选拔，所以要更多地关注“个体内差”，采用多维评价的方法，努力使评价主体多元化，评价视角多维度，评价标准个别化，评价形式灵活性，以实现对每个学生真实全面的评价。

（海曙区教育局教研室　陈菊飞）

初中语文综合性学习开展现状分析与对策研究

打开人教版初中语文教科书，最吸引人眼球的是每个单元之后的“综合性学习”。教材编者首次尝试将“写作、口语交际”渗透于综合性学习之中，“综合性学习”与“阅读”并列的单元式编排，更凸显了语文综合性学习的重要地位。一线语文老师凭着兴致和感觉摸索上路，各自在这片新的天地中“大显身手”。然而热闹过后，留给我们的是深思，初中语文综合性学习开展的现状到底如何呢？有没有真正落实到日常的语文教学中呢？我们不能让语文综合性学习仅成为公开课的“华丽贵族”，应该让它回归“平民化”的道路，真正服务于我们的语文教学，切实提高学生的语文素养。

一、语文综合性学习的实施现状

笔者是这所学校的语文教研组组长，平时经常与本组的老师交流教学上的问题，对于综合性学习的开展情况谈得却很少。今年笔者参加了宁波市疑难问题高级研修班的培训，培训的主题正是“聚焦我市初中语文综合性学习的疑难问题”。我想何不趁此机会，对我校开展综合性学习的现状进行一次调查呢？或许可以发现一些问题，并找到切实可行的有效途径。

我对本组的17位语文老师和学校的29个班级进行了调查问卷。通过调查我搜集到了第一手资料，并对这些资料进行了整理、分析。

（一）教师问卷分析

对“语文课本中的综合性学习主题有没有全部实施”的问题，所有的老师都回答“没有”。对“一学期你开展几次综合性学习”的问题，12个老师（约70.6%）回答2–3次；3个老师（约17.6%）回答1次；2个老师（约11.8%）回答0次。对“为什么不开展综合性学习”的问题，老师的回答主要可以归结为以下两种原因：(1)综合性学习的备课量太大，无暇顾及；(2)教学课时有限，进度紧张，无法放开。笔者也碰到了同样的问题。

纵观几年来的语文综合性学习实践，我们语文老师的确走得非常辛苦。对于教材编排者来说，每个单元之后的“综合性学习”也是一个全新的设计，他们在安排学习内容的时候也不尽合理。笔者以一线教师的角度，对教材的使用谈几点自己的看法。

1. 专题内容凸显“语文味”

专家们认为，语文综合性学习应强调“语文性”。而老师们把语文综合性学习上成“班会课”、“地理课”、“生物课”、“音乐课”等这样的事情时有发生，究其原因，是老师们忽视了语文课程的本质特点。但平心而论，有些专题内容的安排也挺为难我们语文老师的。如九年级下册第四单元的综合性学习主题是“乘着音乐的翅膀”，设计目的是让同学们理解音乐作品，了解人文内涵。如果这个班级的学生喜欢音乐，而语文老师又有一定的音乐素养，那么本次综合性学习开展起来会比较顺利，当然也要合理把握“度”，否则就会有上成“音乐课”之嫌。笔者认为，专题内容的选择空间很大，能不能选择一些更符合语文课程特点的内容呢？

2. 专题活动安排“合理化”

每一个专题下面都安排了好几个活动环节，每一个活动的设计都非常简单，环节与环节之间又缺乏整合性。在教学实践中，老师课前备课的压力大，大型的综合性学习可能在一个月之前就应该好好酝酿。具体的准备工作也非常繁琐，会占用大量的课时，一般大型的综合性学习至少需要两周的课时，小型的综合性学习也至少需要一周的课时，以这样的时间计算，仅语文综合性学习的时间就得花去九周，这与整个学期的教学课时是相违背的。如果专题活动安排更加“合理化”，“操作性”更强一些，我想会有更多的老师参与到综合性活动中来。

（二）学生问卷分析

对“参加语文综合性学习是否有兴趣”的问题，大约85%的学生回答有兴趣；大约10%的学生回答一般；大约5%的学生回答没兴趣。对“有没有主动参与综合性学习活动”的问题，大约52%的学生没有主动参与；大约43%的学生是应付老师分配的任务；只有5%的学生是主动参与的，并在完成学习任务时认识到语文综合性学习的意义。学生的学习兴趣与主动参与程度形成矛盾，究其原因可归结为以下几点：

1. 活动准备任务繁重

学生学习压力过大，每天有大量的作业需要完成，很少有时间进行综合性学习活动的准备，老师把任务布置下去，学生一般只能利用双休日的时间去完成。对于语文基础较差的学生，准备起来难度更大，老师在准备阶段必须进行有效的指导，甚至亲自操作，把具体的步骤落实下去，才能取得更好的效果。

2. 活动展示参与率低

综合性学习的活动过程一般都采用成果展示的形式，在展示的时候只需要少数的几个人参与就可以，大多数的学生就成了活动课的听众，他们期望本组的同学准备充分，课堂展示出彩，而对自己则抱着侥幸心理，希望不要花费过多的准备时间。

3. 活动评价方式落后

当前，我们语文课程评价方式较为单一，对于走在新课程改革前沿的语文综合性学习，还缺乏符合新课程精神的课程评价体系。因此缺乏及时、有效的评价和指导，导致学生活动的积极性得不到及时的鼓励和支持。再加上中考指挥棒的作用，学业成绩始终是衡量课程水平的最直接的标准,语文综合性学习的参与程度并不会凸显在学业成绩上,家长、老师反而担心过多的活动会影响教学进度,影响学生的学业成绩。

基于上述的原因,语文综合性学习教学实施现状并不乐观,要改变它“有其名而无其实”的地位,还需我们语文老师的不懈努力。

二、语文综合性学习的实施对策

语文综合性学习是语文课程改革的新突破,也是语文课程的新亮点,它的教学实施还在不断发展和完善中,我们语文老师不妨大胆尝试,探索语文综合性学习更广泛的实践方式,在具体的实践过程中提出更有效的教学策略。

(一)教学目标的规划与细化

在进行综合性学习活动设计的时候,老师们一般都着眼于某一次特定的活动主题,对于如何将综合性学习融入到三年一贯的常规教学中,似乎还缺乏深入思考和系统规划。要改变三年不变、平铺开来的活动设计模式,我们首先要做的就是细化综合性学习的目标梯度,做出循序渐进的规划,分阶段有重点地逐步推进(具体见下表)。在设计综合性学习活动时,我们可以根据每一个年级的教学目标,进行有针对性的设计指导,突出学习活动对学生的训练功能。这样每一次活动设计都可以找到一个相应的坐标,这些坐标构成一个简明但又相对完整的序列。

年级	知识与能力目标	过程与方法目标	情感态度与价值观目标
七年级	初步养成自我认知能力、思辨整合能力。学会利用阅读、交流等多种途径积累语料。运用文字、表演等多种方式表达自我情思。	关注自我情感、个性、心灵、生命体验等,善于从身边人、事、物、景中发现感兴趣的问题。养成观察、鉴赏、想象、思辨的习惯,掌握调查访谈的技巧,学着与人讨论交流。	对自我生活、学习、成长有探究的兴趣和自省、自律意识,喜欢表达个性体验和感受,愿意与人讨论交流、倾听他人想法,修正自己的观点。
八年级	培养发现问题、解决问题的理性认知能力与思考能力。学会运用解说、证明等方法表达自己的观点和立场。提升文化品位和审美情趣。	学会根据自己的体验和兴趣提出问题、掌握判断假设、论证、解说等问题解决技巧。掌握积累素材、查找资料、引用资料的基本方法。独立或合作写作简单的活动报告。	关心学校、本地区和国内外大事,积极主动地参与探究。尊重多元文化,养成实事求是、崇善求真的科学审美态度。学会接纳与思辨、欣赏与反思、互助与共生。
九年级	增进自我认知,适应个性差异。初步养成分析整合信息的能力、与他人协作沟通的能力、表达思想情感的能力、自我评价和相互评价的能力。	能自觉将个性体验、阅读感悟与写作实践相交融。综合运用自己的语文素养,策划、协调和组织文学活动。利用办刊、朗诵、演讲、辩论、话剧等多种方式,在语言实践中学习语文。	在自主策划、组织、实施的语文活动中,体验合作与成功的喜悦,培养自信心。涵养文学艺术情趣,建立正确人生观,养成良好语感,促进身心健康发展。

(二)教学程序的规范与变革

课堂是培养学生语文综合素养的主要场所,我们老师应合理地分配教学时间,把语文综合性学习安排到教学日程中来。与传统的阅读教学、写作教学等其他语文教学形态相比，语文综合性学习的自主选择空间更大。从教学内容的确定到教学方法的选择，再到教学计划的实施，都需要语文老师精心部署，如果出现实施无计划、操作随意的现象，就会导致学习目标的流产。因此，规范语文综合性学习的操作程序就显得更加必要。

语文综合性学习的实施一般可以分为准备、开展、交流、评价这样几个阶段，它实施的程序一般包括以下步骤：激趣诱疑，引出主题；点拨引导，制订计划；指导督促，合作探究；展示成果，交流信息；科学评价，反思总结。当然，以上步骤只是语文综合性学习一般的程序做法，在具体的教学中可以进行适当的灵活变通。这五个步骤又是一个有机的整体，在具体实施的过程中，我们老师千万不要因为时间仓促，工作繁忙，只关注活动的前三个步骤，其实交流和评价的环节更需要老师重视。只有保证五个步骤的完整性，活动实施的效果才会更加显著。

当然，为了增强设计的指导性，活动的步骤也可以根据活动的内容进行变革。如活动的主题是"初中生上网情况调查"，学习的重点是了解调查研究的一般步骤，我们老师就要根据调查研究的一般步骤来安排综合性学习活动。活动步骤可以分为：确定研究课题；陈述研究目标；选择恰当的样本；搜集、整理、分析资料；撰写调查报告。不管常规的还是有针对性的综合性学习活动，只要我们一项一项的实践下来，每一次活动的开展都会有基本的保障。

（三）教材内容的整合与删减

人教版初中语文教科书六册，共安排36次综合性学习活动，我们师生可以结合自身特点和条件，合理选择、组织综合性学习活动。在具体安排活动之前，我们应统观所有的内容，对这些内容进行分类，然后按照整个语文教学活动计划，合理地穿插相应的综合性学习。

根据综合性学习活动的内容，大致可以分为关注人生、关注社会、关注自然、关注文化、关注亲情、学习方法六个大类。以"关注自然"为例，教材中安排了"感受自然"、"探索月球的奥秘"、"黄河，母亲河"、"寻觅春天的踪迹"、"科海泛舟"、"雨的诉说"等六个主题。七年级上册第三单元的阅读课文是《春》、《济南的冬天》、《夏感》、《秋天》、《古代诗歌四首》都是描写大自然景物的散文或诗歌，本单元的综合性学习主题为"感受自然"（具体见下表），正是单元阅读教学的拓展与延伸，这种编排方式对阅读课的教学有很好的辅助作用。我们可以根据这个单元的教学目标对综合性学习内容加以筛选取舍，还可以整合"寻觅春天的踪迹"、"雨的诉说"这两个综合性学习的内容（具体见下表），把它当做一次"感受自然"的系列活动进行开展，既锻炼了学生的自主学习的能力，又培养了学生的合作、探究的精神。

主题	活动形式
感受自然	1.我有一个朋友 2.走过四季 3.说出心中的美景 4.完成作文
寻觅春天的踪迹	1.编一辑"自然日志" 2.谱一支"春天的赞歌" 3.创作一幅"诗画" 4.作文题"我心中的春天"或"在这个不寻常的春天里"
雨的诉说	1.听听我的足音 2.说说我的功过 3.读读我的韵味 4.作文写一篇抒情文章

续表

主题	活动形式
感受自然	1.我有一个朋友 2.走过四季“触摸春天的心跳”(谱一支“春天的赞歌”)“聆听夏日的絮语”(听听我的足音;说说我的功过;读读我的韵味)“品味秋天的韵味”(创作一幅“诗画”)“享受冬天的蕴藏”(编一辑“自然日志”)3.完成作文作文题“我心中的______”或“在这个不寻常的______里”。

(四)地方资源的开发与利用

《语文课程标准》指出:“各地区都蕴藏着自然、社会、人文等多种语文课程资源。要充分利用学校、家庭和社区等教育资源,开展综合性学习活动,拓宽学生学习的空间,增强语文实践的机会。”我们开展语文综合性学习不应该局限于教材提供的几次,而应关注身边的课程资源,找准契合点,动态、适时地开展综合性学习活动。我们可以从所在社区、学校、家庭的实际出发,充分开发、利用身边的本土资源,因地制宜,体现地方特色。

我们学校地处奉化北大门,坐落于美丽的甬山脚下。学校正着力打造具有甬山文化特色的校园文化,让学生在甬山文化的熏陶下健康成长。以此为契机,我们开展了“探访甬山”为主题的综合性学习活动。活动分三个步骤:第一,甬山名字溯源;第二,甬山胜景探访;第三,甬山文化研究。在开展“甬山名字溯源”的活动中,主要培养了学生搜集信息的能力,利用学校及奉化市图书馆里的资料,搜集、整理相关的信息,并归纳出较为可信的几个说法。在开展“甬山胜景探访”的活动中,带领学生进行实地探访,主要以甬山(俗称塔山)上的“寿峰塔”、“白雀寺”、“清水庵”为探访对象。感受山上沿途的风景,用相机拍下“你眼中最美丽的甬山”胜景,每张照片附上自己的点滴感受。访问住在山中的老人,请他们介绍“寿峰塔”、“白雀寺”、“清水庵”的修建历史。在开展“甬山文化研究”的活动中,重在培养学生的探究意识,注重探究的过程。如历代文人墨客对寿峰塔题咏,白雀寺、清水庵相关的传说等。这一系列的综合性学习活动,培养了学生搜集信息能力、组织策划能力、人际交往能力,激发了学生对家乡的热爱。我们利用身边的课程资源,为语文综合性学习添上亮丽的一抹色彩。

三、后续思考

面对语文综合性学习的尴尬境地,我们一味地消极抱怨是无法解决问题的,那么就让我们积极面对,发挥每一位语文老师的主观能动性,切实转变观念,在语文教学中真正落实语文综合性学习。

首先,我们应认识到,它是一种具有独立形态的课程,是语文课程内容的有机组成部分,与阅读教学、写作教学、口语交际教学一样,是语文课程实施的具体活动样式之一。当然这里所指的独立形态的课程,不是指新辟一门综合性课程,而更多的是指在教材中找到适合的综合性学习的呈现方式,使其成为教材序列的有机组成部分,同时又具有一定的开放性。

其次,它又是一种学习方式,是语文课程内使用的一种学习方式。在实施语文课程的过程中,采用自主、合作、探究等学习方式尝试解决学习和社会生活中的一些问题,从而激发学生学习语文的兴趣,发展语文能力,提高学生的语文素养。

当然语文综合性学习的有效实施并不是仅靠我们语文老师就可以实现的，它更需要一个良好的外部环境作为保障:需要教育行政部门改革对中学的评价机制,更需要我们的中学教育管理者能够顺应社会形势切实转变观念,大胆进行中学的教育改革,彻底变革传统落后的粗放型应试教育模式,建立能够适应时代发展要求的集约型素质教育模式。只有这样,语文综合性学习才有可能在中学得到真正、有效的实施。

(奉化市城北中学　周　宇)

农村中学开展语文综合性学习活动的困惑及探索

一、在农村中学开展综合性学习活动有必要吗?

《基础教育课程改革纲要》指出:“倡导学生主动参与、乐于探究、勤于动手,培养学生搜集和处理信息的能力、获取新知识的能力、分析和解决问题的能力以及交流与合作的能力。”

心理学表明,学龄儿童的智力是由具体形象思维向抽象逻辑思维发展的。处在学龄中期的初中学生,抽象逻辑思维逐步占主导地位,但思维中具体形象的成分仍然起着重要作用。

生活处处皆语文,语文是综合性、实践性很强的课程。学习资源和实践机会无处不在,无处不有。作为初中语文教师,我们要以综合性学习为主要抓手,拓展学生学习语文的范畴,让学生体验学习语文的乐趣,开启学生亲近语文的多种感官。

在人教版九年制义务教育语文教材中,语文综合性学习从内容到形式都作了具体安排,在中考试题中也有相应板块加以考察,既是检测学生语文知识的综合运用能力,也是语文课程与其他课程的沟通、书本学习与实践活动紧密结合的教学导向。

然而在我们农村中学,语文综合性学习却不尽如人意。因为我们的教育观念还没有完全改变,对综合性学习的认识也很模糊,而且农村中学的学生,学习的自觉性和课外资料的来源有限。所以长期以来,综合性学习大部分时候都只是我们课本中的资料积累,每到单元结尾,我们的老师最常用的操作方法,就是让学生们翻到资料部分,让学生们画一画,背一背,以便应付考试时有关的古诗拓展就完事了。我们的教学依然是基础知识板块、阅读板块、作文板块、口语交际板块,在几大板块中唯独没有语文综合性学习的天地。

长期在农村中学执教,学生的特殊性给我的教学带来越来越大的困惑。为了完成每天的教学任务,为了让学生能在考试时得到更多的分数,我总是花大量的时间在过关课内的字词、古诗和文言字词,但几次考试下来,我发现在课内这一块,虽然大部分学生基本都能做到少失分,然而课外的综合性学习题和阅读写作题,却连连失分,成绩很不理想。学生学习语文的积极性也日益下降,而自己的信心和热情也一天天消退。看来我的语文课堂有了改革的必要。那么如何改变这种现状呢?我想到的是开展语文综合性学习。

在农村中学开展综合性学习活动，完全有必要，而且要扎扎实实地开展。只有这样，才能全面提高学生各项能力，若能长期坚持，提高学生的成绩也是水到渠成。

二、在农村中学实施综合性学习活动有条件吗？

长期以来受教学习惯和教学资源限制，我们语文课成了重读写轻听说，重课内轻课外，重教授轻学习，重应试轻能力的“残疾语文”，我们总以我们的学生特殊，我们的条件有限等诸多理由禁锢着自己教学改革的步伐。然而试问，我们农村中学真的没有开展综合性学习活动的条件吗？

我们可以利用具有浓郁地方特色文化风情的课程资源，让学生在寻常事物中体验生活的意蕴，引发学生在各个场合学语文、用语文的意识，增强学生传统文化的积淀。

我们可以利用农村丰富的自然资源，像我们的学校，东面是一汪浅浅的湖水，湖边是一片芦苇丛，每到有雾的早晨或晚霞映红西天的时候，偶有白鹭展翅飞过，这么优美的环境，完全可以成为学生开展以自然为题材的综合性学习活动的强大资源。我们还可以利用农村深厚的社会性资源，农村的生活，农民收获的场景，农家的风俗，民间的谚语无不是我们综合性学习的良好资源。另外，我们还有家乡名人和深厚的乡土文化传统。只要教师布置调控得当，学生积极性高涨，我们完全可以组织开展别出心裁的综合性活动课。

三、在农村中学如何开展综合性学习活动？

（一）说写结合，开展综合性学习

综合性学习过程应该是听说读写能力的整体发展过程。综合性学习将听说读写整合在一起，既为听、说、写创设了生活化的问题情境，提供了有意义的话题，又为学生课外阅读圈定了内容，指明了方向。在综合性学习活动中，我们可以设计一系列规模小的活动，把听说读写巧妙地融于活动之中。比如以“让世界充满爱”为主题的综合性学习，我们可以设计出这样几个活动：

1. “真情一幕”。请你做一回小记者，采访一下街头巷尾那些打工的、收破烂的人，了解他们的家庭情况，然后选择感动你的事记下来。并在此基础上写一篇作文，写得好的还可以投送报刊编辑部。

2. 整理关于爱的诗词、歌曲、美文，读一读，背一背。

3. “点点滴滴都是爱”。模拟几个生活场景，比如一杯牛奶、一件毛衣、一句唠叨，让几个学生表演，借此感受生活点滴中的爱。

4. “献出你的爱”义卖活动，把筹得款项以集体的名义捐赠给贫困学生。

5. 爱的小诗创作、朗诵大赛，主持人由学生中产生，学生自己准备串联词和PPT、音乐背景等，体会做主持人的感觉。

通过上述活动的开展，就可以把写作、口语交际整合于综合性学习之中，从而促进学生听说读写能力的整体发展。

（二）小组合作，开展综合性学习

合作学习是个体学习的有效补充和有力延伸，它有着个体学习所不能代替的许多功能。合作学习有助于学生主动深入地解决问题，可以增加信息量，提供学生交流情感、展示个性的机会。在综合性学习中，我们可以安排学生以小组为单位合作学习，从而促使个人的创新潜能与集体的智慧相互补充，相互调节。在综合性学习活动中，我们在为学生提供一个母课题的前提下可以设计若干子课题，倡导学生小组讨论、合作学习。比如八年级上册“走上辩论台”综合性活动，我们可以为学生选择诸如“中学生上网的利与弊”这样的主题，让学生分成两个大组，正方与反方，分头去找资料，写稿子。

1. 正方：中学生上网利大于弊；反方：中学生上网弊大于利（确定观点）。
2. 中学生上网的利弊谈（知识擂台赛，搜集资料）。
3. 开展辩论赛（双方各陈观点，相互攻辩、答辩）。
4. 写给全体中学生的一封信（写作、交流辩论赛的得失）。

学生以小组为单位逐个进行上述活动时，将在兴趣的吸引下自行查找资料、小组安排观察时间和方式，以及组织擂台赛、辩论赛的形式，从而培养了学生发现问题、分析问题、解决问题的能力，及他们的交流合作能力。

（三）结合实践，开展综合性学习

借助丰富多彩的语文实践活动，开展综合性学习，可以使学生在广阔的生活空间里学语文、用语文，丰富他们的知识，提高学生的语文实践能力。综合性学习中，教师要引导学生扎根在社会生活这个天然教室，让学生运用自己的生活经验理解课文，并运用课堂上所学的知识到生活中去实际应用，发挥语文的交际功能、传播功能。比如让学生写广播稿、倡议书、借条、招领启事、办手抄报等，也可以让学生为旅游公司设计广告语、导游解说词。这样，综合性学习就能把生活与语文紧密相连，把学生今天的学习与未来的发展紧紧地联系在一起。例如在以“说不尽的桥”为主题的综合性学习活动中，我们可以安排如下活动：

1. 访谈。走访当地居民，了解村里古桥的历史和变迁的情况。
2. 调查。了解一些桥的名称的由来，搜集有关桥的故事与传说。
3. 摄影展。 拍摄各式各样的桥，搞一次关于桥的摄影展，每一幅作品配上优美的解说文字。
4. 整理成册。 把搜集、整理、拍摄的文字、图片整理成册，印成精美的册子，供教师和学生传阅。

这样一来，借助语文综合实践活动，开展综合性学习，就达到了“语文生活化、生活语文化”的效果，加强了学生的语文实践能力。

（四）利用网络，开展综合性学习

人类已经进入信息时代，在综合性学习的实施过程中要积极运用网络技术等手段，以拓展综合性学习的时空范围，提高综合实践活动的实施水平。比如在“世界何时铸剑为犁”的综合性学习中，可让学生上网查阅古今战争、古战场的变迁、与战争有关的文艺作品、当前世界的局势等，让学生更多更广地了解战争，了解战争所带来的危害，懂得今天的和平来之不易。

充分运用网络技术，开展综合性学习，能促使多元信息与语文人文性的相碰撞交汇，能有效地培养学生搜集资料、处理信息的能力,为学生将来的发展打下坚实的基础。

综上所述，要想提高学生语文学习水平,“综合性学习”就是一股不息的源头活水，是搞“活”语文教学的一条基本途径,也是扎实推进素质教育落实新课标的需要。所以我们一定要努力改变目前农村中学综合性学习的滞后现状，解放学生，让学生到更广阔的天地中去学习语文,提高语文综合素养。

(江北区慈城中学 胡央平)

农村初中语文综合性学习开放性的两难境地与对策

生活即语文，语文即生活。随着新课程理念下“大语文”教育共识的形成，语文教育的视野被极大拓宽。正如苏霍姆林斯基所说：“当儿童跨进校门以后，不要把他们的思维套进黑板和语文课堂的框框里，不要让教室的四堵墙壁把他们跟气象万千的世界隔绝开来，因为世界的奥秘中包含着思维和创造的取之不竭的源泉。”

语文课堂如何开放？“新课标”倡导的“综合性学习”作为一个大力提倡的全新的教学领域，成为语文课程改革的一大亮点。其开放性体现在：让学生到“生活的知识宝库”中自由探索。但因为是“全新”，也成为课程改革的难点，有许多问题值得我们去研究，去探讨，尤其是在教学理念、教学方式、教学策略、教学评价诸方面，为我们的语文教学提出了一个新的课题和难题。唯其如此，才能真正发挥语文综合性学习活动应有的功能。

这里，本人仅对农村初中的语文综合性学习所面临的困境提出商榷，谈谈自己实施“语文综合性学习”的一点困惑。

在教育较落后的农村初中，语文综合性学习虽然得到了语文教师的接受和认同，并且语文综合性学习也热热闹闹地开展了起来。但是，由于受学校经济薄弱、教学资源短缺等条件的限制，以及农村学生相对城镇学生来说，知识面窄一些，生活阅历欠丰富，学习的方法和途径比较单一。因此，出现了语文综合性学习热热闹闹走过场的现象，不能达到或者说未必充分达到语文综合性学习的目的和要求，甚至于某些主题无法开展。如果再不及时解决这些棘手问题，不是综合性学习过程不完整的表面问题，而是整个语文课程标准难以完满实现的头等大事。

一、内容的开放

综合性学习的内容可涉及单科的或多科的，科学的、人文的、自然的或社会的，总之要丰富多彩，以保证学生的可选择性，这样才能满足不同发展水平，不同兴趣爱好的学生的多方面需要，才能真正面向全体。所以，“语文综合性学习”是以语文学科为依托，注重语文学科与其他学科、与学生生活、与社会生活之间的联系，以问题为中心，以活动为主要形式，体现语文知识的综合运用、听说读写能力整体发展、语文课程与其他课程的沟通、书本学习与实践活动紧密结合的自主学习过程。它作为一个新的教学领域，对师生提出了诸多新要求。如跨学科，就是对语文教师知识与能力的一大挑战，它包括了科学、历史、地理、政治各学科，囊括了纵横时空，包罗了万千各象，完全不同于传统的语文教学。如“黄河，母亲河”涉及的地理常识，“世界何时铸剑为犁”涉及的历史知识，“莲文化的魅力”涉及的植物学知识等等。这要求语文教师不得不花精力去搜集和学习各门知识，否则在活动过程中就有可能因细小知识点的缺漏而导致错误引导或陷入成为笑料的尴尬境地，从而影响学生活动的兴趣，乃至于学习语文的兴趣。这种负面影响不容忽视。所以，在活动前，不仅学生要精心准备，老师的准备更得精细化、全面化。但这些其他学科知识介入的根本目的是拓宽语文学习和运用的领域，是让学生在不同内容和不同方法的交叉中开阔视野，初步获得现代社会所需要的语文实践能力。其最终指向仍旧是语文本身，所以教师在指导过程中，应该时刻把握语文学科的基础知识和基本能力，以培养学生的听说读写能力为重点，而不能舍本求末，越俎代庖，强求其他学科知识的准确性和完整性。把语文课上成地理课，生物课都不能算是成功的。因此，在活动过程中，教师这个度一定要把握好，需牢记这是一堂语文活动课，要有语文味。要把握好这个度，对教师来讲绝非一件易事，尤其是对于各种条件相对落后的农村的教师来讲，更是能力和知识的极度挑战。

二、目标的开放

综合性学习活动提倡学生人人参与，相互配合。让不同的个体能在综合性活动中更好地发展自己的个性，既展示自己的特长，又在合作和探索中增强自己的学识、胆识。但是综合性活动由于它本身活动的特性，是一个灵活、开放的活动。但自我国实施计划生育以来，独生子女所占比例越来越大，他们在父辈们的精心呵护下，养成了“唯我独尊”“凡事以我为中心”的习惯，不懂得，也不愿意，更不会与人交流、合作，所以他们的参与意识不强。许多同学在缺少老师督促的情况下，特别是农村孩子，由于能力、硬件设备和家庭条件限制，以及应试教育的影响，常会出现草率准备而敷衍了事的现象，或者干脆直接越过活动的准备探究阶段，这样就难以保证活动开展的质量。例如，七年级上册的《这就是我》，这是学生进入初中开展的第一个主题活动，教材的编排意图在于让学生从身边的环境开展主题活动。但由于农村孩子的害羞及个性、能力所限，不能真正有效地进行，只不过照章朗读罢了，甚至只能说是阅读，也就枯燥乏味了。最多就是个别学生因有些文采或幽默而博得一笑的涟漪。但波过便无痕，不能给人留下深刻的印象。活动过后，收获寥寥，活动也就达不到原先预定的目标。

三、时空的开放

学习的时间不再局限于课内，可延伸到课外，假期。学习地点不再局限于教室，可到图书馆、街道、植物园、工厂、网上世界等。即使在教室内学生亦可突破秧田式座位的局限，进行多种形式组合。如七年级上册第三单元的《感受自然》和八年级下册第二单元的《寻觅春天的足迹》，就要求学生走出课堂、走出校门。其实，古人为了写好诗文，就有踏青游学之风，正因为经历多，感受颇多，情感也丰富多彩，因此李白写下了千古奇诵《梦游天姥吟留别》。但作为现代语文教师的我们能行吗？往往出于安全考虑，而让学生闭门造车。但造出的毕竟是别人的，无法与自己融为一体，始终是第三者在作客观叙述，缺少独特的情感体验和感悟，这只能做做表面文章，却使整个活动失去了意义。

四、过程和结果的开放

综合性学习重在关注过程中所产生的丰富多彩的学习体验和个性化的表现。过程应是动态变化的，必要时还应根据学生活动表现，活动需求调整甚至改变过程。学习结果的表现形式也应该是多样的，如调查报告、实物说明、故事会、演唱会、朗诵会、电影、画展、手抄报、舞蹈等。在这一环节中，学生通过展示自己的特长(成果)，在给人以美的熏陶和知识传播的同时，自己也获得了知识，乐趣和成就感。但农村学生相对来说，各方面能力和素养都比较薄弱，往往在活动中形式单一，情感缺乏，从而使活动平淡无奇，缺乏跌宕起伏的波澜之美，也就对活动兴味索然。

面对着这些疑难问题，农村中学的语文教师该如何去实现综合性学习“天高任鸟飞，海阔凭鱼跃”的绚烂前景呢？这就是摆在我们农村语文教师面前急需解决的问题。

笔者以为，解决以上问题可以从以下方面寻求突破：

1. 加强跨学科教研和合作，如七年级上册第四单元的综合性学习《探索月球奥秘》，就可以和科学老师共同合作，把科学中有关月的章节与语文的这一活动融合在一起上，这样既能合二为一，节约学习时间，又能提高学生的学习兴趣和学习综合调控能力，岂不是一举两得？

2. 拓展语文学科生活化教育的空间(走出课堂，走向自然)

陶行知曾说：“活书是活的知识之宝库，花草是活书，树木是活书。飞禽走兽，小虫微生物是活书。山川湖海，风云雨雪，天体运行都是活书。活的人，活的问题，活的文化，活的武功，活的世界，活的宇宙，活的变化都是活的知识宝库。”按理说，农村的这些资源对于孩子们来说是得天独厚的，要比城市的孩子幸运。但由于现在农村城市化，山川河流、鸟语花香、春种秋收都已不再，孩子们在家再也闻不到那泥腥味，每天只是学校、家两点一线，电视、电脑外再无其他资源，学习之外生活就了无生趣。何来的天籁之音、鸟语花香的自然美景资源去开发和利用呢？真心希望社会、学校和家长能突破这种局限，创造条件，带孩子突破学校，真正地走进大自然、聆听大自然、感悟大自然，使孩子学到活的知识和能力。

3. 突破应试教育的樊篱，在日常教学评估中，加大学生动手动脑等实践能力的检测，走出唯分数论的窠臼。在老师的引导下，充分调动每一个孩子，逐步放手让孩子自己去探寻知识宝藏，在获得中寻得成就感和自信，在自信面前不断激起探寻知识的情趣。如此循环往复，不断地提高学生自身的学习能力。真正实现叶圣陶的“教是为了不教”的教学目的。

4. 开发利用本地的民俗文化资源，丰富语文综合性学习的内涵。中国是一个民俗文化浓郁的国家，每个地方都有其不同的特色。如我们宁波地区有许多宁波特色的风俗文化，端午的包粽子、吃粽子，慈城古镇的慈孝文化……都可以与我们语文综合性学习相结合，搞出具有宁波地域特色的语文综合性学习来。

当然，还有许多活动的形式和方法，这就需要有更多的专家和同仁能够为我们的农村语文综合性学习献计献策，以便早日实现“生活即语文”的大语文观！

(江北区洪塘中学　许慧玲)

因“收”而“活”
——综合性学习之我见

综合性学习课程始于新课程改革，一经产生，它就成为语文教学的一大难点。综合性学习难主要体现在语文活动的开展上。这一活动不同于普通的语文课外活动，它首先要体现语文课程的综合性，即在活动中要综合运用语文知识，整体发展学生的听说读写能力，沟通其他课程，紧密结合生活实践。其次要体现学生在活动中的自主性，也就是说学生在语文综合性学习过程中不能依赖教师去教，要靠自己去学，要在活动中自主选择学习内容，确定研究主题，并选择多样的方式方法去探究。

那么是否说热热闹闹的，融合了语文综合性和学生自主性的一堂课，就是成功的综合性活动课。在这儿，我借用《黄石逸事——教育的最终目的是促进人的发展》一段文字来表达自己的观点：“不管是教育工作者，还是普通的学生家长，整个社会首先要明确我们的教育究竟是为了什么？教育的最终目的是促进人的发展。”这是江新华教授的观点，“这里面有两个关键词，一是促进，既肯定了受教育者在教育过程中的能动性和自主性，又体现了教育者的主导作用；二是发展，意味着受教育者接受教育后，不仅要有眼下的进步，还应该有更长远的前进空间。”

那么我们该如何有效开展语文综合性学习活动，以促进学生发展呢？我认为关键在于教师的“收”，即教师对学生活动的相应指导。

“收”这一概念的提出是相较于教师粗放式的综合性学习活动而言的。由于教师对综合性学习缺乏了解，以为综合性学习就是一种放手让学生自主组织和参与的课外活动，是学生在纯“自然”状态下的纯“原生态”活动。然经实践观察发现，初中学生思维活跃，但往往流于表层，活动中对学习内容的取舍、思考更多的时候会“跟着感觉走”，甚至有时会出现打趣、起哄的情况。可见，学生的活动可以自主，但不等于放任。如马斯洛所说：“只有对能自律的人，能负责的人，我们才能说，就按你所说的去做吧，那样可能是对的。”

面对放任式综合性学习效益飘忽不定，甚至收效甚微的现状，我认为教师应该对学生活动的开展做具体可行的指导，只有做好了“收”，学生活动才能真正“活”起来，变得有序而高效。

在实际的教学中，我认为“收”主要可表现为以下三个方面：

一、“收”课前准备

查找资料，从报刊、书籍或其他媒体中获取有关资料是综合性学习的重要环节，但如果学生的课前准备仅仅表现为“搬运”，缺乏对所搜集材料整理、思考的过程，那么整个课堂所呈现出来的思维质量必定不高。

以我执教的综合性活动课《马的世界》为例，一开始我布置给学生的预习作业是：查找马的相关资料，如马的成语、马的故事、马的诗文等，除此之外没对学生活动做任何指导。课堂呈现时，学生能流利的用马字成语接龙，但对成语的意思不甚了解，因此在后面的马字成语归纳和马的成语整合创作环节出现了学生的冷场。究其原因，主要是源于学生原有知识的储备和思维惯式局限。当学生较少质疑，不能提出有价值的问题，就意味着他的学习思维还没有真正启动。

在之后的教学中，我对学生预习作业的要求作了些调整，改为：

1. 每位学生收集马的成语 20 个并进行简单的归类，经小组讨论归纳后，选代表在班级汇报成果。

2. 每位学生收集一则马的故事并能流畅、有条理、有感情地讲述，讲述故事时还要注意抓住细节。

3. 每位学生收集一篇马的诗文，并写上一段自己的读后心得。

要求上做了一些小小的调整，却从根本上改变了学生把从网上、书本上搜集到的资料删删减减直接展示给大家的状态。学生们需要提炼资料的核心内容来进行概括，得出自己的体验，这样一来，每位学生都有了自己的思考，不仅自己能在课堂上作出有价值的发言，还能对同学的发言作出适当的评价。相较于之前的冷场，改变指导策略后的课堂甚至出现了由于不同的评价，学生之间产生争论的情形，学生思维的深刻性、敏捷性都得到了提高。

所谓“有的放矢”，要充分展开学生的活动，就必须为他们指引一个学习研究的方向，杂乱无序的自主又怎能及得上共同探究时思维的碰撞。

二、“收”课堂呈现

综合性学习的课堂呈现主要表现为学生独立或合作用文字、图表、图画、照片等形式展示他们的学习成果。在此过程中，教师的“收”主要表现为引导学生去倾听同学的发言，形成课堂上良好的互动。因为在综合性学习的课堂上经常会出现一种现象，那就是每个小组的同学在完成自己小组的任务之后就会如释重负般地进入放松状态，对于其他小组的展示活动完全没有兴趣。

如此一来，学生只专注于自己的成果，忽视他人的观点，也因此丧失了思维碰撞的机会。针对这一现象，我认为应该通过设计一些交互性的活动，来引导学生在发表自己的看法之余不忘去倾听别人的发言，甚至引导学生在发言小组展示成果结束后，可就有关方面的问题进行提问，或对展示的成果进行评价等。

在综合性活动《马的世界》这堂课中，我做过类似尝试。“马的故事你说我评”环节，在我的设计中不仅要求同学们能流畅、有条理、有感情地讲述故事，还要求听故事的同学能一句话概括故事内容,并谈谈自己听完故事后的感想。这一举措,不仅让讲故事的学生有意识地去注意讲故事的要求,提高他们的口语表达能力,还促使余下学生更为认真地去倾听,锻炼了他们倾听、概括和评价的能力。

综合性学习的课堂是一个成果展示的平台,更是一个学习的场所。在把课堂交给学生的同时还需教师的引导,引导学生去主动学习。

三、"收"日常渗透

从教材的编写看,大部分综合性学习的内容是与该单元的教学内容密切相关的。所以,教师在进行教学设计的时候,应该有意识地将综合性学习渗透到日常的教学环节中。

其次,综合性学习的过程是听说读写能力整体发展的过程,它表现了语文学习的基本特点,从这点看,综合性学习应该贯穿于语文学习的全过程。

再则,学生学习起点差异很大,用一定的教学程序,规定学生做同样的事情,完成同样的任务,势必让综合性学习的课堂成为优秀生的课堂,那些表达能力不强的孩子则没有机会站在讲台前。在日常教学中,渗透综合性学习能力的训练为学困生上台提供了可能。

以上种种,旨在说明综合性学习的有效开展离不开教师在日常教学中的渗透。

在日常教学中,学生往往对所授课文的作家生平和写作背景不甚了解,教师通常情况下会在教学过程中自行介绍,以加深学生对课文的理解。如果我们能变换教学的策略,要求每位学生在课前搜集作家和作品背景的信息,并作一个简单的资料小结,写上几句自己的评价,使之成为上课前的一个小小的综合性活动,化学生的被动听讲为主动学习。这样不仅提高了学生搜集查找资料的能力,更锻炼了学生的阅读能力,增强了学生阅读的敏感性。

除了在作者介绍环节可以渗透综合性活动,还可以将之贯穿到具体的教学情境中。例如,人教版七上第五单元的综合性主题为"我爱我家",如果仅仅以一次实践活动或一次写作训练来设计,学生往往会缺少表达的欲望,谈不上有感而发,更不可能有真情。基于这样的考虑,如果结合阅读课文的学习,边学习,边引导,边活动,学习结束,活动完成再来谈感悟抒真情,不就水到渠成了吗?

综上所述,我认为在执教语文综合性活动课时,在关注学生的自主活动、主动探究的同时,还需注重教师的引导,无论是在课前、课中或是日常教学中。因"收"而"活",是我执教综合性活动后的一点感想,相信只有做好了教师的"收"才能使综合性活动课真正焕发出光彩,为学生搭建起更长远的发展空间。

(江北区孔浦中学 王 琮)

谈谈如何有效地上好语文综合活动课

近来听了不少的语文综合课，被教师精心的创意和学生的精彩发挥深深感动之余，总觉得在热闹的课堂气氛背后还缺少点什么。是什么呢？仔细思忖，觉得是这些活动课的有效性不够。大多数综合课是课堂热热闹闹，课后学生收效甚微。有的活动课语文教学的特点凸显不出来，教师的意图不明确，学生的活动前后不连贯，仿佛在表演一些综艺节目，像是学生平常搞的班会课，说是语文课确实有点不伦不类。这样就背离了语文综合活动的初衷。

语文新课程标准指明，安排综合活动课的目的是为了培养学生自主、合作、探究的学习方法；培养学生搜集资料、创新思维的能力；提高学生听说读写的基本技能。活动课既要立足于课外生活实践，又要结合课堂书本单元教学目标；既要能整合别的学科知识，又要凸显语文学科特点。所以语文综合活动课不能上成各种资料堆积的介绍课，也不能上成没有目标的信马由缰的活动讨论课，更不能上成似懂非懂的其他专业课。语文综合活动课要上成具有语文特色，人人参与且能有效提高学生听说读写能力的探究课。

分析当前语文综合活动课主要有这样的一些问题：

1．课堂活动主题不明确，流程设计欠紧凑

课堂活动繁多，内容杂糅，学生过马灯似的上下，似一锅大杂烩，学生只知道按教师的意图去表演，其内心却不知课堂要让人掌握些什么。过程华丽，内容贫乏，只管耕耘，不问收获。有教师在上《说不尽的桥》综合活动课，学生一会儿上去表演相声介绍桥，一会儿上去讲桥的故事，一会儿上去介绍调查城市立交桥的使用情况，一会儿又上去设计自己心目中的桥等等，只见课堂上学生上上下下，热闹非凡，笑声不断，可课后一想，这堂课的活动目的到底是什么不明确，课堂板块之间不连通，内容散乱，学生到底有什么收获也让人怀疑。这样的课看上去有自主，却没感悟；看上去有合作，整体却分散。

2．专业性太强，语文课特点不明显

一些语文综合活动课，有的上成了音乐课，有的上成了科学课，有的上成了地理课，有的上成了法律课。所谓“种了别人的地，荒了自家的田”。有教师上《戏曲大舞台》综合活动课，让学生在课堂里演唱各种戏曲片段，介绍各种戏曲演唱技巧，欣赏影视片断，整堂课完全像一堂音乐课一样。有教师上《探索月球奥秘》综合活动课，让学生找了一大堆资料，介绍月球的面积、构造，运行的轨迹，月球上矿物质分析等等，完全上成了一堂地理课。由于语文教师在某些专业上不精通，所以在学生活动中出现的一些知识性错误，也不能及时地给予纠正。

3．展示的多，创新的少，内容抄写的多，学生整合创作的少

大多数综合活动课，教师注重的是让学生上台表演，重了读说，偏了听写。学生表述的内容往往貌似材料丰富，实则东拼西凑；说得头头是道，其实不知所云，花拳绣腿，华而不实。上课如吹风，听时有声，过后无影。有教师上《科海泛舟》的综合性活动课，课外让学生去搜索各种高科技成果，课堂上向同学们介绍。课堂上有很多同学上场介绍，可他们介绍的都是网上下载的东西，什么纳米技术，什么克隆技术，什么航天技术……内容确实很多，但介绍里有许多专业术语，学生根本搞不懂意思，照本宣读，读者神采飞扬，听者云里雾里。课后大家收获的只是一个概念而已，没有实质的东西。

由此可见，我们对语文综合活动课要好好地进行经验总结，对课堂形式的设计、活动内容的确定、学生写作整合资料创新思维能力的指导和培养等各方面应加以反思，寻找语文课堂综合活动有效开展的切合点，让它真正发挥综合活动人文作用。要使综合活动课上得生动有趣，又能表现出语文课的特色，做到实在有效，与新课程规定的目标一致，我想教师在组织学生展开综合活动中应该做好以下几个方面：

1．每次活动都要有明确的主题，而且要少而精

综合活动课虽说是综合，但也不能散乱，更不能凑合，活动内容选择要恰当、新颖。每堂课要有一个明确的活动目标，所有的预设活动都要紧扣这个目标，挖深挖透，不求面面俱到，但要主题鲜明突出，切忌把综合实践课搞成表面热闹而收效不大的“大杂烩”。所以综合课设计的题目不宜过大过空。像开展《说不尽的桥》的综合活动课，可把题目缩小到《我身边的古桥》、《家乡的桥》，这样活动搞起来主题就很明确，课堂内容也不会散乱。综合活动课虽说要重过程，但也要关注各种能力的提高。比如以《我身边的古桥》为题，就让学生分成下列组进行探究：寻找身边古桥；介绍古桥历史变迁；古桥新貌；古桥断想。每组都最终形成文字资料，课内外结合进行成果展示，做到图文并茂，装订成册。这样的综合活动既可培养学生整合资料的能力，又可提高学生写作的能力，有观察，有对比，有思考，有创作，就可算得上有收获了。所以一堂好的语文综合活动课，要求老师优化课堂活动教学过程，培养学生全面学习的能力与水平，能够对课堂活动及时进行有效的调控，删繁就简，突出主题，让学生各得其所又能互相交流。每次语文综合实践活动都应该有一个集中鲜明的主题。

2．综合活动课的设计要合理

一节语文综合活动课应该有一个完整的教学流程，整个活动的各个环节应一线贯通，环环相扣，既要注重语文综合能力的培养，又要有所侧重的内容凸显。如上《莲文化的魅力》语文综合活动课时，可设计这样四个环节：第一步，赏莲。教师利用多媒体给学生展示各种莲的画面，并配以优美动听的音乐和教师适当的解说，帮助学生在脑海里形成对莲的感性认识。第二步，画莲。观看了娇艳动人的莲花，教师适时地鼓励学生把自己心目中的莲花画下来，可以每个小组合作画一幅，也可以每组选一个画画功底较好的同学执笔，其他同学协助完成。第三步，说莲。(1)说说莲的功用；(2)学生出示自己搜集整理的关于莲的诗文、对联和名句，进行赏析；(3)

结合课文《爱莲说》加深感悟莲所代表的形象——出淤泥而不染，濯清涟而不妖；(4)用书面形式，学生谈体会，教师作总结。以上设计的前两个步骤既调动了学生的积极性，又为下一步“说莲”作铺垫。后两步加深学生对莲的内涵的把握，融思考和表达于一体，是这次活动的重心所在。几个教学环节一线串珠、珠珠相映，主题鲜明、层层推进，是一个认知上由易到难、由具体到抽象，能力训练上由低到高、由单一到综合的过程，不仅兼顾对学生听说读写能力的培养，还能对学生进行传统文化的熏陶，培养他们欣赏审美的能力。语文综合活动课是学生将已有的语文知识技能在实践中应用，又在应用中获得新知、提高能力的过程，是将“课内”与“课外”衔接起来的“金纽带”，教师在设计时要充分考虑这一点。

3．减少专业性，增添语文性

把语文知识和别的学科知识有机整合，发挥语文综合活动课扩展学生知识视野，丰富情感体验，提高思维创新能力，提高阅读写作水平的作用，这是每堂活动课的宗旨。语文综合活动课绝不只是对相关学科知识的介绍，而是通过语文活动的形式，让学生走进生活，在生活中、人际中感受语文，体会语文，运用语文，增强语文的实际应用能力，加深对事物的理解和感悟，丰富情感，提升价值观。有效的语文课堂综合教学活动沉淀下来的应该是一种思维方式和精神。由于中学生知识面不够广，常识有限，所以搞综合性活动，不能过于要求探究专业性的东西。像《科海泛舟》这样的综合活动课，主要是让学生了解科学的动态，认识科学对人类作出的巨大贡献，激发学生热爱科学的兴趣，学会科学的思维方法，至于某些高尖端的科学内容，学生是不能理解也不必去深究的。比如让学生了解克隆，只要懂得克隆的历史及其克隆对人类的意义就够了，具体克隆的方法和技术步骤等是没有必要去掌握的。在活动过程中，教师要指导学生突出语文活动的情趣性和语言表达的生动性。像《寻觅春天的踪迹》这样的综合活动课，可结合学校踏春活动，先让学生走出校园，观察春天的景物，欣赏春天的美景，培养心中的美感；接着回到课堂，品读描写春天的名家名篇，领悟借物抒情的写作方式，触发心中强烈的表达欲望，最后写出赞春、惜春的作文。这样的活动才是语文教学真正需要的综合活动。

4．重阅读与写作，多展示学生体验的成果，突出学生的创造力

新课程教材安排综合活动课的一个主要目的是借助活动，让学生动手动脑，所以综合活动课一定要跟学生写作活动结合在一起，综合活动也是一种写作活动的素材积累。活动中让学生搜集资料，不是让学生简单地抄袭来课堂里读一读，而是让学生在广泛阅读的基础上，把材料整理好，分析归纳，去粗存精，加入自己的理解和认识，用自己的语言写成文章，在课堂中展示自己的探究成果。这样的综合活动才能培养学生的想象能力、思维能力和创造能力，才能达到语文综合性活动的目的。活动是实践，作文便是总结，是成果。我们要把教材中的语文综合系列活动，看做是日常写作教学系列活动的依托。每一次活动都要有写作的过程。像《黄河，母亲河》，就可分成若干个写作小话题，如《黄河介绍》、《黄河的忧虑》、《黄河颂》等，让学生借助搜集的资料写出作文来交流，就可以有效地达到活动的目的。活动中学生观察、思考、阅读、感悟、创新诸多能力的提高，最后都要通过写作水平的提高来得到体现。

（江北区实验中学　钟旦旦）

初中语文综合性学习教学评价方式的探究

教育的核心任务是促进学生的全面发展，教育评价也不例外。多元智力、建构主义是本次课程改革的两大基础理论，课程标准有关语文综合性学习评价的描述，也是在这两大理论的支撑下呈现出的一些新的评价理念。

多元智力理论是重新审视教学评价的一把智慧的金钥匙。教学评价始终与教学相联系，立足于多元智力的平台，我们教学与学习的视野都有了新的改变，教学更加注重生成性，注重学生的参与性、主动性，教学目标也更加多元化，这就构成了语文综合性学习学生评价的基础。这让我们明白：在学校里，可以让每个学生的智力都以多种智力的形式加以综合体现，鼓励学生形成自己的学习方法和独特的风格。我们不能说谁比谁聪明，而只能说谁在某一方面比谁做得更好。作为教师，内心树立了差异教学的观念，就会针对不同学生的特点，真正因材施教，引导学生关注到每位学生的智力倾向和擅长所在。每个学生都有不同于他人的独特素质，各自的发展轨迹有所不同，呈现出一定的个性，在语文综合性学习中，教师遵循这一点就能帮助学生的优势智力向弱势智力迁移。

建构主义理论重视过程性评价。建构主义教学观认为，评价的重点应该是知识获得的过程，而不仅仅是结果，所以语文综合性学习学生评价应重视评价学生知识建构的过程，其中包括学生在知识建构中运用的策略、自我监控能力以及知识建构中的探究与创新能力等。传统教学评价进行更多的是总结性评价，过程性评价较少甚至被忽略。建构主义学习理论，让我们认识到学习本身是一种动态的过程，既关注教师的教更重视学生的学。语文综合性学习评价应是关注学生解决实际问题的能力、知识的应用和迁移能力的评价。从此理论观点出发，评价学生如何进行知识建构要比评价由此产生的结果更为重要。同时，对学习结果的评价标准也要多元化。

基于以上两点，笔者认为，语文综合性学习要基于正确理念，可采用以下一些评价方式：

一、用正确的理念作为评价支撑

1. 把握方向性原则

教学评价要以国家的课程计划、教育发展规划、素质教育改革和发展的方针、政策为依据，通过评价，促进课程方案的落实，促进素质教育改革的深化发展，促进教师正确理解和把握活动课的目的、意义、原则和方法。

2. 把握科学性原则

综合性活动课的教学，必须在知识性方面具有严密的科学性，在方法与技能技巧方面符合科学规律，其评价体系要符合教育规律，要符合学生认知发展规律。要通过评价，引导中小学生正确地进行活动课教育，引导教师正确地把握活动课教学的方法和尺度。

3. 把握真实性原则

真实性评价是在真实生活情景中检验学生综合能力的一种评价方法。真实任务是进行真实性评价的前提。所谓真实任务是指“能反映出现实生活中某个领域专家所面对的一些真实生活活动、表现或挑战的任务，它是复杂的、多维的，需要运用像问题解决、批判性思维等高等级认知思维才能解决”。(吴维宁语)换句话说，完成真实任务的过程即是问题解决过程。在这个过程中，学生要综合应用所学知识与技能，充分调动有效的问题解决能力，有效地、创造性地完成任务、解决问题。语文综合性学习本质上就是综合实践活动，终极目标是让学生学会在真实的现实生活中运用语文知识与技能解决问题，形成有效的语文实践能力。

4. 把握可行性原则

活动课教学是一项复杂的教学工作，它不仅具有各种知识的交融性，还具有各种技能技巧的交融性，各种思维方法的交融性，各种能力训练与发展的交融性。因此活动课的形式具有开放性、多样性、灵活性。但无论什么形式的活动课，实质是一致的，即体现学生中心，活动中心，实践中心，创造中心的思想。所以活动课的评价要紧扣其实质，要能够概括性地反映活动课的本质，评价的指标层次要清楚，简便易行，既能反映各种类型活动课的共性，又能正确地引导活动课的开展，以保证评价的激励功能和改进调节功能。

5. 把握民主性原则

语文综合性学习活动应当面向全体学生。全员参与，使所有学生拥有平等的学习机会，和充分的发展、展现的机会；并共同参与活动，在合作中完成学习任务。同时，也要注意营造和谐、平等、民主的讨论氛围；每个学生都有充分表达的机会，加强学生与学生的对话，不以师生对话为主；教师的作用主要体现为讨论进程的控制、学生关系的协调、恰到好处的建议与引导。

二、用较强的可操作型决定评价方式

1. 档案袋评价

档案袋既是语文综合性学习的学习工具，也是语文综合性学习的评价工具。档案袋评价也被称作成长记录袋评价，本质上是真实性评价的一种具体操作方式。以主题学习为基本单元的语文综合性学习，每一次学习任务都有一定的周期，在任务执行的过程中需要搜集、整理大量多种形式的信息，直至形成丰富、多样的学习成果。档案袋不仅为真实性评价提供了一种具体的操作方式，也为语文综合性学习本身提供了可资利用的学习方法。

档案袋以每一次综合性学习为单位，即每一次综合性学习的每一个学生都有一个档案袋。档案袋可以具备以下内容：

(1)档案袋封面制作。

(2)本次综合性学习活动的主题。

(3)活动计划。

(4)活动过程中搜集、整理、撰写的资料，包括文字、图片、音像资料等。

(5)各种评价量表。

2．量化表评价

量化表的设计，应具有较强的操作性。可以按照评价内容划分，可细化为“口语交际能力评价”、“方法性知识与问题解决能力评价”等；也可以按照模式划分，可细化为“活动组织模式”“观察体验模式”“调查分析模式”“问题解决模式、研究学习模式”等。

以七年级“活动组织模式”下的学习评价表为例：

学习主题：________________

小组成员：________________

被评价者：班级________ 姓名________ 日期________

评价项目		评价指标	评价等级				评价结果		
			A	B	C	D	自我	同学	教师
口语交际能力	听	听话时有礼貌；注意力集中；听清楚意思	三项都达标	达到两项指标	仅达到一项指标	未达标			
	说	说话时态度大方；声音清晰；内容清楚	三项都达标	达到两项指标	仅达到一项指标	未达标			
	交际	能根据情况选用恰当的方法与他人联系；能建立并保持与他们的良好关系；能与他人合作，在团体中能够承担各种角色	三项都达标	达到两项指标	仅达到一项指标	未达标			
方法性知识		能从报刊书籍中获取所需信息、能从广播电视网络等现代媒体中获取所需信息；能够通过调查访问等方式获取所需信息；能对获取的信息进行整理、归类	三项都达标	达到两项指标	仅达到一项指标	未达标			
发现问题的能力		有较强的观察力；有较强的问题意识；对问题反应敏锐；能发现有价值的问题	三项都达标	达到两项指标	仅达到一项指标	未达标			
综合评语									

3. 过程跟踪式评价

评价应伴随整个综合性学习活动的始终。通过一环套一环的评价，将学习活动向前推进，通过过程评价，帮助学生及时发现问题并进行调整、完善。

活动阶段	评价方式	评价主体
活动起步阶段	讨论式评价	教师、同学、自我
活动实施阶段	讨论式评价、随堂评价	教师、同学、自我
活动总结阶段	真实性评价	教师、同学、自我
成果展示阶段	档案袋评价	教师、同学、自我、家长

4. 成立评价小组

建设一支由学生组成的评价小组，每次的评价计划由他们讨论制订，进行评价的跟踪、监督、评价的归类、总结，为综合性活动展示阶段提供较为系统客观的评优依据。

（余姚市实验学校　王　浓）

方法与实践

立足本根　花开叶茂

——谈“语文性”在语文综合性学习中的作用

语文综合性学习是语文课程一个重要的组成部分，是素质教育深入实施的必然要求，也是语文课程改革的重大举措。“综合性”带来了语文学习广阔和自由的空间，为学生的思维插上飞翔的翅膀。但在实际操作中有的语文老师忽视语文性的存在，把“综合性”的外延越来越扩大化，使课堂少了“语文味“；也有的语文老师忽视综合性，把它上成纯语文综合课。

其实语文综合性学习是语文的补充和强化。如果把语文综合性学习比作一棵树，那么“语文性”应是它的“本根”，要使语文综合性学习这棵大树“枝繁叶茂”，就少不了根部营养的吸收，“语文性”始终是综合性学习独特的美感和芬芳的源泉。那么，怎样处理“语文性”的“本根”，运用“综合性”手段促使语文这棵大树花开叶茂呢？

一、“语文性”是内核，“综合性”是外壳

《语文课程标准》指出，开展语文综合性学习，目的在于“拓宽语文学习和运用的领域，注重跨学科的学习和现代科技手段的运用，使学生在不同内容和方法的相互交叉、渗透和整合中开阔视野，提高学习效率，初步获得现代社会所需要的语文实践能力”。由此可见，“综合性”只是获得这种语文探究实践能力的外在手段，它可以根据不同的情况采用不同的“综合性”，但归根结底是要实现内在的“语文性”。因此，“语文性”是内核，“综合性”是外壳，“综合性”是服务于“语文性”的。

“语文综合性学习”把语文和其他功课诸如自然、社会、人类历史等方方面面整合在一起，让学生学习，但它首先应该姓“语文”，即：不管我们的学习活动涉及哪个领域，哪门学科，采取哪些方式，其落脚点都在“致力于学生语文素养的形成和发展”，而不是对其他学科知识的掌握。它作为一种学习方式，主要体现为以学生的经验与生活为核心，强调“语文知识的综合运用、听说读写能力的整体发展、语文课程与其他课程的沟通”。

综合性学习的“综合性”特点首要体现在自身“语文因素”的综合上，它既包括识字写字能力、口语交际能力、阅读能力、写作能力，又包括语文综合运用的能力，语文综合性学习的内核和语文素养养成的基础，才能回到语文综合性学习之本上。

我在第一班级进行《金钱，共同面对的话题》教学时，根据课文内容，把全班分成四个自然小组，分别去完成四个调查：(1)金钱的发展历史；(2)金钱在现实生活中的地位和作用；(3)今

天我当家;(4)调查我们班的同学是怎样消费的。我根据课文内容按部就班,也不分主与次上下来。课是上好了,也上得热热闹闹的,可我感觉总不像语文综合性学习,倒像一堂思品课的综合学习。我琢磨在哪个环节出了问题,原来是我忽视了语文综合性学习它首先该姓“语文”,忽略了“语文性”是语文综合性学习的内核。在第二个班级上课时我就改步骤,先要求学生将金钱的历史简略提一下,增加了名人对待金钱的故事,如著名才子作家郁达夫对待金钱的佚事;郁达夫是个穷文人,靠微薄的稿费与教书的薪金度日,一生受金钱的压迫。有一次,他财星高照,得到了一笔较丰厚的稿酬,很高兴邀请朋友吃饭,临付账时只见他从鞋里拿出钱来。他居然将钱放在鞋里,踩在脚底下,照他的话说,一辈子受金钱的压迫,这回也要“压迫”一回金钱这劳什子……然后问同学们还知道哪些名人与金钱的关系?话音刚落,很多同学就要求发言,有的同学讲:巴尔扎克笔下的守财奴葛朗台半夜里把自己一个人关在密室之中,“爱抚、把玩、欣赏他的金币,放进桶里,紧紧地箍好。”临死之前还让女儿把金币铺在桌上,长时间地盯着,这样他才能感到暖和……有的讲莫里哀笔下的阿贡爱财如命热衷于守财,连放债都舍不得的吝啬鬼形象;有的说比尔·盖茨对待金钱的一个故事:有一次,在美国凤凰城举办电脑展示会,比尔应邀出席。主办方事先给比尔订了张头等机舱机票,比尔知道后,没有同意他们的做法,然后硬是换成了经济舱。还有一次,比尔要到欧洲召开展示会,他又一次让主办方将头等舱机票换成经济舱机票。他并不是那种悭吝的守财奴——比如,微软员工的收入都相当高;比如,为公益和慈善事业一次次捐出大笔善款,他还表示要在自己的有生之年把95%的财产捐出去……还有的讲方志敏的清贫故事……

这样既运用综合学科知识的“综合性”,又强调突出了“语文性”,提高学生对文学名著的阅读兴趣。

因此,在提倡多层次的“综合性”的时候,千万别剥夺了“语文性”这个“主”。毕竟,语文才是第一性的,其他学科在其中只起着载体的作用,只是实现目标的手段而已。学会感悟亲情、回报亲情,要有一颗感恩的心,达到情感教育、教书育人的目的。可见,形式服从于内容,综合性服务于语文性。

二、注重跨学科衔接,坚持语文性和综合性有机结合

在综合性语文学习活动中,教师应密切关注多种学科知识的运用,注重跨学科的学习和现代科技手段的运用,使学生在不同内容和方法的相互交叉、渗透和整合中开阔视野,提高学习效率。初步获得现代社会所需要的语文实践能力,这是新课程对我们的要求。毕竟语文综合实践活动超越了传统单一语文学科的界限,将学问性知识与体验性知识、单一性知识和跨学科的综合性知识、校内和校外相结合,以促进学生身心和谐发展,成为全面和谐发展的人。

在活动中,“综合性”体现为学习内容的综合性。“在多学科的交叉中体现语文知识和能力的实际运用。”因为在开展语文综合性学习时,或多或少会运用到社会、科学、地理、历史等知识,在学习过程中,这些学科知识只起着相互交叉渗透作用,不是掌握的目标,因为这终究是一堂语文课。所以在上课时,就不能偏离语文性,把课上成其他学科的课。

“综合性”还体现在知识的综合运用上。语文综合性学习设置的目的在于实现语文学习对

学生素质的整体优化、全面提高，它强调在进行语文学习的同时，要关注科学、人文、自然、社会、历史和现实、未来等领域，要进行多方面知识的综合运用，而不是做井底之蛙。例如有老师在教学开展《感受自然》综合性学习活动时，运用生物学知识、物候学知识向学生初步讲解秋天的知识，要求学生回家查阅有关秋的资料，了解秋天气候的特点等。然后让学生搜集描写秋季的诗句成语，在美妙的背景音乐中背诵古今中外文人墨客关于秋的名篇等，最后为了让学生有进一步感受秋的滋味，开展了一次秋游，到生活中去观察秋天，并谈谈对这个季节的独特感受。这堂课不仅让学生获得了关于秋天的自然知识，还了解到语文知识与现实生活的密切联系，培养了阅读与表达、搜集和处理信息的能力。

语文学科渗透在我们生活的方方面面，语文学习本身就带有综合性质。不管我们采用的“综合性”有多么“综合”，它毕竟是语文教学的一部分，它是离不开“语文性”的。不管你的“综合性”多么华丽，它是植根于“语文性”上的。作为语文老师，在开展语文综合性学习的时候应该注意在涉猎其他学科领域的同时，不要忘了这是语文课，一切都应该建立在“语文性”的基础上。

三、注重学生实践能力培养，在“综合性”中落实“语文性”

生活处处皆语文，“生活有多宽广，语文就有多宽广。”语文学科渗透在我们生活的方方面面，体现在社会的方方面面，可以毫不夸张地说，只要有人的地方就有语文。所以，语文学习本身就带有综合本质。因此，语文老师要注重学生实践能力的培养，在“综合性”中落实“语文性”。

我曾听过一位老师上的综合活动课《说不尽的桥》就很好地体现了在这一点。“桥”作为我们日常生活中常见的物体，它本身就可以从物理学、美术学、建筑学等角度来探究，但该老师很好地把握“语文性”和“综合性”的关系，在“综合性”中落实“语文性”，他不是让学生在“桥”的专业化领域中徘徊不前，而是让学生由“实物的桥”到对“桥”所含有的科学性、人文性的认识再到“心中的桥”的口头描述，其中穿插着古诗词中关于“桥”的诗句。如此，学生不仅对桥的历史、桥的建筑美观有了直观的认识，还激发了学生对科学的热爱，对伟大劳动人民的赞美，又达到了说写能力的培养。

每一次的综合性学习，学生都要经历一个学习活动的过程。因此，教师要注重学生实践能力的培养。通常情况下，每次综合性学习都要提前一个星期或者两个星期布置，让学生有充分的时间自主、合作、探究有关的课题。具体的活动大致上可以这样安排：1. 自由组合，以 4–6 人一组为宜。组内有分工，明确个人职责，提出搜集有关资料的任务；2. 个人完成后组内交流、展示、互相讨论切磋；3. 充实补充，装订成册（或袋子）；4. 上课交流、展示、评价；5. 写作；6. 评选优秀资料和优秀个人。通过这一系列活动的开展，让学生在实践中感受、体验。

注重活动过程，就是关注学生的学习活动。要求语文教师重视学生的调查、访问、查阅和搜集资料等活动过程与策略，鼓励学生多渠道获取信息、搜集资料，注意信息的筛选要紧紧围绕“语文性”，使学生围绕主题逐步掌握互联网、图书馆、人际交流等获取相关资料的方法与途径。由此可见，我们所运用的“综合性”都是建立在“语文性”基础上的，在“综合性”中落实“语文性”。

四、立足"语文性",运用"综合性"激发学生兴趣

在综合活动课程的课堂教学中既要立足"语文性",又要尽量避免语文知识的机械传授,要解放学生的手脑,甚至他们的行为。运用"综合性"激发学生兴趣,让他们充分与具体事物和大自然直接接触,培养他们积极参与的学习兴趣。

这里所说的综合性既指教学知识的综合,又指教学方法手段的综合。如何激发学生的学习兴趣,我认为可以尝试以下措施:运用其他学科知识,创设情境来激发学生的学习兴趣。例如在《马的世界》综合性学习中可以以生物学上了解马的知识,也可以以研究"汉语中的马"来激发兴趣。运用分组竞赛来激发学生学习的兴趣。还是以《马的世界》为例:把学生分成若干小组,进行马的知识方面的竞赛:以马作为偏旁的汉字,含"马"字的成语、俗语,古代的名马等,各组按座位顺序依次说出,不能重复,看谁在规定的时间内说得最多。运用游戏法来激发学生学习的兴趣。

我在教学《献给母亲的歌》时运用多种教学手段:先让学生学唱一支歌颂母亲的歌曲(《只要妈妈露笑脸》《妈妈的吻》《懂你》等)来激发学习兴趣,再利用图书馆、电视、网络等媒体搜集资料:描写母爱的诗歌、小说、散文等文学作品;新闻媒体报道过的与母亲有关的感人事迹;展现母亲形象的绘画、摄影、电影、广告等;利用周日与母亲聊天,了解母亲童年到青年时期的生活,她曾经有过的梦想和追求。这些活动使学生进一步认识到母亲的辛劳,母爱的伟大。

语文综合性学习是人文精神与实践能力相互融合,而激发学生的兴趣无疑为学生的想象插上了飞翔的翅膀。如有老师在教学《成长的烦恼》综合活动课时曾这样激发学生说出心里的烦恼:"说说你们的烦恼。可以考虑一分钟,整理一下思绪,要想说得清楚,我教你们个小窍门。同学们可以说学校中师生之间、同学之间的,也可以说家庭中父母兄弟姐妹之间的,还可以说社会中的诱惑或压力。"接着就板书:"说清楚:见事,见人,见思想。"学生于是纷纷说出心里的烦恼:有的说:"每天的作业十分多,就像一座座小山丘似的压得我动都动不了。我真想变成一个孙悟空,能吹出好多小猴子,让他们给我写作业,那我就放松多了。"有的说:"刚上初一时有同学给我传纸条。我听老师说过在初中得到同学的爱慕是很正常的,但处理不当就会出现问题,但我又不敢告诉别人,所以我很烦恼。"有的说:"我每天骑车上学,我的父亲为我准备了一辆破旧的小车,蹬起来总是吱吱响,声音特别刺耳。为此同学们总是笑我。我曾向父亲提出此事,但父亲总是拒绝我,说等初中毕业。"有的说:"我作为班级的一个干部就应该管理班级的秩序,但同学们都不理解我,有时对他们过于严厉,他们便都不理我,而且向躲"非典"病毒一般躲着我。"……

教师在立足"语文性"基础上,通过各种方法手段的综合运用来努力激发学生的学习兴趣。

总之,综合性学习的设置,为学生自主探究创设了问题情境和学习空间,充分体现了语文学习内容的丰富性,语文教师只有正确把握好"综合性"与"语文性"的关系。立足"语文性"这个"本根",才能顺利开展语文综合性学习,全面发展提高学生的语文素养,使语文这棵大树花开叶茂,结出素质教育丰硕甘甜的果实。

(鄞州区集仕港中学 王永龙)

找一条小路穿过"森林"

——以《莲文化的魅力》教学为例谈语文综合性学习的教学策略

语文综合性学习,与一般的阅读教学相比,因其独特的教材编排形式和开放而包容的教学内容,以及注重实践性和创新性的教学特点,一直以来是语文教学中的一个疑难问题。面对语文综合性学习,教师往往显得无所适从,办法不多。要么避而不教;要么一带而过;要么随意而为。总之,驾驭无法,不能深入,难见实效。为了解决这一疑难问题,我们通过案例教学,深入研究,刨根究底,解疑破难。下面,就以《莲文化的魅力》教学为例,阐述综合性学习教学研究取得的一些方法和经验。

一、分析教材,梳理思路

语文综合性学习在教材编排上的关键词是"综合性学习"、"写作"和"口语交际"。通过研究,我们发现语文综合性学习在教学的价值取向上,有三个方面的教学导向。其一,综合性。教学中要突出教学内容的综合性和包容性;要突出教学形式的开放性和创新性;要突出教学活动的自主性和实践性。其二,写作。教学中要充分凸显"实践中学写作"的教学理念;要在教学中设计"指导写作"的环节;要通过"写作"呈现综合性学习的成果,提升学生的写作能力。其三,口语交际。综合性学习的过程,主要通过"活动"的形式展开,主要目的是训练口语表达,提高口语交际能力。因此,实施语文综合性学习,一定要带着这三个导向去确立目标,设计教学,实践教学。

把握好教学导向,只是语文综合性学习教学的开始,要使教学获得实效,还需要挖掘主题,取舍教材,选择角度。

与其面面俱到,不如择其一点。语文综合性学习,从内容上讲,范围广、容量大。教学中根本不可能做到面面俱到。因此,比较切合实际的做法是:细读文本,梳理思路——确定一个主题,选择一个切口,提取一个方面的知识,开展一次活动。以《莲文化的魅力》教学来说,在教材编排上,主要安排了"对莲的探究"、"大家来赏荷"、"莲文化探胜"三个教学板块,所涵盖的内容非常丰富,涉及"科学知识"、"风景名胜"、"历史文化"等多个层面,所体现的莲文化的内涵极其丰富。教学中,我们选择了“莲文化探胜”这一板块,并从中提取了“莲”的古诗词文化作为教学内容,挖掘了“赏析古诗词,品味莲文化”作为活动主题,确定了以“莲的意象解读”为切口,以“诵诗品莲”为活动形式,开展教学。通过教学实践,我们发现,这样的教学,思路清晰、层次清楚、内容充实、活动充分,易操作,有实效。选一个切口,深入其中,能够有效解决语文综合性学习空泛肤浅,缺乏深度和厚度的问题。

二、确定目标,理出重点

课堂教学取得实效,需要明确而具体的教学目标的引领。语文综合性学习,因其教学内容范围广、容量大,更需要制订明确而具体的教学目标。因此,结合单元教学目标、教材自身特点,以及所挖掘的主题、选取的教学内容和教学策略,我们确定了四个教学目标。

1. 通过课堂实践活动,组织学生多层次、多形式诵读有关“莲”的古诗词,加深学生对“莲”的古诗词文化的理解,培养学生对古诗词文学作品的品读鉴赏能力。

2. 组织学生通过课堂实践活动,培养其自主、合作和探究的意识和能力,培养其主动创新、主动实践的精神和能力。

3. 指导学生从意象的角度认知、体验、感悟和表述“莲”的古诗词文化,并初步掌握和运用托物言志的写作手法。

4. 通过组织学生学习“莲”的古诗词文化,引导学生进一步探究“莲”在其他领域的文化,并在实践活动中培养学生高尚的道德品质和积极的人生态度。

同时,也理出了教学重点和教学难点:借助“意象”,组织学生多层次、多形式诵读“莲”的有关古诗词,在解读莲的“意象”过程中品读“莲”文化;通过对莲意象的解读、探究,品味莲所具有的高尚品质和美好情怀,渗透传统文化,引导学生确立积极的、正确的志趣追求。

三、设计活动,储备资料

综合性学习实践活动,要取得实效,需要精心设计活动。在实施《莲文化的魅力》教学时,我们设计了“诵诗引莲”、“意象解莲”、“品诗赏莲”、“诵诗悟莲”、“写文评莲”五个层次、不同形式的活动。通过“自由吟诵”、“解说意象”、“品诗赏析”、“诵读感悟”、“书写感悟”等多种形式实施活动,综合培养学生的能力和素养。

另外,大量的资料储备和充分的训练是实践活动取得实效的保证。语文综合性学习,是开放的课堂。其实现目标的途径是与生活密切联系的实践活动。教学中既要调动学生的生活体验,也要调动学生的知识储备,此外,还需要教师和学生补充更多的新知识。因此,课前的资料准备工作非常要紧。实践操作时,要分组分工,明确任务,让所有的学生主动参与资料搜集工作。《莲文化的魅力》教学,课前的资料搜集准备工作做得非常充分。小组长根据所领取的任务,具体分工,组织组员搜集整理了大量资料,为课堂教学活动提供了保障。另外,也要做好课前的训练指导工作。《莲文化的魅力》教学,主要通过“解说意象”、“诵读感悟”、“品诗赏析”等形式进行,因此,课前各组长在老师的指导下,分别组织小组同学进行了解说、诵读、品悟等方面的训练,从课堂反馈来看,正是有了课前的针对性训练,学生在课堂上的发挥才显得精彩。

四、课堂活动,多元评价

综合性学习,需要课堂活动。丰富的教学内容和多样化的活动形式,是学生参与活动的积极性和主动性的保障。交错运用多种学习手段,能从不同侧面激发各个层面学生的学习热情,触发其学习传统文化的兴趣,形成了主动学习的良好氛围。《莲文化的魅力》教学能取得成功,得益于丰富的内容和多样的活动形式。

活动一,诵诗引莲。教师引导学生自主诵读写莲的古诗词,引出诗歌的意象“莲”, 调动阅读储备和阅读体验, 激发学生学习热情,为学习“莲文化”营造气氛,创设情景。同时,为教师借机切入诗歌的意象“莲”,并挖掘其内涵,作铺设和引导。

活动二,意象解莲。教师组织学生分组分别从“君子之花”、“佳人之花”、“爱情之花”、“佛界之花”四个方面引用写莲的古诗词句诠释莲的四种意象。学生通过讲述,主动加深对莲意象的理解和把握,为下一环节学生对莲诗进行赏析性评说作了扎实的铺垫。

活动三,品诗赏莲。教师组织学生分组赏析写莲的古诗词,深层解读莲文化的内涵,完成对莲诗意象的多角度审美,形成对莲文化的多角度理解。目的是为了培养学生探究知识、合作学习的能力,同时拉开下一个环节吟诵莲诗、体悟莲意活动的序幕。

活动四,诵诗悟莲。教师组织学生分组按照课前设计好的诵读形式诵读写莲的古诗词,品读感悟莲的古诗词文化。学生通过集体朗读咏莲诗文,在品味莲的诗意中提高学生对莲意象之美的理解与欣赏能力,加深对莲的古诗词文化的感悟。

活动五,写文评莲。借助活动资源,落实写作。教师指导学生充分利用手头的资料以及活动中获得的体验进行写作训练,培养学生的写作思维和写作水平,同时渗透传统文化教育。

教学中,学生借助传统文化中最为诗意感性的诗歌,通过“诵诗引莲”、“意象解莲”、“品诗赏莲”、“诵诗悟莲”、“写文评莲”五个环节、不同形式的活动,由浅入深地感受到了诗歌中莲所具有的意象和高贵品质,锻炼和培养了想象力和创造力,培养了学生的审美情趣。同时,历练了学生走上前台发言的勇气,完成了综合性学习对学生进行口语交际能力培养的需要。

既然开展活动,自然要评价活动。语文综合性学习实践活动需要评价,更需要多元化评价。综合性学习突出综合性和活动性,集听、说、读、写于一体。因此,评价的方式方法一定要多元,既要有过程性评价,也要有总结性评价;既要有个体评价,也要有小组评价;既要有教师评价,也要有学生评价;既要有自我评价,也要有互相评价。

《莲文化的魅力》教学中,教师就采用了多元化的评价,推进教学。在“意象解莲”环节,以小组自评为主;在“品诗赏莲”环节以教师评价为主;在活动过程中穿插过程性评价,在活动结尾采取师生共评;在活动结束时采用总结性评价的方式选出最优秀的小组,同时对各个小组给予整体评价。多元化评价,既有效地推进课堂实践活动,又有效地培养了学生的评价能力和口语表达能力。多元化评价方法的采用,一方面,让教师有条件处理好课堂的公平性和卓越性问题,协调好课堂教学;一方面,让学生有平台有机会施展评价才能,训练口语表达能力,提升语文素养。

五、指导写作，渗透文化

综合性学习是写作教学的平台，担负着落实写作教学的任务。课前学生查阅、搜集、整理的大量资料，以及课中学生获得的丰富的活动体验等，都是开展写作教学的优质资源。教师利用综合性学习活动平台，一方面可开展口语交际能力的训练；一方面可组织学生进行书面写作。《莲文化的魅力》教学中，学生的解说、点评即为口语训练，而“品诗写莲”即为书面写作训练。在综合性学习中写作，写作是即时的，也是真实的，同时也是有实效的。充分地挖掘综合性学习中的写作资源，落实写作教学，是综合性学习课堂教学的责任，也是综合性学习取得实效的体现。

另外，语文综合性学习，也要担负起渗透传统文化的责任。综合性学习，是培养学生实践能力、写作与表达能力的综合性教学平台。它强调多种学科知识的相互渗透，多种学习手段的综合运用和多元文化的激烈碰撞，突出传统文化的渗透和学生人文底蕴的熏陶与培养。教学实践在突出活动性的同时，也要突出语文味。通过《莲文化的魅力》的教学，我们由表及里，深入其中，探究实践，在活动中充分渗透了莲的传统文化。如：莲是美丽女性的象征，是佳人之花；莲是男女爱情的美好寄托，是爱情之花；莲因其清新自然，超凡脱俗，出淤泥而不染的特点，在中国文人心目中占有极为崇高的地位，是君子之花；莲也是“佛界之花”，象征着佛界的清静神圣。在品诗悟莲的过程中，学生接受了传统文化的熏陶，获得了良好的志趣教育。

语文综合性学习，是典型的“教师搭台，学生唱戏”。要唱好这台戏，需要处理好教师与学生的角色定位和作用协调。教学活动中既要体现教师的“主导”作用，也要体现学生的“主体”地位。综合《莲文化的魅力》教学实践，我们的经验是：教师是一条线，学生是一盘棋。教师要用“主导”这根线，去下学生作为学习“主体”的这盘棋。教师通过组织、主持、引导、推动和评价等方式，像一条线一样将学生这盘棋调动起来，将学生活动串联起来，贯穿始终。在《莲文化的魅力》教学过程中，教师正是用“莲的古诗词文化”这根线，将“诵诗引莲”、“意象解莲”、“品诗赏莲”、“诵诗悟莲”、“写文评莲”五个层面的活动串联起来，下好了“学生活动”这盘棋。

语文综合性学习是一片森林，要观赏它的风景，我们不需要也不可能走遍整个森林，我们只需要选择一条小路，顺着它穿过森林，去欣赏一路上的风景，去书写欣赏风景的感悟。

（宁波国家高新区教研室　唐福兵）

无痕渗透　为我所用

——对《戏曲大舞台》教学的思考

综合性学习是目前中学语文教学中的烫手山芋,许多教师把它作为语文教学的附属,有些考试涉及的就提点一下,不涉及的就忽略跳过。《戏曲大舞台》的内容在学业考试上基本不涉及,即使考查,也不是三言两语就能应付的。在这种典型的“考什么,教什么”的“实用主义”指导下,《戏曲大舞台》事实上被弃之不顾,根本没有“舞台”。再者,《戏曲大舞台》的教学难度太大,是这些烫手山芋中非常烫手的一块。它不同于诗歌、散文、小说这些单纯用文字来表现的文学形式,也不同于内容比较单一的一些综合性学习。戏曲是把曲词、音乐、美术、表演的美融为一体,充分调动了各种艺术手段的感染力,达到和谐的统一,形成中国独有的节奏鲜明的表演艺术。《戏曲大舞台》的出发点和目的性相当明确,要让学生体验和感悟中国戏曲文化的博大精深。但是教师即使使出浑身解数,也难以讲清中国戏曲这一悠远博大的文化艺术,有时候花上两个星期让学生搞一次专题研究,也只能触及戏曲文化的冰山一角,很难深入体味。所以老师普遍上将这个综合性学习上成了戏曲欣赏课, 同语文毫无关系。对学生来说接受的难度也不小,当下的中学生同戏曲艺术之间有相当大的距离感,他们对中国这一古老的艺术形式已经陌生。许多学生在上《戏曲大舞台》时多半抱着看热闹的心态,甚至有些在情感上就直接抵触。

那么,语文课究竟该如何处理《戏曲大舞台》的教学?我们在传承戏曲文化的同时该怎样保持自己“语文课”的本位?鉴于初中学生知识能力和青春期年龄特点的限制,出于语文课要姓“语文”的要求,笔者认为在教学《戏曲大舞台》的处理上,不要进行那种系统、全面的罗列,而只能通过日常教学工作的点滴来进行渗透。再加上戏曲艺术包罗万象、内容丰富、表现手段繁多,一堂《戏曲大舞台》的课,一个综合性学习怎能说得尽教得精呢?这简直是无法实现的事情。

我们必须牢牢地把握住一个基本点,那就是要在用语文中学语文。中国戏曲文化需要通过语文教学来传承,语文教学需要向戏曲文化汲取营养,更重要的是语文课不能因为传承戏曲而偏离本位。所谓“无痕渗透,为我所用”,就是将《戏曲大舞台》传承戏曲文化这个任务落实在日常的语文教学中,让我们的语文教学从戏曲艺术中汲取丰富的营养,同时让优秀的戏曲文化为语文教学服务。

下面就操作层面出发，谈谈如何"无痕渗透，为我所用"以及这样实施的意义。

无痕渗透一：优化语文课堂

人教版义务教育课程标准实验教科书《语文》七年级下册的单元说明给《戏曲大舞台》的活动建议：重点培养学生进行语文活动的能力，而不在于获得多少戏曲方面的知识；要根据实际情况安排活动，不必为唯教材是从。所以，我们不一定非要单独用几节课来上这个综合性学习，不如干脆在语文教学环节中有意识地恰当运用戏曲，潜移默化地渗透，不为教而教的教学是最有效果的。

（一）利用戏曲材料，创设课堂情境

我们教材中那些表现传统文化或民俗民风的课文就可以考虑用戏曲创设课堂情境。这些课文都有极其浓郁的地方色彩，反映的又与传统文化密切相关，在课堂上如果渗透戏曲元素，可以把学生带入当时当地，在缩短学生与文本时空距离方面起到相当好的效果。如《云南的歌会》，许多教师上这篇课文的时候都用到了《刘三姐》；而《端午的鸭蛋》和《春酒》带有江南特色，可以考虑在课堂教学设计中运用南方的昆曲或者越剧音乐或图片作背景；《俗世奇人》具有浓重的天津风味，如果在课堂上可采用天津快板来拉近学生和文本的距离，是个很不错的选择。

例一：如在上《吆喝》的时候，我用了京剧曲牌《夜深沉》来导入，当充满浓重京味的曲子响起来的时候，时光立即倒流几十年，曲折的胡同、幽深的四合院、代代相传的老字号仿佛都真切地出现在学生的眼前，学生很自然很容易地进入课本的情境中。另外，用戏曲导入因具有浓重的历史和文化感，直接引导了学生对萧乾写《吆喝》的深层次理解。在"悟吆喝之魂"的环节中，戏曲艺术与民俗文化互相辉映，学生马上反应出这是在写一种文化的消失。

古典诗词教学中也可以利用戏曲艺术创设课堂情境。古诗最重要的特点是讲究意境，这是诗人的情感理想同客观现实的高度统一，是一种独特美妙的艺术境界。要引导学生以审美的态度，用艺术的眼光去鉴赏、诵读，这样才能从中获得艺术的享受，并在思想上受到启迪。基于这样的要求，用戏曲音乐、图片或视频创设情境对诗词课堂来说再合适不过。而且许多经典诗词都在戏曲艺术中传唱。

例二：如九年级上册《词五首》中有李清照的名篇《武陵春》。对于这位女词人，我们有太多的遐想：官宦门第及政治活动的濡染，使她视界开阔，气质高贵；文学艺术的熏陶，又让她能更深切细微地感知生活，体验美感。在读者的心目中，她一定美，而且清丽脱俗带着哀愁。可惜的是，宋朝没有照相机，李清照也没有画像，在介绍李清照的时候，我就采用越剧演员何英扮演的李清照做幻灯片（如上图），介绍作家作品的时候活脱脱就是李清照站在我们眼前，由此拉近了学生与作者的距离。再请学生欣赏越剧版《武陵春》，这位婉约女词人的词在戏曲演员的演绎之下，艺术性更强，且带着浓重的古典韵味。

可见，根据新授课文内容选择合适的戏曲内容播放，对营造课堂气氛很有帮助，如果能将戏曲与文字语言结合起来，教学就真正实现了调动学生的听觉、视觉等感官，在这种联系的通感中，收到意想不到的教学效果。

(二)利用戏曲材料,深入理解文本

戏曲和文学是相通的,它们一脉相承,许多优秀的文学作品都被改编成了戏曲剧目。现在我们可以适当地采用多媒体播放戏曲内容辅助教学,在很大程度上会使我们的目标实现得更迅捷、更有效。因为多媒体教学,提供了外部的刺激,图片、音响、动画、文字都比我们原来的、传统的手段要丰富。所以语文教学中可以利用戏曲突破难点,深入理解文本。比如许多教师会在上《曹操煮酒论英雄》(老教材)或《曹操与杨修》时选用京剧脸谱加深学生对曹操的理解,曹操的脸谱突出表现了他的“奸雄”特征,这就是在利用戏曲元素。利用这种方法可以加深学生对文章理解的深度,可使教材中的许多疑难问题迎刃而解,使学生对文章人物、作者了解更全面,感受更具体,理解更深入。

例一:教学《出师表》的时候,学生不理解诸葛亮对刘禅为什么这么不放心,无法深刻体会诸葛亮“报先帝忠陛下”的思想感情。我就让学生欣赏越剧徐派名段《北地王·哭祖庙》:魏军攻蜀,蜀后主刘禅不听儿子北地王刘谌的劝谏,决意降魏,刘谌赴“祖庙”哭祭,对先帝灵位倾诉爱国之情后自刎。听完高亢壮烈泣血悲凉的《哭祖庙》,我请学生结合《出师表》谈谈感受。有人说“‘未见先帝血泪抛,一见先帝心如绞’,这不仅是刘谌的感受,如果诸葛亮活着,看到这样的结局,他肯定也心如刀绞”;也有人说“老师,说赵子龙的那段真讽刺,‘长坂坡逞威风,你一人独挡百万众,怀抱幼主出重围,那时我父王睡正浓,可叹他一睡睡了数十年啊,至今他还在睡梦中’。活活画出了刘阿斗的神貌,讽刺了他的昏庸”;更有学生说“里面唱道‘怎奈是后辈不强枉费功,把先辈心血付东风,’这个刘禅真是不争气!真替诸葛亮和刘备难过”。这段戏曲最后还有大段排比:“夜沉沉 风萧萧 遍地银霜/月蒙蒙 云迷迷 越觉悲伤/悲切切 恨绵绵 国破家亡 /泪汪汪 心荡荡 妻死儿丧/怪父皇 少主张 懦弱无刚/大势去 又可比 病入膏肓/山河破 社稷倒 一场噩梦/到今日 哭祖庙 泪洒胸膛”,听完这段,学生都叹息:面对这样的后主,诸葛亮怎能放心,难怪又是追忆身世又是谆谆叮嘱——“今当远离,临表涕零”,真是“两朝开济老臣心”!

例二:教学《卜算子·咏梅》时,为了帮助学生记忆,我就让学生欣赏茅威涛在《陆游与唐婉》中的这一段唱。学生听后表示“平时总感觉离唐诗宋词很远,但听了这么好的唱腔,仿佛诗意一下子就被勾起来了”;“以我对古典诗词那一点浅薄的想象力,如果没有这段旋律的指引,我想要懂它,使它一下子能够深入我的骨髓,与陆游当时的心境融合,估计还需要很多时日吧。”学生很乐于听,甚至有些跟着哼,哼着哼着,词也就会背了,同时也加深了学生对这首词感情的理解。

例三:是不是只在学习古典作品时才能用到戏曲艺术呢?答案是否定的。学习现当代乃至外国作品时,只要内容上有联系,也可以用戏曲助学。比如孙犁先生的《芦花荡》,就可以用京剧《沙家浜》“朝霞映在阳澄湖上”中的 “芦花放稻谷香岸柳成行”。这句戏词和《芦花荡》的景物描写及其意境非常接近。首先,背景都是湖,一个是阳澄湖,一个是白洋淀;第二,两湖的风景都非常优美,自然淡雅,都生长着茂密的洁白的芦苇;第三,写景的目的都是表达同仇敌忾的决心:祖国的大好河山岂容敌人逞凶狂?一句戏词就解决了一个教学难点。

(三)利用戏曲材料,拓展文本外延

语文学习基于文本,但又不能囿于文本。新课标指导下的语文学习要求学生立足文本,拓

展外延，以获取更多的知识信息，得到更多的能力训练的机会。若仅仅从书本到书本，受书本束缚的话，那学生势必会成为井底之蛙，很难达到融会贯通，举一反三的境界。所以我们要引导学生不要满足于文本，通过各种方式查找资料，拓展文本外延，利用戏曲元素就是很好的方式之一。

例一：《吆喝》写的是一种文化的消失，但是它给人的感觉并非扼腕痛惜，而是一种淡淡的遗憾，又给人留下深远的思考。为了引起学生对文化消亡的深思，我特意在课堂结束时写了这样一段文字："不管在北京，还是在江南/传统的吆喝声已渐行渐远/我们只能在作家的笔下惦它/如今/走过家乡的小弄堂/耳畔传来那些还幸存着的乡音时/你可曾放缓过脚步去聆听和思考/或许/经过的人只是经过/我们都觉这没什么/可是，如果有一天/我们也将推开记忆的沉重之门/才能在断壁残垣处找寻它们时/我们是否也只能长时间含泪地微笑？……"我给这段文字配了一首委婉的越剧背景音乐和一张背景图片(如上图)，图片是一个江南常见的小戏台，两个演员正在表演，蒙白的效果处理给人一种怀旧之感，这样的处理目的为了说明：其实不仅是老北京的吆喝声正在消亡，许多传统文化现象，譬如我们身边的越剧，譬如听戏看戏的民俗民风，也与我们越来越远，应该引起我们的关注。这样就利用戏曲图片和音乐作背景，扩大了文本《吆喝》的外延。

例二：《香菱学诗》是学生第一次接触到文学巨著《红楼梦》，牵出了学生必须要了解的林黛玉。可《香菱学诗》主要描写的是香菱，上完此文后，学生对于黛玉的了解非常浅，而且《香菱学诗》中黛玉所表现出来的性格是循循善诱，诲人不倦，满腹才情同时又透露着几分热情，这与她的平时所表现出来的性格是不同的。为了让学生在短时间内对林黛玉有更深的了解，我请学生欣赏了那段非常著名的越剧唱段《黛玉葬花》。《葬花辞》是黛玉感叹身世遭遇和悲剧命运的全部哀音的代表作，她以落花自况，血泪作墨，如泣如诉，抒写了这位叛逆者的花落人亡的哀愁和悲愤。同时再介绍黛玉葬花的原因——之前在怡红院遭遇闭门羹。这样一来，学生对于黛玉的清高、敏感、孤独、才学、身世都有了一定的了解。他们明白了黛玉深深地体验到读诗作诗对她心灵世界的滋养，并愿意让这种滋养惠及他人。这是一种人格境界，也是一种诗意境界。这里的黛玉表现出了光风霁月般的襟怀，甚至超越了"很善于做人"的薛宝钗。她拥有美，又善于让人分享美，因而美得动人，美得大气。特别是越剧那清悠婉丽的旋律曲调和富于浓郁生活气息的唱词给同学们留下了深刻的印象。

无痕渗透二：扩大学生语文知识面

生活，永远是语文学习的源头活水。在生活中学习语文，强调学生在教师的引导下，关注生活，扩大信息接受量，让生活滋润学生的心田，正如《语文新课程标准》所强调的那样"语文又是母语教育课程，学习资源和实践机会无处不在，无时不有。因而，应该让学生更多地直接接触语文材料，在大量的生活实践中掌握应用语文的规律"。

戏曲艺术包罗万象，初中生的知识面比较窄，如果在生活中引导学生多关注戏曲，对于扩大语文的知识面很有好处。

(一)利用戏曲材料,丰富古诗词底蕴

“诗变而为词,词变而为曲。诗盛于唐,词盛于宋,曲盛于元之北。”戏曲的本质既然是诗,无疑曾从历史悠久、积累深厚的古典诗歌中吸取过营养。如《西厢记》张生的唱词:“只疑是银河落九天。”便是化用唐代诗人李白的《望庐山瀑布》句:“飞流直下三千尺,疑是银河落九天。”又如崔莺莺的唱词:“系春心情短柳丝长,隔花阴人远天涯近,”张生的“有心争似无心好,多情却被无情恼”,这些都是化用诗词来增强戏曲文采的,这样的例子还可以举出更多。学生看多了这样的表演,自然丰富了古诗词底蕴。

例:京剧《李清照》以李清照的《如梦令》《一剪梅》《孤雁儿》《浣溪沙》等 13 首著名诗词为支点,艺术地展现了女词人多才多难的一生。我们在上完《武陵春》之后,可以截取着其他的诗词,扩充学生对李清照的了解。有学生看完说:“我原来也不喜欢京剧,那种咿咿呀呀的慢板,没耐心坐下听。现在觉得优雅华美的戏词,行云流水的唱腔,这种美震撼了我,从此喜欢上京剧。”

现在,学唱欣赏京剧已被列入中小学的教学大纲。早该如此,现今洋文化已经占领市场,几岁的娃娃都在学英语, 我们优秀的民族文化急需发扬光大。这不仅仅是对学生艺术修养的培养,也是学校课堂教育的拓展,对语文教学更是大有帮助。

(二)利用戏曲材料,广博文史典故

现代中学生知识面不够广,这是不争的事实。许多学生(尤其来自农村的学生)除了应试教育的那点知识以外,对于其他知识、对于社会的了解几近于零,除了应付考试看看教科书,他们不看报纸。即使看电视或上网也大多打游戏、看影视片、听音乐。上课的时候提及许多文史知识、名人轶事,许多学生闻所未闻,一个个傻乎乎地望着你,让教师顿时失去教学互动的兴趣。戏曲故事题材广泛,尤其许多传统的剧目讲述的都是古代故事,这些故事往往是经典故事,如果我们在语文教学中适时地利用戏曲材料,可以让学生的文史知识逐渐广博。

例:上了九年级上册《杨修之死》后,为了让学生初步了解《三国演义》的人物特点和一些故事情节,我借用了京剧《甘露寺》里“劝千岁”的一段唱词,将三国里的主要人物全部串联。具体如下:“劝千岁杀字休出口/老臣与主说从头/刘备本是靖王的后/汉帝玄孙一脉留/他有个二弟汉寿亭侯/青龙偃月神鬼皆愁/白马坡前斩颜良延津诛文丑/在古城曾斩过老蔡阳的头/他三弟翼德威风有/丈八蛇矛惯取咽喉/鞭打督邮他气冲牛斗/虎牢关前战温侯/当阳桥前一声吼/喝断了桥梁水倒流/他四弟子龙常山将/盖世英雄冠九州/长坂坡救阿斗/杀得曹兵个个愁/这一班武将哪个有/还有诸葛用计谋/你杀刘备不要紧/他弟兄闻知怎肯罢休/若是兴兵来争斗/曹操坐把渔利收/我扭转回身奏太后/将计就计结鸾俦。”学生欣赏了表演后,要求学生说说里面都有哪些三国的故事,学生不知道的老师稍作补充。这一段唱包含了许多三国典故,几乎把刘关张的故事细数了一遍,而本身《甘露寺》讲的又是吴蜀之间孙刘联姻亦敌亦友的关系,用这一段来普及三国知识,既品鉴了华美的京剧艺术,又省了语文老师不少的力气,酣畅淋漓的西皮流水唱段,学生听了三遍还要求再听,效果很是不错。

(三)利用戏曲材料,夯实文言基础

戏曲语言是文言的诗化。戏曲语言讲究押韵,传统戏曲多用文言。戏曲语言,在顾及舞台演出实际效果和一般观众的欣赏能力、避免出现一味追求骈俪繁华的弊病的前提下,要做到雅而易懂,俗而不陋。很多戏曲的语言,都能满足大部分人的要求,而在此基础上又往往融化古代名篇佳句,创造性地吸收前人的艺术成果,在一出戏中,经常会出现唐诗、宋词、元曲的意境与妙句,层见叠出,而又水乳交融,妙合无间。

文言文对于学生来说是个难点,纯粹的文言文阅读经常让学生云里雾里。戏曲语言就不一样了,它既有文言成分,又夹杂口头白话,同时戏曲还有故事性,一段唱词还有情境,学生欣赏戏曲时,自然而然地就领会了许多文言语句的意思。简单举个例子,如《失空斩》孔明上场一段念白:"羽扇纶巾,四轮车,快似风云,阴阳反掌,定乾坤,保汉家,两代贤臣。"【归座后念定场诗】"忆昔当年在卧龙,万里乾坤掌握中。扫荡狼烟归汉统,方显男儿大英雄。"学生看着演员表演就明白"羽扇纶巾"指什么,至于以后上到苏轼的《念奴娇·赤壁怀古》马上就懂了。如此之例,不胜枚举。

无痕渗透三:培养学生人文精神

《语文新课程标准》提出:语文学习过程中,要培养爱国主义感情、社会主义道德品质,逐步形成积极的人生态度和正确的价值观,提高文化品位和审美情趣;要认识中华文化的丰厚博大,吸收民族文化智慧。笔者认为戏曲故事非常符合这一指导原则。戏曲浓缩了古代社会的政治史和精神史,提供了前人经验和教训,表现了人世苦难与温馨。古典戏曲蕴涵着人文精神,我们要充分发挥古典戏曲学的人文教育功能,使学生在潜移默化中受到优秀古典人文精神的熏染。

(一)阅读戏曲故事,明辨道德是非

语文是工具性和人文性的高度统一,在语文教学中,思想性教育是不可避免的。戏曲善恶分明、惩恶扬善、褒忠贬奸,传达了广大民众的理想和愿望,它因而成为传统道德与价值观的承载物——中国人的善恶观念从中而来,忠孝节义观从中而来。当然我们不是让学生每天坐在教室里看戏,我们可以找一些以故事情节为主的戏曲故事书,简单易懂的如《西厢记》《六月雪》《铡美案》《桃花扇》《壮元与乞丐》《五女拜寿》等给学生看。这些故事,有的揭露了封建社会的黑暗,吏治的腐败;有的抨击了封建道德、封建伦理对妇女的压迫和摧残;有的赞美了中国妇女的传统美德和青年男女之间真挚的爱情;还有的讽刺、挖苦了那些是非不分、迂腐、贪财的可悲可叹之人。这些戏曲故事反映了从家庭到社会,从平民百姓到达官贵人等等的丰富的生活内容,直到今日仍畅演不衰。

例:作为宁波人,如果要用戏曲来提高学生的人文素养,我认为首推越剧《藏书之家》。它以宁波天一阁的历史背景为线索,围绕寻书、访书、求书、抄书等情节,缔造了一段传唱千古的"书缘"佳话,讲述了藏书家族鲜为人知的辛酸,将范门守书人抱残守缺、薪火相传的精神演绎到了极致。

我让学生欣赏的是名段《三跪求书》:"藏书人 一跪求书双泪流/尘埃定万般滋味涌心头/天一阁,历尽艰辛藏珍卷/多少代 穷尽皓首护书楼/百年来 父子传承寂寞中/百年来 儿孙陋巷清贫守/百年来 天地正气在心胸/百年来 千秋文脉不绝缕/谁曾想万般劳楚尚不足/今日里 膝下黄金把书求;

“藏书人 二跪求书显忠诚/扪心问苦中作乐何所求/饥藏书一字一句且为肉/寒藏书一张一页但为裘/孤藏书一册一卷援为友/忧藏书一籍一典解以愁/喜藏书一匣一箱但为宝/乐藏书一楼一阁且风流/感天动地泣鬼神/无所憾 膝下黄金把书求；

“藏书人 三跪求书展心怀/求《焚书》真知箴言传永久/天降任于斯/怎能不承受/珍卷愧失传/万代罪名留/祖先若追问 扪心怎启口/子孙若追问 无语来遮羞/日月若追问 何颜世上走/天地君亲若追问 轰然毁塌百年楼/范容荣辱早悟透/只求双书重聚首/满天清辉作答酬/日月鉴 膝下黄金把书求。”

这是一个中国传统知识分子如皓月般的精神。范门的守书人，用双手传承了千年的斯文，用血脉撑起了民族的脊梁。他们可以孤标傲世、笑傲王侯，不为五斗米折腰；却也可以为了“乱世藏书，盛世奉典，大道不亡，书魂不灭”的信念三跪以求，书生之痴，感天撼地！

这一出戏对于宁波地区的学生来说很具有教育意义。“天一阁”斯文永继，书楼历经百年而安泰，必定需要一种“坚守寂寞，永继斯文”的信念做支撑。宝籍拥万卷，高阁束经典，巍然一座天一阁，经历了风雨洗礼、坎坷浩劫，守住了万卷藏书，守住了千载文脉，那些注定与书结缘的藏书人，恪守着人生的信条，心存大道而不改其志，宠辱无惊而不逐俗流。他们的一生，在寂寞中坚守，在坚守中传承！

让学生了解这出戏，既在语文教学中无痕渗透了戏曲文化，又利用戏曲文化让学生了解了我们宁波天一阁的历史和精神，这么好的教材，我们应该用起来！

（二）欣赏戏曲人物，感悟人间真情

戏曲传达了感人至深的人间真情——亲情、友情和爱情。许多戏曲表现爱情或家庭伦理题材，有温馨的人情美。所谓人情美，指的是人与人之间在日常生活交往中流露出的友爱和感情之美。不论人物的具体身份是帝王将相、达官贵人还是平民百姓，戏曲都着重表明他们作为父母子女、兄弟姐妹、夫妻、朋友、恋人间作为普通人所共有的感情，而且表现得特别细致、动情。这种人情，不受权势、地位、门户的阻隔，也不受利益的驱动。

例：上完《关雎》和《蒹葭》，作为一个语文老师，我觉得必须和学生交流爱情观。所以就给学生介绍《英台托媒》和《十八相送》两个折子戏。梁山伯与祝英台先是作为同窗好友，彼此诚心相待，从草桥结拜到三年共读到十八相送，梁山伯只是以朋友的身份对待英台，志同道合，情趣相投，互相信任；英台则不同，是从友情渐渐滋生出爱情，这爱情又深埋在心底，这种变化，符合纯情少女的感情逻辑，更符合这位古代少女的性格，“十八相送”脍炙人口，正因为把少女主动暗示却不失分寸、梁山伯仅仅把她当做同性朋友而对其暗示浑然不觉，表现得恰如其分，并从中生出许多风趣。这两个折子戏告诉学生：美好的爱情不仅仅是喜欢，还要有礼有节，互敬互爱，情深义重。

（三）品味戏曲表演，提高审美水平

语文教学的艺术，不仅在于传授知识，更重要的在于鼓励、唤醒、激趣。说实话当代中学生的审美情趣日趋下降，他们爱恶搞、追魔幻、喜暴力，这一代人的审美如果长久停留这样的水平之上，是十分悲哀的，他们太需要好的艺术的熏陶。我们要引导学生懂美、欣赏美、追求美、创造美，只有把美的东西传授给学生，让其具有较高的审美情趣，才能更好地完成时代赋予我们的使命，为祖国培养有智慧高情商的一代新人。

中国戏曲具有诗意美，如果我们在语文教学中多渗透戏曲元素，能激发学生对诗性美的向往。中国的传统戏曲剧目很多都是富有诗的意境的象，如《牛郎织女》《花木兰》《长生殿》《孔雀东南飞》等，这些剧目有些原本就是根据古代著名诗篇改编的，所以它们具有从母体中遗传的诗意特征。唱词是中国戏曲语言的主要表现形式，它不追求再现生活的真实场景，强调营造诗意的生活意境。另外，中国戏曲讲求含蓄美。含蓄，应该是中国人特有的一种美德，所谓君子如玉，温文尔雅。语文教学可以渗透戏曲的诗意、含蓄的审美艺术特征，对学生人文精神的培养肯定大有裨益。

无痕渗透四：关照学生写作水平

我们平时利用戏曲元素，无痕渗透于语文教学中，扩大学生语文知识面，提高学生人文素养，这样一来对于学生的写作是很有帮助的。更重要的是，戏曲的唱词能够直接影响学生作文的语言。现在许多学生的作文，读上去总是给人干瘪瘪的感觉，这主要跟学生胸中的积累不够有关。中国戏曲首先是唱出来的，唱词是中国戏曲语言的主要表现形式而唱词本身都是诗歌，因而语言精练、节奏鲜明，充盈着诗意的美感，同时中国戏曲还以简洁隐喻式的语言营造诗的浪漫意境，它不追求再现生活的真实场景，强调营造虚拟、写意的生活意境。如《贵妃醉酒》四平调唱词："海岛冰轮初转腾。见玉兔，玉兔又早东升。那冰轮离海岛，乾坤分外明。皓月当空，恰石桥斜倚把栏杆靠。鸳鸯来戏水，金色鲤鱼在水面朝。啊，水面朝，长空雁，雁儿飞，哎呀，雁儿呀，雁儿并飞腾，闻奴的声音落花荫，这景色撩人欲醉，不觉来到百花亭。"这段唱词以情景交融的笔法，营造了一个冷清、虚幻、缥缈的画面和意境，渲染了主人公杨贵妃的失望、空虚、寂寞的愁怀。

戏曲是个好东西，戏词中有各种修辞手法的运用，贴切生动又具有古典美感，尤其是对偶、夸张、拟人和铺排等，从上文所引的许多例子中都可以看出，在此不作教学案例的赘述。另外，戏曲有很强的抒情性，所以戏词中景物描写更形象，心理活动的刻画更逼真，能感染观众。"腹有诗书气自华"，如果我们的学生多欣赏这样的艺术作品，还怕作文语言水平不高吗？语文教师可以考虑将《戏曲大舞台》的教学与学生作文语言结合起来，利用戏曲唱词来增添典雅之美。

要指出的是，将戏曲艺术渗透于初中日常语文教学的实践也要注意学生的接受能力。七年级的时候，学生对文言文的了解还不多，可以考虑多了解些戏曲故事增加学生的知识面，提高人文素养；发展到九年级，则可以考虑让学生多品味鉴赏戏曲语言之美。

凡此种种都建立在一个大前提之上，那就是语文教师自己必须先要看戏懂戏并爱戏，更要当语文教育的有心人。否则何来传承？无痕渗透更是一句空话！

七年级下册的《戏曲大舞台》只是一个开始，语文教师要承担起文化引领的重责，应将《戏曲大舞台》传承戏曲文化这个任务落实在日常的语文教学中，不让"传承民族文化"成为一句空话；同时我们要把握语文课堂的本位，化有形为无形，将戏曲内容渗透到语文教学中，让优秀的戏曲文化为语文教学服务。"随风潜入夜，润物细无声"，让我们的语文教学从戏曲艺术中汲取丰富的营养，这才是综合性学习《戏曲大舞台》的王道。

（象山县新港中学　石　毓）

勿忘语文本色　开掘语文清泉

——对综合性学习《追寻人类起源》的思考

综合性学习作为人教版义务教育课程标准初中语文新教材中一道亮丽的风景线，集语文知识的综合运用、听说读写能力的整体发展、语文与其他学科的有机沟通、课堂学习与实践活动的紧密结合等目标为一体，充分体现了“语文的外延与生活的外延相等”的理念，使语文教学不死盯自己的“一亩三分地”，课程标准中更是明确指出：“语文综合性学习有利于学生在感兴趣的自主活动中全面提高语文素养，是培养学生主动探究、团结合作、勇于创新精神的重要途径，应予大力倡导。”也许是这么多的目标让人看花了眼，在实践中，语文综合性学习活动很容易失去语文味，或者说弱化语文性，变成耕了人家的田，肥了人家的地，而语文综合素养的提高却很容易成为一句空话。

这样看来，语文综合性学习教学的立足点或者说首要特征应该是语文性，要注重语文工具性和人文性的统一，要有“语文味”。语文老师一定要清醒地认识到：语文综合性学习的目标万变不离其宗，首先应该是落实语文知识的综合运用、听说读写能力的整体发展。然而，粗看《追寻人类起源》学习的内容，却让我有一种错觉：这是社会学科的综合性学习，而不是语文学科的综合性学习。纵观初中阶段的某些综合性学习——《探索月球奥秘》、《黄河，母亲河》、《漫话探险》、《说不尽的桥》、《科海泛舟》等，一不小心都会陷入走向语文还是走向其他学科的两难选择。绞尽脑汁，痛定思痛：语文与其他学科的有机沟通不可避免，但一定要咬定语文这座青山不放松，深入挖掘，用听说读写为利器，掘出语文的清泉。

一、组织课堂环节的语文训练

首先，不管活动的内容是什么，组织课堂环节的语言肯定是语文的，那这一系列的开场白、串联词、结束语是不是可以由学生来拟定呢？活动展示之前，可以在学生中征求这一系列的文字，选中给予加分奖励；也可分配给某一小组，由组长统筹安排落实。

示例：

开场白——浩渺苍宇，广袤太空，神秘的色彩充斥其中。在一个美丽的星球上繁衍着无数的生灵，她就是人类的母亲——地球。智慧让人出现了诸多疑问。我们从何而来？为了揭开自身的谜团,人类探寻的脚步从未停止,今天,我们就踏着前人的足迹,追寻人类的起源。

串联词——神话文学积淀了几千年的文明史。研究神话,使我们更加懂得应该热爱生活和人民;对古代优美的文学艺术遗产有了更深刻的认识,洞察到了历史的真相。

但是,神创造人,是在生产力水平极度低下的条件下产生的,是人们无法解释人类起源而发挥的想象。要了解人类的起源,我们还要走进科学探索的大门。下面,请剩下的三个小组填写进化表。我们将根据各组的准确率来进行评分。

现在评分已经出来了(第一组:____分;第二组:____分;第三组:____分)我们恭喜晋级的两个组,这两个组将参加我们最后一轮的辩论赛。

结束语——正如大家所评价的,这节活动课中各小组的表现都非常踊跃,同时在同学们的带动下我对人类的起源有了更新的认识。有限的课堂只能给大家引引路,更广阔的天地在生活中,希望大家可以学以致用,在更宽广的领域进行研究。

二、评价课堂活动的语文训练

在展示课上,安排三个活动计划:讲故事、填表格、辩论赛,以此进行淘汰赛,每个活动淘汰一个组,剩下两个组进行辩论赛,辩论赢了的组成为冠军。辩论赛时还要根据学生在活动过程中表现出的情感、态度和实绩,对个人和小组进行评比、表扬。评出最佳合作奖、最佳口语交际能力奖、最佳表现奖、最佳创意奖等一系列奖项。

以上这些活动的评委,完全可以让学生担当。学生评委首先要认真听同学讲人类起源的神话,在辩论交流时倾听同学的意见和观点,这些均与培养语文听的能力有关。而且在评价时也要组织好自己的语言,做到有理有据,讲话中肯且富有激励性。另外,得奖者的荣誉称号也可拟得更有创意一些。这些都是在实践中进行语言文字的训练,因为充分体现了学生全程参与的主人翁立场,学生的兴趣特别高涨,思维的火花也碰撞得格外美丽。

以上两项文字训练看似与活动内容无关,实则长期训练,会有意想不到的语言文字运用操练的成效。

三、活动主题相关的语文训练

讲故事,要求口语化,涉及把深奥晦涩的专业术语转化为平易朴实的通俗语言形式的练习。讲故事,要求情节上有波折起伏,要求有绘声绘色的渲染,要求有肢体语言的配合,要求有情感高低起伏的变化,语调上抑扬顿挫的处理,这些很能考验一个学生的语文基本功。俗话说,口才好的人一定是个人才。练习、评价,再改进,对促进口语表达有莫大的好处。

以学生发言为例:

《埃及神话》,远在埃及与世界出现之前,全能的神“努”就已存在,她创造了天地的一切,她呼唤“苏比”,就有了呼呼的风;呼唤“泰富那”,就有了淅沥的雨;呼唤“哈比”,尼罗河就缓缓地流过埃及,她一次次呼唤,万物一件件出现,最后,她道出“男人和女人”,转眼间,埃及就住满了人。造物工作完成,“努”就将自己变成男人外形,成为第一位法老王,统治大地和人类,开创安和繁荣景象。

这样的语言比较像讲故事，跌宕起伏，富有感染力。而下一个例子就有些小遗憾：

《德国神话》，天神欧丁有一天和其他的神在海边散步，看到沙洲上长了两棵树，其中一棵姿态雄伟，另一棵姿态绰约，于是下令把两棵树砍下，分别造成男人和女人，欧丁首先赋予生命，其他的神分别赋予理智、语言、血液、肤色等，成为日耳曼的祖先，这就是人类起源于植物的典型代表。

前半段还讲得神采飞扬，后半段就太简练，可以让学生再组织一下语言，让语言柔和起来，吸引听众。

当然，对每个活动都要有时间限制。在短小精悍的故事里做足文章，可以说是对学生提出了更高的要求。长期坚持，学生的能力将越来越强。

而对暂时作为听众的学生来说，认真聆听，并要从中筛选、记下有用信息。在听后进行检查反馈，这一环节不可忽略，对于答对的学生同样也应给予加分奖励，以增强听的积极性。

接着，填写人类起源、进化表时需要把繁杂的资料做归纳，要把大段语言转化为精炼的表格式语言、标题化语言，是在进行文字的精准性训练。

最后是辩论赛，要求紧扣己方的论点，讲道理摆事实；同时找出对方的漏洞，及时反击，对学生的语文能力要求更高。作为七年级学生，教师要让学生写好辩论底稿，细致地进行辅导，在预设的基础上让学生有所生成，即可算是达到了初步的目标。

总而言之，为达到语文训练的第一目标，教师务必要紧盯各项活动语言听说读写这块内容，引导、辅导、反馈、纠正、改进、激励，这些一定要落实到位，勿把主要精力旁落他处。

四、紧扣单元主题的语文训练

教材中绝大多数单元的阅读课文与综合性学习在内容上是互相勾连的，这样，就使得综合性学习成了该单元的有机组成部分。而本单元的训练主题是想象与联想，要在引导学生领略由“想象”创造出来的“另一世界”的魅力的同时，让学生对联想和想象有初步的了解，培养他们的发散性和创造性思维。从这一点再来看本次活动布置给学生写的作文题目：“人类起源概说”、“‘神创论’可以休矣”、“人类起源神话的魅力”、“国宝失踪之谜”、“外星人之我见”，我觉得最有训练价值的当属“国宝失踪之谜”，其他作文题目属于说明文体、议论文体，初中教材还未训练到，而“国宝失踪之谜”最能发挥学生的想象能力，当然，教师一定要强调是合理的想象。

教师提供可供合理想象的材料：

“北京人”头盖骨化石最初一直是存放在美资北京协和医院底层的保险柜里，供瑞典人类学家魏敦瑞做学术研究之用的。1941 年 11 月初，魏敦瑞等人将国宝送到了美国驻北平使馆，并委托美国海军陆战队护送到纽约自然历史博物馆暂存避险。然而就在 12 月 8 日凌晨，日军突袭“珍珠港”，日本对美国不宣而战，而当天开往秦皇岛的运送“北京人”头盖骨化石的美国海军陆战队专列也被日军截住。从此，举世瞩目的“北京人”头盖骨化石便神秘地失踪了。

半个多世纪以来，国内外的许多有识之士一直在为寻找到它而奔波。各种捕风捉影的线索雪片一般地纷至沓来，有人说它可能被日军掳去，藏在日本民间，或已被野蛮的日本士兵损毁；有人说它被劫后装在一艘名为“阿波丸号”的日本巨轮回日本时，因轮船被美军击毁而沉落大海；有人说它早已成了前苏联红军的“战利品”；有人说它可能被人误认为是一般的人体标本而遭到了遗弃；有人却坚信它还存在于我们国家的某个角落……

学生可以在各种可能中选择一项展开丰富但合理的联想，编出一个曲折的故事，还可以幻想在未来的某一天国宝终于回归的结局，这一次大胆的想象作文训练将大大激发学生编写故事的积极性，在实践操练中他们也会积累宝贵的经验教训，迁移到以后的同类型作文中去。

五、深入文化层面的语文训练

与本次活动有关的文化层面的主题有：神话的研究、人类进化的哲理性思考、无神论发展的坎坷历史及相关先贤学者等。我们可以在各项相关活动中进行文化渗透，但最好的途径是教学生写写简短的阅读感言。比如：

神话文学积淀了几千年的文明史。

神话是古代人留给后人的优美的文学艺术遗产。

神话正是古代人探索精神的产物。

达尔文的事例告诉我们要在科学的领域中去探寻真理。

只有科学才能使迷信的真面目败露。

人类将用自己的智慧，来解开自身的谜团。

生命是永远在进化的，没有理由进化到人就停止了，奇特的物种“人”和地球上的其他物种一样，其实都是茫茫宇宙中的匆匆过客。

人类当以人类创造的文明而自豪，却不可因此而妄自尊大。

人是由猿猴进化而来，人和动物都是大地之子，我们应该善待动物，善待动物就是善待人类自己。

当初拒绝站起来的类人猿，现在变成了供人类观赏的动物。唯有积极进取，才是生命长青之道。

在综合性学习中，听说读写是没有明确的分工的，往往是杂糅在一起交错进行的。随着年级的升高和每次活动主题的变化，对学生进行听说读写的训练应该因时而变，因人而异，因材而设。但是我们要牢记一点：任何形式的语文教学都要把语文性放在首位。语文课堂就是要有语文味。

正如倪文锦先生所言：我是一个“语文知识”的淡化论者，但淡化的只是旧有的、效果不佳的“语文知识”系统；但同时我又是“语文知识”强化论者，我主张应根据中小学生口头语言和书面语言的发展规律，加强对语文课程知识，尤其是程序性知识、策略性知识的重构。

只有在这种综合性的语言实践中学习语文，才是符合语文教育规律的做法。只有在语文综合性学习开掘出语文的清泉，滋润学生的语文素养，综合性学习也才能以其鲜活的生命力在语文课堂上扎下深根，我们才是坚守住了语文教师的职责。相信我们的学生会在我们精心设计、他们全程参与的语文综合性学习活动中，把语言文字学以致用，越练越好，把语文的外延与生活的外延真正相通等同起来。

（象山县外国语学校 贺 艳）

课本剧,让小说中的人物“活”起来

——以课本剧形式引导学生“走进小说天地”的方法

在九年级下册第二单元的课文中,节选了四篇小说题材的文章,让学生感受小说文学的魅力。小说作为一种文学样式,在创作中遵循了一定的准则,如特别强调人物语言的凝练,故事情节的连贯,人物性格的鲜明等,而这些正是学生写作中常常难以突破的盲点。所谓“条条大路通罗马”,走进小说天地的途径也是多种多样的,而课本剧的改编,作为对小说文本的细读和延伸,既有利于增加学生与小说中人物的对话,又有利于培养学生的文本转换能力,发展学生的自主创新能力,使学生的情感得到熏陶。

近年来,很多一线教师都意识到这一习作练习形式对帮助学生加强小说理解,实现“以读促写”有大有裨益,也有很多非常成功的尝试。许多教师在谈到如何指导学生开展课本剧的编演时,往往遵循“导—选—读—编—演—评”几个步骤,提出教师在其中既要按照一定的规范操作,又要灵活掌控,注意肯定学生的创造性思维。那么,课本剧的编演到底如何进行指导呢?

一、体会小说题材特点

学生对课本剧虽然表现出比较大的兴趣,但编演难度大,要求高,很多学生会产生畏难的情绪,语言鼓舞和成功剧目的欣赏可以让学生对整个编演过程有充分的思想准备。心理学表明,中学阶段是学生表现欲最旺盛的时期。教师可根据这一心理特征,激发学生的编演欲望。比如,教师几句鼓动性的话,就很容易引燃学生的热情:还在为电视剧里的情节不随着你的愿望发展而失落吗?还在痴迷于荧幕中角色的嬉笑怒骂吗?只要你勇于尝试,说不定你就是下一个桐华,下一个海岩,下一个于正。另外,师生又一起观看了一些比较成功的课本剧视频,如《东郭先生和狼》,初步赏析后,更进一步增强了学生的热情与信心。

二、寻找合适的小说素材

戏剧是一种综合性的舞台艺术,剧本是舞台演出的依据和基础。要想把课文中的小说内容改编为课本剧,首先要懂得剧本的特点,然后才能根据其特点编出符合要求的课本剧。通过认真研读课本附录中的一篇有关戏剧的文章,学生具备编写课本剧的基础知识,第四单元课文的学习也使学生了解了剧本所包含的基本架构,并总结出所选择改编的小说蓝本应该具有这样几个方面的特征:叙事性文章;情节吸引人;场景比较集中;人物个性鲜明;蕴含一定的道理。

要编写课本剧,首先要从小说中学习那些矛盾冲突激烈,情节性较强,人物性格鲜明的篇章。初学课本剧编写,选用的小说篇幅不宜太长,可以从中节选几个情节进行改编。以此为依据,学生搜索了符合课本剧编演条件的小说,如:《范进中举》、《孔乙己》、《杨修之死》、《智取生辰纲》等。

三、重新设计人物命运

由小说向课本剧的转化一般遵循这样几个步骤:1.分析剧本由哪几个场景组成;2.列出每个场景明确的人物表、布景;3.逐步写出每个场景的人物对话以及舞台说明;4.设计场景之间的衔接、人物上下场。

为了进一步降低学生初步尝试的门槛,笔者在指导学生编写课本剧时,首先选取了《守株待兔》的寓言故事,将改编的过程与学生一起走一遍。选取这则故事是因为它简短易懂,作为初学者便于掌握。经过讨论,学生很快将短文分为:兔走触株、冀复得兔和身为宋国笑三个片段。"万事开头难",如果马上要求学生开始课本剧的改编,想必大多数学生还是会"丈二和尚摸不着头脑",尤其是这种情节极其简单,甚至没有人物语言的故事,学生必然会陷入困惑中。此时教师应及时进行指导,帮助学生在回顾课本剧的几个特点的同时,开始总体上的构思。

首先,明确文中主人公的性格特点,对于这一特点,主旨上是批判还是褒扬。其次,人物的这些性格特点应该通过哪些方式体现出来,尤其是要让学生明确,人物的心理可以呈现,但不要过分依赖旁白,要尽量地融入到人物的对白和情节的发展上。第三,对于故事简短、人物单一的文章,为了使演出能够顺利进行,必定要虚构一些人物以扶持主人公形象的饱满,那么这样的角色在性格上应当与主人公有一定的对比或者烘托,从而使主人公的性格更加鲜明。最后,为主角和配角设定一定的人物关系,在人物之间建起一定的联系,使得各个人物都在剧中有一定的身份。

经过如此详细的铺垫之后,再要求学生现场改编《守株待兔》的第一个片段,很多学生便有了底气,改编起来也得心应手。这里是两个学生的改写片段:

改编1:

场景:田间

人物:邻家大哥(王二)、主人公(张三)、兔子

道具:树、锄头

幕启 王二快速地挥动着锄头,张三则惬意地躺在一旁的树荫下。

张三:(嘴里叼着根狗尾巴草,一脸悠闲)王二哥,够了,休息一会儿吧!

王二:(擦了擦脸上的汗,憨憨地笑了几声)没事,就差一点地了。(说完,继续抡起锄头)

张三:(一脸鄙夷)那么着急干什么,人生应该享受。边说,边拿起一个野果扔进自己的嘴巴

里,享受地闭上眼睛)

王二:(一脸无奈地叹了口气)张三呀,你应该勤快一点。

张三:(撇了撇嘴,轻声嘟囔道)又来了,烦不烦啊!

第二幕:

背景声:死兔子,快还我青草棒棒糖!

一只兔子飞快地从远处跑来。

兔子:(边快速奔跑,边得意地回头张望)哈哈,死乌龟,不就是抢了你几根青草棒棒糖吗,至于追我五里地吗?急什么,就你也想追上我!

突然,兔子撞到了木桩上。

兔子:(摸了摸头)好好的怎么下雨了,(看手)啊,血!(兔子昏死过去)

改编 2:

幕启 家中

农夫:娘子,今天天气真热啊,我可不可以迟一点再去田里啊?

妻子:(语气凶狠)还不快出门,待会儿天会更热。(欲继续往下说)

农夫:行了行了,唠唠叨叨的,我迟早有一天会发大财的。

妻子:我才不信你的鬼话,快去干活吧,你看我们家都穷成什么样了。

农夫摇摇头,叹了一口气,背起锄头走了。

妻子:(在后面喊道)别再让我发现你在田里睡大觉。

第二幕:

农夫:(有气无力地挥着锄头)真是累死我了,这大热的天,休息一下再干吧。

农夫躺到树荫下,自白道:这过的是什么日子呀,连家里的婆娘都看不起我,等我发财了,一定休了这多嘴多舌的泼妇。

忽然,一只兔子飞奔上来,撞到树桩上,死了。

以上浅显的小短剧编写,学生可在老师的指导下课内当堂完成,既能明白课本剧的一般改编流程,又解除了对课本剧编写的畏难情绪,对进一步当好编剧产生了兴趣。当然,初步的尝试中还是有一部分学生仍然是不敢着手改编,对于这种情况的处理可以有两个思路:一方面鼓励学生再次阅读剧本范文,用学生的改编作为评价素材,让学生在对他人剧本的评论中找到正确改编剧本的方法;但是,我们也应该看到,凡事都不是绝对的,不能要求所有学生都投入到课本剧的改编中,有一部分学生可能对表演比较感兴趣,或者在道具制作方面比较有天分,对于这类学生应当鼓励他们在后续的环节中发挥自己的才华。

四、想象创造小说的前因后果

有了上面的片段练习,学生对改编一个完整的剧本就有了信心。此时,在对各幕之间的衔接上,及情节的铺设上要进行有针对性的指导。当然,要创作出课本剧佳作,还得深入理解小说内容,这时需引导学生读,读透所要改编的小说情节,要知背景、明主题、熟内容。人物性格的内涵与特定的历史背景相联系，是为表现作品的主题服务的，所以，对文中人物性格要清楚，更要清楚产生其性格的社会背景，清楚作者塑造此形象的用心。根据小说故事情节，依据人物的出场顺序，创造性地设计好人物的对白、动作、表情。人物对白不要机械套用小说原话，要在不改变小说原意的前提下，创编更生动、幽默，更具有个性化的人物对白，剧本的尾声一定要达到创作的最高潮，以利于揭示升华表演主题，收到应有的体验教育效果。

下面附上学生改编的《此地无银三百两》课本剧以飨读者：

场景：家中

人物：牛二、牛二妻、大呆、二呆、路人甲、路人乙、背景音(主持人)

道具：彩票、锄头、钱袋、牌子、扫把

幕启

牛二走上场，对着后面小声骂道：你个死婆娘。

(后面传出：牛二你说什么？)

牛二马上低头(诚恳地)：我什么也没说，老婆大人您听错了。

(后面：那就好)

牛二：(踮起脚张望)终于走远了，这个死婆娘真是太刻薄了，不就是藏了几个私房钱吗，有必要扣我一个月的零用钱吗？看来得用新的方法来增加零用钱了。

牛二：(从口袋里掏出两张彩票)看，这是什么？彩票！

(牛二：把彩票捏在手里，把手放在背后，绕场一周)我都买了近两个月的彩票了，再不中奖，那这彩票就太不给力了，我相信，只要一直买下去，就一定能中奖。有志者事竟成，我这只瞎眼猫迟早会碰到死耗子的。

牛二打开电视，坐到椅子上，双手拿着彩票。

主持人(声音场外传来)：亲爱的彩民朋友们，今天的幸运号码是……04

牛二：对！

主持人：25。

牛二(站起来)：10 两。

主持人：02。

牛二：Yeah！50 两。

主持人：03。

牛二：太幸运了，100 两！

主持人：08。

牛二(绕着椅子跑)：200 两啊！

主持人：特别号码是……

牛二(紧紧地盯着电视屏幕)：06……06……

主持人：06！

牛二(高兴地跳起来)：oh my lady gaga！300 两！

老婆(拿着扫把上场)看你那啪啪的样子,又有钱没上交,看来是三天不打上房揭瓦啊,看我不教训教训你。

老婆拿着扫把往牛二屁股上打。

牛二(马上捂住屁股):老婆莫生气,看看这是什么?

牛二(把彩票给老婆看):300 两啊,这回我们发了!

老婆凑过去看:这真的假的啊?

牛二拍拍胸脯:这当然是真的。

老婆:那我要买最好的珠宝,最好的护肤品,而且你的钱要交给我保管。

牛二低头自言自语:唉,难道又要被抢走?

牛二下。

第二幕:

路人甲、乙边说话边上场。

牛二上场,手里提着一个包,侧着身子走路,靠在路边上,把包放在身后。

牛二(轻声地):我绝对不能让别人知道我有 300 两。(前瞻后顾)

迎面走来三个路人。

路人甲(指着牛二):这不是牛二吗? 怎么这样走路。

路人乙:双手交叉抱在胸前,想必又是因为私房钱被找到怕老婆打,正在躲避他老婆呢。

路人丙:像是被他老婆打傻了。

牛二:这群无知的人。

路人走过。

牛二继续侧着身子走。

第三幕:

牛二(扛着锄头):让我把钱给那母老虎怎么可能,我得把这些钱给藏好了,要是老婆问我就说弄丢了。

牛二锄地。

牛二(擦擦汗):啊,终于埋好了。

牛二绕着走一圈,看着埋钱的地方:不行,别人看了一定怀疑,我得立块牌子。

牛二扛着锄头哼着歌,此处任意发挥。

大呆、二呆兄弟俩经过。

大呆(停住,拉了二呆的衣服):弟弟,看,这里竟然有块牌子。

二呆:好像写着"此地无啥三百两"。

大呆(拍拍二呆的头):你个傻二呆,是"此地无银三百两",没比你更傻的。

二呆(摸摸头):不过个,这是真的吗?

大呆(拿起锄头):是真是假,挖一下就知道了。

大呆、二呆一起挖。

二呆(惊喜地拿起装钱的包):真的啊,真有人比我还傻啊,埋钱还立块牌子。

大呆(看看周围):我们赶紧把钱拿走。

大呆看看坑,填满了坑,又在牌子上写着“隔壁呆氏兄弟不曾偷”跑走了。

牛二的妻子(扭着牛二的耳朵走上场):你个牛二,竟然敢把300两私藏,说藏在哪里了?

牛二(用手指指着):就……就在这里埋着。

老婆(把坑挖开,找了找):好啊,还敢欺骗我,不想活了,走,回家教训你。

老婆拽着牛二的衣服,把你拽回去。

牛二:老婆大人,饶命啊……

以上剧本,在原文基础上进行了想象创新,合情合理,饶有趣味。尤其是在故事起因上下了比较大的工夫,配角的设置也是有血有肉,为整出剧增色不少。然而正如大多数学生在讨论、评议这个剧本的时候所提出的那样,情节的设置有些虎头蛇尾之嫌,对“隔壁呆氏兄弟不曾偷”这一伏笔在后面的情节中没有与之相照应,剧情结尾得比较仓促也是这个剧本的不足之处。所以,接下来要对剧本进行修改加工。

五、与小说人物实现穿越时空的对话

课本剧是通过对话来推动情节发展的。学生在编写课本剧时,往往存在着一些毛病,比如照抄课本里的人物对话,抄完了,戏里的人物就无话可说了;舞台说明也照抄课本里的叙述语句,冗长啰唆。教师应让学生明确:

首先,编时可对小说内容进行适当增删,无论是人物对话或是舞台说明,都是为主题服务的。删减或增添,既要适合于剧情发展及人物性格的需要,又要适合舞台演出。

其次,对小说里的一些能突出人物性格的对话及有关动作都要在剧本里体现,注意突出其作用。角色的行动包括大行动和小动作:大行动决定事件的发展方向,小动作更能为角色性格塑造提供辅助。

最后,编写剧本过程中可适当模仿其他剧本的创作方法,取长补短,但不能机械模仿,生搬硬套,违背课题主旨。

如《东施效颦》中“西施出场”一幕:

西施出场,婀娜多姿地走过台子,一转头,向台下频频放电。

村民众人:“哇!西施……”(呈木头人状,人向前倾,蹲踞式,手护胸,两眼放光)

尽管原文中默认西施的相貌沉鱼落雁,但是在剧情表现上仍然需要通过一些方式来呈现西施的美貌以激起东施的嫉妒之心。学生在改编中增加了其他对话语言,使人物形象更鲜明。表演时,须把人们对于西施表现倾慕时的声调、动作表现得细致生动。学生如能做到,也就说明学生既掌握了小说内容,同时对剧本表现形式有了更好的把握。

改编课本剧同时又是一种创造性活动,每个学生在小说的阅读理解中都有自己独特的体会。改编后进入表演阶段,个人的创造性发挥达到巅峰,围绕剧情的推进和人物性格的表现,动作、表情、对话都达到高度的个性化。班内可以分小组表演,分组依次上台表演。表演时,在熟练记忆台词的基础上,还要有大胆的发挥,觉得这个人物此时此刻会怎样说、怎样做、有怎样的表情和动作,就怎样去表演。观看的学生把台上形象与自己创造的形象进行对照,把别人对形象塑造表现的技巧与自己的努力结果相对照,不断调整充实,使台上台下,交流创新成果,共同完善剧本。

六、在小说天地里"看一出戏"

如果说经过修改提炼,剧本已渐臻完美,那么把剧本真正搬上舞台,则是对剧本的实践检验之时。为了使演出得以顺利进行,还需提醒学生注意以下两点:

一方面,舞台布置及道具应从简,不能人为造成演出的难度。如《草船借箭》中诸葛亮、周瑜的形象都可以用特定的道具来区分二人的不同身份, 蒲葵扇和报纸折叠的宝剑都是很好的选择;《东施效颦》中甚至可以大胆采取男生反串的形式来出演东施这个人物,以便达到更好的戏剧效果。为了激起学生在道具制作中大胆的创新,还专门观看了《超级变变变》的精彩片段,许多学生从中受到了很大的启发。

另一方面,表演好人物对话的重点,应掌握好语调、速度、节奏及停顿,最大限度地为突出人物性格、推动情节发展服务。必要时,可以使用独白和旁白,独白可用作人物的自我介绍或抒发情感,旁白可以串联情节或点明含义。

在汇演后,组织学生讨论,评论编演的水平及得失,重点是指出创新和成功之处,同时提出今后努力的方向。当然,学生因为认知水平、个性情感等方面的局限,不可能把人物形象鲜活丰满地表现出来,也不可能把幕后工作做得完美无缺,所以需要在评价中再提高。评价需要学生的积极参与,而不是教师凭着自己的喜好和经验去下结论。演出后,学生可以对演员的动作、神态、语言,及对场景的制作和布置等方面进行自我评价,从而创设出一个教师、学生、小组评价学习成果的空间。在这种互相的评议中,学生个人智慧变成集体智慧,他们的思维在评价中相互撞击,情感在评价中相互交融。

"走进小说天地"的综合性学习中,活动形式多样,尝试以课本剧的形式对小说情节进行编演,作为一种激发学生深入感知小说内容的方式,不仅激发了学生的小说阅读兴趣,并且对学生语文素质的提高也较显著,使学生在实践中学文,在实践中导演,在实践中悟理。尽管对于初中生来说, 课本剧的编演有一定的难度, 但也未尝不是感知小说魅力的一种大胆的尝试。

(镇海区澥浦中学　王姝晰)

运用影视资源推进学生综合性学习的探索

语文综合性学习以语文学科为核心,注重语文学科与其他学科、学生生活和社会生活之间的整体联系,培养学生综合运用知识、解决问题的能力。近几年来,笔者所在的语文组在语文综合性学习方面进行了初步探索,尝试运用影视资源,通过欣赏、探究和实践等各种活动,希望能推进学生综合性学习,加强学生语文实践意识,提高自主探究能力,充分发挥学生的个性特长,提高学生的创新意识和实践能力,全面提升学生的人文素质。

一、在欣赏活动中推进学生综合性学习

影视作为现代社会重要的大众传媒,以其生动的形象和审美趣味性受到广大青少年的普遍喜爱,成为他们生活的重要组成部分。教师可通过影视这一载体,让学生在观看欣赏的过程中,潜移默化地受到熏陶,在一系列的活动中强化认识,从而提高学生的综合素质。关注学生的影视文化生活,这也为语文教学拓宽了新领域。

1. 影视剧的推荐。教师根据学生需要向他们推荐优秀作品,有计划地播放一些由经典名著改编的电影、电视。如:古代文学的《三国演义》,现代文学的《雷雨》、《茶馆》。为了让学生品尝当代作家的创作成果,组织学生观看获奖影片《那山 那人 那狗》、《红河谷》等。这些优秀的影视作品对学生的语文素质产生了潜移默化的影响。它们开阔了学生的视野,打开了更为广阔的精神世界。

2. 片段欣赏回放。教师组织学生收看部分电视栏目,如中央电视台《电视诗歌散文》节目,以丰富多彩的画面和悦耳动听的配乐朗诵,备受学生青睐,学生在不知不觉中就进入到优美意境之中。教师指导学生欣赏著名影视片断的人物对白,欣赏抑扬顿挫的配音艺术。通过片断欣赏回放的形式,让学生学会欣赏、学会体验。

3. 观后感。教师组织学生或学生在教师推荐下观看影视,并围绕某一部作品就内容、主题、演员表演、表现手法等发表自己的看法,完成观后感。

4. 剧评交流。在经过一段时间有意识的观看后,教师组织学生进行剧评交流。

活动实录(片断)

生1:看电视新闻节目,能及时了解国际国内的重大事件。我时常看新闻调查节目,可以帮助我们全面深刻地认识问题。

生2:看影视片,可以帮助我们了解丰富多彩的社会生活,欣赏影视的确对我们的语文学习有着很大的帮助,让我们从影视作品中畅想语文,体味人生。

生3:在日常生活中,在我们欣赏影视的过程中,我们会产生很多的思考、体会,也能收获许多的知识、信息等。

二、在探究活动中推进学生综合性学习

优秀影视通过网络、电视、电影能够经久不衰地传遍世界各地,传遍社会生活的每个角落。这就为学生构建了一个开放的学习环境,提供了一个多渠道获取知识的机会。影视探究活动的开展,可促进学生形成正确的人生观、世界观和道德品质,拓宽学生的知识面、激发兴趣,迸发出创造的火花。

1. 影视剧探究。教师可让学生谈谈最近热播的影视剧,探究热播的原因何在,并组织学生对人物形象、主题、艺术技巧等进行讨论或专题发言,促使学生表达流畅,理解深刻。

2. 明星崇拜现象探究。明星崇拜是二十世纪兴起的重要社会现象。以演艺人员和体育运动员为主体的明星仿佛突然间获得了"神性",获得人们特别是青年学生的青睐和崇拜。此活动结合八年级上册《我也追"星"》,教师组织学生对明星崇拜现象进行探究,并进行正确的引导,以完成文化对社会的价值导向。

3. 栏目风格探究。教师引导学生关注各级电视台的栏目,如《焦点访谈》《新闻调查》《新闻透视》《社会关注》等栏目,组织学生或就某些重大事件进行议论,或就某些热点问题进行评述。由于栏目中的材料大多来自现实生活,主持人的评论又富有时代气息,学生议论评述起来自然大有兴趣。

学生随笔摘录:

央视《艺术人生》栏目,其主题是弘扬知识分子的价值观。在选题上推崇有知识分子性的明星,如罗大佑、陈凯歌、英达、郑钧等这些既现实又有悲悯之心的明星特别受观众的好评。在他们的身上看到了传统和现代对接的烙印。在节目内容的取舍上以内容对于社会的向善影响而作为标准,弘扬的是明星们"真善美"一面,祛除艺人习气和阴暗面。另外,《艺术人生》比较煽情,"哭戏"很多,那大多是因为感动的缘故。

4. 主持人风格探究。教师指导学生对自己最喜欢的主持人风格进行探究,了解主持风格的形成以及人格魅力的显现,培养学生语言组织和表述的能力,养成积极思索善于评点的习惯。

课堂实录片断:

师:前段时间,我组织大家一起观看了几个电视栏目,大家发现每位主持人的主持风格大不相同,有的沉稳冷静,有的幽默诙谐,有的亲切随和……今天这节课,想让大家说说,说说你最喜欢或最欣赏的主持人,以及喜欢的原因。

生 1:我喜欢《星光大道》主持人老毕,他不仅主持风格幽默,而且在生活中,他还是一个集认真、严肃、善良、助人为乐于一身的人。

生 2:我最欣赏的是中央电视台新闻频道的主持人——白岩松。我欣赏他的主持风格,每每看到他在主持新闻联播,我总是仔细地听,仔细地看,他所讲的语言时而朴素但又充满着神奇,每一句都是发自内心。他还是新闻主持人的代表,时常鼓励同事不要怕苦,要做好新闻报道的工作。我还欣赏他的人品,因为四川大地震之后,他踊跃为灾区捐款,同时还含着泪水喊出了那句口号:"同学们不要哭,群众不要哭,四川不哭,祖国不哭!"

生 3:我最欣赏的主持人是倪萍。她主持让人感到亲切、自然,就像是在面对面地与你拉家常。她的语言随和,没有矫揉造作之感,没有哗众取宠之意,有的是一种真诚与亲切。看她的主持,是一种享受,是一种快乐。

……

师:听了大家的评论后,我在思考一个问题:有的主持人为什么能给大家留下深刻印象?我想不单单是他们的主持风格,更重要的是他们的人格魅力,还有他们背后付出的辛勤汗水,对工作的热爱和执著。同学们,我们看影视后,可不能简单的表面模仿,而要深入内心去欣赏去了解去品味去收获。

三、在实践活动中推进学生综合性学习

影视文化突出的特点就是实践性,实践性体现在影视资源的调集、制作和整合上。影视资源与语文课程的整合,符合新课程标准的要求,有利于培养学生发现、探究、解决问题的能力,为学生提供了主动探究、自主学习的教学环境,有利于激发学生学习的热情,有利于开拓学生的视野。

1. 模拟电视记者采访。为了让学生们对新闻采访有更加直观的感受,活动课上,教师可组织学生对感兴趣的问题进行模拟采访训练活动。

2. 进行影视小品的创作。设计小品的过程不仅是言语组合的过程,也是情节和人物形象的构思过程。在这个过程中,学生的逻辑思维和形象思维能力都能够同时得到发展。

3. 栏目设计和编播。仿拟时下经典的电视栏目,迁移到语文课上来,在适时适地适宜的条件下,开设语文课中的"直播现场",形成语文课中的特色"板块",从而促进学生主动参与、互动合作、积极探索。

如学生《青春旋律》栏目的设计和编播:

第一部分为"听——青春·旋律":找出与青春有关的音乐或音乐故事等,让请来的嘉宾认真聆听。第二部分为"忆——青春·旋律":让嘉宾回忆他们的小时候,一首首熟悉的旋律自然可以勾起无数的回忆,拼接成一段段故事,抑或感人,抑或开心,抑或忧伤。第三部分为"唱——青春·旋律": 让嘉宾唱出他们青春时期的歌曲, 情绪再一度升华, 在歌声中苏醒。第四部分为"舞——青春·旋律":让嘉宾用舞姿演绎逝去的青春。虽然那段时光已久远,动作也生疏,但任凭年华似水流去,一颗眷恋的心依旧,只有眼前的飞动,每一个动作都在诠释心灵的律动。

4. 主持人角色体验。“挑战主持人”节目,使学生兴致盎然,掀起了一场“主持人”之热。教师就让他们亲自去体验主持人的角色,从中培养他们的应变能力和语言组织能力。

活动实录:

学生(主持六一节目):尊敬的领导、教师,亲爱的同学、朋友,大家下午好!今天我们即将迎来一场舞蹈的盛会,在这场盛会中有同学们高扬智慧的风帆,有思想的翱翔,有感情的抒发,有青春的旋律,有技能的展示,有科学的探索,有毅力的体现,有诗意的飞扬……这一切,充分展现了我们学生的青春活力,展现了我们学生的精神风采。

5. 设计对白或解说词。指导学生为课文内容设计潜台词,为影视作品人物设计对白,为一组无声的画面设计解说词。在播放经典影视片段的时候,经过加工制作,消去原来的配音;然后让学生为剧中人物配音,这样可以激发学生的热情,努力去揣摩剧中人物的思想感情,加深对作品的理解,也有助于提高学生的朗诵水平。

例如,在实践活动中,学生对《斑羚飞渡》一文中斑羚飞渡之前的内容很感兴趣,于是教师就指导他们为老斑羚与年轻斑羚设计对白。在设计对白的过程中,大斑羚无私无畏的形象,越来越清晰地呈现在学生的头脑中。老斑羚的果断、年轻斑羚的不忍不舍,学生表现得酣畅淋漓。学生有感而发写了一首小诗赞美大斑羚,“这是生命的桥,灿烂的桥,一半走向生命,一半走向死亡……”也有人想到了“这是辉煌的陨落,不问值与不值,给我们一个温暖的启示……”

6. 知识竞赛。影视作品引进课堂,既把课讲得情趣横溢,又激发了学生阅读原著的欲望。教师抓住契机,开展文学竞赛活动。学生不仅在竞赛中激发了阅读兴趣,而且品尝到了成功的乐趣。

如结合九年级上册《话说千古风流人物》,在班级开展《三国演义》文学知识竞赛,题目用多媒体逐一播放,让学生快速抢答,答对者奖一书签。A.“桃园三结义”三兄弟是谁?B.水镜先生所说的“卧龙”和“凤雏”分别是谁 C.“宁教天下人负我,休教我负天下人”是谁说的?D.“既生瑜,何生亮”是谁的临终一叹……

7. 辩论赛。观赏历届“大专辩论赛”、“挑战主持人”的实况录像,将辩论题和话题引入课堂作进一步探讨,启发学生有理有据、条理清晰地阐明自己的观点,让学生以参赛选手的身份来“当堂”展示。

如结合八年级上册《走上辩论台》,年级组以班级为单位进行了“网络阅读是利大于弊还是弊大于利”辩论赛。正方观点:网络阅读利大于弊;反方观点:网络阅读弊大于利。观点针锋相对,争辩唇枪舌剑,现场气氛热烈。辩论赛既丰富了学生们的校园文化生活,又给学生提供了展示自我的舞台,对提高同学们的综合素质起到了积极的促进作用。

总之,语文综合性学习注重学生对生活的体验、理解和感悟,培养学生实践能力和创新能力。各种影视欣赏、探究和实践活动构成了初中语文综合性学习中一道亮丽的风景线,它不仅能引导学生学会主动探究、主动实践,更能使学生在发现问题、分析问题、解决问题的过程中,提高听说读写的语文综合能力,培养团结协作、勇于创新的精神,促进语文综合素养的发展。

(镇海区立人中学　李　徽)

顺势·借势·造势

——谈如何让学生亲历“实践体验与探究过程”

初中语文综合性学习中我们教师如何让学生亲历实践体验与探究过程，进而成长为理想的中学生？这个问题的前提是：语文教师在培养学生的过程中是否认知到了学生成长所需的空气、阳光、土壤性的条件是什么，因为这一认知状态往往决定了教师会采用怎样的教学策略来解决具体的教学问题。所以一线的语文教师在思考初中语文综合性学习中如何让学生亲历实践体验与探究过程的时候，首先要明确学生成长所需的空气、阳光、土壤性的条件是什么，进而在施教过程中顺势而为，借势而为，甚或造势而为。

一、语文综合性学习中学生缺少亲历“实践体验与探究过程”现状审视

为了实践“全面提高学生的语文素养”“正确把握语文教育的特点”“积极倡导自主、合作、探究的学习方式”“努力建设开放而有活力的语文课程”这些基本理念，《语文课程标准》提出了综合性学习的目标，将“综合性学习”与“识字与写字”、“阅读”、“写作”、“口语交际”并列，共同组成语文学习内容的五大板块。综合性学习的实质是学生自主学习的活动过程和实践探究过程，它以语文课程的整合为基础，强调语文课程与其他课程的联系，强调语文学习与生活的结合，目的是为学生构建开放的学习环境，为学生提供多渠道、多层面的实践学习机会，培养学生的创新精神和实践能力，促进学生语文素养的整体提高和协调发展。但在实际课程实施过程中仍存在很多问题，对于学生而言，问题主要集中在“有势不能充分利用”或“无势可用”上，从而让师生有意无意地忽视了语文综合性学习，即使开展了语文综合性学习也易忽视“让学生亲历实践体验与探究过程”。

学生因为综合性学习活动无势可用而根本无法去亲历与体验。综合性学习既是对学生的考验，更是对教师的考验。很多教师拿到一个综合性学习后根本不知道要怎样讲解，由此产生了像一般的阅读课一样上课的现象。对着课本中编者列举的几个角度进行机械地讲解教学以后，让学生自己开始写作训练。这样的课完全把学生架了起来，使学生远离生活谈生活。而原本过程的展开要强调实践性。对语文综合性学习而言，实践是第一位的。能在多学科的交叉中体

现语文知识和语文能力的实际应用,促进学生素质全面提高,这是综合性学习的目的。事实上我们许多语文教师至今仍用“应试教育观”在对待综合性学习活动,故而在课程教学设计上,大家无需“多事”让学生去亲历体验和探究,就可帮助学生应对当前的各类考试。一部分教师的教学观自然成了影响综合性学习有效开展的一大原因。要使语文综合性学习的地位真正得到落实,就要转变教师对综合性学习课程的认识与想法,为提高学生的语文综合素养提供“阳光”“土壤”“空气”。

二、语文综合性学习中让学生亲历“实践体验与探究过程”的再构

语文综合性学习是一种综合性的语文实践活动。其目的在于让学生在日常生活中学习语文,同时也是教师可以灵活应用的一种语文教学方式。在这一语文教学中教师应将重点放在拓宽语文学习和运用领域,注重跨学科的学习和现代科技手段的运用,使学生在不同内容和方法的相互交叉、渗透和整合中开阔视野,提高学习效率,进而获得现代化社会所需要的语文实践能力。鉴于此,我们更要想方设法让学生借助综合性学习课亲历“实践体验与探究过程”。

(一)顺势而为

《现代汉语词典》中“势”的基本义项之一是:表现出来的情况,样子,例如:姿势、气势、山势、局势、守势、因势利导。借用“势”这一词来审视我们的语文综合性学习活动课,可指我们一个学校一个班级所呈现出的现有的教育权威和行政领导、老师、学生等所表现出来的教育教学情况、样子。而这一切均可成为语文综合性学习活动课的资源。何况《语文课程标准》中也指出,在语文综合性学习中要“提供跨领域学习,与其他课程相结合”这一要义。故而语文教师若能顺“势”而为,教学目标的实现亦成举手之劳。怎样顺势而为呢?实则主要指顺应学生所表现出来的情况之势。

学生是学习的主体,这是作为一名教师所要牢牢记住的。在语文综合性学习中尤其要体现这一点。语文综合性学习要以学生为主体,让学生学会主动学习。教师要把学生作为活动的主体,突出自主性,重视学生主动积极地参与,力争调动他们参与学习和活动的热情。所以在制订了学习活动的主题,给定了活动的范围之后,教师就应该放手将课堂交给学生,信任他们,让他们开发自己的智慧去开展各项活动。而要将这点落到实处,最要紧的是老师要让学生自由地呈现出他们自己的学习生活状况。为此,老师在组织教学活动时一开始就可放手让学生动起来,结果初看可能开展得很糟糕,但教师从旁协助,不代理包办,而是顺势引导,状况则又会是另一重天地了。

例如,我校语文组何老师在开展“成长的烦恼”综合性活动的过程中也出现过学生不能很好地配合参与的情况,也出现过交上来的材料不够精致不能采用的情况。种种困难下,何老师也想过要么就自己干,都自己做,但最后何老师还是顺应学生现有状况,选择再次指导学生,指出学生活动中的不足,让他们去修正,而不是由教师自己去完成。这样做的效果是,学生在实际修正中意识到自己原先存在的问题,也掌握了解决问题的方法。再者何老师在组织“成长的烦恼”综合性活动时,让学生罗列烦恼清单,布置写烦恼日记,让学生自由地无拘束地畅谈自己成

长中所遇到的困惑烦恼，使学生方方面面的烦恼问题得以呈现，其中有学业上的，寝室生活方面的，与家长沟通方面的，还有个人自身形象上的，等等。老师摸清了学生烦恼现况后，顺此现况成立了有相同烦恼的四个小组，如学海拾贝一组、生活指南一组、漂洋过海一组、励志馨歌一组。让有相同烦恼的一组同学分工合作，课堂及课外活动时都以组为单位进行，讨论面对烦恼的方法途径。这样的顺势而为，既体现了对教育主体——人的关怀，又便于教学工作的有序推进，极大地提高了这次综合性学习活动的绩效。

综合性学习活动提倡学生人人参与，让不同的个体能在综合性活动中更好地发展自己的个性，既展示自己的特长，又在合作和探索中发展自己的学识、胆识。但是由于综合性活动本身特性是一个灵活、开放的活动，许多同学在缺少老师的督促下，常会出现敷衍了事的现象，或者干脆直接越过活动的准备探究阶段，难以保证开展活动的质量。如今我校许多老师在综合性活动中都能采取小组合作的形式来推进活动，且事先综合考虑学生的智力因素和非智力因素(兴趣、合作、责任心等)，然后尽量让每小组由不同个性和不同层次的同学组成，以便在展开活动时发挥各自的特长。同时，根据每一小组人员实际，明确分工，确立责任人，保证活动时学生现有人力物力资源的有效利用，实现全员参与。这一切无不是“顺势而为”教学行为的有力体现。

(二)借势而为

《现代汉语词典》中“势”的基本义项之二是：权力，威力，例如：势力、权势、势均力敌。要让学生亲历实践体验与探究过程，教师作为课堂活动的组织者，必须学会借助其他力量与威力，借势而为开展好语文综合性学习活动课，让学生在课程活动中亲历“实践体验与探究过程”。

1. 借班级管理之势

此势是指班主任在班级管理中的“威势”。语文老师即使担任了班主任也仅是一个班而已，一般还会带有另一班级。自己是班主任，借用班级资源自然顺便，但教的另一个班级若能整合班主任的管理之势，借其势而为，教学工作自当顺利。何老师所执教的“成长的烦恼”这一综合性活动课，其前后期的诸多事宜均得到所教班班主任的大力支持。支持方式很多，如将学生在课程中认定的突出表现与班级日常综合管理考评挂钩，从班级德育主题活动角度全程跟课，组织班干部搜集课程资料，如活动照片等。借班级管理之势可以极大调动学生自主活动的积极性，提高教学效能。

2. 借其他任课老师之势

不同学科的老师可以形成学科互补，使得课堂更精彩。此外，还能拓宽学科视野，找到学科间的契合点，让不同学科在同一学习主体身上同时得到发展。比如，语文与历史的契合点就有成语故事、科学的有关史料、社会文化积淀等。语文和地理生物等学科的契合点就有人文、方言、生态系统的保护等。物理数学等学科的一些说明性内容以及逻辑推理则是语文学科说明文的教学，特别是语言的归纳概括、根据已知信息推断新信息。语文学科的人文性同思想政治学科的道德提升自我完善，又有共同之处。由此可见，找到合适的“契合点”是学科间整合的前提和基础，它也直接影响着我们进行语文综合性学习的深度和广度。而同一班的不同任课老师在他们自身学科上都是学生心中的权威，“信其教”，所以我们语文综合性学习活动若能借助这些任课教师在学生心中的这种权威感，请他们走进语文课堂，这会大大增加活动的效能。在这点上，何老师的课也做到了。例如，在解决学生的学习烦恼问题上，她请来了英语教师，组织学生向他们的英语老师讨教“英语单词难记”的问题；请来了心理辅导员郑老师，帮助学生化解心理困惑。

3. 借助其他部门之势

老师开展班级教育并非是孤立的、隔离的，相反他应尽力借助学校的一切资源，以期取得最好的教育效果。事实上，一个学校为了正常运转并很好地执行国家的教育教学方针政策，培养出社会需要的合格人才，都设立了司管教育、德育、财务、后勤等部门。这些部门因主抓学校整体层面事宜，受校长统一协调，故而教师的一线教学常与其有相隔甚远之态。然而，从“一切为了孩子，为了孩子的一切”这一教育理念审视，学校的这些部门的存在无不是为了让一线教育教学工作开展得更好，他们是供教学一线调用的现有资源。只是要看我们的一线教师是否具备有意借助这些部门来为自己的教学服务的意识。何老师在“成长的烦恼”这一主题活动中所设计的“生活指南组”的活动，主要是围绕住宿生的烦恼开展的。因为所在班级学生以住宿生为主，初一新生初次离开父母独自带着行囊开始了漫长的寄宿生活，种种不适应，让他们特别想家，各种生活问题纷拥而至。何老师就是抓住这一点，想到与政教处合作，借助学校政教处之势来为语文课张本，于是特意请来了政教处郑主任为同学们在寝室中所遇到的烦恼与困难支招。而政教处平日里主要以处理学生事宜著称于学生之间，此部门的每一位老师在学生间都有“信”有“威”。学生“信”的是他们一心为学生着想的父母之心，而“威”则来自此部门跨班级从严管理学生，有跨班奖惩学生的权力及由此形成的威严。这份威信走进语文综合性学习课，自然能提高学生听课的专注力用心度，让效能提高。事实也的确如此。

4. 借助家庭之势

家长是综合性学习中的重要的学习资源。教师要把家长带入到综合性学习中来，利用家长的社会经验，发挥家长的各种特长，可以丰富综合性学习活动。况且取得了家长的支持后，开展后续工作也会顺畅很多。教育无处不在。无论何种结构的家庭，只要教师与家长能多沟通，在教育孩子上达成了共识，那这个家庭的点点滴滴都会不知不觉成为催生孩子成长的教育“良药”。例如，有的家庭妈妈太唠叨，大事小事样样都要管；有的家庭爸妈总拿孩子的成绩跟其他家的孩子比；有的爸妈不了解孩子，乱下定论，乱猜疑；有的爸妈对孩子说话语气一向粗暴，等等。这些都是一个家庭几个人之间因性格、学识、修养等差异所长期形成的，它们自然成了孩子成长的“土壤”、“阳光”、“空气”，从而决定着孩子的情商，进而影响着后天学业上的智商。而家庭与家庭之间也存在差异，在教育孩子上若有平台让不同家庭的大人孩子坐在一起，既可相互借鉴成功之举，也可让孩子从客观角度看待自己和家庭，让自己成长得更好。因此，借家庭之势来打造我们的语文综合性学习活动定是益处多多。何老师在《成长的烦恼》一课中，组织学生写了一封“给家长的公开信”，并请相关家长进入课堂，真情交流，让人动容，学生受到的触动也非这一刻所能涵括。

5. 借助社会力量之势

初中语文六册课本，每册都安排了 6 次左右的主题性综合学习活动，但我们开展语文综合性学习不应该局限于教材提供的这几次，而要树立大语文观念，关注身边的课程资源，找准契合点，动态、适时地开展综合性学习活动。例如，去年日本发生大地震，当地几百万居民生存面临严峻考验。国际社会包括我国纷纷伸出援助之手，让自己的爱心突破国界，飞往异国他乡。这就为八年级上册第二单元的“让世界充满爱”的综合性学习活动提供了一个很好的契机。加之又是活生生的时政新闻，学生兴趣浓，参与的积极性强。

例如，何老师在设计“成长的烦恼”一课，其中活动一是“说一说自己的烦恼”，教参要求“要让学生尽可能多地列出曾经有的或者正在有的烦恼，这样才有可能消除那些烦恼，积极、乐观地面对生活”。可是笔者阅读过史绍典老师的《交流沟通对话》，其中谈到“真正的烦恼，一般是比较私密的，它只会向自己认为可以透底的人袒露，在众目睽睽之下，敞开心扉，将自己的烦恼公之于世，这样的烦恼就要大打折扣。真正的烦恼是不便于当众抖落的，比如单亲子女的烦恼、暗恋的烦恼、被人瞧不起的烦恼、生理缺陷及心理障碍造成的烦恼等。诉说这样的烦恼无异于展示痛苦，是精神的折磨，是对心灵更大的戕害。我不倾向在中学语文课堂上，让学生谈所谓‘成长的烦恼’，这涉及隐私、尊严、人格，还涉及理解、善待、宽容……”这样的观点，我很是赞同。是啊，真正的烦恼有谁愿意当众抖落？烦恼是可以倾诉的，但不必要当众倾诉。那怎么解决这个问题呢？这时候，就要借势而为了。不妨把倾诉烦恼这个环节交由社会力量来处理，如社会心理诊所或当地有一定经验的心理医生，让他们以他人案例的形式来呈现，以了解他人烦恼、帮助他人化解烦恼的方式来重新审视自己，避免了学生难以启齿、不便于公之于众然而又是自己内心真实烦恼的困惑。这样设计，由社会力量介入以他人的案例入手避免了学生仅限于表层的诉说及不愿启齿的烦恼，目的是尊重孩子敏感而强烈的自尊心、隐私，给他们提供了借鉴的范本，由他人触及自己，从中收获面对烦恼应采用的正确方法。而这个“心理诊所或心理医生”就是我们教学中借用的“势”了。这样的外界之势、现成之势还有很多，需要我们语文老师做个教育的有心人。

（三）造势而为

以上我们根据《现代汉语词典》中“势”的基本义项：“①权力，威力：势力、权势、势利、势均力敌”和“②表现出来的情况，样子：姿势、气势、山势、局势、因势利导”进行了具体的探讨。现在我们同时结合教师自身的角色来一起思考，我们老师除了是课堂设计实施的引导者，还应该是一个积极的组织者和参与者，更应是一个化“无”为“有”的创造者，造势者。那么，“势”该怎么造？当现有教学资源被我们老师顺势而为用了，借势而为动了，还是难以找到让综合性学习活动“动”起来的资源时，我们可以通过不断提高学科专业上的水平来提升自己在学生心中的权威，并借助这种权威为课堂教学造势，进而在课堂上能够多些创设性的教学状态，组织引领学生进到一个又一个全新的课堂情境，具体而言，可以从以下几方面做点尝试。

1. 教师要树立“我能我行”的造势信念

俗话说：观念决定行动。在无势可用的情况下，教师不等不停不靠，有以“我”为主的观念才能不受制于现有条件。“人的潜能是无限的”“一切皆有可能”，平日里我们老师常以此语激励学生，其实这些信念更应成为老师从事教育教学工作的信念。只有如此，我们才能在思想层面寻求突破，让自己不受制于时间、空间、人力、物力的桎梏，敢想能做。

2. 教师要牢守语文课的特点来造势

美国的心理学家奥托认为：在正常情况下，一个人能发挥出来的能力，只占他全部能力的百分之四。《苏联今日生活》上写道："如果我们能迫使我们大脑达到其一半的工作能力，我们就可以轻易地学会40种语言"。当然，学生的大脑不是知识的容器，但确实是等待点燃生命的火把。在语文综合性学习活动课上我们怎样造势呢？教育改革家魏书生的回答是："用进废退。"从语文课造势这个角度来理解，用，就是老师要切实抓牢语文课"语文味"的特点来创造教学资源，让全体学生再结合这些新创生的课堂教学资源进行体悟思辨，让学生尽量多用脑，创生出原生态的课堂资源。废，就是不用脑，或者呆读、死记，越不用(或者不会用)大脑就越迟钝。如此，教师在学习活动中可以做的事就多了，如：(1)结合生物课教学，让学生了解大脑的结构，认识大脑的潜能，自觉地开发大脑，做自己认为能做好的事情，培养学生在学与教中的造势能力。(2)课内活动时，设计一些学生喜欢做的、富有教育意义的智力游戏。如接话游戏、开火车式朗读、猜谜语、对对子、演自己等。(3)在课外活动中有意识地制造问题情境，让学生在自由、轻松、和谐的生活氛围中走进练脑造势的天地，如开展"小记者采访与互访"、"文化长廊专栏设计"等。

何老师执教"成长的烦恼"一课时，课堂上所呈现的学生成长日记《神奇的老师》等就是再造资源。老师又能适时切入点评，将这一资源为课堂所用，堪称这堂课的点睛之笔。如，何老师在学生展示环节过渡时点评道："特别是本组同学以打油诗的形式倾诉烦恼，幽默诙谐中透着智慧，这何尝不是面对烦恼的乐观心态呢？除了以上两位同学，本组其他成员的成长日记，都写得诚恳真挚，健康积极，不仅收获很大，更向我们展示了他们成长道路上的心路历程。"何老师的设计意图是，展示并评价学生探究活动的过程，注重活动的体验而不是活动的结果，进一步激发学生探究学习的兴趣。这一过程中教师引导学生运用语文的活动形式进行探究，并给予相应的语文知识的指导，其中打油诗的写作、采访指导、日记写作指导等活动，都紧扣了语文课的特点。

而"漂洋过海一组"的书信展示交流环节，也同样称得上化"无"为"有"的造势之举。课上何老师用评价提升："正如同学们所说，写信要注意格式，情感要真挚，语气措辞要妥当，特别是内容上要写得入情入理，书信才能真正达到沟通的桥梁作用。"这样的评价达到了教学设计意图，即在师生的互评中，掌握并提高书信写作的交流能力，这也顺应了网络时代书面表达的需要。另外何老师还通过用好自己的阅读积累来拓展提升课堂，创生课堂，也称得上是造势之为了，如何老师在对书信交流点评时说道："台湾著名作家龙应台写过一本书，题目叫《亲爱的安德烈》，书中记录了她和她18岁儿子三年的通信内容。在书的扉页里，龙应台说'我们的通信，仿佛黑夜海上的旗语，我认识了一个十八岁的人'。她的儿子安德烈说'谢谢你，妈妈，这些通信，记下了刻下了我们三年的生活岁月，给了我和你连接的份'。"何老师的设计意图是引用名作家的说法，在拓展延伸中肯定该组学生积极面对烦恼的做法，强化这种书面交流形式的作用，也将语文课的"语文味"彰显到位。

课堂上教师实际也通过评价者的角色在造势。到了课程的实际实施以及总结阶段,教师总要扮演“评价者”这么一个角色。因为教师在学生中的特殊地位,学生会非常关注教师的评价。教师在整个综合性学习中要做的是统筹、引导与提升。这评价就是一个提升的过程。但这综合性学习活动课程不同于一般的课程,有明确的评价对错的标准。综合性学习活动课程评价中十分重要的一点,便是尊重学生独特的感受和体验。

语文综合性学习是语文课程改革后出现的一个亮点,是对学生尤其是对农村学生的一次重大挑战。它的性质决定了教师在针对现有教育条件时必须正确、清晰地认识到所在学校所在县(市)区的区域性经济文化特点,这种认识不是单一面的,而是多面、多角度的。从上面的几点分析中,我们不难看出,在综合性学习中,教师若能做好顺势、借势、造势这几步工作,在综合性学习课程的前期筹备起计划组织作用,在中期起主导的串联作用,在后期起总结提升作用,放手让学生大胆参与课堂,那么学生亲历实践体验与探究过程的机会一定会更多,他们的成长也会更好。语文是门源远流长、博大精深的学科,它在不断发展,不断延伸出新的事物,在这条探索的道路上我们还有很长的路要走。学生成长所需的“空气”、“阳光”、“土壤”的条件明确了,进而在施教过程中顺势而为、借势而为甚或造势而为,综合性学习的大目标也就容易实现了。

(余姚市梨洲中学 俞丽仙)

初中语文综合性学习的实践与反思

《初中语文学科教学建议》指出:语文教学应关注过程、促进内化,要“开展综合性学习活动,落实并运用语文知识,培养学生发现和解决问题的能力,引导学生在过程中学习与运用语文”。倡导“自主合作探究式的学习方式”以及落实“知识能力、过程方法与情感态度价值观”的三维目标。作为承载“拓展语文学习的空间,丰富语文学习的资源和途径,加强语文学习和生活的联系,培养学生自主、合作、探究式的学习方式”的综合性学习,在实践中毕竟是一个新生事物,由于没有多少可供借鉴的经验,在探索的过程中不可避免地出现了一系列问题。作为一线语文教师,我们该如何弥补目前实践中的种种不足?实施过程中我们可以有哪些诉求?充分发挥初中语文综合性学习应有的魅力与功能,致力于学生语文素养的形成与发展,我们值得探讨。

一、综合性学习的教学实践体会

综合性学习是学生最喜爱的一项语文学习内容,这与活动内容的新颖开放、活动方式的灵活有着密切的关系。然而,对于教师而言,综合性学习却是一项最难把握的内容。无论区域层面的教研活动,还是日常教师之间的无意交流,似乎总会呈现出教学理念认识的偏差和实践中不正确的做法。

(一)等同于语文课外活动

例如,在组织教学“这就是我”这一综合性学习单元时,把活动目标定位在“口头作文”训练上。如果作为“语文课外活动”,这样的定位也未尝不可,但是作为语文综合性学习单元,这样的目标定位就单一狭隘了。实际上,以“这就是我”的主题作为七年级的第一次综合性学习,是有其特别的内涵和用意的,除了锻炼口语交际能力和写作能力外,至少还应容纳以下几个方面的内容:1. 结合课文学习——这一单元以人生、生命为主题,让学生反思自己的人生成长,珍重生命,在自己生命充实的过程中发现、体悟生命的价值;2. 展现自己的个性、特长、兴趣爱好,在寻求别人理解的过程中理解别人,进而学会共处;3. 在各种情境中,学会调适自己的角色,包括言语举止，学习在各种社会活动情境中发展自己，得体地推荐自己。

（二）过分依赖课本

语文综合性学习是开放性的，课本中的主题和情境只是示范或引领，我们应该为学生提供更加丰富的活动情境、途径和广阔的天地，而决不可不顾当地的学习资源和学生实际状况照搬照抄。比如：需要查找资料的综合性学习单元里，尽管大都有内容翔实、分类明晰的参考资料，以对应单元的各项活动，但是这些参考资料有相当一部分是学生可以而且能够自己去查找搜寻、整理归类的。教材只是提供一些范例，起示范作用。但是我们总会看到师生把综合性学习弄成“阅读分析课”、“材料作文课”，在综合性学习中忽略过程直奔结果。语文综合性学习，注重的是过程，是学生亲自动手搜集、整理资料的过程和能力。重要的是他们亲身经历了发现问题、分析问题、解决问题的全过程，重要的是他们的亲身体验。

语文作为母语教育课程，“学习资源和实践机会无处不在，无时不有”。生活就是重要的学习资源，当地的自然环境、风俗民情、传统文化、校园文化、节日文化都可成为有益的学习资源。如人教版八年级下册设置了“到民间采风去”这个综合性学习，活动命题大、范围广。如果让学生泛泛去做可能效果不佳，我们必须选准切入点，结合当地文化、学生实际开发具有地域、学校特色的课程资源，才能收到较好的效果。此外，教学中的生成、学生的发展、社会的热点等，都应该成为我们综合性学习的课程资源。比如“文明城市三连冠”、“小悦悦事件”、“天宫与神八”，等等。

（三）内容与目标杂糅

例如：有的教师在组织实施“我爱我家”这一综合性学习单元时，把课文中设置的“老照片的故事”、“我家的一件珍品”、“妈妈的唠叨”三个情境看成是为作文而设置的活动主题，把这一单元的语文综合性学习完全“上”成了“作文”课。在这一观念下开展活动，学生势必为作文而选择活动主题，为作文而收集、取舍素材，为作文而制造故事。实际上，这里的三个活动尽管都有作文要求，但“作文”不是主要目的，作文只是活动结果的一种呈现形式，只是为教师评价或学生评价提供一种手段。除了“作文”之外，设置这一单元还有以下几个期望：1. 培养学生探讨、追寻、调查研究的兴趣和能力，培养学生留意身边生活的意识；2. 在对家庭中平时不被注意的寻常小物小事的调查了解中，体验生活的底蕴及蕴藉的情意；3. 在活动过程中，感悟关爱，理解关爱，体验爱心，生发爱心。更为重要的是要通过这次的活动，培养学生探讨、追寻、调查研究的兴趣和能力，培养学生留意身边生活的意识和健康的心理。

二、综合性学习概念内涵的探讨

《语文新课程标准》指出：“语文综合性学习有利于学生在感兴趣的、自主活动中全面提高语文素养，是培养学生主动探究、团结合作、勇于创新的精神的重要途径。”标准中尽管没有明确给出综合性学习的概念，但是给出了不同的阶段目标以及实施的相关建议。

纵观课程标准有关”综合性学习”的表述，不难看出：

（一）综合性学习是学习目标

它面向全体同学，沟通课堂内外，力求在学习过程中实现语文知识的综合运用、听说读写能力的整体发展、语文课程与其他课程的沟通、书本学习与实践活动的紧密结合。

(二)综合性学习是学习内容

它以问题为中心开辟出广阔的语文学习领域，强调在学习过程中搜集整合信息以生成新的意义。这意义除了发展语文能力,还包括培养问题意识、探究精神、合作态度、学习习惯等。从课程结构讲,它和"识字与写字"、"阅读"、"写作"、"口语交际"一样成为课程结构的有机组成部分,贯穿于常规教学,同时又将四部分内容渗透、融合到语文实践中。

(三)综合性学习是学习途径

它倡导自主、合作、探究,加强了书本学习与语文实践、接受学习和探究学习等的交叉运用,教师成为学习活动的参与者和促进者。它提倡跨领域、跨学科,多渠道开发自然、社会、人文课程资源。从评价角度讲,它突出语文课程的整体性和综合性,从知识与能力、过程与方法、情感态度价值观三个维度立体考察,提出了形成性评价与总结性评价、定性评价与定量评价、教师评价与学生自评结合等评价建议,评价功能由注重甄别转向了注重发展。

但无论从哪一层面上看,综合性学习概念的内涵都必须围绕语文性与综合性。语文性就是要通过综合性的学习活动,将学生的听、说、读、写、思、做的能力,循序渐进地操练,给学生的语文能力锻炼提供了一个契机、一个平台。综合性就是不仅包括学生对语言文字的吟诵,语文知识的积累,学生的情感、态度和价值观的培养,还包括不同学习内容和学习方法的相互交叉、渗透和整合,注重迁移拓展,由课内拓展到课外,以提高学生综合地运用语文创造性解决问题的能力。

三、教材中综合性学习文本的分析

语文教材是根据语文课程标准规定的目标而编写的教学基本依据,具有一定的典范作用。人教版教材共有六册,每册六个单元,每个单元后设置一次综合性学习活动,共36个(见下表)。

七年级上	**八年级上**	**九年级上**
这就是我	世界何时铸剑为犁	雨的述说
漫游语文世界	让世界充满爱	微笑着面对生活
感受自然	说不尽的桥	青春随想
探索月球奥秘	走上辩论台	好读书,读好书
我爱我家	莲文化的魅力	金钱,共同面对的话题
追寻人类起源	怎样搜集资料	话说千古风流人物
七年级下	**八年级下**	**九年级下**
成长的烦恼	献给母亲的歌	脚踏一方土
黄河,母亲河	寻觅春天的踪迹	走进小说天地
我也追"星"	科海泛舟	关注我们的社区
戏曲大舞台	到民间采风去	乘着音乐的翅膀
漫话探险	古诗苑漫步	我所了解的孔子和孟子
马的世界	背起行囊走四方	岁月如歌—我的初中生活

(一)从栏目表述和形式看

每册六次综合性学习栏目表述有所不同,三次表述为“综合性学习·写作·口语交际”三次表述为“写作·口语交际·综合性学习”,可以看出表述相同的综合性学习的形式、规模和层次相对统一。

“写作·口语交际·综合性学习”把写作、口语交际整合于综合性学习之中,规模小、层次少,以培养学生的口语交际能力和写作能力为主。比如,七年级上册第五单元的综合性学习“我爱我家”就提供了三个可供选择的小活动:“老照片的故事”以一张或一组家庭照片为引子,与家人进行交流,了解家人的生活经历,在此基础上写一篇作文;“一件家庭物品”,也是通过交流、询问,了解家庭故事,并把它写成作文;“妈妈的唠叨”,则是模拟了一种生活情景,由两位同学进行模拟电话交流,再用书信的形式写一篇作文。

“综合性学习·写作·口语交际”以培养学生自主、合作、探究的学习习惯为主要目标,在为学生提供一个母课题的前提下, 又设计了若干层次的子课题, 倡导学生发挥自主精神, 自行设计,自行组织,自行探究,在活动中培养学生发现问题、分析问题、解决问题的能力强调探究性、自主性和实践性。比如:七年级上册第四单元,在“探索月球奥秘”这一母课题下,又按层次递进地分成这样几个子课题:1.月球奥秘知多少(搜集资料,汇报成果);2.观察月球的运行,参观天文台(观察,参观);3.丰富多彩的月球文化(搜集资料,讨论);4.我是月球小专家(知识擂台赛);5.月亮照着你,月亮照着我(写作)。

(二)从活动主题和内容看

情感态度教育方面的有五篇,价值观引导方面的有三篇,心理健康教育方面的有两篇,热爱科学意识方面的有四篇,热爱自然、亲近自然方面的有六篇,热爱和平意识方面的有一篇,感受祖国文化博大精深方面的有七篇,感受音乐美方面的有一篇,关注社区生态、环境意识方面的有两篇,关注学习兴趣方面的有四篇,对学生进行学习方法指导的有一篇。

从以上的教材文本分析可以看出:

综合性学习应该具有很大的弹性空间,在内容的安排上有较大的伸缩余地。综合性学习的最终目的是学生的语文素养的提高和学生的全面可持续发展。我们可以根据不同地区、不同学校、不同学生的需要任选其一避免主题过于宏大。适当删减难度大、不易操作、不能激发学生兴趣的内容。同时避免活动过于频繁,不注重质量。这样,既有选择的余地,又有创造的机会,真正建设开放而有活力的语文课程。

在综合性学习的资源开发中,应注重三维目标的渗透,选择主题与内容应有融合,涵盖范围应适当。学习过程和结果的提升拓展,应关注学生能力的提高而不是成果的精彩!

四、综合性学习实施的建议

(一)更新理念

“学生是学习和发展的主体。”“综合性学习应突出学生的自主性,重视学生主动积极地参与精神,主要由学生自行设计和组织活动,特别注重探索和研究的过程。”对于综合性学习我们必须充分把握其语文性和综合性，发挥教师的引领作用，既不“袖手旁观”，使得学生的活动得不到正确指导，使综合性学习处于自流状态，降低了综合性学习的质量，学生难以从活动中得到预期的锻炼，学生的学习情感、创作热情容易受到伤害，慢慢地就会失去学习的兴趣；亦不可“越俎代庖”，使得学生的个性和创造性、学习的积极性和自主性将在教师的急功近利之下消失得无影无踪。在学习的过程中，适当的指导和调控是必要的，但必须以尊重学生的主体地位，促进学生的发展为前提。比如，正始中学王若寒执教的综合性学习——《到民间采风去》，就很好地发挥了学生的主观能动性。她把学生分为了四组，提前一个月让他们调查了解宁波的文化古迹、文化名人。在课堂上以小组为单位进行展示。学生动用了各种教学手段，通过短片、图片、录音等绘声绘色地介绍了慈城孔庙、张苍水故居、天一阁、走马塘等宁波代表性的文化古迹，收到了良好的效果。

（二）开发资源

“语文课程应该是开放而富有创新活力的”，教学过程中不应该把教材当做一种模板。开展语文综合性学习要充分利用学校、家庭和社区等教育资源，把语文学习引向社会生活与实践，把社会生活与实践融入语文学习。既然课程标准赋予教师根据实际情况灵活处理教材和自主开发课程资源的权利，那么教师就要勇于转变语文课程观，拓宽语文课程的视野，培养发现语文课程资源的敏锐的眼力，培养开发语文学习资源的能力，特别是要调动学生关注身边可资利用的语文学习资源。我们要在关注教材内容的同时做到品味自身生活、留意周边现象、探寻时节风貌和弘扬地方文化，这样，我们的综合性学习课程资源必然有利于学生的个性发展，有利于教师因材施教，有利于形成合作共进的教学局面。

（三）整合技术

因为信息化高速发展，信息获取技术、信息分类甄选技术、信息加工技术在综合性学习中显得非常重要，也正因为此，综合性学习的成果往往打上了现代化手段的烙印，电脑打字代替学生手写，示范录音代替学生朗读等，显然这样省时、省力，制作也精美，但是文字应用（措辞、书写）技术、语言表达技术等却有所缺失。作为语文教学，文字语言基础性技术不能削弱，必须重视。这也正是综合性学习语文性的体现，也是语文教学提升学生语文素养的要求。此外还有注明资料来源、引文出处技术，判断摘引资料的准确性和可靠性技术等，我们必须加以整合，才能真正体现综合性学习的综合性，实现全面发展。

（四）灵活组织

要使综合性学习达成好的效果，这就需要教师在每个学期开始时对该阶段的综合性学习有一个整体考虑，从时间上提出整体安排，以保证学生有足够的、充分的时间准备、实践、研究、分析、展示，使自主、合作、探究性学习真正地落到实处。同时也可以根据实际灵活选择主题开展综合性学习。从综合性学习过程看基本已经形成“导语提示、方案制订、信息甄选、成果展示、总结评价、拓展延伸”六个环节，在教学组织中，我们应当有计划针对主题、层次重点关注某几个环节，特别是课堂教学呈现上。可以是成果展示（较多的公开课都采用），也可以是方案制订、方法指导。宁海胡波老师《献给母亲的歌》一课，就给人留下了很深的印象，将综合性学习任务定位在为母亲写书,围绕“编选计划书”开展方法指导,很实用、很综合、很语文。当然我们还可以尝试评价与拓展环节,还可以根据学生实际选择适时生成的问题组织教学,以“充分发挥师生双方在教学中的主动性和创造性”。

(五)合理评价

《语文新课和标准》中对综合性学习的评价在定位、着重点和着眼点上有着比较详尽的表述。“纲要”强调“以人为本”,开展综合性学习的目的不是用来甄别学生的优劣,而是给学生发展个性、展示潜能提供机会和舞台,因此,综合性学习中的评价要关注学生全员参加。当然学生是有个性的,在坚持全面性的同时,也要坚固差异性,以此来鼓励学生在基本素养全面发展的基础上发展特长,发展个性。《初中语文学科教学建议》中指出要“关注过程,促进内化”,因此,综合性学习的评价要关注过程,既要看项目的确立是否有价值,内容设计是否具有可探索性,探究的方法是否科学,又要看学生在活动中的合作态度和合作能力,以及在活动中主动发现问题和探索问题的能力。《语文新课程标准》中建议“要综合采用多种评价方式”、“有效地促进学生的发展”,因此,综合性学习中要在充分民主的基础上采用学生自评、互评,师生互评的多元化评价方式,在发展性评价的基础上强调反思。

综合性学习的确在诸多方面对语文教学是一次重大挑战,无论是从理论上对初中语文综合性学习的探讨,还是在实践中不断地积极尝试和及时反思,都是一个充满艰辛的追求过程。但是泰戈尔曾说:“生命的流水不断地奔注,日色与星光携带着生存的微笑。”相信只要我们在实践中不断地摸索和总结经验教训,丰富和提高自己的综合素养,克服眼前的种种困难,正确积极地引导学生开展综合性学习,在不久的将来,语文综合性学习定会给语文教育带来崭新的气象!

(宁波市春晓中学 卜 玲)